21世纪会计系列规划教材 精要版

内部控制

Internal Control Cases

案例

张建平 胡先伟 主编

东北财经大学出版社
Dongbei University of Finance & Economics Press

大连

图书在版编目（CIP）数据

内部控制案例/张建平，胡先伟主编. —大连：东北财经大学出版社，2021.5
（21世纪会计系列规划教材·精要版）
ISBN 978-7-5654-4172-1

Ⅰ. 内… Ⅱ. ①张… ②胡… Ⅲ. 企业内部管理-高等学校-教学参考资料 Ⅳ. F272.3

中国版本图书馆CIP数据核字（2021）第058943号

东北财经大学出版社出版
（大连市黑石礁尖山街217号 邮政编码 116025）
网 址：http：//www.dufep.cn
读者信箱：dufep@dufe.edu.cn
大连永发彩色广告印刷有限公司印刷 东北财经大学出版社发行
幅面尺寸：170mm×240mm 字数：436千字 印张：21.75 插页：1
2021年5月第1版 2021年5月第1次印刷
责任编辑：李智慧 李 栋 周 慧 责任校对：徐 群 何 莉
周 晗 孔利利 王芃南
封面设计：冀贵收 版式设计：钟福建

定价：45.00元

教学支持 售后服务 联系电话：（0411）84710309
版权所有 侵权必究 举报电话：（0411）84710523
如有印装质量问题，请联系营销部：（0411）84710711

前　言

　　内部控制是社会经济发展的必然产物，历经内部牵制阶段、内部控制制度阶段、会计控制管理控制阶段、内部控制结构阶段、内部控制整合框架阶段与风险管理框架阶段，随着外部竞争的加剧和内部强化管理的需要而不断丰富和发展。健全、有效的内部控制一直被视为一种解决公司许多潜在问题的有效方法，尤其是在美国、英国、法国等发达的市场经济国家。2008年金融危机曾令许多企业陷入危机，发生了类似"中航油新加坡公司濒临破产""中信泰富投资巨亏""中海集团'资金门'""合俊集团倒闭""中国远洋被ST""光大乌龙指""獐子岛黑天鹅"等一系列风险事件，这些无一例外都与其内部控制存在重大缺陷有关。如何建立和健全内部控制制度规范是每一家企业在生存、发展和做大做强过程中需解决的难题。包括美国反虚假财务报告委员会下属的发起人委员会（COSO）、美国证券交易委员会（SEC）、美国注册会计师协会（AICPA）、加拿大特许会计师协会下属的控制基准委员会（COCO）、巴塞尔银行监管委员会（BCBS）等在内的一些组织或机构制定了关于内部控制的规则和指南，以致力于帮助公司实现战略目标、经营目标、报告目标、合规目标及资产安全目标。然而，从文本指南到运用，再到不同的企业实现这些目标，这中间的确有很长一段路要走。他山之石可以攻玉，站在巨人的肩膀上能看得更远，借鉴他人的经验是一种好的方式。这也正是本书编写的目的之一——希望能给实务界带来一些来自同行的实践参考。

　　另外，任教多年后，编者认为无论是审计学的课程还是内部控制学的课程，理论、方法和程序的灌输往往效果不是很好。学生听讲后往往觉得没有什么收获，教师也讲得兴味索然。如何将知识和理论转化为能力？显然，单纯的理论讲授是不够的。为了解决这一问题，以读者为中心，全面提升其能力的案例教学越来越受到人们的重视。这是本书编写的第二个目的——希望能给内部控制教学带来一些改变，让读者在生动的案例教学互动中，更好地理解和吸收知识，并将知识转化为能力。

　　相对于传统的内部控制教材，本书主要有以下几个特点：

　　1.有利于培养读者主动式和个性化的学习方式

　　本书主要聚焦于内部控制实务中的热点新闻及典型案例，严格按照中国专业学位教学案例中心的体例规范编写，针对每个案例都有相应的需要读者独立思考和集体讨论的问题，并要求教师指导读者针对案例分析给出个人的解释及可行的解决方案，以便培养和提升读者自我获取知识的能力，充分凸显读者主动式和个性化的学习成效。

　　2.有助于培养读者发散创新的思维方式

　　本书通过关注热点新闻、搜集典型案例，并对二者进行学习讨论，以项目驱动的学习方式培养读者发散、创新、有效的思维方式，训练读者因时因势改变思维和行动的方式以及过程，有助于培养双创人才。

3.体现内部控制理论与实务的前瞻性与国际化

本书力求反映内部控制理论与实务发展的最新变化，对涉及企业内部控制的概念框架、基本原理与实务操作等内容进行及时更新与调整，力求使读者获得最前沿的知识与技能。

4.有助于读者走近真实的企业，开阔视野，扩大知识面

书中案例分析与讨论的背景材料均来自现实社会经济生活中的真实公司，通过教师的案例分析和读者的主动学习与讨论，读者能够接触到来自不同行业的公司真实的内部控制建设，不仅可以开拓视野，还可以拓展知识面，在短时间内利用头脑风暴法吸取和借鉴他人智慧，形成自己的知识体系和专业判断。

随着"大智移云"时代的来临，世界对创新性人才的需求也越来越大，本书也是响应《国家中长期人才发展规划纲要（2010—2020年）》（中发〔2010〕6号）的战略部署，推动教育部"财经应用型创新人才培养模式改革"的一部力作。本书可与东北财经大学出版社出版的《内部控制》（方红星、池国华主编）配套使用，该教材被国内许多院校会计学专业、审计学专业、财务管理专业、资产评估专业和其他相关专业长期选用，另外该教材获得2011—2012年度辽宁省优秀图书二等奖，2015年又被评选为教育部"十二五"普通高等教育本科国家级规划教材。

本书由广东财经大学会计学院审计系张建平副教授及诚邦生态环境股份有限公司（SH603316）副总裁胡先伟任主编，具体编写分工如下：张建平负责编写第1章~第5章，胡先伟负责编写第6章~第10章。最后，由张建平负责对本书内容进行审核、定稿。

感谢广东财经大学会计学院邢风云院长、雷宇副院长及赵国宇主任对本书提出的宝贵修改意见，感谢广东财经大学会计学院研究生张嵩珊、邢文、李苗、魏兴玲、卞佳迪以及罗光睿对本书所做的资料收集及整理工作。

书中案例大多来源于相关书籍、报纸、杂志和公告信息，在编入本书的过程中，我们根据需要对部分材料进行了不同程度的改编或删节，但内容主旨未做改动。在此，对案例材料原始版本的所有编写、整理者表示衷心的感谢！

由于作者水平有限，书中难免还存在一些疏漏、错误，恳请读者批评指正，以便我们在下一次修订时加以完善。如果读者在使用本书过程中有什么问题，可以联系本书编者，编者邮箱是：156273323@qq.com。

编　者
2021年1月

目　录

第1章 总论

▲ 案例1 ▲

完善的内部控制助力三井物产株式会社发展

编写目的

本案例旨在加深读者对内部控制五要素的理解，理解内部控制在企业经营管理中的重要作用。通过本案例的学习，读者可以在理论上深化对内部控制五要素及相关理论的了解与应用，还可以结合三井物产株式会社具体的内部控制建设，探讨企业在发展中应如何设计内部控制，以保证企业的可持续发展。

知 识 点

内部控制的五要素

关 键 词

三井物产；内部控制

摘 要

三井物产株式会社创立于1876年，被称为日本综合商社的原型。三井物产株式会社作为综合商社，从事、参与并组织世界范围内的商品贸易与产业投资，其经营范围"从鸡蛋到卫星"。这样一个无处不在的企业能在社会的快速发展中屹立不倒，内部控制发挥了至关重要的作用。本案例将探讨内部控制的五要素对三井物产获得成功的深层次影响，并从中得到启示。

案例正文

三井物产株式会社（以下简称"三井物产"）被誉为日本综合商社的原型，拥有1 100多家子公司，其经营范围涵盖第一产业、第二产业及第三产业。在子公司众多、经营范围广的情况下，三井物产是如何进行内部控制设计，从而为企业发展助力的呢？

一、公司概况及案例背景

（一）公司概况

三井物产作为世界上最大的综合商社，其经营范围可以说是"从鸡蛋到卫星"，包括钢铁、纺织、机械、化工、能源、电子和信息、粮油食品、有色金属、轻工建材的内贸、进出口贸易和转口贸易等。三井物产在日本国内拥有34个机构，在全球93个国家和地区设有事务所89个，当地法人91个。1980年，三井物产在北京设立了中国首家事务所。如今，三井物产在中国有20多家分支机构，参与投资的企业有200家以上。

（二）发展简史①

1876年三井物产株式会社创立，益田·孝任第一任社长。

1877年设立三井物产上海分公司。

1920年社内棉花部门剥离单独成立公司，取名东棉（丰田汽车的前身），即现在的丰田通商株式会社。

1926年设立东丽株式会社，即现在的东丽纤维（合成纤维制造）。

1937年社内造船部门剥离单独成立公司，取名玉造船所，即现在的三井造船（船舶制造）。

1942年社内船舶部门剥离单独成立公司，取名三井船舶，即现在的商船三井（船舶运营）。

1947年三井物产按相关部门命令解散，第一物产株式会社成立，即现在的三井物产株式会社前身。

1959年第一物产株式会社与其他贸易公司合并（三井物产的大规模并购）并更名为三井物产株式会社。

1966年设立三井物产美国有限公司。

1974年设立三井物产欧洲有限公司。

1985年参与西澳大利亚液化天然气（LNG）项目。

1994年签订俄罗斯LNG项目开发合同。

1995年签订印度尼西亚热电站项目的工厂建设合同。

2002年与中国宝钢签订战略合作协议。

2003年参股巴西淡水河谷控股公司。

2009年与中国新希望饲料集团成立合资企业，形成战略合作关系。

2009年与中国云天化集团签订战略合作协议。

---

① 以上资料来自百度百科。

2010年出资参与美国宾夕法尼亚州页岩气项目，参与开发磷矿项目。

2011年出资与美国陶氏化学成立合资企业生产氯碱。

2012年出资与美国陶氏化学在巴西成立合资企业生产生物质材料。

（三）案例背景

在1993年，三井物产名列"世界500强"第1位，其后的10年间，三井物产也基本居于"世界500强"前10位。但是，"世界500强"排名从来都不是三井物产所看重和追求的。在2003年以后，三井物产将能源部门等重要产业机构独立核算，并且在全球设立独立法人公司，使得自己在《财富》杂志的"世界500强"排名中的迅速下降，其真正的实力和活动被隐藏起来，不再为外界所关注。2017年，三井物产在"世界500强"中排名第249位。

目前，三井物产由25家大型企业组成，核心企业有樱花银行、王子制纸、东芝、丰田汽车、三越、东丽、三井不动产等。在世界范围内，三井物产投资、参股的企业几乎无所不在，但是在其关联企业的身上基本看不到三井物产的名称，比如东芝、索尼、石川岛播磨重工、王子制纸等。三井物产就如一艘潜艇——它就潜伏在你身边，但你却感受不到它。这样一个无处不在、实力雄厚的企业能在社会的快速发展中长时间屹立不倒，内部控制的实施是关键。

二、案例概况

（一）三井物产株式会社内控五要素描述

1.内部环境描述

（1）组织经营模式

三井物产在组织经营中采取了创新的财团模式，这实际上是一个长期稳定、专业化分工与协作、相互紧密依赖、有共同文化理念的家族式企业集团。其中，三井物产是三井财团的核心公司，也是其日常协调和决策机构。在一个由100多家子公司和上千家股权管理企业组成的全球交易网络和信息情报网络中，三井物产通过强大的贸易能力和物流网络建设能力，以金融资本、商业资本和产业资本相结合的高效形式，渗透到产业的上下游链条中，为整个财团创造了高额的交易利润。

三井物产在日本被视为"产业组织者"和"国策商业机构"，它有两个关键职能：一是通过精心设计的服务，促进客户的国际贸易活动；二是全球性地调动信息、人力和财力等资源，创建新的业务、新的公司，并进入新的产业。

最典型的例子是丰田汽车。丰田汽车原本只是一个制造纺织机械的小厂。三井物产将其带到欧美了解汽车制造技术，派人帮助其经营管理，并为丰田汽车的快速发展提供资金和进入海外市场的通道，正因为如此，丰田汽车才取得了今天的成功。

（2）企业文化价值观

作为综合商社，三井物产并不直接拥有生产设备，而是把经营原点恢复到

"人"，重视横向组织的力量，消除官僚主义，使公司成为能动的、充满活力的、以人为中心的经营组织，"人的三井"由此得名。

它认为，企业活动所依赖的资本就是"人"，其价值无法简单用财务报表来衡量；任何个人在集体面前都不重要，重要的是由个人组成的集体，而个人只是集体这个"机器"上的"零部件"，即使是社长（最高领导人）也只是一个"部件"，随时可以撤换。

三井物产宣扬"没有合规，就没有工作，更没有公司"的宗旨，要求诚实可信地做生意，将合规、诚信和伦理视为公司生存和发展的关键。它每年都会对全世界范围内的子公司、海外分公司和海外办事处进行有关企业文化、企业理念以及内部控制的培训，并将"法令及社内规范的遵守"放在非常重要的位置。此外，每年还派遣大量海外员工集中在总公司进行内部控制以及企业文化的培训，并且在关键的内控岗位上配备总公司熟悉内部控制原则的员工。

2.风险评估描述

风险主要分为内部风险和外部风险。内部风险包括：战略风险、经营风险、财务风险等，外部风险包括自然风险、政治风险、市场风险、法律风险等。

在三井物产里，管理者将风险分为可计量的"可预测风险"和计量困难的"不可预测风险"。其中，"可预测风险"指"创造价值风险"，即"为获取利润回报而承担的风险"；"不可预测风险"指"破坏价值风险"，即"只可能造成损失的风险"。为有效处理多样化的风险，三井物产改变过去以"防止发生损失"为目的、以微观管理为主的经营方式，将重心转移到以实现"最大限度的企业价值"为目的的宏观管理。

三井物产将可预测风险控制在企业股东资本额度之内，把实现最大限度的风险回报作为基本方针。风险控制体制与经营计划紧密相关，以有效运用经营资源为目的。与此同时，公司还致力于构筑避免发生不可预测风险或把发生概率降至最小限度的管理结构。除了地区领导人，三井物产还设有产品领导人，并向海外派驻专门的内控部门。即使是最小的海外办事处，也会固定有三个人，即负责人、产品负责人和后勤（财务、内控等）。"一个人说了算"在三井物产是不可能的。

在对客户进行信用管理时，三井物产采用信用等级评定制度，根据不同等级决定信贷额度的裁决权限。由于低等级客户的资产风险相对更高，因而越是针对低等级的客户其授信设定权限者越需居高位。对特别重大的项目，三井物产会专门成立委员会进行监督。

3.控制活动描述

控制活动主要包括运营分析、财务系统、成本预算控制、绩效考评四个方面。在日本经济中，三井物产所扮演的是产业"组织者"的角色。作为一个综合商社，多样化经营是其永恒的主题。在日本的国内外拥有上千家关联企业群，而在世界范围内，虽然从三井物产关联企业的身上基本看不到三井的名称，但是三井物产投资、参股的企业无所不在，如东芝、丰田和上海宝钢等。

这种情况源于三井物产的经营策略：如影子般站在企业背后，利用自己雄厚的资本、发达的贸易体系以及丰富的资源，在推动下属公司以及关联企业发展的同时，向世界微观经济的每一个角落渗透。

正如其企业愿景——成为满足全球客户需求，具有综合性的国际化企业，三井物产在全世界范围内广泛投资，经营范围涉及多个领域，具有产业主导权，也几乎控制采购、生产、物流运输、购销等整个产业链。

基于全球化的IT统一应对策略，三井物产在管理合规、业务流程、财务信息甚至合并结算方面都形成了统一的网络，使每一项内控都做到井井有条。准确化、快速化、电子化、全球化的信息管理，使三井物产在开拓市场过程中，建立了遍及全球的经营网络，这也是信息的采集源头，强大的信息技术（IT）高效率地运用和管理着巨大的资本。

企业的控制能力包括两个比较重要的方面：一是和产品相关的成本控制能力，另一个是和企业执行力相关的预算控制能力，如计划的执行力。在日本企业的内部控制原则中，较为注重成本效益，如三井物产在经营有效性的基础上，提出以最小的成本来实施内部控制，在内控的设置上更多地考虑减少成本、控制预算的问题。

三井物产在控制能力上有两个特点：一是强大的竞争力及对上、下游的议价能力。对上游卖家而言，由于三井物产购买力强可以以更低的价格获得相应的产品；对下游买家来说，提供买家所需的各种产品，种类多、质量好，拥有无可比拟的竞争力。二是采购技术的专业性、专门性和系统性。完整的采购系统以及大批量采购使三井物产形成十分完备的采购网络，一方面了解和研究不同领域对原材料的及时需求，另一方面使其原材料的供应更有针对性。

同时，三井物产是"人的三井"，把合规与企业、个人联系起来，个人利益必须服从集体利益，不允许个人特权和例外，将员工的绩效和企业的利益结合，构筑了上行下效的控制环境。

4.信息与沟通描述

信息与沟通主要包括内部信息传递和信息系统以及沟通。内部信息传递使得企业内部管理层级之间以报告为载体传递生产经营管理信息。信息在企业内部进行有目的的、及时的、准确的、安全的传递，对于贯彻企业发展战略，正确识别生产经营中的风险，及时纠正操作错误，提高决策质量具有重要的作用。而信息系统在改变传统运营模式的同时，也对传统的内部控制观点和控制方法产生了深远的影响。

三井物产认为，在组织的业务内容或信息系统高度依赖信息技术的情况下，IT对策不是独立于内部控制的其他要素而存在的，而是达成内部控制目的所不可或缺的。三井物产重视信息技术在内部控制中的应用，强调利用信息技术保障财务报告的可靠性。考虑到全球子公司及关联企业众多，三井物产推行统一的IT系统，将全球的网络连接起来，这使总公司在任何时候抽查任何一家下属公司的资料成为可能。在信息化高度发达的今天，特别是在全球网络化发展的趋势下，完善的信息系统建设是必不可少的。

5.监督描述

（1）外部监督

日本企业集团按形成方式的不同可以分为两大类：一类是特殊形式的大企业的横向联合，即以大银行和综合商社为核心，通过资本、人事、交易关系和组织信息纽带将不同行业的一个或两个大企业连接在一起，如我们讨论的六巨头之一的三井物产就是其中的代表。另一类是以大制造业企业为核心，围绕某一商品的生产和销售，将若干企业链接起来，形成产供销紧密协调的纵向企业集团，如索尼、丰田等。日本作为早期发展迅猛的发达资本主义国家，其社会对企业的监督管控早有自己的一套系统，也颇为成熟。但近年来，日本企业监控屡出问题，经营状况低迷使得公司面临降本增效压力，监督容易缺位，各种造假丑闻频出，而有关部门却没有进行彻查制裁，许多大企业频出问题，但三井物产依旧保持稳定，没有出现类似丑闻，这大可归功于其内控制度的成熟和完善。

（2）内部监督

内部监督作为内部控制的基本要素之一，对内部控制的有效运行以及内部控制的不断完善起着重要的作用。内部控制作为由企业各层级员工共同参与实施的完整系统，是一个不断调整、逐步完善、持续优化的动态过程。因此，不论是内部控制制度的建立与实施，还是内部控制的系统评价与报告，在此过程中均离不开恰当的监督。三井物产也非常注重内部监督环节，制定了相应的内部控制制度，促使董事会以及经理层预防、发现和整改内部控制设计与运行中潜在的问题和薄弱环节，以便及时加以改进，使其内部控制有效运行。在企业实务中，内部监督和内部控制其他要素相互联系、互为补充，共同促进企业控制目标的实现。

三井物产运用自上而下的风险评估方法，从全公司层面上对内部控制风险进行评估，改变了自下而上的繁琐，还简化了对内部控制不完善程度的评价。按照美国对内部控制不完善性的评价，区分为重要缺陷（material weakness）、重大缺陷（significant deficiency）和一般缺陷（deficiency）三个层次。在实际操作过程中，要进行这样细致的评价和区分是非常复杂的。三井物产在对内控进行自我评价时，只区分"重要缺陷"和"不完善"两类，在保证内部控制效果的同时还能减少评估成本。与美国COSO及我国《企业内部控制审计指引》规定的直接报告法不同，日本注册会计师的外部监督只须对管理者实施的内部控制进行审计，不必对企业的内部控制直接进行评价；内部控制审计与财务报表审计一起实施，并可由同一注册会计师完成，在保证效率的同时进一步节约了内控成本。

三、主要参考文献

本案例的关注重点是三井物产成熟完善的内控制度的可取之处以及给我们的启示，对此我们参考了相关资料，包括企业内控制度、中日内控制度对比、日本内控外部监督等方面。

[1] 刘华. 日本三井物产内部控制案例及启示 [J]. 财务与会计（理财版），2012（3）：56-57.

[2] 王春山，李雪淳. 中日企业内部控制准则的比较 [J]. 长春大学学报，2010（11）：15-18，28.

四、讨论题目

日本企业的管理和内控一直被人津津乐道。近年来，中国企业因缺乏有效的内部控制引发管理混乱及财务造假问题，许多大企业的质量管控问题都引起了社会公众的关注。三井物产作为日本最有代表性的大型联合企业，通过执行有效的内控制度并持续完善，良性发展，不断为企业增效，也给同行企业带来很多启示与借鉴。本案列我们重点讨论以下问题：

1. 三井物产的文化价值观对其控制环境有何影响？
2. 三井物产的内部监督制度效果如何？
3. 如何评析其内部控制的五要素？
4. 我国企业管理发展可以从中得到什么启示？

案例使用说明

一、本案例要解决的关键问题

本案例要解决的关键问题在于：引导读者进一步关注内部控制在企业管理中的重要作用。通过对本案例的学习，一方面，读者可以在理论上深化对内部控制理论的理解；另一方面，读者可以了解在实务中如何设计内部控制，在具体实施中可能存在的问题及如何解决这些问题，如何去优化内部控制管理体系，从而更加细致地研究内部控制。

二、案例讨论的准备工作

为了有效实现本案例目标，读者应该具备下列相关知识背景：

（一）理论背景

内部控制发展到目前，经过了多个阶段。相比最早出台的内控定义而言，可以看出在近50年的发展演化过程中，内部控制的目标性、范围性、参与性等范围不断扩大。而内部控制的目标，从全世界范围来看，各个主体对其的表述也存在区别。美国财务会计准则委员会（FASB）对于内部控制的目标界定主要表现在五个方面：信息可靠性、资产安全性、法律合规性、资产使用效率以及经营目的的实现。我国于2008年出台《企业内部控制基本规范》，将内控目标表述为：合理保证企业经营管理合法合规、资产安全、财务报告及相关信息真实完整，提高经营效率和效果，促进企业实现发展战略。

2010年，我国制定并颁布了企业内部控制配套指引，由此我国开始建立起一套完整的、以基本规范为统领，以应用指引、审计指引、评价指引等配套办法作为补充的标准内部控制体系。

关于内部控制的要素，我国提出"五大要素论"。首先由五大要素体现内控总体特征，为了在一定程度上更加便捷地对企业内部控制作出评价，要素的组成方式和内部结构就显得非常重要。

（二）企业行业背景

1876年创立的三井物产被称为日本综合商社的原型，三井物产作为综合商社，长期致力于向日本国内及海外所有客户提供集市场营销、金融、物流及风险管理领域的先进功能为一体的整体业务方案及服务。在日本，三井物产被称为"产业组织者"。三井物产创业以来，为适应时代要求，在粮食、机械、能源、纤维、物资、金融等领域，培育了形形色色的产业资本。

1980年，三井物产在北京设立了中国首家事务所，目前在中国已发展成为拥有14个事务所以及110余家合资、独资企业的大规模办事、贸易和生产机构。三井财团体系内的世界500强企业有很多，财团所属的成员企业就有丰田、东芝、索尼等全球行业翘楚，财团投资、参股的关联企业延伸到通用、西门子、爱立信等全球顶级阵营。

（三）制度背景

2001年安然爆发重大会计丑闻后，美国出台了萨班斯法案（SOX，又称萨班斯-奥克斯利法案），要求企业编制内部控制自我评价报告并由独立审计师对其进行外部审计。在美国萨班斯法案和大型企业会计丑闻频繁曝光的双重影响下，日本和我国分别于2007年2月和2008年6月发布了内部控制规范。日本内部控制准则由企业会计审议会发布，名称为《关于财务报告内部控制评价与审计准则以及财务报告内部控制评价与审计实施准则的制定（意见书）》，从2008年正式开始实施；我国由财政部等五部委在2008年6月和2010年4月相继发布了《企业内部控制基本规范》和配套指引，分步实施。

三、案例分析要点

（一）需要读者识别的关键问题

本案例需要读者识别的主要知识点包括：内部控制五要素、案例中企业内部控制的优势及管理经验。

（二）解决或优化问题的可供选择方案及其评价

1.关于内部控制五要素

内部控制的五要素分别为：内部环境、风险评估、控制活动、信息与沟通、内部监督。

内部环境是其他要素的基础。它包含了很多内容，比如企业的组织结构、内部机构设置及权责分配、人力资源政策及企业文化等。企业的组织结构一般有股东大会、董事会、监事会及经理层组成。三井物产作为一个公司有自己的组织结构，更重要的是以它为中心的集团也有自己的经营模式。而要培育员工积极向上的价值观和社会责任感，形成诚实守信、爱岗敬业和遵规守纪的工作精神，需要重视企业的文化建设。

风险评估是指企业及时识别、系统分析经营活动中与实现内部控制目标相关的风险，合理确定应对策略。因此，企业的风险评估包括风险情况及其影响的分析、对企业风险承受水平的确定和制定风险应对策略三个方面。

控制活动是保证风险反应策略或方案得到有效执行所需要的政策及程序。控制活动贯穿于企业之中。它的目的是通过控制活动将风险控制在可承受的范围内，与风险评估有着前后承接关系。企业通常可采取的控制措施包括：不相容职务分离控制、授权审批控制、财产保护控制、预算控制及绩效考评控制等。

信息和沟通首先就是要保证信息搜集及时与准确，其次是做到及时传递、有效沟通。为了做到高效搜集和有效沟通，企业必须按照一定的格式和时间框架来对企业内外部的相关信息进行确认、捕捉和传递。有效沟通还需要在有必要时把企业内部的信息与企业相关方进行交流，如企业的股东、政府职能部门等。

内部监督是对企业风险管理的监控过程。它包括监督内部控制的实施、评价内部控制的有效性、督促内控缺陷的改进。企业一般可以通过持续监控和个别评估这两种方式对风险管理进行监督，从时间上亦可称之为日常监督与专项监督。这两种方式都被用来保障企业各个层级和各个部门中风险管理措施得到持续执行。

2.关于内部控制存在的优势

第一，三井物产在组织经营中采取了创新的财团模式，形成一个长期稳定、专业化分工与协作、相互紧密依赖、有共同文化理念的家族式企业集团。在一个由多家子公司和上千家股权管理企业组成的全球交易网络和信息情报网络中，三井物产通过强大的贸易能力和物流网络建设能力，以金融资本、商业资本和产业资本相结合的高效形式，渗透到产业的上下游链条中，为整个财团创造高额的交易利润。

第二，企业文化价值观以人为本。作为综合商社，三井物产并不直接拥有生产设备，而是把经营原点恢复到"人"，重视横向组织的力量，消除官僚主义，使公司成为能动的、充满活力的、以人为中心的经营组织。

第三，在风险评估与应对方面，三井物产将风险分为可计量的"可预测风险"和计量困难的"不可预测风险"。为有效处理多样化的风险，三井物产改变了过去以"防止发生损失"为目的、以微观管理为主的经营方式，将重心转移到了以实现"最大限度的企业价值"为目的的宏观管理。

第四，三井物产控制活动的策略就是如影子般站在企业背后，利用自己雄厚的资本、发达的贸易体系以及丰富的资源，在推动下属公司以及关联企业发展的同时，向世界微观经济的每一个角落渗透。

第五，信息与沟通方面，三井物产重视信息技术在内部控制中的应用，强调利用信息技术保障财务报告的可靠性。考虑到全球子公司及关联企业众多，三井物产推行统一的IT系统，将全球的网络连接起来。形成了统一的网络，使每一项内控都做到井井有条。

第六，在内部监督方面，三井物产运用自上而下的风险评估方法，从全公司层面对内部控制风险进行评估，改变了自下而上的繁琐，简化了对内部控制不完善程度的评价。

3.优化内部控制的经验借鉴

（1）合规目标是王道。

"没有合规，就没有工作，更没有公司"，三井物产可谓一语中的，把合规与企业、个人联系起来，个人利益必须服从集体利益，不允许个人特权和例外，构筑了上行下效的控制环境。

回顾2004年中航油新加坡公司的投机丑闻，纵有"四大"之一的安永代为设计科学的内部控制体系，但因公司前总裁陈久霖从事高风险的石油衍生品交易，最终导致公司蒙受高达5.5亿美元的巨额损失并走向破产边缘。

我国企业应意识到合法合规性是内部控制的第一目标，合规不仅是企业生存的王道，也是个人发展的底线。内控应该更多地针对管理者，特别是高级管理者，他们有更大的权力，因而所需接受的监督也应更多，强化集体主义并制约个人权力很有必要。

（2）细节控制是关键。

三井物产将风险概念划分得非常细致，从商品交易风险到国家风险，可以说面面俱到。在风云变幻的国际形势下，不至于因为一个项目失败而导致满盘皆输。同时，三井物产低调地构筑了"隐形帝国"，充当"幕后的推手"，但其隐性控制的威力却甚为惊人，正所谓"大隐隐于市"。我国企业应意识到内部控制不是高调"作秀"，而是需潜入到细节，一切以可操作性和实际效果为准绳。

（3）成本效益是原则。

在日本企业的内部控制原则中，较为注重成本效益，如三井物产在经营有效性的基础上，提出以最小的成本来实施内部控制，在内控的设置上更多地考虑了降低成本的问题。而在美国，内部控制实务依据PCAOB①制定的审计准则来进行，需要进行大量的抽样检查，编制大量的书面文件，结果给企业造成了过高的成本。我国企业也应意识到，内部控制须考虑成本效益，不惜成本代价也许会得不偿失。因此，如何以最经济的方法做到最有效的控制，是我国企业界需要探索和解决的问题。

（4）信息技术是桥梁。

美国和我国都没有在内部控制要素中专门提及IT应用问题，但在信息化高度发达的今天，信息系统的建设越来越重要，单纯靠人工进行内部控制越来越力不从心，特别是在全球网络化发展的趋势下，完善的信息系统建设是必不可少的。

四、教学组织方式

（一）问题清单及提问顺序、资料发放顺序

问题清单及提问顺序如下，本案例的其他参考资料及其索引，在讲授有关知识点之后一次性派发给读者。

1.三井物产是什么性质的企业？

2.三井物产的组织经营模式是怎样的？

3.三井物产的文化价值观对其控制环境有何影响？

4.三井物产如何评估与应对风险？

5.三井物产的控制活动涵盖了哪几个方面的内容？

6.三井物产在信息与沟通方面如何实施内部控制？

7.三井物产实施了怎样的监督程序？

8.我们从三井物产成功的内部控制实施中得到什么启发？

（二）课时分配

1.课后自行阅读资料：约1小时；

2.小组讨论并提交分析报告提纲：约0.5小时；

3.课堂小组代表发言，进一步讨论：约0.5小时；

4.课堂讨论总结：约0.5小时。

（三）讨论方式

本案例可以采用四人一组的方式进行小组式讨论。

（四）课堂讨论总结

课堂讨论关键点是：归纳并记录发言者的主要观点；重申其重点及亮点；提醒读者进一步思考焦点问题；建议读者对案例素材进行扩展研究和深入分析。

---

① PCAOB：美国公众公司会计监督委员会，在《萨班斯-奥克斯利法案》影响下成立的会计行业的自律性组织。

▲ 案例2 ▲

中储粮信息管理的创新与突破

编写目的

本案例旨在引导读者理解内部控制信息系统在企业管理中起到的重要作用。一方面，读者通过了解中国储备粮管理集团有限公司（以下简称"中储粮"）信息系统的建设案例加强对企业内部控制的认知；另一方面，读者可以从中储粮信息管理的创新与突破，尤其是在信息与沟通环节的创新与突破，了解内部控制完善前后对公司带来的巨大变化与影响，从而全面认知内部控制对公司治理的重要作用。

知 识 点

内部控制；信息与沟通；信息系统

关 键 词

国家集团型粮食企业；信息传递；信息系统建设；改革措施

摘　　要

中储粮是国家调控粮食市场的重要载体，中央储备粮是关系国计民生和国家经济安全的重要战略物资，但由于企业分布地域广、下属单位多，业务管理信息系统的开发和实施工作已经成为业界公认的难题。这揭示出集团型企业业务管理信息系统的开发和实施困难的原因，所以本案例在素材选择上侧重于引导读者从信息系统建设方面关注内部控制的信息与沟通层面并能针对具体问题提出解决方案。

▌ 案例正文

在世纪之交，中国粮食流通体制改革推进到关键阶段。党中央、国务院决定组建中国储备粮管理总公司（中国储备粮管理集团有限公司的原名称），对中央储备粮实行垂直管理。

中储粮紧紧围绕"两个确保"（确保中央储备粮数量真实、质量良好，确保国家需要时调得动、用得上）的管理目标，在经济效益和业务发展方面取得了较大成绩，与此同时，其管理上的问题也日益突显出来。由于中储粮总公司下属企业众多，管理层级复杂，业务管理信息系统的开发和实施工作成为业界公认的难题。

一、公司概况及案例背景

（一）公司概况

中储粮是经国务院批准组建的涉及国家安全和国民经济命脉的国有大型重要骨干企业。

受国务院委托，中储粮主要负责中央储备粮（含中央储备油，下同）的经营管理，同时执行粮油购销调存等调控任务，在国家宏观调控和监督管理下，自主经营、自负盈亏。

公司成立于 2000 年，注册资本 470 亿元。集团公司在国家计划、财政中实行单列管理。截至 2018 年年底，企业全资及控股法人企业 529 户，参股企业 34 户，集团公司资产总额 14 006 亿元，净资产 936 亿元，员工总数 42 866 人，粮食购销总量 20 619 万吨，棉花购销总量 253 万吨，全年营业收入 3 166 亿元。目前，中储粮集团公司实行两级法人①、三级架构②，董事长为公司法定代表人。截至 2017 年年底，已在全国设立 23 个分公司，人员、机构和业务覆盖全国 31 个省、自治区、直辖市，另有 6 家全资或控股二级子公司及成都粮食储藏科学研究所。③

（二）案例背景

中央储备粮是国家宏观调控的战略物资，直接关系到国家粮食安全。在 2000 年 5 月中储粮成立以前，各级粮食部门都属于中央储备粮的管理部门，但是没有哪个部门对中央储备粮的质量、数量负总责。中储粮成立以后，要对中央储备粮的质量、数量负总责，要确保中央储备粮数量真实、质量良好和储存安全，确保中央储备粮"储得进、管得好、调得动、用得上"，并节约成本。

在中储粮成立之初，由于计算机技术、存储技术等并未发展起来，加上管理理念和手段比较落后，如何有效管控各储备库点成为难题。当时，中储粮分布在全国各地的储备库点有 1 万多个。1 万多个库点的库存数据所形成的统计报表，上传到中储粮总公司就有 1 万多张，难免会出现数量不实、质量不保的情况，而且这些数据也只能是静态数据，没法对每个库点进行实时监控。

为了更好地稳定国内粮食市场和服务国家粮食安全，中储粮不断探索、改进管理手段，力求用新的方法来加大管控力度。与此同时，国务院和国家有关部委领导也非常重视中储粮的信息化建设工作，指出中储粮要率先实现计算机管理。

2003 年年底，中储粮提出要建设业务管理信息系统，半年之内与 30 多家有粮食行业经验的系统供应商进行接触，并对最终挑选出的 16 家承建商给出的总体方案进行评分。最终选定了成绩排名第一的浪潮集团作为中储粮业务管理信息系统的

---

① 两级法人：总公司与直属库均为独立法人实体。分公司是总公司的派出机构。
② 三级架构：是指总公司—分公司—直属库的组织架构，总公司下设 11 个职能部门。
③ 以上信息来自公司官网。

总开发商和总集成商，而神州数码公司以排名第二的成绩成为分包商。

二、案例概况

（一）中储粮信息系统管理描述

中储粮下属企业众多，管理层级复杂，业务管理信息系统的开发和实施工作非常困难，但是中储粮总公司联合浪潮集团和神州数码公司两个系统开发商完成了一个系统，为实现"两个确保"提供有力保障，下面从内部控制的五大要素之一——信息与沟通角度来解读中储粮总公司信息系统管理的突破与创新。

1.公司业务管理信息系统建设前

由于中央储备粮业务的特殊性，中储粮兼担维护粮食市场稳定的社会责任和实现国有资产保值增值、提高企业效益的经济责任。由于组织结构复杂，尤其是底层的机构体制，中储粮的业务执行力度和执行周期很难保证。在业务管理中主要存在以下问题：第一，业务管理规范化不能保证；第二，信息孤岛严重，共享率低；第三，信息粗放不完整，不利于分析和监管；第四，信息的真实性和时效性不能保证。

2.公司业务管理信息系统建设中

中储粮总公司历时三四年之久，终于迎来业务管理信息系统的开发成功，其后培训2万多人来推动该系统在集团公司中的应用。整个业务管理信息系统的建设主要包括以下四步：

第一：挑选供应商。与30多家有粮食行业信息系统开发经验的供应商接触，挑选出有投标机会的16家。与此同时，邀请国内知名咨询公司赛迪顾问股份有限公司（以下简称"赛迪顾问"）对项目进行调研咨询，得到一个独立方案。

第二：确定最终供应商。由中储粮总公司各核心业务部门的负责人对16家参与投标公司的总体方案进行评分。结合赛迪顾问的独立方案，吸收排名前5的开发商的优点，选定浪潮公司与神州数码公司。与此同时，明确公司的系统建设需求。

第三：系统开发。在统一技术架构、统一数据结构、统一项目管理"三个统一"的基础上，两家开发商分工协作。聘用监理公司负责主持两个开发商都要参与的双周例会或者紧急例会，使两家开发商在系统开发过程中取长补短，以便提高系统质量。

第四：试点实施与推广应用。2006年9月，首先在山东、河南、江苏、浙江4家分公司进行试点。试点过程中，中储粮不断总结经验。其后，进行分期分批培训，将业务系统规划时的5人扩大到应用该系统的2万人。2008年9月底，中储粮业务管理信息系统成功实施。

3.公司业务管理信息系统建设后

全部直属库、整体接管库和部分承储规模较大的直管库共525个库点部署了中储粮业务管理信息系统。系统的应用，使得中储粮实现了纵向和横向的透明化、集中式管理，实现了中央储备粮物流、资金流与信息流的同步。

中储粮的业务管理信息系统从管理职能角度看主要涉及计划管理、统计管理以及财务管理；从业务活动上看包括动态管理和静态管理。动态管理主要包括轮换、进出口、调拨、增储、抛售等业务；静态管理主要指仓储保管业务，而粮食出入库管理则是连接动态管理和静态管理的重要环节。动态管理和静态管理属于总分公司管理和调控的内容，而出入库属于计划的执行过程，执行的主体是承储库点。

该系统打通了财务和业务，实现了直属库内的物流、资金流、信息流三流同步和总公司、分公司、承储库上下业务运作的一体化，解决了原有结构存在的以下问题：

（1）计划申报、制订、审批环节众多，过程繁琐，效率低。计划制订和执行过程不透明，无法及时跟进执行结果。

（2）统计环节复杂，逐级负责，逐级上报，造成统计数据和信息滞后，并且数据之间的勾稽关系缺失，无法核对检查，账账不符、账实不符问题严重。

（3）购销业务不规范，客户信息管理不规范，轮换信息不透明，无法及时掌握市场信息和购销价格，更无法实现中储粮系统内共享。

（4）仓储的详细信息不透明、不共享，包括粮食品质信息、粮情信息、储存数量及储存分布情况等；仓储业务不规范，造成保管损耗严重，仓储信息不完整，统计数据难度大，无法全面掌握。

（5）出入库过程不规范，粮食抛洒损耗严重，数据记录不完整，粮食数量变化真实性得不到保障。

（6）财务数据多级维护，真实性和及时性无法保障，也无法做到各级的一致性；财务处理不能做到全程控制，上级单位只看报表，不能把业务与财务一一对应，给监督检查带来麻烦。

2008 年 7 月，"金宏"工程中央储备粮管理信息子系统通过专家评审委员会的初步验收，中储粮业务管理信息系统成为目前"金宏"工程 20 多家承建单位中第一个完成初步验收的项目。

然而，中储粮集团公司的业务管理信息化建设并未止步，2016 年在直属企业先后建设了 5S 现场管理、安全风险预控、生产运营考核、ERP 信息化管理、ISO 质量和食品安全管理等 11 项管理体系，部分体系甚至实现了全覆盖。

三、主要参考文献

本案例的关注重点是中储粮业务管理信息系统的建设过程，与此相关的参考资料除了前面案例正文中提供的背景资料，还包括中储粮官方网站介绍、《企业内部控制基本规范》等相关法规以及相关行业资料。

荆世华. 中储粮业务管理信息系统设计与实现及数据库结构设计总结 [D].济南：山东大学，2008.

四、讨论题目

中储粮的业务管理信息系统改革牵动中国粮食市场的走势。本案例的侧重点仅在于：中储粮业务管理信息系统的改革内容，重点思考如下问题：

1.中储粮为什么要进行信息系统改革？

2.改革时对原架构进行了什么调整？

3.如何利用合作伙伴关系进行改革？

4.如何利用信息与沟通的要求进行改革？

5.此次改革对中储粮的内部控制有什么影响？

案例使用说明

一、本案例要解决的关键问题

本案例要解决的关键问题是：引导读者进一步关注信息与沟通要素在企业内部控制中起到的作用。根据案例资料，读者首先要对内部控制的信息与沟通有了解；其次，通过中储粮的内部控制框架建设过程和成果，读者应知道企业实务中内部信息传递的环节和管理工作，认识具体实行中存在的具体问题；最后，希望读者能搜集更多的资料，理清信息与沟通问题的共性，思考适用的解决方法。

二、案例讨论的准备工作

为了有效实现本案例目标，读者应该具备下列相关知识背景：

（一）理论背景

由于企业的运营过程跟信息技术是分不开的，实务界越来越认识到保持信息技术严谨的独立性、由IT创造价值及传递价值的重要性，所以产生了法规遵从的需要及有效控制风险从而获益的需要。为了帮助企业成功地将自己和IT目标结合起来，以应对今日的挑战，信息系统审计和控制协会提出《信息及相关技术的控制目标》（COBIT）。COBIT是一个基于IT治理概念的、面向IT建设过程的IT治理实现指南和审计标准，被认为是COSO框架①的补充框架。COBIT的目标是为信息系统设计提供具有高度可靠性和可操作性的、公认的信息安全和控制评价标准。

（二）行业背景

在世纪之交，中国粮食流通体制改革推进到关键阶段。党中央、国务院英明决策，组建中国储备粮管理总公司（中国储备粮管理集团有限公司的原名称），对中央储备粮实行垂直管理。

———————————
① COSO框架：美国反虚假财务报告委员会下属的发起人委员会（简称COSO）提出的《内部控制——整合框架》。

中储粮紧紧围绕"两个确保"（确保中央储备粮数量真实、质量良好，确保国家需要时调得动、用得上）的管理目标，在经济效益和业务发展方面取得了较大成绩，但同时管理上的问题也暴露出来。

中储粮下属企业众多，管理层级复杂，业务管理信息系统的开发和实施工作成为业界公认的难题，这影响了公司进一步的发展，必须尽快解决。

（三）制度背景

我国发布《企业内部控制基本规范》，作为企业内部控制制定和执行的现行规范；发布以企业内部控制配套指引为补充的相关内部控制体系。（此制度背景适用于后文相应案例，不再复述）

三、案例分析要点

（一）需要读者识别的关键问题

本案例需要读者识别的主要知识点包括：内部信息与传递、信息系统、沟通。

（二）解决问题可供选择的方案及其评价

1.关于内部信息与传递的要求

内部信息与传递的要求包括及时有效性原则、反馈性原则、预测性原则、真实准确性原则、安全保密性原则和成本效益原则。

（1）及时有效性原则：是指在信息传递过程中，必须做到在经济业务发生时及时进行数据搜集，尽快进行信息加工，形成有效形式，并尽快传输到指定地点和信息使用者。信息未能及时提供，及时提供的信息不具有相关性，或者提供的相关信息未被有效利用，都可能导致企业决策延误，经营风险增加，甚至可能使企业较高层次的管理陷入困境。只有切合具体任务和实际工作，并且能够符合信息使用单位需求的信息才是具有使用价值的。

（2）反馈性原则：在信息传递过程中，相同口径的信息能够频繁地往返于信息使用者和信息提供者之间，把决策执行情况的信息及时反馈给信息使用者，帮助信息使用者证实或者修正先前的期望，以便其进行下一步的决策活动。

（3）预测性原则：企业传递和使用的经营决策信息需要具备预测功能。预测功能的作用在于提供提高决策水平所需的那种发现差别、分析和解释差别，从而在差别中减少不确定性的信息。

（4）真实准确性原则：虚假或不准确的信息将严重误导信息使用者，甚至导致决策失误，造成巨大的经济损失。内部报告的信息应当与所要表达的现象和状况保持一致，若不能真实反映所计量的经济事项，就不具有可靠性。

（5）安全保密性原则：内部信息传递的服务对象仅限于内部利益相关者，即企业当局，因而具有一定的商业机密特征。企业内部的运营状况、技术水平、财务状况以及有关重大事项等通常涉及商业秘密，内幕信息知情者都负有保密义务。

（6）成本效益原则：这是经济管理活动中广泛性的要求，因为任何一项活动，只有当收益大于成本时才是可行的。判断信息是否值得传递，首先必须满足这个约束条件。

2.关于内部信息传递各环节的主要风险点及控制措施

首先主要风险点具体可细分为以下方面：内部报告内容不完整或难以理解；内部报告编制不及时；未经审核即向有关部门传递。

相对应可采取的控制措施包括：（1）及时取得指标计量信息，获取符合分析模型要求的信息，确保报告信息完整性。提高相关人员编写内部报告的能力，使报告的可理解性更强。（2）提高工作人员的信息敏感性以及工作能力，确保内部信息报告编制及时有效。（3）建立独立于报告编制岗位的报告审核岗位，严格审核报告，确保报告的高质量。

（三）推荐解决问题的方案

关于本案例，解决方案包括以下几个方面：

第一，改变公司架构。在中储粮业务管理信息系统开发、实施过程中，中储粮的业务体系进行了很大的调整。例如，中储粮对地方代储库和租用仓库实现统贷统还管理，在以往代储库和租用仓库可以向银行贷款，为了降低风险，中储粮规定代储库和租用仓库不得再向银行申请储备粮贷款，收粮资金由中储粮直属库向农业发展银行统一贷款，资金实现统一管理。这样，中储粮对代储库和租用仓库的监管力度就加强了，原来的代储库和租用仓库都转变成了直管库。重大的业务调整给系统的开发、实施带来了很大的挑战，如果管理不善，系统建设有可能会因此失败。

第二，利用合作伙伴。当时中储粮信息部负责业务管理信息系统的只有10多人，要开发、实施这么庞大的一套系统，实在是不容易。如果我们仔细观察一下，就会发现中储粮在不同阶段适时地借助了不同合作伙伴的力量：在需求调研时，充分借助开发商的力量进行需求调研；在系统规划时，借助咨询公司的力量进行规划；招标时，借助招标公司组织招标；项目启动后，借助监理公司进行项目管理；实施时，与开发商组成联合工作组对所有粮库进行培训等，术业有专攻，中储粮的这种做法非常值得借鉴。

第三，循环渐进。业务管理信息系统的应用，使得中储粮实现了纵向和横向的透明化、集中式管理，实现了中央储备粮物流、资金流与信息流的同步。中储粮能够很快地在数量众多的库点实施如此庞大的系统，除了得益于其垂直的管理模式，还得益于其在实施过程中所采用的循环渐进的方法。在系统开发、实施过程中，中储粮不断地完善、规范业务流程，规范了出入库等多个业务流程，并通过系统进行固化。系统打通了财务和业务，实现了直属库内的物流、资金流、信息流三流同步和总公司、分公司、承储库上下业务运作的一体化。最终，总公司分公司可以通过系统查询到承储库点的每一笔业务，大大提高了业务监管的能力和效率。

四、教学组织方式

（一）问题清单及提问顺序、资料发放顺序

本案例讨论题目依次为：

1.中储粮为什么要进行信息系统改革？

2.改革时对原架构进行了什么调整？

3.如何利用合作伙伴关系进行改革？

4.如何利用信息与沟通的要求进行改革？

5.此次改革对中储粮的内部控制结构有什么影响？

（二）课时分配

1.课后自行阅读资料：约 0.5 小时；

2.小组讨论并提交分析报告提纲：约 0.5 小时；

3.课堂小组代表发言、进一步讨论、总结：约 1 小时。

（三）讨论方式

本案例可以采用四人一组的方式进行小组式讨论。

（四）课堂讨论总结

课堂讨论总结的关键是：归纳发言者的主要观点；重申其重点及亮点；提醒大家对焦点问题进行进一步思考；建议大家对案例素材进行扩展研究和深入分析。

▲ 案例3 ▲

万福生科："稻谷霉变"背后的故事①

编写目的

本案例旨在引导读者理解与掌握内部控制在企业管理中的重要作用。通过万福生科的案例介绍，读者可以深化对内部控制理论的了解与应用。同时，可以从我国上市企业内部控制缺失的具体案例中辨别内控缺失的环节，了解实务中进行内部控制设计的重要性，从而明确内部控制的重要作用。

知 识 点

内部控制理论知识概述

关 键 词

风险管理；内部控制；重要性；整改措施

摘 要

万福生科本是业内一家寂寂无闻的稻米加工企业，通过财务造假手段虚构利润，于2011年成功在创业板挂牌上市。当其财务造假丑闻被曝光之后，其业绩迅速下滑。本文将从内部控制角度对万福生科的"霉变"事件进行分析，引导读者关注风险管理，并将其运用到具体问题中。

案例正文

2011年9月，万福生科（湖南）农业开发股份有限公司（以下简称"万福生科"）以每股25元的发行价成功登陆创业板，加上超募资金，共募集4.25亿元，一夜之间成为行业内耀眼的明星。"绿色先锋""小米粒享有大价值""稻米精深加工第一股"等诸多荣耀头衔被冠在万福生科头上。

然而，自其财务造假丑闻被曝光以来，"稻谷霉变"才为人所知。在长达9个月的调查之后，中国证券监督管理委员会（以下简称"证监会"）对此造假事件开出了号称史上最严罚单。那么，是什么让万福生科走到了索赔额巨大、业绩江河日

---

① 万福生科案例：根据迪博企业风险管理技术有限公司内部控制案例库相关案例改编。

下的地步呢？是什么让这粒金稻谷发生了“霉变”呢？

一、公司概况及案例背景

（一）公司概况

万福生科坐落于湖南省常德市，万福生科前身为成立于2003年的湖南省桃源县湘鲁万福有限责任公司。

自成立以来，万福生科一直从事稻米精深加工系列产品的研发、生产和销售，即以稻谷、碎米作为主要原料，通过自主设计的工艺体系和与之配套的设备系统，运用先进的物理、化学和生物工程技术，对稻米资源进行综合开发，生产大米淀粉糖、大米蛋白粉、米糠油和食用米等系列产品，其主营产品为“畎福”大米。

（二）案例背景

万福生科本是业内一家寂寂无闻的稻米加工企业。2011年9月27日，万福生科在创业板成功挂牌上市，发行价25元/股，当天报收29.04元/股。

2012年，湖南证监局对上市不满1年的万福生科进行例行现场检查。督导小组竟然发现万福生科存在3套账本：税务账、银行账及一套公司管理层查阅的反映实际收支的业务往来账，万福生科造假问题由此浮现。

2013年3月2日，万福生科发布公告，承认在2008—2011年累计虚增收入约7.4亿元，虚增营业利润约1.8亿元，虚增净利润约1.6亿元。同月底，万福生科发布致歉公告，因公司2008—2011年财务数据存在虚假记载，已被深交所谴责两次，若再受公开谴责，按照创业板上市规则，上市3年内遭受3次公开谴责，将面临退市风险。

2013年5月10日，证监会公布对万福生科造假案的处罚，对万福生科罚款30万元，对龚永福处以30万元罚款，拟对龚永福、覃学军采取终身证券市场禁入措施。对其余19名高管分别处以5万至25万元的罚款。龚永福、覃学军的欺诈发行及虚假记载行为涉嫌犯罪，已移送公安机关追究刑事责任。对保荐机构平安证券、会计师事务所中磊会计师事务所和律师事务所湖南博鳌律师事务所各自给予处罚，相应的责任人也受到了处分。

二、案例概况

（一）万福生科内部控制要素分析

万福生科的“霉变”，表面看是财务造假，实际上是由于其内部控制机制的薄弱造成的。其内部控制问题主要体现在内部环境、信息与沟通、监督3个方面。

1.内部环境问题

万福生科上市的时候，原本按规定设立了会计事务室、证券事务室等，但后来有的合并了，有的还改成了洗手间。虽然设立了股东大会、董事会、监事会和经理层，但事实上，并没有形成各司其职、相互制约的法人治理结构，公司实际由董事长龚永福一人掌控。

因此，在龚永福的授意下，万福生科的相关人员肆无忌惮地造假。除了基本的公司治理结构未形成，公司也缺乏反舞弊机制，尤其是未将反舞弊提高到企业文化的层次，反舞弊的理念并未深入人心。通过事后对龚永福的采访，他表示财务造假只是包装上市的一个步骤，并不知事情性质会如此严重。这足可见，作为公司的高层领导，其法律意识、行业道德包括管理理念何其淡薄。

2.信息与沟通问题

万福生科最令人深恶痛绝的便是向外界信息使用者有意传递虚假信息。

万福生科在招股说明书中公布了自2008年以来连续3年半的前5名客户销售情况。在这些客户中，一家名为"东莞樟木头华源粮油经营部"的客户显得扑朔迷离。根据招股书，2008年和2009年，万福生科向该客户销售950万元和1 191万元的大米，在前5名客户中排名第四；2010年，东莞樟木头华源粮油经营部从万福生科客户前5名中消失，随后在2011年上半年重新出现，并以1 056万元的销售额继续位列第四名，累计销售额3 197万元。

但是，根据事后的调查，该公司早在2007年就已经终止了与万福生科的合作。这意味着，万福生科招股说明书中披露的有关东莞樟木头华源粮油经营部的销售情况涉嫌虚假陈述和虚增收入。

万福生科的重大客户湖南傻牛食品厂已经停产数年之久，但是在万福生科招股说明书中显示，2008年其向湖南傻牛食品厂销售产品的金额为1 078万元，2011年上半年销售额为1 100万元。

试问一家已基本停产的企业，还如何采购以千万元计算的麦芽糖浆？为了让虚假的业务看起来更为真实，万福生科实施一系列造假手段，包括私刻客户公章、编造销售合同、虚开销售发票、编制银行单据、编制假出库单等。为了让虚增的销售额没有破绽，万福生科也主动到税务部门为假收入纳税。

除此之外，为了上市，支持虚增的销售量，万福生科在上市前拼命在各大超市铺货，以制造"销售兴旺"的虚幻景象。但实际上，万福生科的主营产品"啶福"大米市场占有率并不高，湖南、广东等地各主要超市和大米经销商处甚至见不到该品牌的身影。股票成功上市后，常德的大小超市一粒"啶福"大米都看不到。

3.监督问题

（1）内部监督

根据首次公开募股（IPO）前3年的财务公告，2008—2010年，万福生科公示的营业收入、营业利润、净利润分别为9.89亿元、1.28亿元、1.21亿元，但根据事后调查结果得知，其真实业绩仅为5.29亿元、0.13亿元、0.2亿元，即营业利润、净利润中有90%、84%为造假。因此，可以发现万福生科的内部审计严重缺位。

万福生科虽然设有股东大会、董事会、监事会，但事实上并没有形成各司其职、相互制约的法人治理结构。该公司实际由董事长龚永福一人掌控，监事会并未起到应有的作用。

（2）外部监督

在万福生科被立案稽查的前夕，9月11日，保荐公司上市的平安证券两位保代吴文浩和何涛还出具了对万福生科2012年1—6月规范运作情况的跟踪报告，结果显示：公司较好地执行了《公司章程》《股东大会议事规则》《董事会议事规则》《关联交易决策制度》等规章制度。与此同时，平安证券还宣称公司的募投项目"循环经济型稻米精深加工生产线技改项目"并没有发生重大变化。

从现在来看，平安证券作为保荐公司，其所谓的督导只是流于形式，没有尽到应尽的督导责任，在万福生科此次业绩造假事件中，难辞其咎。

三、主要参考文献

本案例的关注重点是万福生科的内部控制缺陷，与此相关的参考资料除了前面案例正文中提供的背景资料，还包括《企业内部控制基本规范》和企业内部控制配套指引等相关法规以及相关行业资料。

如果需要进行扩展研究，还可参考以下资料：

[1] 张意. 万福生科公司内部控制案例分析 [J]. 江苏商论，2019（2）：118-120.

[2] 王琪. 万福生科财务造假案例分析 [J]. 现代商贸工业，2019，40（2）：131-132.

[3] 柯文洁. 浅议地方政府干预与企业IPO造假——基于万福生科造假案例 [J]. 会计师，2016（8）：22-23.

[4] 刘倩，束颖. "创业板造假第一股"万福生科案例研究与分析 [J]. 经济研究导刊，2015（13）：117-119.

四、讨论题目

万福生科的"霉变"自暴露以来一直受到媒体和社会公众的关注，也引发了人们对财务造假上市问题的思考。下面请同学们思考以下问题：

1.万福生科的组织结构是怎样的？

2.万福生科的造假手段有哪些？

3.从这些造假手段中可以看出万福生科内部控制有哪些缺陷？

4.若你是中介机构的保荐人员，应如何发现万福生科的欺骗行为？

5.万福生科退市后，应该采取哪些整改措施？

6.该案例对整个资本市场有什么启示？

案例使用说明

一、本案例要解决的关键问题

本案例要解决的关键问题是：通过引导读者关注内部控制在企业风险管理中的作用，一方面帮助读者根据万福生科案例基于风险管理层面深化对内部控制理论的了解；另一方面能够使读者在上市企业内部控制的具体案例中，辨别内控缺失的环节，认识内控环节缺一不可且不能虚有其表，从而学习实务中内部控制制度设计和内部控制制度实施过程中的关键点。

二、案例讨论的准备工作

为了有效实现本案例目标，读者应该具备下列相关知识背景：

（一）理论背景

2004年，美国COSO发布了《企业风险管理——整合框架》（COSO-ERM），首次把内部控制从"过程观"提升到了"风险观"，更进一步说明了内部控制在企业风险管理中起到的作用，同时也明确了内部控制是企业日常经营活动的必不可少的组成部分。

2006年我国宣布成立内部控制标准委员会，这标志着我国也正式开始建设企业内部控制体系。2008年，我国发布了全新的《企业内部控制基本规范》；2010年，我国颁布了企业内部控制配套指引。我国开始建立起一套完整的、以基本规范为统领的，以应用指引、审计指引、评价指引等配套办法作为补充的标准内部控制体系。

从内部控制理论的沿革过程来看，内部控制概念大体经过了内部会计控制、内部控制制度、内部控制结构和内部控制成分等几个主要阶段。从内部控制理论的发展过程来看，现代组织中的内部控制目标已不是传统意义上的查错和纠弊，而是涉及组织管理的方方面面，呈现出多元化、纵深化的趋势。

（二）行业背景

据统计，到2008年年底，我国粮食加工规模企业11 700家，其中大米加工厂7 698家，目前分布在全国城乡的日产15万~30万吨的小型大米加工机组不下10万台，其年加工能力超过1亿吨。而小米加工厂不具备加工米糠油的条件。

2011年左右，中国稻米加工仍基本处于一个初级加工阶段。低水平的重复建设，造成碾米工业生产能力大大过剩；企业规模小、分布散等问题严重制约着稻米资源的深加工利用，即大米加工行业的"小、散、低"的状况还相当突出。而长期以来产业分工的局限，也影响着米制食品工业的发展。

与此同时，2010年前后，受原料价格高、大米需求不振等影响，中国大米加工企业利润空间不断被压缩,开工率普遍不高,整体收益下降。

(三)制度背景

我国发布《企业内部控制基本规范》作为企业内部控制的现行规范;发布以《企业内部控制配套指引》为补充的相关内部控制体系。(本制度背景适用于以下各案例,不再累述)

三、案例分析要点

(一)需要读者识别的关键问题

本案例需要读者识别的主要知识点包括:内部控制五要素等内部控制基本理论。

(二)解决问题的可供选择方案及其评价

1.规范完善组织架构

根据我国相关法律法规的规定,建立董事会、监事会、独立董事和管理者等相互制衡的公司治理模式,企业内部形成相互制约与相互制衡的关系。企业一切重大的人事任免和重大的经营决策一定要召开股东大会集体商议,经由股东大会认可和批准方可生效。监事会作为公司常设的监察机构,与董事会并立,独立地行使对董事会、总经理、高级职员以及整个公司管理的监督权,且为保证监事会和监事的独立性,监事不得兼任董事和经理。

评价:尽管具有完善组织架构的企业不一定能完全杜绝企业中的欺诈舞弊行为,但若没有规范的、完善的组织架构,一定会导致监督防范功能的不全面。若万福生科的监事会、独立董事能发挥自己的职能,对管理者的决策能投票表决,那么万福生科的董事长就不会"一家独大",其他高层管理者也不会对欺诈舞弊行为视而不见,甚至成为帮凶。

2.诚信意识及法律意识要深入人心

龚永福表示他并不知财务造假性质会如此严重。这足可见,作为公司的高层领导,其法律意识是何其淡薄。

因此开展对公司领导层的法律法规培训,提高他们的法律意识、合规意识显得尤为重要。另外,加强企业文化建设也是避免法律风险的重要环节,要把诚实守信、积极向上的价值观融入企业的日常经营中。诚实守信的经营理念决定了企业经营的思维方式和处理问题的方法,这种方式方法,会指导公司朝向科学的、健康的方向发展,自觉绕开违法违规行为。

评价:企业文化是一个企业重要的组成部分,对指导员工及管理层的行为有着重要的作用。它不应当仅仅是"诚信""正直"这样的空口号,不应当仅仅停留在标语上,而应该渗透所有员工的日常行为中。一旦这种正确的意识自觉转化为人的行为,其对公司治理及运营的助力是难以想象的。

3.上市机制改革

我国有四个证券交易所:上海证券交易所、深圳证券交易所、香港交易及结算所有限公司（简称"港交所"）及台湾证券交易所股份有限公司。我国国内的企业大多是在沪深交易所上市，截至2018年年底，大约有3 500家上市企业。

新股的发行监管制度主要有3种：审批制、核准制和注册制。审批制是在1990—2000年中国股票发行采取的行政制度。2004年之后，我国新股发行采取核准制度中的保荐制度。虽然保荐制相较于我国以前的新股发行制度有了很大的进步，但保荐制度也有很多弊端，例如，保荐人的专业素养不够，推荐人和相关责任人之间的权责不能正常合理分开。新修订的证券法施行后我国发行监管制度采用注册制的具体范围和实施步骤由国务院规定。

评价：核准制对于证券公司推荐责任确实存在软约束问题，要解决这个问题并非一日之功，要推动发行监管制度这样上层制度的改革需要深入讨论。

（三）推荐解决问题的方案

本案例的解决方案有以下几点：

1.规范内部治理结构

要避免董事长一言堂的现象发生，最关键的还是要建立规范的现代企业内部治理结构。

从案例中不难看出，万福生科的内控机制极为薄弱，连基本的公司治理结构都没有形成，难以各司其职，相互制约，董事长一人说了算。这就不难解释为什么万福生科在龚永福的授意下肆无忌惮地造假而没有内控机制进行约束了。

2.慎选中介机构并降低法律风险

针对此次造假案，万福生科毋庸置疑必须负主要责任，但是平安证券等中介机构的失职失察也起到了推波助澜的作用。

对于企业来说，上市是机遇也是挑战，企业上市后能获得更大的发展空间，但是同时也会面临许多的操作风险。企业可能会因为不熟悉运作流程、政策法规而触碰法律底线，专业的中介机构的指导和帮助，此时显得尤为重要。勤勉尽责的中介机构会对企业的各项活动层层把关，对不合理的、不达标的地方给出中肯建议，同时也起到一个监督作用，把企业的违法违规行为扼杀在摇篮里，从而避免日后发生更大的纠纷，能有效降低法律风险。因此企业一定要慎选中介机构，要让专业、审慎、负责的中介机构为自己保驾护航。

四、教学组织方式

（一）问题清单及提问顺序、资料发放顺序

本案例的参考资料及其索引，在讲授有关知识点之后一次性派发给读者。问题清单及提问顺序：

1.万福生科的组织结构是怎样的？

2.万福生科的造假手段有哪些？

3.从这些造假手段中可以看出万福生科内部控制有哪些缺陷？

4.若你是中介机构的保荐人员，应该怎么去发现万福生科的欺骗行为？

5.万福生科退市后，应该采取哪些改进措施？

6.该案例对整个资本市场有什么启示？

（二）课时分配

1.课后自行阅读资料：3小时；

2.小组讨论并提交分析报告提纲：约3小时；

3.课堂小组代表发言、进一步讨论：约3小时；

4.课堂讨论总结：约0.5小时。

（三）讨论方式

本案例可以采用四人一组的方式进行小组式讨论。

（四）课堂讨论总结

课堂讨论关键点总结：归纳并记录发言者的主要观点；重申其重点及亮点；提醒读者对焦点问题进行进一步思考；建议读者对案例素材进行扩展研究和深入分析。

第 2 章　内控理论

案例 4

"鹿"的消失——三鹿事件内控透视

编写目的

本案例旨在引导读者通过内部控制五要素加深对内部控制相关理论的理解，通过三鹿事件这一案例，提高读者的内部控制专业知识水平，加深对内部控制理论与实务的理解与掌握。

知 识 点

内部控制基本理论

关 键 词

风险管理；内部控制；整改措施

摘　要

三鹿集团破产引发中国奶业的"大地震"，其内部控制到底扮演了什么样的角色?鉴于《企业内部控制基本规范》体现了国内内部控制的最新观念，本文运用该规范对三鹿集团进行内部控制分析，引导读者关注风险管理并将《企业内部控制基本规范》应用到企业经营中。

案例正文

2008 年 9 月 8 日甘肃岷县 14 名婴儿几乎同时诊出患有"肾结石"，引起外界关注。至 2008 年 9 月 11 日甘肃全省共发现 59 例"肾结石"患儿，部分患儿已发展为肾功能不全，同时已死亡 1 人，这些婴儿均食用了三鹿奶粉。

由三鹿奶粉引发的"奶粉事件"震动全国。该事件不仅对整个乳制品行业影响重大，在竞争主体、产品结构、企业架构、供应链等方面将重新洗牌，而且引发了公众对国家危机应对体制、社会道德和企业责任等问题的讨论和反思，该事件也暴露了企业在内部控制方面的缺陷和不足，应当引起我们对如何建立健全有效的内控机制的思考。

一、公司概况及案例背景

（一）公司简介

石家庄三鹿集团股份有限公司（以下简称"三鹿集团"）商标如图2-1所示，是一家位于河北省石家庄市的中外合资企业，主要业务为奶牛饲养、乳品加工生产，主要经营产品为奶粉。三鹿集团的前身是1956年2月16日成立的"幸福乳业生产合作社"，一度成为中国最大奶粉制造商之一，其奶粉产销量连续15年全国第一。2008年12月24日，三鹿集团被法院颁令破产。2009年3月4日，三元集团以6.1650亿元成功拍得三鹿资产，该资产包起拍价为6亿元，三鹿集团现已被三元收购。

图2-1　三鹿集团商标

（二）股权结构（如图2-2所示）

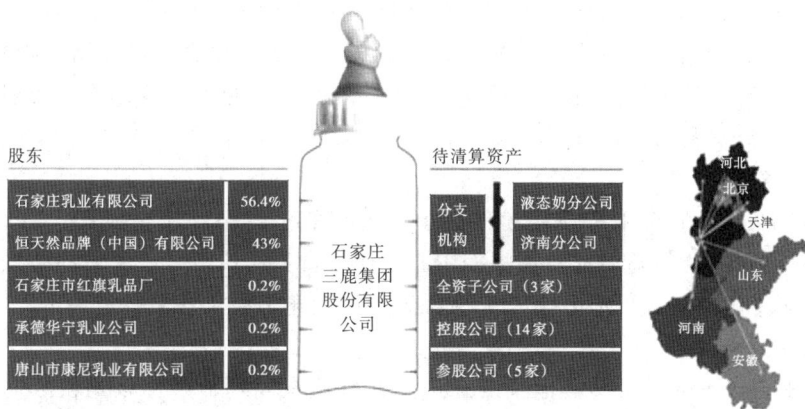

图2-2　三鹿集团股权结构图①

资料来源：三鹿集团市场监督管理资料。

---

① 数据来源于2009年1月5日《财经》杂志总第228期。

（三）组织架构（如图2-3所示）

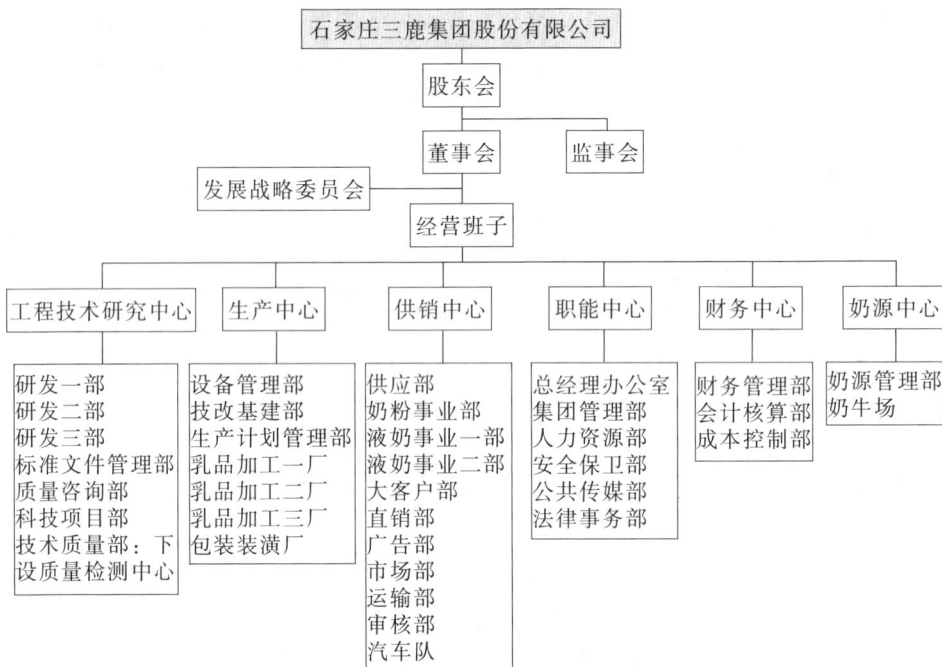

石家庄三鹿集团股份有限公司

股东会

董事会　　监事会

发展战略委员会

经营班子

工程技术研究中心	生产中心	供销中心	职能中心	财务中心	奶源中心
研发一部 研发二部 研发三部 标准文件管理部 质量咨询部 科技项目部 技术质量部：下 设质量检测中心	设备管理部 技改基建部 生产计划管理部 乳品加工一厂 乳品加工二厂 乳品加工三厂 包装装潢厂	供应部 奶粉事业部 液奶事业一部 液奶事业二部 大客户部 直销部 广告部 市场部 运输部 审核部 汽车队	总经理办公室 集团管理部 人力资源部 安全保卫部 公共传媒部 法律事务部	财务管理部 会计核算部 成本控制部	奶源管理部 奶牛场

图2-3　三鹿集团组织架构①

二、案例回放

（一）事件背景

2000年后，因为我国经济的迅速发展，乳制品市场转变成一个很大市场。在此因素影响下，知名品牌三鹿牌奶粉顺势推出一袋18元人民币（约3美元），不到进口奶粉一半价格的婴幼儿配方奶粉，之后成为大陆重要且知名婴幼儿奶粉品牌，多年蝉联自制乳品市场的首位。不过因为需求甚殷、价格竞争等因素，公司与政府均漠视生产流程及质量控管。

（二）爆发前序

早在2004年的阜阳劣质奶粉事故中，公布的不合格奶粉企业和伪劣奶粉中，三鹿奶粉亦在列，但随后证实为疾控中心工作人员失误所致，三鹿奶粉被撤出"黑名单"，多个国家机关联合发文，要求各地允许三鹿奶粉正常销售。

（三）揭发受阻

2008年，一位网民揭露他买的三鹿奶粉有质量问题，声称该奶粉令他女儿小便异常，向三鹿集团和县工商局交涉未果，该网民网上发文自力救济。三鹿集团地区经理以价值2 476.8元的四箱新奶粉为代价，取得该网民的账户密码并请求删除

① 图片来源于北大纵横——"毒奶粉"三鹿集团管理体系设计报告。

网上有关帖子。

随后,三鹿集团对送达的原料乳200份样品进行了检测,确认是"人为向原料乳中掺入三聚氰胺",确认因自己集团生产的奶粉导致众多婴儿患病后,三鹿集团开始进行危机公关工作。

三、案例概况

(一)三鹿集团的内部控制要素分析

1.内部环境问题

内部环境是企业建立与实施有效内部控制的重要基础。

三鹿集团的大股东是石家庄乳业有限公司,享有56.4%的控股权。第二大股东是新西兰恒天然集团,持有三鹿集团43%的股权。其余股份由小股东持有。从表面上看,三鹿集团具有形成良好治理的所有权结构。但大股东推行的是员工持股,并且由经营者持大,96%左右的股份由900多名老职工拥有,其余股份由石家庄国资委持有。

因此,三鹿集团的实际控制人或者说股权相当分散,以田文华为代表的强势管理层的存在,使得三鹿集团的治理结构演变成内部人控制。

2.风险评估问题

风险评估是企业建立与实施有效内部控制的重要环节。食品行业是国际上公认的高风险领域。对乳品企业来说,最重要的风险点无疑是原料奶的采购质量。

我国农户的奶牛养殖规模小且分散,乳制品行业采用的原奶采购模式是"奶农—奶站—乳企"。这种模式固然有不需要建立自有牧场、能迅速扩大奶源的优点,但缺点是增加了中间商环节,且乳企无法直接、全面地控制奶农和奶站,而我国的奶站建设基本上没有门槛,也缺乏具体的管理办法及监管部门。

为了保证食品的源头安全,乳企需防止食品添加剂的不规范使用和滥用。但在蒙牛、伊利等标杆企业的竞争压力之下,奶源建设曾经是全国样板的三鹿集团大量增资扩产,在激烈的原奶争夺战中,采购环节的质量控制弱化,最终酿成了毒奶粉事件。

3.控制活动问题

控制活动是建立与实施有效内部控制的重要手段。在食品行业,质量控制是重中之重。按照业务流程进行生产经营管理,是确保产品质量的一种最基本的控制活动。乳企应建立直管的奶站,从饲料种植、科学饲养到挤奶、储运,实行全方位、全过程监控,严把质量检验关。

三鹿奶粉号称有1 100道检测工序,为何没有检出三鹿奶粉的三聚氰胺含量特别高?一个简单的检测工序就是如果鲜奶中含三聚氰胺,奶粉经过鲜奶喷雾,会阻塞喷头。而且三聚氰胺微溶于水,掺入鲜奶暂时成为混悬液,放置后应该会有大量沉淀。三鹿集团没有直接控制的奶源,且奶源设施简陋、管理落后、卫生条件差,低价收购对应的是质量检验的放松。跑马圈地式的粗放扩张、不计成本的奶源争夺，在此次"三聚氰胺"事件中被完全暴露出来。

建立重大风险的预警机制和突发事件的应急处理机制，确保突发事件得到及时妥善的处理，是控制活动的特殊措施。

2008年，在毒奶粉事件中，预警机制的失灵，是"三鹿事件"暴露出的重大问题之一。三鹿集团在明知自己的产品中含有可能致人伤害的三聚氰胺的情况下，非但不采取积极补救措施，相反仍存侥幸之心，继续生产和对外销售，导致事态扩大。

同时，三鹿集团的应急机制几近失效。三鹿集团采取对媒体隐瞒和否认的强势危机公关做法，从坚决否认到遮遮掩掩，从推卸责任到被迫道歉，只是在事件到了无法隐瞒的时候，才开始进行产品的全面召回。

4.信息与沟通问题

信息与沟通是建立与实施有效内部控制的重要条件。在高速发展过程中，三鹿集团的企业规模不断扩大，无法有效地管理企业，成为制约三鹿集团发展的一大问题。

三鹿集团是一个传统的制造型企业，IT技术储备不完善，每个部门的数据无法有效地收集、存储。只有建立一个通畅的企业内部信息网络，才能真正做到快速、有效地管理企业。

此外，《中华人民共和国食品安全法》规定，食品安全事故的发生单位应当及时向事故发生地县级卫生行政部门报告。但三鹿集团"长期隐瞒问题"，既没有积极主动地收集、处理和传递相关信息，也没有及时向政府相关部门报告情况，更没有积极主动地向社会披露信息。

5.内部监督问题

内部监督是建立与实施有效内部控制的重要保证，包括常规、持续的日常监督和有针对性的专项监督两大方面。驻站员监督检查是三鹿集团内部控制日常监督中至关重要的一环，对从源头上保证产品质量意义重大。三鹿集团在养殖区建立了技术服务站，派出驻站员，监督检查饲养环境、挤奶设施卫生、挤奶工艺程序。然而，三鹿集团的驻站员监督检查职能未能落实到位，缺乏内部控制的专门监督机构对驻站员的工作进行日常监督，导致在原奶进入三鹿集团的生产企业之前，缺乏对奶站经营者的有效监督。

在这方面，蒙牛的做法值得借鉴。派驻奶站的工作人员定期轮岗，并增加"奶台"环节，检测合格后，再运送到加工厂；负责运输的车辆配备卫星定位系统，到了工厂之后进行二次检验，同时进行不定期的巡回检查。

为了及时发现内部控制缺陷，修正与完善内部控制系统，专项监督不可或缺。

2004年，在追查"大头娃娃"劣质奶粉过程中，三鹿集团被列入不合格奶粉和劣质奶粉"黑名单"。随后，三鹿婴幼儿奶粉及系列奶粉在全国遭到封杀，每天损失超过 1 000 万元,三鹿集团陷入生存危机。经过快速、灵活、务实的紧急公关,三鹿集团成功化解了此次突发危机,还荣获 2003—2004 年度危机管理优秀企业称号。

但遗憾的是,"大头娃娃"劣质奶粉事件并没有让三鹿集团警醒。三鹿集团看到的只是农村奶粉市场的外部扩张机会,根本没有将关注点放在内部控制机制的完善上。轰动一时的三鹿"早产奶"事件中,生产厂商销售部与仓库人员在经济利益的驱动下,为了缩短物流时间,违背业务流程和相关法规,擅自将正在下线并处在检测过程中的"三鹿原味酸牛奶"提前出厂。三鹿集团本应开展全面的业务流程专项大检查,但除了将销售部门有关人员调离岗位,对三鹿酸奶销售直接负责人扣除 20% 年薪外,并未从消除内控隐患的角度去解决问题。

(二)三鹿集团的内部控制五目标分析

1.合法合规目标

三鹿集团在市场和利润的诱惑面前,置合法合规目标于不顾,导致三鹿婴幼儿奶粉里掺入大量的有毒化学原料"三聚氰胺",致使多名婴儿死亡。

2.资产安全目标

随着三鹿毒奶粉事件曝光,三鹿集团一度拥有的近 150 亿元无形资产瞬间灰飞烟灭。截至 2008 年 12 月 31 日,三鹿集团经财务审计和资产评估后的净资产为 -11.03 亿元(尚不包括 2008 年 10 月 31 日后企业新发生的各种费用),已经资不抵债。

3.报告目标

三鹿集团言行不一,信息披露没能遵循诚信原则。2007 年 12 月,三鹿集团检验发现奶粉异常,确定其中含有三聚氰胺。三鹿集团管理层对此置若罔闻,采取拖延和瞒报的手段,意图瞒天过海。之后,恒天然集团向石家庄市反映情况无果。最后,不得已通过新西兰总理直接向中国政府反映情况。不及时披露信息,甚至瞒报、谎报信息,三鹿集团的信息报告目标与内部控制要求是背道而驰的。

4.经营目标

三鹿集团采取的是"牌子(三鹿)+奶源(地方小乳品厂)"的经营策略,大量收购地方加工厂、增资扩产,大肆进行贴牌生产,在快车道上高速行驶,经济指标年均增长 30% 以上,创造了令人惊讶的"三鹿速度"。

但急速扩张的三鹿集团,面临的问题是旗下子公司、联营企业和合营企业大多厂房破旧、设备简陋,资金收入、设备及内部管理跟不上,奶源的卫生安全管理处于盲点状态,产品质量管理水平大大降低,经济效益和社会效益、生态效益割裂,相伴而生的经营风险不断累积。

5.战略目标

三鹿集团制定了积极扩张的企业发展战略,目标是确保配方奶粉,力争功能性食品和酸牛奶产销量全国第一,液态奶及乳饮料保持前三位。但在全球性奶源危机的背景下，奶源短缺和竞争激烈是奶业发展的突出特征。原奶供应能力出现巨大缺口，原奶市场已由买方市场转变为卖方市场。没有足够的优质奶源，发展战略的实现就应放缓。

（三）解决措施

1.成立监督管理部门

成立一个专门的监督管理部门，并制定一系列规范条例，严格按条例执行，确保发挥其职能，从而及时发现公司存在的问题，保障公司高速正常运转。

2.建立预警线机制

建立重大风险的预警线机制，确保突发事件得到及时妥善的处理，是控制活动的特殊措施。在毒奶粉事件中，预警机制失灵是三鹿事件暴露出来的重大问题之一。三鹿集团在明知自己的产品中含有可能致人伤害的三聚氰胺的情况下，不采取积极补救措施，仍存在侥幸心理，继续生产和对外销售，导致事态扩大。

3.完善危机管理

三鹿事件虽然说发生得很突然，但是其发生是有原因的。从危机管理的角度来说，三鹿集团缺少一套行之有效的危机应对机制，导致从危机的源头奶源事业部到中间的客服部，再到高层，各个部门都没有起到应有的作用。危机来源于奶源，奶源事业部由于缺乏危机意识，放松了警惕没有将危机消除在萌芽状态；客服部由于没有危机意识，对消费者的投诉推迟上报，失去了解决问题的最佳时机；企业高层同样对危机的认识不足，作出了一系列的错误决策最终导致企业误入歧途。

四、主要参考文献

[1] 佚名. 案例之一：歧"鹿"亡羊 [J]. 中国总会计师，2010（3）：45-47.

[2] 胥安学. 企业内部控制体系构建初探——基于三鹿奶粉事件的思考 [J]. 财政监督，2009（20）：68-69.

[3] 袁敏. 从三鹿奶粉事件看企业内部控制的实施 [J]. 财务与会计，2009（2）：24-25.

五、讨论题目

三鹿奶粉事件在社会上引起了广泛讨论，人们对食品安全的关注程度明显提高，尤其是婴幼儿食品，同时对我国婴幼儿奶粉行业也产生巨大的影响。本案例的侧重点仅在于三鹿集团内部控制执行缺陷及整改措施，请重点思考如下问题：

1.简述石家庄三鹿集团股份有限公司发生毒奶粉事件的过程。

2.事件发生后管理层是如何做的？

3.导致本案例发生的主要原因是什么？

4.如何从内部控制五要素方面进行改进？

案例使用说明

一、本案例要解决的关键问题

本案例要解决的关键问题是：引导读者进一步关注内部控制在企业管理中起到的作用。根据三鹿奶粉事件资料，读者可以在理论学习的基础上了解公司在内部控制方面会出现什么样的问题，并将这些问题与知识点结合，从而有利于对知识点的深化理解。该事件公司出现较严重的内部控制问题，可以对读者起到警示作用，将来到工作岗位上也能重视内部控制问题。

二、案例讨论的准备工作

为了有效实现本案例目标，读者应该具备下列相关知识背景：

（一）行业背景

1999—2004年被称为"我国奶业的超常规发展时期"，这也是我国奶业的大发展阶段。我们用超出奶牛本身价值的高价从澳大利亚、新西兰进口奶牛，最后被套住的却是辛苦的奶农。我国原料奶的定价权基本掌握在乳品加工企业的手中，奶农根本没有话语权。

我国每年的3—8月奶源相对过剩，也是牛奶价格最低、拒收率最高、问题牛奶最多的时候。尤其在夏季，牛奶的乳蛋白率和乳脂率普遍低于冬季，为了使乳蛋白率达标，获得更好的收入，在原料奶中加尿素、米糊（甚至是三聚氰胺）等提高乳蛋白率的物质是不法分子的常用伎俩。从最早曝光"三鹿奶粉"事件的发生时间来看，刚好与这段时间吻合。

当时，全国的乳制品加工企业达到1 600多家，很多大企业不考虑利用现有资源进行兼并与重组，而是盲目投资和重复建设。很多省份的乳品企业新投产加工能力大大超过实际原料奶的供应量，造成资源闲置。而地方政府为了发展地方奶牛业、提高税收，不考虑加工厂布局和自有奶源基地的配套，在50千米的范围内建设2个日处理能力300吨的加工厂，奶源基地的重叠导致奶源大战。

除此之外，当时我国的原料奶收购新标准还没有出台，沿用的是《生鲜牛乳收购标准》（GB 6914—86）。该标准规定的乳蛋白率指标偏低，细菌数指标偏高，缺乏体细胞数的指标，与国际奶业发达国家的标准还有一定的差距，没有类似三聚氰胺等有毒有害的化学物质检测要求。

（二）企业背景

三鹿集团全称石家庄三鹿集团股份有限公司，是集奶牛饲养、乳品加工、科研开发于一体的大型企业集团，连续6年入选中国企业500强。20世纪90年代初，该公司开创了"奶牛+农户"饲养管理模式,曾为三鹿确立了被同行效仿的奶源优势。2007年,集团实现销售收入100.16亿元,同比增长15.3%。但是这种高增长背后隐藏的内部控制及其环境问题却被严重忽视。

三、案例分析要点

(一)需要我们识别的关键问题

本案例需要识别的主要知识点包括:内部控制五要素、企业内部控制存在的缺陷及整改措施。

(二)解决问题的可供选择方案及其评价

1.关于内部控制五要素

(1)控制环境(control environment)包括组织人员的诚实、伦理价值和能力;管理层哲学和经营模式;管理层分配权限和责任,组织、发展员工的方式;董事会提出的关注方向。控制环境影响员工的管理意识,是其他要素的基础。

(2)风险评估(risk assessment)是指确认和分析实现目标过程中的相关风险,是管理何种风险的依据。它随经济、行业、监管和经营条件而不断变化,需建立一套机制来辨认和处理相应的风险。

(3)控制活动(control activities)是帮助执行管理指令的政策和程序。它贯穿整个组织、各种层次和功能,包括各种活动如批准、授权、证实、调整、经营绩效评价、资产保护和职责分离等。

(4)信息的沟通与交流(information and communication)是指信息系统产生各种报告,包括经营、财务、守规等方面的报告,使得对经营的控制成为可能。处理的信息包括内部生成的数据,也包括可用于经营决策的外部事件、活动、状况的信息和外部报告。所有人员都要理解自己在控制系统中所处的位置,以及相互的关系;必须认真对待控制赋予自己的责任,同时也必须同外部团体如客户、供货商、监管机构和股东进行有效的沟通。

(5)通过监控(monitoring)正常的管理和控制活动以及员工执行职责过程中的活动,监控经营环境,评价系统运作的质量。不同评价的范围和步骤取决于风险的评估和执行中的监控程序的有效性。对于内部控制的缺陷要及时向上级报告,严重的问题要报告到高层管理者和董事会。

2.关于内部控制存在的缺陷

第一,在内部控制方面,以田文华为代表的较强势管理层使得三鹿集团的治理结构演变成内部人控制。

第二,在风险评估方面,食品行业是国际上公认的高风险领域。对乳品企业来说,最重要的风险点无疑是原料奶的采购质量。只有经过风险评估证明安全可靠、技术上确有必要的,才能列入允许使用的食品添加剂范围。但是,我国的奶站建设基本上没有门槛,也缺乏具体的管理办法及监管部门。

第三，控制活动方面，控制活动是建立与实施有效内部控制的重要手段。然而，三鹿集团没有直接控制的奶源，且奶站设施简陋、管理落后、卫生条件差，低价收购对应的是质量检验的放松。三鹿集团采取对媒体隐瞒和否认的强势危机公关做法，从坚决否认到遮遮掩掩，从推卸责任到被迫道歉，预警机制的失灵，是三鹿事件暴露出的重大问题之一。

第四，信息与沟通方面，《中华人民共和国食品安全法》规定，食品安全事故的发生单位应当及时向事故发生地县级卫生行政部门报告。三鹿集团是一个传统的制造型企业，IT技术应用较少，每个部门的数据无法有效地搜集、存储。在高速发展过程中，三鹿集团的企业规模不断扩大，但无法有效地管理企业，这成为制约三鹿集团发展的一大问题。

第五，内部监督方面，驻站员监督检查是三鹿集团内部控制日常监督中至关重要的一环，在原奶进入三鹿集团的生产企业之前，缺乏对奶站经营者的有效监督，驻站员监督检查未能落实到位，也缺乏内部控制的专门监督机构对驻站员的工作进行日常监督。

（三）推荐解决问题的方案

1.反思

（1）内部环境。三鹿集团的实际控制人或者说股权相当分散，以田文华为代表的强势管理层使得三鹿集团的治理结构变成内部人控制。我们常说"道德使之不愿、法律使之不敢、制度使之不能"，这说明诚信与道德观或者是企业文化在某种程度上是制度本身。

（2）风险评估。食品行业是国际上公认的高风险领域。对乳品企业来说，最重要的风险点无疑是原料奶的采购质量。我国乳制品行业采用的原奶采购模式是"奶农—奶站—乳企"，三鹿集团也不例外。这种模式有不需要建立自有牧场、能迅速扩大奶源的优点，但缺点是增加了中间商环节，且乳企无法直接、全面地控制奶农和奶站。而我国的奶站建设基本没有门槛，也缺乏具体的管理办法及监督部门。

（3）控制活动。在食品行业，质量控制是重中之重。按照业务流程进行生产经营管理是确保产品质量的一种最基本的控制活动。三鹿集团没有直接控制的奶源，且奶站设施简陋、管理不当、卫生条件不够，低价收购对应的是质量检验的放松。

（4）信息与沟通。早在2008年3月三鹿集团就已经接到消费者的投诉，6月反映情况的人越来越多，但直到2008年8月2日，三鹿集团才将相关信息上报石家庄市政府。这中间存在信息与沟通不及时、不全面的问题。

（5）内部监督包括常规、持续的日常监督和有针对性的专项监督两方面。从三鹿奶粉事件的表面看，主要的风险因素来自原料采购控制环节，但从事件的产生、发展来分析，则无疑牵涉到监管环境、行业特征、内部控制等多个层面。

2.启示

关于本案例，解决方案分别有以下几点：

第一，成立一个专门的监督管理部门，并制定一系列规范条例，严格按规范条例进行监督，确保发挥监督管理部门职能，及时发现公司存在的问题，使公司高速正常运转。

第二，建立重大风险的预警线机制，确保突发事件得到及时、妥善处理，是控制活动的特殊措施。在毒奶粉事件中，预警机制失灵是三鹿事件暴露出来的重大问题之一。三鹿集团在明知自己的产品中含有可能致人伤害的三聚氰胺的情况下，非但不采取积极补救措施，相反仍存在侥幸心理，继续生产和对外销售，导致事态扩大。

第三，建立适应的危机应对机制，三鹿事件虽然说发生得很突然，但是其发生是有原因的。从危机管理的角度来说，三鹿集团缺少一套行之有效的危机应对机制，导致从危机的源头奶源事业部到中间的客服部，再到高层管理者，各个部门都没有起到应有的作用，危机来自奶源，奶源事业部缺乏危机意识，放松了警惕没有将危机消除在萌芽状态；客服部由于没有危机意识，对消费者的投诉推迟上报，失去了解决问题的最佳时机；企业高层同样对危机的认识不足，作出了一系列的错误决策最终使企业误入歧途。

三鹿奶粉事件绝非个案，既然这个企业对食品安全问题一直置之不理，视若无睹，其他企业也可能存在类似的现象，只是还未被发现。因此，我们国家需要加强对奶制品乃至整个食品行业的安全进行严密的监督检查，此类问题绝非查处个别责任人或出台某项制度就可解决的，显然需要道德、法律和制度层面的整合措施。

同时这个案例也告诉我们，即使像三鹿这样的企业也仍然在内控方面存在十分大的漏洞，因此，读者应该意识到，内部控制的实施远比想象得更复杂和困难，在内部环境、风险评估、控制活动、信息与沟通、内部监督方面都做得好才能使企业稳定长久地发展下去。

四、教学组织方式

（一）问题清单及提问顺序、资料发放顺序

本案例讨论题目依次为：

1.简述石家庄三鹿集团股份有限公司发生毒奶粉事件的过程。

2.事件发生后管理层是如何做的？

3.导致本案例发生的主要原因是什么？

4.如何从内部控制五要素方面进行改进？

（二）课时分配

1.课后自行阅读资料：约3小时；

2.小组讨论并提交分析报告提纲：约3小时；

3.课堂小组代表发言、进一步讨论：约3小时；

4.课堂讨论总结：约0.5小时。

（三）讨论方式

本案例可以采用三人一组的方式进行小组式讨论。

（四）课堂讨论总结

课堂讨论总结的关键是：归纳发言者的主要观点；重申其重点及亮点；提醒大家对焦点问题进行进一步思考；建议大家对案例素材进行扩展研究和深入分析。

案例 5

从 *ST 长油——央企退市第一股看内控缺陷①

编写目的

本案例通过探究长油公司内部控制缺陷问题，旨在提升读者对企业内部控制理论的理解与掌握。读者可以通过我国央企内部控制失效的具体案例，学习与掌握公司重组时容易出现的内部控制问题，思考如何解决企业发展过程中内部控制不适应的问题，关注国家对央企的内控制度建设和质量要求，以及如何解决该案例中透露出来的问题，从而拓宽自身对内部控制研究的理解。

知 识 点

内部控制基本理论

关 键 词

风险管理；内部控制；整改措施

摘 要

长油属国家大型央企，主要从事沿海及远洋原油及其制品的运输。长油在上市首日的换手率高达 66.02%，在 A 股市场一时风光无限。然而 2014 年 6 月 4 日，该公司股票开盘后迅速下探，收盘前 10 分钟突然翘首，第二日便被上交所摘牌退市，17 年 A 股之路完结。本案例将以航运企业为例，探究企业扩张发展过程中公司的内控制度缺陷和管理弊端，并提出一些解决措施。

案例正文

中国长江航运集团南京油运股份有限公司（以下简称"长油"），属国家大型央企，主要从事沿海及远洋原油及其制品的运输。1997 年在上海证券交易所挂牌交易，2014 年 6 月 5 日，被上交所摘牌退市。

在临别股市之前，长油创造了数条纪录：首家退市央企、首家进入退市整理的上市公司、2012 年退市制度改革以来沪深两市首家强制退市的上市公司。那么，

---

① 该案例根据迪博研究部发布的《央企退市第一股——*ST 长油》改写。

在长油的扩张发展过程中，出现了哪些内控制度缺陷和管理弊端，有什么值得借鉴的经验呢？

一、公司概况及案例背景

（一）公司概况

中国长江航运集团南京油运股份有限公司是中国外运长航集团有限公司（以下简称"中外运长航"）下属的子公司，属国家大型央企，主要从事沿海及远洋原油及其制品的运输。长油在上市首年就实现了2.12亿元的营业收入，净利润为0.64亿元。随后11年的时间里，长油的净利润连年增长，1997—2008年合计净利润达到23.73亿元。尽管2009年业绩出现下滑，但是仍然盈利0.04亿元。

2010年由盈转亏，加上2011年亏损，两年连亏的长油被执行退市风险警示，名称也被改为"*ST长油"。随后，经过2012年继续亏损、暂停上市重整、2013年依然亏损之后，长油连亏4年，达到《上海证券交易所股票上市规则》对于公司退市的所有条件。长油的股价急速下跌，从每股20多元，跌成了"仙股"，即每股价格不足1元，所有的"路标"将长油指向了摘牌退市之路，如图2-4所示。

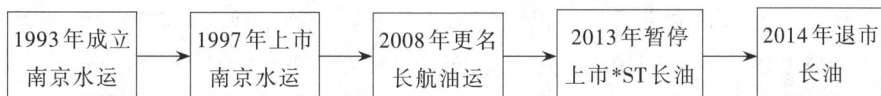

1993年成立 南京水运	→	1997年上市 南京水运	→	2008年更名 长航油运	→	2013年暂停 上市*ST长油	→	2014年退市 长油

图2-4　长油退市路径

（二）案例背景

为了进口原油运输安全和供应稳定，国家在"十五"期间提出"国油国运"战略，计划大幅提高国内运输企业承运能力，包括中海、中远在内的航运业翘楚们纷纷响应。而当时在中国长江航运集团有限公式（以下简称"长航集团"）旗下主要负责油运的长油也不甘落后，开始大张旗鼓地扩张运力。

2007年正是航运业的鼎盛时期，因此原本做内河航运的长油，在整个大背景下与大股东进行资产置换和股票定增，将大股东控制的几十艘海上运输船置入上市公司，转型做起了远航运输。

2008年全球金融危机爆发，在金融海啸过后，航运市场深陷低迷，运价指数更是不断下探，而长油却只能无奈地为之前盲目扩张的运力买单，在被动交付新船的同时，公司的负债也在逐年增长。到2013年，公司的负债合计157.77亿元，资产负债率近115%。

2008年12月，在国资委铁腕推行央企整合的背景下，长油的母公司长航集团与中国对外贸易运输（集团）总公司（以下简称"中外运"）宣布重组，成立了新的中国外运长航集团有限公司。但是重组后因为两家公司的文化理念差异过大，再加上公司的管理层都希望获得重组的主导权，因此一直没有推进实质性整合，而在长航系下子公司出现的问题上，双方对于解决方式也各有不同的看法。

二、案例概况

（一）长油内控描述

1.内部环境描述

（1）母公司重组整合问题

长航集团是一家内地企业，总部所在地是武汉，其航运业务以运输业务为主，以直接运输客户或货运代理公司为主要客户，下属子公司长油主要负责油运这一块。而在2008年与其进行整合的中国对外贸易运输（集团）总公司，其航运业务是以船东业务为主，以航运企业为主要客户。

由于两家公司的文化理念差异过大，加上公司的管理层都希望获得重组的主导权。因此，两家公司一直整而不合。航运业务的管理模式也不确定，管理模式分为两种：一种是一个平台统管成立事业部制；另一种是集团直管几大专业公司，这也是中外运长航内部争论的焦点之一。

按最初的重组规划，2009年是筹备阶段，2010年为整合阶段，2011年是发展阶段。然而，2010年10月时，整合工作仍然没有启动。从2011年开始，长航系下长油、长航凤凰股份有限公司（以下简称"凤凰"）等出现了一系列的经营以及财务危机问题，解决这些问题成了中外运长航的头等大事。

在重组没有做好的情况下，又要着手解决子公司的问题，这对中外运长航这类大型企业的管控提出了很高的要求，但是，中外运长航集团总部在重组整合层面的混乱情况下，并没有足够的业务支撑和服务能力为长油及凤凰的发展奠定基础，更别提解决当时的问题了。由于*ST凤凰距离退市时间相对较远，中外运长航最终选择了重点拯救凤凰。

（2）发展战略制定不合理

在"十五"期间，我国是全球第二大石油消费国和第三大石油进口国，但是中国的进口石油几乎全部依赖海外运输。因此国家鼓励"国油国运"，由中国船队承运进口石油产品。而长航为了紧抓这一历史机遇，于2007年年底快速完成了与母公司南京油运的资产互换后，实现了主营业务"由江入海"的转型，开始了大肆扩张运力的征程。

企业在制定发展目标以及战略的时候如果过于激进，脱离企业实际盲目追逐市场热点极有可能导致企业过度扩张或经营失败。而长油当时正是为了追求"跨越式"的发展，在浮躁心态的驱使之下，不惜成本地与母公司完成资产互换，由原来的水运转型为油运，试图将自身在短期内打造成为巨型企业。但是，在这种激进的发展方式下，其内部管理能力难以跟上、风险管理水平难以匹配，加之遇到了2008年全球金融危机这一外部环境的突变，在债台高筑的情况下，长油开始走向了衰败之路。

2.风险评估描述

长油2010—2013年资产负债率一览表见表2-1。

表2-1　　　　　长油2010—2013年资产负债率一览表

年份	资产负债率
2013	114.54%
2012	79.67%
2011	72.37%
2010	72.26%

从集团管理层面的态度上可以看出，企业风险控制存在着严重问题，高层管理者对风险认识严重不足。对航运企业而言，一般资产负债率超过60%就比较危险了。然而长油从2010年开始资产负债率就已经升至70%以上，这已经远远高于同行业的平均水平，到了2013年更是达到近115%，见表2-1。这么高的资产负债率持续了4年之久，其母公司最初为了解决债务危机曾向长油注资，到后来发现根本无法填补这个窟窿，就寄希望于集团内部能够解决这个问题。

3.控制活动描述

公司在制定正确的发展战略之后，应当加强对战略实施的监控和评估。尤其是实施事中评估，其是对战略进行调整、优化的重要依据。

长油在制定了快速扩张的发展战略之后，第二年就遭遇了金融海啸，国内的航运业发展低迷，长油之前定下的发展战略明显已经不符合实际情况。

此时，公司的战略委员会理应加强对发展战略实施情况的监控，定期搜集和分析相关信息，在确定需要对发展战略作出调整优化甚至转型后，应当按照规定权限和程序，调整发展战略或实现战略转型。就在国际巨头们都开始收缩业务范围时，长油却在无奈地为之前的新建造船买单，并没有作出能够改变现状的有效举动。

三、主要参考文献

与此相关的参考资料除了前面案例正文中提供的背景资料，还包括《企业内部控制基本规范》和企业内部控制配套指引等相关法规以及相关行业资料。如果需要进行扩展研究，其他资料可以通过百度、知乎或者知网搜索获得。

四、讨论题目

本案例的侧重点是长航集团内部控制执行缺陷及整改措施，请大家重点思考如下问题：

1.长航集团内部控制出现了什么问题？

2.长油管理层如何应对管理过程中出现的问题？

3. 长油如何从内部控制五要素方面进行改进？

4. 长油退市对其他央企重组有何借鉴意义？

5. 本案例如何体现内部控制的重要性与现实意义？

案例使用说明

一、本案例要解决的关键问题

本案例旨在引导读者关注内部控制在企业风险管理中的重要性。根据本案例资料需解决的关键问题主要有两点：一是导致长油退市的主要内部控制问题是什么；二是长油退市对央企或者国企内控制度建设的启示。

二、案例讨论的准备工作

为了有效实现本案例目标，读者应该具备下列相关知识背景：

（一）政策背景

在"十五"期间，我国是全球第二大石油消费国和第三大石油进口国，但是中国的进口石油几乎全部依赖海外运输。国家在"十五"期间提出"国油国运"战略，计划大幅提高国内运输企业承运能力，以维持进口原油运输安全和供应稳定。

除此之外，国资委铁腕推行央企整合，中国对外贸易运输（集团）总公司与长航集团的重组是在国资委提出到2010年年底央企重组80~100家的目标下进行的。2004年，时任国资委主任李荣融说"3年之内要做到行业前3，否则国资委给你们找婆家"，这句话仿佛一条生死线，让同行业一些排名靠后的央企开始为自己的命运担心。

（二）行业背景

中外运、长航集团重组前，国资委旗下的航运板块共有5家央企，分别是中远集团、中海集团、长航集团、中外运集团和招商集团旗下的招商轮船。其中，中远集团占5家运力的55%，位列第一，中海集团运力占25%，其余3家运力所占比例均不到10%，招商轮船是由央企在中国香港的窗口公司招商局集团控股，主要从事能源运输业务的航运企业，目前已上市，其命运暂时不用担忧，剩下的就是中外运和长航集团了。

2008年年初，长航集团开始寻找重组对象，当时和几家做航运的央企都有过接触。中外运和长航集团在业务和资产上具有很强的互补性，而且协同性、稳定性最好。在中外运、长航集团双方同意的情况下，国资委很快就批准了两家公司重组。

包括中远集团、中海集团在内的航运业翘楚们纷纷响应国家"十五"期间提出的"国油国运"计划，加紧布局市场。2007年也正是航运业的鼎盛时期，国内与国际的航运市场均呈良好态势。

三、案例分析要点

（一）需要读者识别的关键问题

本案例需要读者识别的主要知识点包括：内部控制五要素、企业内部控制存在的缺陷及整改措施。

（二）解决问题的可供选择方案及其评价

1.关于内部控制要素

内部环境是其他要素的基础，内部环境主要包括治理结构、组织机构设置、权责分配、企业文化、人力资源政策、内部审计机构设置、反舞弊机制等。企业管理层决定了企业的风险管理观念，负责提升企业风险管理意识和培育风险管理文化，还应将其与企业的相关行动有机结合。

风险评估指企业必须对所面临的或者预料到的风险进行分析，把这些风险发生的可能性和可能产生的后果做一个评估，并把以上这些作为风险管理的基础。管理者主要从风险发生的可能性和结果这两个方面进行风险评估。

控制活动就是保证风险反应策略或方案得到有效执行所需要的政策及程序，主要包括职责分工控制、授权控制、审核批准控制、预算控制、财产保护控制、会计系统控制、内部报告控制、经济活动分析控制、绩效考评控制、信息技术控制等。它是帮助企业尽力实现其目标的过程中很重要的一部分。

2.推荐解决问题的方案

（1）案例中长航集团内部控制出现了什么问题？

长航集团的内控问题包括但不限于以下几点：第一，发展战略不合理。长油制定发展目标以及战略的时候过于激进，脱离实际盲目追逐市场热点。正是长油为了追求"跨越式"的发展，才在浮躁心态的驱使之下，不惜成本地与母公司完成资产互换，由原来的水运转型为油运，试图将自身在短期内打造成为巨型企业。但是，在这种激进的发展方式下，其内部管理能力难以跟上、风险管理水平难以匹配。第二，对发展战略的实施没有监控和评估，更没有及时对战略做调整。第三，风险意识不足。从2010年起资产负债率就在60%以上，到2013年时，更是接近115%。在这三四年的时间里，长油及长航集团却没有重视资产负债率过高的问题，任由企业的资产负债率越来越高，最后，拖垮了自己。

（2）长油退市对其他央企重组时有何借鉴意义？

央企在全国各地一般有众多的子公司，在承担经济任务的同时，还要承担社会任务。除了受国资委监督审计外，也备受社会公众的瞩目。长航集团与中外运的重组在一定程度上是迫于国资委的压力，但作出重组决定也是双方同意的。重组过程中也预留了时间去计划、调整、实施。

但是，长航集团与中外运重组过程中暴露出了以下问题：第一，只看到了内河连外海的大互补性，对业务重叠和同质化未进行足够考察；第二，双方都希望占据重组后公司的主导权，不肯让步；第三，对子公司的管控质量不高，未能给子公司充分的业务支持和服务能力。这些问题在以后的企业重组中都应得到重视。当然，长航集团与中外运的重组还是对双方有好处的，拿出"割臂断腕"的手段后，最终还是保住了中外运长航，否则今天可能既没有中外运，也没有长航集团。

对其他央企进行重组时的启示主要包括：尽量减少行政对企业的干预，要发挥市场在资源配置中的决定性作用；前期的调研和分析应当全面、充足、有重点，尤其是经营业务层面及战略文化等层面；重组公司应首先从领导层达成共识，愿意有舍有割，从而共同进步。除此之外，央企一般都规模庞大，子公司众多，因此要加强公司财务、业务、信息等方面的系统建设，做好子公司的管理和控制工作，为子公司的良好发展提供指导。

四、教学组织方式

（一）问题清单及提问顺序、资料发放顺序
本案例讨论题目依次为：
1.长航集团内部控制出现了什么问题？
2.长油管理层如何应对管理过程中出现的问题？
3.长油如何从内部控制五要素方面进行改进？
4.长油退市对其他央企重组有何借鉴意义？
5.本案例如何体现内部控制的重要性与现实意义？

（二）课时分配
1.课后自行阅读资料：约2.5小时；
2.小组讨论并提交分析报告提纲：约3小时；
3.课堂小组代表发言、进一步讨论：约2小时；
4.课堂讨论总结：约0.5小时。

（三）讨论方式
本案例可以采用四人一组的方式进行小组式讨论。

（四）课堂讨论总结
课堂讨论总结的关键是：归纳发言者的主要观点；重申其重点及亮点；提醒大家对焦点问题进行进一步思考；建议大家对案例素材进行扩展研究和深入分析。

▲ 案例6 ▲

獐子岛"黑天鹅事件"引发的内部控制五要素思考①

编写目的

本案例旨在加强读者深度理解内部控制理论在企业管理中的运用。从獐子岛"黑天鹅事件",读者可以在理论上了解内部控制在水产养殖业各环节中的运用和注意事项,同时可以通过上市公司内部控制中存在的问题,了解建立、健全内部控制对公司治理和公司绩效的重要意义,从而掌握内部控制五要素的理论知识和实际运用知识,帮助读者加深对内部控制理论的理解与掌握。

知 识 点

内部控制五要素

关 键 词

水产养殖业;风险管理;内部控制;整改措施

摘　　要

水产养殖业消耗性生物资产具有生长期较短、数量难以准确估算、自然风险披露不足的特点。獐子岛作为一家水产养殖企业,在2014年发生冷水团事件,导致出现8亿元巨亏,这揭示出水产养殖业消耗性生物资产内部控制缺陷及其成因,所以本案例在素材选择上侧重于引导读者从风险管理层面关注内部控制并能对具体问题施以解决方案。

▌ 案例正文

2014年10月30日,獐子岛集团股份有限公司(以下简称"獐子岛")如期发布了第三季度的财报,同时也发布公告说海洋牧场遭到了北黄海异常冷水团的侵袭,几年之前在海洋牧场播下的虾夷扇贝(价值近8亿元)因此而死亡,导致绝

---

① 此案例来自作者编写的中国专业学位案例库。

收，扇贝事件引起了巨大的反响，被称为"黑天鹅事件"，轰动一时。市场对该事件不置可否：到底是否真投放了幼苗，是否认真核查存货，造成灾难的究竟是天灾还是人祸引人深思。2014年12月5日，獐子岛收到了大连证监局于12月4日下发的公告，公告中宣称獐子岛没有财务造假，但是存在内部控制方面的问题。因此，我们这里把关注的焦点放在獐子岛集团内部控制的设计及缺陷上。

一、公司概况及案例背景

（一）公司概况

獐子岛集团股份有限公司的前身是大连獐子岛渔业集团有限公司，它的历史可以追溯到1958年。2001年4月7日，经大连市人民政府批准，变更为獐子岛集团股份有限公司。集团曾经先后被誉为"黄海明珠""海上蓝筹""海底银行""海上大寨""黄海深处的一面红旗"。

现在，獐子岛已经发展成为一家大型综合性海洋食品企业，它以海洋水产业为主，集海产品培育、养殖、加工、冷藏物流和休闲渔业于一体。獐子岛集团位于辽宁省大连市，有员工4 000多人，注册资本7.1亿元，资产总额近45亿元，集团拥有20家子公司。

（二）案例背景

在2014年10月15日，公司发布《獐子岛集团股份有限公司重大事项停牌公告》（2014-84号）。在这份公告中宣称：集团打算向公众披露有关底播增殖海域的重大事项，事项的具体情况还不确定，正处于核查阶段，集团股票从10月14日开始停牌。

半个月之后，也就是10月30日，獐子岛集团在晚间如期发布了第三季度的财报，同时也发布公告说海洋牧场遭到了北黄海异常冷水团的侵袭，几年之前在海洋牧场播下的虾夷扇贝（价值近8亿元）因此而死亡，导致绝收。獐子岛集团对外发布公告，公告中宣称从2014年9月15日起，到10月12日止，公司对底播虾夷扇贝进行了存货量抽查检测，检查发现有部分海域中的底播虾夷扇贝存货数量异常，依照公司的检测结果，獐子岛集团决定放弃采捞105.64万亩海域中的底播虾夷扇贝（成本高达7.3462亿元），并且将对这些扇贝存货实行核销处理。公司对43.02万亩海域的底播虾夷扇贝（成本高达3.0060亿元）存货计提跌价准备，共计2.8305亿元，同时扣除2.5441亿元的递延所得税。这些处理导致对净利润造成7.6325亿元的影响，同时全部计入当年第三季度的损益之中。獐子岛的扇贝事件引起了巨大的反响，11月4日，深圳证券交易所对獐子岛下发了问询函，要求集团自我核查。大连证监局也对其进行了专门检查。2014年12月5日，獐子岛收到了大连证监局于12月4日下发的公告，公告中宣称獐子岛集团没有财务造假，但是存在内部控制方面的问题。

2016年1月11日，獐子岛集团又出现了"举报门"事件，有超过2 000人实名举报，举报信中宣称獐子岛镇政府和獐子岛集团存在贪污腐败行为，獐子岛的冷水团事件是弥天大谎，扇贝实际上并没有绝收，真正的原因是提前进行了采捕和播苗数量造假。这次事件再一次把獐子岛置于公众的关注之下。在中共中央纪律检查委员会的网站上，这封2 000多人联名的实名举报信，已经转至辽宁省纪委处理。

二、案例概况

（一）獐子岛内控五要素描述

獐子岛发生的"绝收"事件，让其一直受到社会公众和各种媒体的关注。究其原因有很多，下面从企业内部控制五要素的风险管理角度来解读獐子岛事件及其原因。

1.内部环境描述

（1）公司治理描述。

根据獐子岛的招股说明书，可以发现獐子岛的前身是大连市长海县獐子岛镇所属的集体企业。在2014年集团第三季度报表中，獐子岛的第一、第二、第三和第八大股东都是集体企业，分别是獐子岛镇及其下属的搭链村、大耗村、小耗村的集体企业。这些集体企业的管理人员大都是镇级和村级的领导干部，企业的资产也都是集体管理。政企不分，一直是公司治理中最不希望出现的，因为这种现象可能会给集团的运营、管理和资源配置带来严重的不利影响。

不仅如此，由于第一大股东是镇级企业，那么它对其他三个村级企业股东就会产生重大的影响，这四大股东的关联度较密，很容易就变为一致行动人。獐子岛的董事长吴厚刚是第四大股东，也是集团的第一大自然人股东。在2001年獐子岛改制为股份公司的时候，吴厚刚就担任了集团的董事长，与此同时，他还是控股股东的法人代表，不光如此，獐子岛镇党委书记、镇长也都是由他担任的，所以吴厚刚是关联度最高的股东之一。依据獐子岛的公告，第一大股东持股达45.76%，再加上吴厚刚和其他3个村级企业股东，持股比例达到66.01%，一股独大的现象已经不可避免。这种时候，上市企业就存在人员治理不合理、负责人私自转移资金等隐患。

（2）公司员工受教育程度描述。

截至2014年12月31日，獐子岛共有在职员工3 912名，按照受教育程度划分，见表2-2。

表2-2　　　　　　　　獐子岛员工受教育程度统计

类型	人数	占总员工数的比例（%）
研究生	50	1.28
本科	318	8.13
大专	442	11.3
高中及以下	3 102	79.29

从表2-2中的数据可看出，獐子岛的员工大多学历都在高中及以下。由于受教育程度较低，那么这些员工就更容易出现生产、生活中的纰漏。文化程度限制可能会导致他们技术水平难以提高，尤其是这些人还大都在生产一线。作为以海珍品养殖为主要业务的獐子岛，生产人员承担着非常重的任务和责任，提升他们的受教育程度有利于集团的发展。不仅如此，他们还难以意识到或者真正接纳内部控制制度，进而影响内部控制的执行。

（3）高管离职及变更频繁。

獐子岛存在高管离职频率过高的现象，表2-3为獐子岛高管离职情况统计表。从表2-3中可以看出，从2010年12月到2015年1月，短短的近5年时间，就高管离职这一事项，獐子岛就发布了多达14则公告。同期A股市场中的其他企业都没有这么高频率的高管离职现象。

表2-3　　　　　　　　　　　獐子岛集团高管离职情况

日期	姓名	离职前担任职务	原因
2010年12月13日	武志强	副总裁	辞职
2011年3月18日	张宇	管理与信息中心总监	辞职
2011年5月30日	王诗欢	副总裁	辞职
2011年10月18日	王欣红	副总裁	辞职
2011年12月29日	林治海	加工事业三部总经理	辞职
2012年3月9日	林国华	海参事业部总经理	辞职
2012年4月17日	王有亮	养殖事业一部总经理	辞职
2012年5月3日	毕家民	活品营销中心总经理	辞职
2012年5月3日	范沛然	文化与品牌中心总监	辞职
2012年5月18日	李冬霁	战略与行政中心总监	辞职
2012年9月24日	王勇	副总裁	辞职
2013年9月4日	蔡建军	执行总裁	辞职
2014年7月14日	冯志刚	加工事业一部总经理	辞职
2015年1月12日	冯玉明	执行总裁	辞职

獐子岛离职的高管中有执行总裁、副总裁、事业部经理等企业核心管理人员。如此频繁的高管离职一定会给企业带来不良影响，而高管的不断离职也说明獐子岛内部肯定存在严重的问题。不仅如此，除离职的高管，其他高管变动也十分频繁，

2010年有23人，2011年3人，2012年6人，2013年3人，2014年9人。獐子岛离职的高管曾经透露，集团内部治理很混乱，业务操作中违规现象频发；企业的文化建设不成功，企业员工的价值观没有得到很好的培育，社会责任感也不强，还存在着贪污企业资源的现象；企业的很多员工并不具备合格的养殖、培育扇贝的技能，员工招聘流程不正规、考核不科学。通过上述这些可以发现，獐子岛的内部环境不利于内部控制制度的有效执行。

2.风险评估及风险反映描述

（1）海域扩张。

自2006年獐子岛集团在深圳证券交易所上市之后，集团播种的确权养殖海域面积在飞速扩张，深度也在不断加深。2006年刚上市的时候，獐子岛养殖海域的面积为65.63万亩，到了2014年，养殖海域的面积超过了360万亩，短短的8年时间就扩张了接近5倍。同样地，2007年底播面积为30万亩，用了4年时间就达到了惊人的130万亩。不仅如此，养殖海域扩大以后，獐子岛开始向50米的等深线迈进。但是，资料显示集团并没有针对深水区的水质、水深和其他条件进行科学详尽的勘测，只是单纯地通过短时间尝试底播，随后就在超过50米的深水区进行底播。冷水团到来的时候，由于集团并没有针对深水区做充足的研究，结果遭受灾害损失。这一切的关键在于集团缺乏对所在海域尤其是深水区养殖风险的正确评估，使扇贝等存货大量死亡。

（2）负债过高。

养殖扇贝所需要的投资很大，而且扇贝的成长期为3年，所以养殖扇贝并不适合短期借款，因为短期借款这种筹资方法财务风险相对较高。但是，獐子岛却非常依赖短期债务，而这种行为，恰好给公司带来了两大问题——财务风险巨大和高额财务成本。獐子岛负债指标见表2-4。

表2-4　　　　　　　　　　獐子岛负债指标表

年份	负债总额（亿元）	资产负债率（%）	利息支出（亿元）	流动比率
2011	17.02	38.50	0.33	2.27
2012	23.64	48.04	0.56	1.62
2013	28.75	54.07	0.74	1.41
2014	37.22	76.29	1.34	0.91
2015	35.47	75.45	0.90	1.09

獐子岛历年年报披露，獐子岛近几年来所需要的资金大部分都是靠短期融资和银行借款。下面对獐子岛的相关负债指标进行数据分析，如图2-5和图2-6所示。

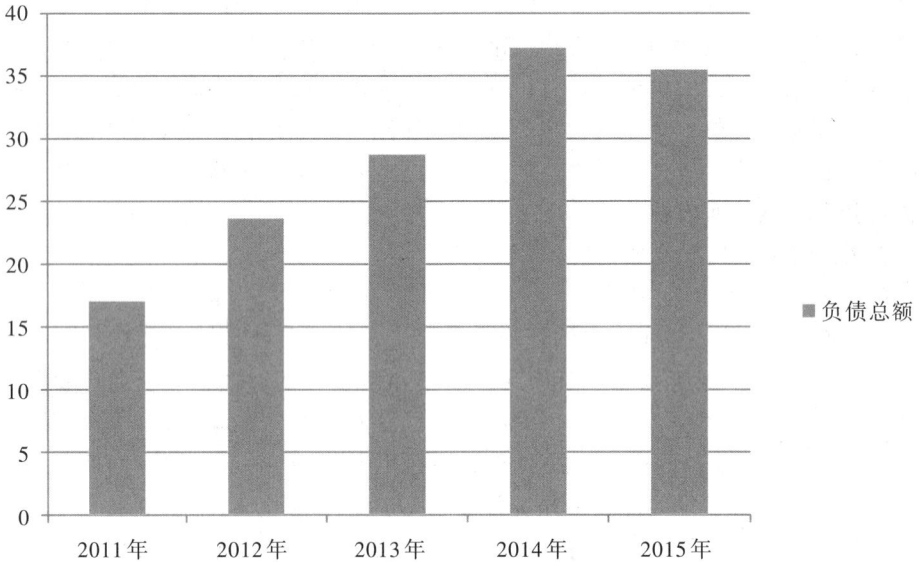

图2-5　獐子岛近5年负债总额（亿元）

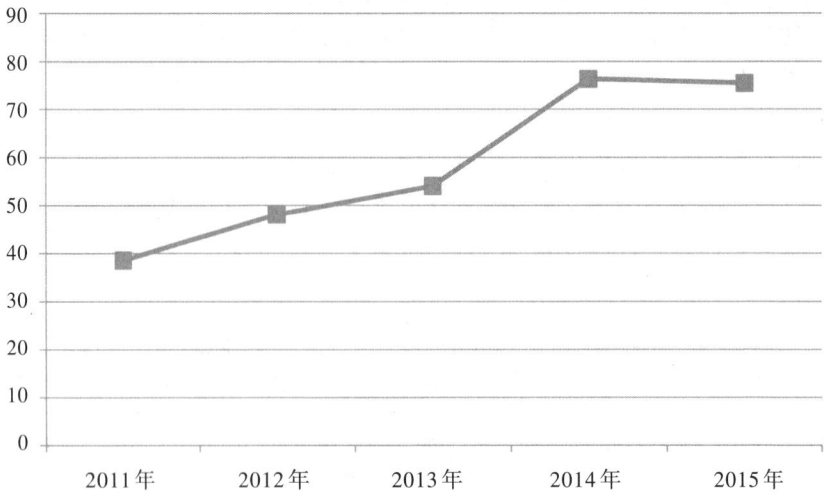

图2-6　獐子岛近5年资产负债率（%）

图表中的数据显示，在2011—2014年獐子岛的负债总额居高不下，从17.02亿元增加到23.64亿元、28.75亿元、37.22亿元，资产负债率同样也是处于一个过高的位置，分别为38.50%、48.04%、54.07%、76.29%。截至2015年9月30日，獐子岛集团负债总额35.47亿元，资产负债率高达75.45%。

负债增加的显著影响就是每年公司需为此支付的利息增加，2011—2014年，公司的利息支出分别为0.33亿元、0.56亿元、0.74亿元、1.34亿元，而仅2015年前三季度利息支出就高达0.90亿元，较2014年同期的0.48亿元大幅增长。

流动比率在2011—2013年下降将近38%。资产负债率逐年增长，流动比率大幅下降表明獐子岛的偿债能力不断下降，经营的稳定性愈发薄弱。

接下来对獐子岛集团的盈利相关指标进行分析，如表2-5、图2-7和图2-8所示。

表2-5　　　　　　　　　獐子岛盈利指标表

年份	销售毛利率（%）	净资产收益率（%）	净利润（亿元）
2011	34.09	21.18	4.98
2012	24.62	4.09	1.06
2013	22.10	3.93	0.97
2014	13.90	−67.69	−11.89
2015	15.81	0.30	0.034

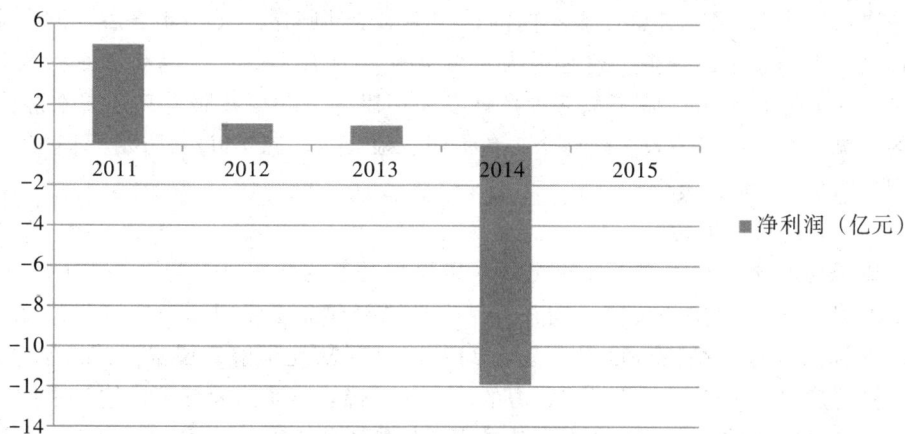

图2-7　獐子岛近5年净利润（亿元）

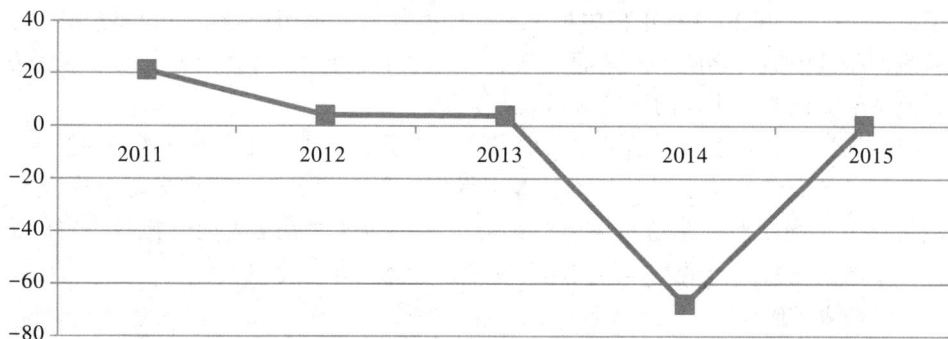

图2-8　獐子岛近5年净资产收益率（%）

上述图表中的数据显示，集团销售毛利率多年都维持在20%以上，但是从2014年开始，销售毛利率锐减到13.90%，创下上市以来的最低纪录；随后的2015年也仅有15.81%。獐子岛的净利润如图2-7所示，在2011年达到了4.98亿元，其后的每一年都在飞速减少，2012年暴跌近80%，2013年变动幅度不大，2014年净利润则是令人吃惊的-11.89亿元。净资产收益率的变化如图2-8所示，从2011年开始逐年下降，2014年净资产收益率为-67.69%。

通过上述分析可以发现，从2011年开始獐子岛盈利状况一直在走下坡路，而企业的偿债能力也在降低，这让獐子岛面临严重的财务风险。

（3）关联方长期非经营性占用资金。

在獐子岛的年度审计报告中，对其控股股东和其他关联方的专项审计暴露了獐子岛集团存在关联方企业长时间非经营性占用獐子岛资金的情况。资料显示，2007年大连獐子岛耕海房地产开发有限公司正式成立，属于獐子岛集团旗下的全资子公司。2008年，该公司非经营性占用了集团近2亿元的资金，年末时缩至200万元左右；2009年，该公司占用了近1.8亿元，年末时减少到868万元；2010年，该公司又一次占用了1.5亿元，这一次不同的是，年末全部归还。2010年之后，该房地产公司没再占用过集团资金。这是因为在当年的11月15日，獐子岛将其股权全部转给了公司实际控制人。除了该房地产开发公司以外，2011年獐子岛还曾在溢价86倍的情况之下，投资了云南阿穆尔鲟鱼集团有限公司。两年以后，该公司非经营性占用集团500万元的资金。

（4）风险反应迟钝。

獐子岛遭遇冷水团灾害反映出其在风险应对上的薄弱。首先，在2012年年报和2013年中报中，集团反复说明在养殖海域已经建立了专门用来检测北黄海冷水团的潜标网，这个举措可以保证集团24小时不间断地了解底层水温的变动情况。潜标网的建立，说明獐子岛对北黄海的冷水团已经进行了风险评估，这正是针对冷水团风险的应对措施。然而，事实却是獐子岛集团依然受灾严重，这就让人不得不怀疑其反复强调的潜标网是否如同描述的一般建立并有效运行。从另一方面来说，獐子岛在2012年和2013年年报中提及建立检测体系，说明已经有意识要规避冷水团风险，而且中国科学院黄海站的检测数据是对外公开的，獐子岛集团可以轻易获取，但是事实说明獐子岛的风险应对策略失败。

当事件爆发之时，面对扇贝绝收的风险，獐子岛集团并没有采取任何的补救措施。獐子岛绝收的结论也是从样本抽查中得出，所以獐子岛的反应显得十分草率。一般情况下，当企业面临这种风险，都会想尽一切办法看是否能够挽回一定的损失，獐子岛集团甚至连最基本的向相关专家进行咨询求助都没有。

3.控制活动描述

（1）獐子岛的主要产品都是海珍品，属于生物资产。那么，对于生物资产的采购和播种应当透明，应当设置对应的内部控制程序。但是从獐子岛对外披露的信息中，只能得知虾夷扇贝的采购和播种都是员工自主进行的。在对扇贝等海珍品进行播种的过程中，公司的员工直接进行播苗，没有使用摄像设备进行录像监控，也没有第三方监督机构现场监督，只有简单的记录，具体的播苗数量恐怕难以保证和统计。尤其是2012年，獐子岛就被举报在扇贝苗的收购中存在受贿现象。当时负责鲍鱼相关业务的是吴厚敬，也就是獐子岛集团董事长的哥哥，负责采购扇贝幼苗的是他的弟弟吴厚记。当年3月，大连市长海县公安局接到举报并立案调查了受贿事件，这次案件中多名工作人员被公安人员调查，獐子岛的一位会计人员甚至还被宣判入狱。吴厚记被獐子岛内部处理。巧合的是，2014年受灾绝收的扇贝正是来自这次受贿案件中采购的幼苗。

（2）重大存货日常监控沦为空谈，保护措施形同虚设。獐子岛在其存货的日常监控上也有问题，根据吴厚刚的说法，集团在每年5月和10月都会通过"拖网＋水下电子摄像"的方式进行存货抽测。但是依据獐子岛的招股说明书和募集资金的说明书，集团在播苗完成后，每个月都会对幼苗的成长情况进行检测调查。这两种说法自相矛盾。同时，獐子岛在其确权海域已经建立了针对冷水团的检测系统，能对底部水温进行24小时检测。但是，在冷水团来袭的6—8月，事实上公司所建立的检测系统并没有对水温的异常变化作出预警，直到10月进行检查时才发现绝产。这说明獐子岛的检测系统没有得到有效的运用。

作为主要产品是消耗性生物资产的企业，獐子岛缺乏对其资产数量和质量的有效监控，而且采购扇贝和负责采购记录的人员并没有职权分离；獐子岛虽然拥有24小时监测和每月检查的双重监控系统，理论上来说这已经比较完善了，但是在冷水团面前却不堪一击，这些都揭示了獐子岛内部控制活动失效。

4.信息与沟通描述

依据中科院海洋研究所的数据，2014年6月至8月期间养殖海域水温差达到4摄氏度，造成了扇贝死亡。也就是说，灾难发生在6—8月，但是獐子岛直到10月才对外披露，作为上市企业，獐子岛有义务及时把这个信息向投资者进行披露，因此獐子岛在此次事件中存在隐瞒重大事项的嫌疑。在10月份事件爆发之后，社会公众、媒体和专家针对这次事件纷纷提出了质疑。按照獐子岛的说法，那么其周边海域的养殖公司和个体户应该都损失惨重，但是与獐子岛海域相邻的海洋岛水产集团有限公司的负责人表示只是收成差了一点，绝对没有那么惨重。这就让所有人更加质疑冷水团的真实性，獐子岛的信誉度一落千丈。

不论真相如何，獐子岛从来没有正面回应过这些质疑，更谈不上详细解答。它的这种行为不仅是对投资者不负责任，还给股票市场带来了极大的恐慌和损失。这次事件，彻底暴露了獐子岛在信息与沟通上的缺陷和不足。

5.监督描述

（1）外部监督。

由于獐子岛的主要产品都是海珍品，属于消耗性生物资产，所以对其的审计一直以来都是一道难题。审计师虽然会进行实地考察，但是也只能采用抽样推算整体的方法，因此无法确定存货的准确数量及质量，这也是审计师经常对此出具保留意见的审计报告的原因。但是，针对獐子岛的2013年年报、2014年中报，大华会计师事务所出具的审计报告都是标准无保留意见。

（2）内部监督。

《中华人民共和国公司法》规定，在我国企业中，监事会与董事会地位平等。但是，我国上市企业的监事会成员由员工代表和股东代表构成，股东代表都是由大股东决定的，员工代表又是管理层的下属人员，因此监事会的独立性不强，权威性更是无从谈起。獐子岛年报披露，在獐子岛集团的前四届监事会里，员工代表没有担任过监事会主席，在其中的发言权也仅有20%。除此以外，近几年獐子岛的内部控制鉴定报告里都没有披露集团内部控制有缺陷，但是"黑天鹅事件"的爆发却说明内控存在缺陷，因此，獐子岛的内部控制也是形式主义，没有发挥其应有的内部监督作用。

三、主要参考文献

本案例的关注重点在獐子岛内部控制的执行缺陷及整改上，与此相关的参考资料除了《企业内部控制基本规范》和企业内部控制配套指引等相关法规，还包括獐子岛近年来的年报，具体参考资料见表2-6。

表2-6 　　　　　　　　　　　其他主要参考资料目录

1	獐子岛2012年年度报告
2	獐子岛2013年年度报告
3	獐子岛2014年第一季度报告
4	獐子岛2015年第二季度报告
5	獐子岛2016年第三季度报告

四、讨论题目

獐子岛"绝收事件"轰动了整个资本市场，也一直受到社会公众和各种媒体的关注，由此带给人们很多启示，引发人们的思考。本案例的侧重点仅在于獐子岛内部控制执行缺陷及整改措施，重点思考如下问题：

1.獐子岛发生了什么"黑天鹅事件"？

2.事件发生后管理层是如何做的？

3.导致本案例发生的主要原因是什么？

4.如何从内部控制五要素方面进行改进？

案例使用说明

一、本案例要解决的关键问题

本案例要解决的关键问题在于引导读者进一步关注内部控制在企业风险管理中起到的作用。根据獐子岛的"黑天鹅事件"案例资料,需要读者解决的关键问题是:一是獐子岛的内部控制存在什么缺陷;二是水产养殖业的内控制度建设是否存在特殊性;三是如何从内部控制五要素的角度对獐子岛的内控进行改进。

二、案例讨论的准备工作

为了有效实现本案例目标,读者应该具备下列相关知识背景:

(一)理论背景

2002年美国发布《萨班斯-奥克斯利法案》,人们开始广泛关注内部控制,并将风险管理与内部控制结合。2004年,美国COSO发布了《企业风险管理——整合框架》(COSO-ERM),首次把内部控制从"过程观"提升到了"风险观",更进一步说明内部控制在企业风险管理中起到的作用,同时也明确了内部控制是企业日常经营活动必不可少的组成部分。2006年我国宣布成立内部控制标准委员会;2008年,我国发布了全新的《企业内部控制基本规范》;2010年,我国发布企业内部控制配套指引。我国建立起一套完整的、以基本规范为统领,以应用指引、审计指引、评价指引等配套办法作为补充的标准内部控制体系。

(二)行业背景

2014年10月30日,出现著名的獐子岛绝收事件。当时獐子岛集团发布公告称,因北黄海遭到几十年一遇的异常冷水团,公司在2011年全年和2012年部分月份播撒的100多万亩即将进入收获期的虾夷扇贝绝收。受此影响,獐子岛前三季业绩"大变脸",由预报盈利变为亏损约8亿元,全年预计大幅亏损。这个事件震惊了整个资本市场,同年12月7日,证监会经核查认定獐子岛集团内部控制存在问题。

三、案例分析要点

(一)需要读者识别的关键问题

本案例需要读者识别的主要知识点包括:内部控制五要素、企业内部控制存在的缺陷及整改措施。

(二)解决问题的可供选择方案及其评价

1.关于内部控制五要素

(1)内部环境。企业的内部环境是其他要素的基础,它包含了很多内容,包括企业的组织结构、董事会、权责分配、员工的诚信度和道德观念、企业的管理人员胜任能力、风险管理意识等。董事会和管理人员都是内部环境中的重要组成部分，董事会对内部环境的其他部分具有很大的影响力，而企业管理人员决定了企业的风险管理观念，负责提升企业风险管理意识和文化，还应将企业的风险管理与企业的相关行动有机结合。

（2）风险评估。企业必须对所面临的或者预料到的风险进行分析，把这些风险发生的可能性和可能产生的后果做一个评估，并把以上这些作为风险管理的基础。管理者主要从风险发生的可能性和结果这两个方面进行风险评估。

（3）控制活动。控制活动存在于整个企业之中，不论哪个层级、哪个部门。控制活动是帮助企业实现其目标的过程中很重要的一部分。

（4）信息和沟通。有关于企业内部和外部的相关信息，必须按照一定的格式和时间框架来进行确认、捕捉和传递，以此保证企业人员能够各司其职。有效的沟通就是广义上的沟通，包括企业内部纵向和横向的沟通。有效的沟通还需要把企业内外部的相关信息与企业相关方进行沟通交流，如企业的股东、政府职能部门、企业的客户等。

（5）监督。监督是对企业风险管理的监控过程。它包括评估企业风险管理的内容、风险管理的运行以及一定时间内的运行质量。持续监控和个别评估这两种方式都被用来保障企业风险管理能够在企业各个层级和各个部门中得到持续执行。

2.关于内部控制存在的缺陷

第一，内部环境不完善。内部环境是其他几项内部控制要素的基础，它能够反映出企业内部人员尤其是管理人员对内部控制的态度。每个上市企业的内部控制都存在于它的内部环境之中，而目前我国上市企业的内部环境并不完善，存在着"一股独大"、监事会缺乏权威性、管理理念落后、人员素质偏低等问题。

第二，缺乏风险评估机制。在上市企业管理层的意识中，比较缺乏风险概念，风险管理意识薄弱。这些企业很少分析那些有可能导致风险的因素，在企业的运营过程中忽视风险管理，使企业置身于巨大的隐患之中，甚至导致巨大损失。

第三，控制活动执行不力。控制活动是内部控制和风险管理的重要组成部分，它一般包括了授权、批准、独立评价、检查、安全措施等多种程序和政策。为了保证企业目标的实现，也为了保证企业管理层指令得到有效落实，企业必须坚决执行控制活动。然而在我国部分上市企业，管理人员对内部控制制度不够重视，导致控制活动执行不力。对于那些具有明确内控制度的上市企业，控制活动的执行也存在很大问题，可以说名不副实，只存在于企业控制手册上。企业管理层不加重视，更不会以身作则去执行、去遵守内部控制规定，上行下效，基层人员也不去贯彻落实，控制活动无法得到真正的执行，就更谈不上保证企业目标实现。

第四，信息沟通不畅。很多上市企业的信息管理系统并没有发挥应有的作用，没有达到预想的效果。企业内部信息交流有障碍，部门之间也做不到信息共享和及时交流，即使交流，信息的真实性也难以保证。另外，很多上市公司关于信息采集的规章制度不完善，内部控制披露程度达不到要求，这也阻碍了上市企业与外界进行有效沟通。尤其是当企业出现不良状况时，大多数上市企业都会被公众或者投资者质疑，然而它们并没有针对质疑给出解释，致使投资者对企业丧失信心，影响了企业未来的发展和声誉。

第五，监督体系不完整。上市企业如果想保证内部控制系统能够切实执行并且执行效果良好，就必须对企业内部控制制度的执行进行二次控制，也就是内部控制的监督。这是因为即使企业制定的内部控制制度非常完善、先进，在不对其进行考核、评价和适当干预的情况下，也难发挥作用。目前来看，由于管理机制和管理理念的问题，我国上市企业内部控制中最薄弱的环节就是监督。上市企业内部监督体系不完整，监事会、独立董事都与企业利益挂钩，没办法真正独立监督，内部审计也存在大问题。归结起来就是监督体系不完整，监督环节不科学，监督不能真正发挥作用。

（三）推荐解决问题的方案

关于本案例，解决方案分别有以下几点：

第一，完善獐子岛的内部控制环境，要将它的股权结构合理化，摒除目前一股独大、政企不分的状态。同时应该明确集团所有人的职责划分，强化监事会和独立董事的独立监督职能，不能让大股东来指派监事会成员和独立董事。獐子岛的大部分员工文化程度不高，集团应当开办学历提升课程，鼓励员工自考本科，提升学历，提升综合素质。针对集团高管离职频率高、高管变动频繁的现象，獐子岛集团应当对离职高管进行回访，在友好融洽的基础上，请离职高管对集团提出意见，进行反思。集团应稳定管理团队，避免管理层人员频繁变动，因为不同高管的管理理念和方式大不相同，因此必须避免集团其他员工的大部分精力被分散到适应新高管上。

第二，建立科学、系统的风险评估制度。獐子岛应对海产养殖这种特殊行业所面临的生产经营风险进行有效评估，健全企业内部风险评估机制，以更好地应对不确定的风险，建立健全风险警报和应急反应机制，将企业的损失降到最低。对融资方面存在的问题，獐子岛应该改善融资结构，合理降低短期借款的比例，降低融资成本和减少财务风险。

第三，健全可执行的控制活动。獐子岛应当充分利用规章制度、组织结构、岗位设置以及信息系统，对影响企业目标实现的人和物以及业务流程的关键控制点设计并实施控制活动，从而加强企业控制活动。具体来说，要加强采购、播种的控制与监督；每半个月都要对幼苗成长情况进行小范围抽样检查，每一个月进行较大规模的成长情况抽样核查；加强海域环境的检测活动；獐子岛内部的控制活动执行需要高层领导带头执行，坚决贯彻落实相关程序和政策。

第四，做到及时、充分的信息沟通。及时、准确、完整搜集与企业经营管理相关的信息，并进行有效的沟通，是实施内部控制制度的重要条件。一方面，獐子岛要制定内部信息系统，确保信息系统的安全、稳定、高效运行。另一方面，构建外部信息系统，建立良好的信息披露制度，使公司信息透明化，集团的年报要及时、完善地披露重大事项，不得恶意隐瞒，不得蓄意造假。

第五，执行到位、有效的监督。监督着眼于企业内部控制的持续有效运作，可以及时纠错查弊，从而起到良好的控制作用。一方面，獐子岛应当建立内部举报人制度，对举报的事件认真处理，内部监督要发挥应有的作用，发现问题，要及时寻找根源，迅速作出改变和调整，奖惩分明；另一方面，内部审计人员要把主要职能从审计一般的财务收支转向查找内控制度的执行和内控制度本身存在的问题、分析问题的原因、向公司管理层提供完善内控制度的咨询意见方面转变。

总而言之，本节选取獐子岛作为案例，对其"冷水团"事件，运用内部控制框架进行了解读，发现獐子岛内部存在很多问题，包括一股独大、政企不分、负债金额过大、内部控制程序缺乏执行力、内部控制披露有问题等。除此以外，有针对性地对獐子岛的内部控制框架进行了构建，框架分为五个部分，分别是完善内部控制环境，建立科学、系统的风险评估制度，健全可执行的控制活动，做到及时、充分的信息沟通，执行到位、有效的监督。

四、教学组织方式

（一）问题清单及提问顺序、资料发放顺序

本案例讨论题目依次为：

1.獐子岛发生了什么"黑天鹅事件"？

2.事件发生后管理层是如何做的？

3.导致本案例发生的主要原因是什么？

4.如何从内部控制五要素方面进行改进？

本案例的参考资料及其索引，在讲授有关知识点之后一次性布置给读者。

（二）课时分配

1.课后自行阅读资料：约3小时；

2.小组讨论并提交分析报告提纲：约3小时；

3.课堂小组代表发言、进一步讨论：约3小时；

4.课堂讨论总结：约0.5小时。

（三）讨论方式

本案例可以采用五人一组的方式进行小组式讨论。

（四）课堂讨论总结

课堂讨论总结的关键是：归纳发言者的主要观点；重申其重点及亮点；提醒大家对焦点问题进行进一步思考；建议大家对案例素材进行扩展研究和深入分析。

五、主要参考文献

〔1〕张建平. 内部审计学〔M〕. 2版. 大连：东北财经大学出版社，2020.

〔2〕财政部等五部委. 企业内部控制基本规范〔EB/OL〕. （2008-05-22）. http：//kjs.mof.gov.cn/zhuantilanmu/neibukongzhibiaozhunjianshe/200807/t20080704_55983.html.

〔3〕财政部等五部委. 关于印发企业内部控制配套指引的通知〔EB/OL〕. （2010-04-15）. http：//sh.mof.gov.cn/lanmudaohang/zhengcefagui/201005/t20100507_290875.html.

第 3 章　内部环境

案例 7

多元化的三九——龙王变泥鳅

编写目的

本案例旨在带领读者关注内部控制环境在企业经营管理中发挥的作用。根据三九集团的资料，读者可以在理论上基于经营管理层面深化对内部控制环境的理解与应用。同时，读者能够拓宽对内部控制环境研究的思路，即在我国上市企业内部控制框架建设的具体案例中学习企业在实务中是如何进行内部控制环境设计，以及在实行中存在的具体问题，获得解决方法的能力。

知 识 点

内部控制环境

关 键 词

医药经营；风险管理；内部控制；整改措施

摘　　要

三九集团的前身是 1986 年赵新先创立的南方制药厂。合并后的三九集团开始多元化投资与经营，涉足过多陌生领域给集团带来巨大财务窟窿。截至 2003 年年底，三九集团及其下属公司欠银行 98 亿元。其后，三九集团不得不将旗下三九发展与三九生化变卖，自此"三九系"这一词汇消失。这揭示出三九集团内部控制缺陷及存在的问题，本案例在素材选择上侧重于引导读者发现内部控制的失败原因及带来的启示。

案例正文

　　三九企业集团组建于1991年12月，由国家经贸委、中国人民解放军总后勤部批准成立，其前身是总后勤部所属企业深圳南方制药厂。1987年，南方制药厂正式投产时，其产值达到了18亿元。1992年，三九集团在南方制药厂的基础上成立时，注册资本已有1.6亿元。三九集团在发展中曾创造了无数意想不到的"奇迹"。步入稳定期后，三九集团开始大规模的收购、扩张，朝多元化方向发展。最辉煌的时候，三九集团旗下曾经拥有近百家企业和3家上市公司——三九医药、三九生化和三九发展，总资产达200多亿元，并成为国内总资产额最大的中药企业。然而，在疯狂扩张的同时，三九集团的财务状况也开始频频出现漏洞并遭遇危机。

一、公司概况及案例背景

（一）公司概况

　　三九医药股份有限公司（以下简称"三九医药"）是大型国有控股医药上市公司，前身为深圳南方制药厂。1999年4月21日，三九企业集团等5家公司发起设立股份制公司，2000年3月9日在深圳证券交易所挂牌上市，股票代码000999。

　　公司主要从事医药产品的研发、生产、销售及相关健康服务。公司以OTC（非处方药）、中药处方药、免煎中药、抗生素及普药为四大制药业务模块，辅以包装印刷、医疗服务等相关业务。

　　2008年公司实现主营业务收入43.16亿元，净利润（归属于上市公司股东的净利润）5亿元。"999"品牌价值居我国制药行业榜首。公司生产的999品牌系列产品，在国内药品市场上具有相当高的占有率和知名度，核心产品：999胃泰、999感冒灵、999皮炎平、999正天丸、新泰林（注射用五水头孢唑林钠）等，单品种年销售额均超过亿元人民币。其中，999感冒灵系列2008年销售额超过8亿元（含税），位居感冒药市场第一；999皮炎平年销售额近5亿元（含税）。公司在中药注射剂行业享有较高声誉，拥有999牌参附注射液、参麦注射液、华蟾素等10多个中药注射剂品种。2017年上半年，公司实现营业收入49.98亿元，同比增长16.75%；实现归属于上市公司股东的净利润7.41亿元，同比增长16.52%。2013—2017年华润三九营业收入与净利润统计如图3-1所示。

　　公司各方面基本概况见表3-1。

（二）案例背景

　　三九企业集团是国务院国有资产监督管理委员会直接管理的国有大型中央企业。集团组建于1991年12月，到1992年，三九集团在南方制药厂的基础上成立时，注册资本已有1.6亿元。三九集团在发展中创造了无数意想不到的"奇迹"。步入稳定期后，三九集团开始大规模收购、扩张，朝多元化方向发展。然而，在疯狂

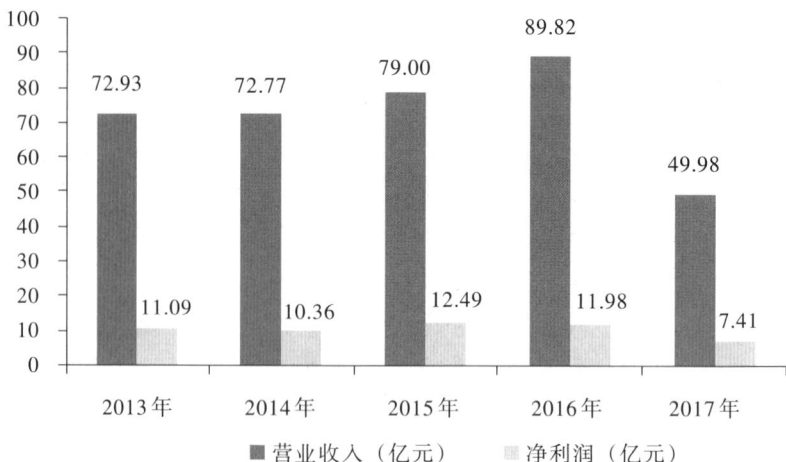

图 3-1　2013—2017年华润三九营业收入与净利润统计

表 3-1　　　　　　　　　　　　公司各方面基本概况

经营范围	三九医药产品的开发、生产、销售；相关技术开发、转让、服务；生产所需的机械设备；原材料的进口业务和自产产品的出口（国家限定公司经营或禁止进出口的商品及技术除外）
品牌优势	公司具有较强的细分市场产品品牌运作经验，"999"品牌知名度高，定位大众化，目标客户接受度高，是皮肤药和感冒药市场的领导品牌
渠道优势	公司商业网络覆盖全国，OTC终端队伍400人，覆盖4 000家终端药店；现有的合作伙伴基本涵盖了国内最优质的医药商业资源；在全国15个省和4个直辖市都设有销售办事处和仓库，形成遍布全国的医药销售网络；三九集团所属企业医药产品涉及中成药、化学原料药和制剂、生物制品及医用卫生材料等多个领域；拥有包括999胃泰、999感冒灵、999参麦注射液、999正天丸及999壮骨关节丸在内的中药品种240多种
规模和质量优势	公司主要单品种销售规模大，产品质量稳定；"999"品牌无形资产价值评估超过83亿元，位居制药行业榜首；公司主导产品999胃泰、999感冒灵、999皮炎平、999正天丸、999参附注射液等年销售额均超亿元

扩张的同时，三九集团的财务状况也开始频频出现问题。2001年8月，因为上市公司三九医药的巨额资金被大股东三九集团及关联方挪用，赵新先和三九集团被证监会严厉点名谴责。当时，三九集团以及关联方对上市公司三九医药的资金占用已经超过25亿元，占公司净资产的96%。到了2003年，三九集团银行贷款余额为98亿元，陷入巨额财务危机。银行纷纷向其逼债，资产被封存，股权被冻结质押，三九集团几乎陷入了走投无路的状态。

三九集团虽然号称执掌逾200亿元总资产、拥有3家上市公司及超过400家子公司，事实上已是一个长年陷入经营乏力乃至最终失控、资不抵债的企业。1990

年之后，三九集团便再也没有开发出一个成功的中药产品，后来的十多年里，它一直靠999胃泰及999皮炎平等支撑着。而非医药行业则大半以失败告终，扩张之初，企业的资产负债率为19%，1998年时，资产负债率已经高达80%。银行、地方政府联合作套，使三九集团在并购的过程中承担了大量的、潜藏的债务黑洞。三九集团轻视了被收购、兼并企业后续资产重组、整合的难度。多元化带来很多问题，包括管理层次过多、链条过长、行业覆盖面过宽、主业过多、主辅不分等，已经严重影响了企业的资源配置效率，使整体竞争力明显下降，不但无法分散风险，反而增加了风险。三九药业2004年合并财务报表显示，总资产89.36亿元，总负债89.73亿元，或有负债32.34亿元。截至2005年6月9日，企业未还贷款20亿元，逾期贷款17.8亿元，不良贷款13.3亿元，或有负债24.7亿元。而三九医药财务报表显示，截至2005年9月底，三九医药总资产69.7亿元，总负债46.1亿元（资产负债率为66.1%，流动比率为119%，速动比率为109%，现金流动负债比为0.01%）。据中国人民银行查询系统资料显示，截至2005年10月28日，公司本部贷款24.93亿元，五级不良贷款12.7亿元，四级不良贷款16.9亿元，约有7亿元对外担保。而另据三九医药季报显示，截至2005年9月30日，三九医药短期借款32亿元，长期借款6 042万元。

二、案例概况

在危机爆发之前，三九集团约有400多家公司，实行五级公司管理体系，三级以下公司的财务管理已经严重失控，深圳分公司债权银行贷款已从98亿元上升至107亿元，而遍布全国的三九系子公司和控股公司的贷款和贷款担保约在60亿元至70亿元之间，两者共计约180亿元。三九集团对内部控制的认识不足，而且相关的财务会计部门缺乏高质量的会计信息。该企业的主要业务是商品的流通，因此，在企业内部其他管理部门，尤其是会计部门所占的比重非常小，这表明该企业忽视了不能直接营利的内部会计控制制度。虽然在该企业会产生大量的原始会计信息，但是由于企业内部缺乏专业性较强的人才，无法整理出相应数量的、优质的、可应用于生产经营的会计信息。该企业的内部控制制度运用不充分，从而导致该制度在经营过程中的缺位，并导致了一些不必要的损失。

（一）内控方面揭示的问题

1.巨额债务引发的内部监管问题

多元化扩张让三九集团陷入资金无底洞，但直到2002年，赵新先仍然坚持在主业继续保持扩张。其收购企业主要有3种模式：一是将被收购方的资产和债务全部承担；二是出资控股企业；三是包揽经营，不担债务，进行利润抽成。总的来说，这样并购式扩张虽然成本较低，让三九集团成为了全国最大的中医药企业，但是盲目扩张消耗三九集团大量资源，同时还有许多"回天无术"的被并购企业需要三九集团承担风险和债务。

本是以经营中药研发、生产及销售的企业，但为扩大企业规模和效益，三九集团却贸然进入了房地产、进出口贸易、食品、酒业、金融、汽车等领域，因缺少具有相关管理经验的人员造成管理断档和管理真空。在三九集团举办的专家学者研讨会上，赵新先提出将通过收购、兼并、整合海外零散的中医诊所，建立千家连锁的中医诊所"麦当劳"，创办万家连锁三九药店，打造世界一流现代跨国医药集团。这一策略受到了当地证券分析师的一致劣评。自2001年被证监会通报批评后，各家银行几乎没有再向三九药业贷款。截至2002年年底，三九集团经营利润仅约4 000万元，净利润仅2 271.3万元。资产负债率高达92%，其债务高达191亿元。经测算，三九集团资产回报率约0.1%。2003年，四处狂奔而无收获的赵新先和三九集团冲到了悬崖的边缘。2003年9月28日，有媒体刊文《98亿贷款：银行逼债三九集团》，披露三九集团银行贷款余额98亿元，已经陷入巨额财务危机。此文一出，顿时把三九集团的资金窘境曝光天下，接下来的一个多月里，"讨债大军"纷沓而至，三九集团总部一片混乱，一些性急的银行开始封存资产，冻结质押股权，并向法院提起了诉讼。三九集团在全国各地的数百家子孙公司都成了银行逼债的对象。其中做得最绝的是浙江湖州的工商银行，索性冻结了三九湖州药厂的银行账户，将所有进入的流动资金全数扣押，造成药厂资金链断裂，生产经营陷入停顿，只好宣布破产。资金链的断裂让三九集团背上了巨额债务，短时间内的大量收购、兼并、投资设厂将众多投资风险集中的同时，又增加了外部融资风险，企业内部监管环境缺失使得风险积累到一定程度时，任何风吹草动都有可能导致全局崩溃。

2.权力集中化导致的内部管理问题

从形式上看三九集团确实建立了现代企业的治理结构，包括董事会、监事会等，但是其治理结构却流于形式。在三九集团快速成长期，实行了所谓"个人全权负责制"，即赵新先将并购的企业交给某一下属全权负责，对这些并购企业或新开发项目的盈利没有严格的机制约束。由于缺乏必要的内部控制和监督机制，集团内部中层转移企业资产的现象比较普遍，2002—2003年表现比较集中。然而，随着企业规模的逐渐扩大，企业内外部环境和经营决策的逐步复杂化，"个人全权负责制"的劣势逐渐显现出来。企业高管缺乏正面、深层次的"全权负责"，导致三九大厦的崩塌。

（二）问题的形成原因

1.盲目的多元化经营战略

（1）没有正确地分析和利用企业经营所处的内外部环境。由于经济不景气，酒店业的客源锐减同时租赁费用过高，管理水平也未能跟上酒店的扩张速度，所以只能在无钱可赚或亏损的情况下运营。1995年国家实行适度从紧的货币政策，宏观经济发展放慢直接导致三九集团的房地产项目陷入困境。同时汽车市场开始降温，价格逐步回落，三九汽车公司的业务也陷入低潮。三九农业公司由于扩张过快，兼并的程序和手续不完备导致对被兼并企业缺乏实际控制能力，有的企业最终退出三九集团。有些地方政府和企业联手弄虚作假，将企业的高额负债隐藏起来从而达到被三九集团兼并的目的。

（2）三九集团给人的形象是医药行业的翘楚，在其他领域发展不一定能充分发挥其品牌作用，甚至有品牌稀释的风险。

（3）集团的有关领导不了解非医药行业增加了经营的不确定性。

（4）国内的人均医药消费量较发达国家有十倍以上的差距，这说明医药行业本身仍然有很大的发展潜力，花大力气在不熟悉的领域进行探索不如集中力量做好自己的主业。

2.治理结构不健全

长期以来赵新先在三九集团身兼四职，尽管这种方式曾在企业发展初期起到了至关重要的作用，但随着市场形势的发展，一人决策不仅加大了企业的经营风险，也让三九集团形成了高度服从的企业文化。

3.集团缺乏整体和清晰的战略目标

三九集团作为国有企业享受了许多政策"红包"，但也承担起许多原本不属于企业的责任，如在有关方面的要求下，三九集团接收了一系列企业，包括贸易公司、被服厂、宾馆酒店等，此后三九集团开始了被动式的多元扩张。三九集团除了经营药业，还经营酒店、旅游、餐馆、进出口贸易、地产、高尔夫等。过度兼并和多元化经营使得三九集团规模急剧膨胀，几年内二级、三级企业扩展到几百家，产业扩大到十几个，有些产业与主业没有一点联系，不仅不能与主业发展有效衔接还分散了注意力。更重要的是三九集团兼并了大量的企业后，并没有强化对下属企业的管理控制，许多企业仅仅是挂靠的性质。一名三九集团的高层说"三九对下属企业的要求是交钱、听话、不惹事。"在市场形势发生变化后，赵新先没能很快改变这种机制以致后来陷入困境。

三、案例后续

随后，三九集团猝不及防地受到了证监会的公开批评，对三九集团和赵新先的声誉损害极大。赵新先面对突如其来的压力，不得已公开道歉，这让其受到了战略和心理上的双重打击。自此以后，三九系的多家上市公司基本上失去了融资的功能。在这种十分严峻的情形下，三九集团及时调整了战略思路，从以资产扩张为重点向以效益扩张为重点转变，重新调整了多角化方向，多角化经营的目标集中在相关多角化，试图回归中药行业。集团的工作重点调整为大力发展主营业务，原则上停止了非医药企业的兼并。集团先后撤销了三九旅游公司、三九农业公司和三九汽车公司。其产业发展战略也调整为以医药为核心，包括保健品、大食品、医疗器械、文化等产业在内的生命健康产业。"中药现代化、中医专业化、健康服务化"的三九专业化"三化战略"使得三九集团走上了良性的发展轨道。

四、主要参考文献

［1］王娜，王晓杰. 国有企业内部控制问题研究——以三九集团为例［J］. 中小企业管理与科技（下旬刊），2013（7）：6-7.

［2］李雪娇. 对三九集团内部控制的设计研究［J］. 企业导报，2015（1）：108-108.

［3］谢茂生. 企业内部控制体系信息化建设的几点思考［J］. 中国内部审计，2012（6）：82-83.

五、讨论题目

读完三九集团的案例，请结合内部控制的知识思考以下问题：

1. 三九集团内部控制是如何走向崩溃的？
2. 分析导致三九集团内部控制失败的深层原因？
3. 三九集团在重组后应该如何完善内部控制？
4. 本案例带来的启示是什么？

案例使用说明

一、本案例要解决的关键问题

本案例要解决的关键问题是：引导读者了解三九集团内部控制环境设计在企业管理中起到的作用。根据本案例资料，一方面，读者可以在理论上基于风险管理层面深化对内部控制环境理论的了解与应用；另一方面，帮助读者拓宽对内部控制环境研究的思路。通过了解三九集团在内部控制框架建设和内部控制管理中出现的问题，读者可以进行讨论并相应提出解决方案和解决思路。

二、案例讨论的准备工作

为了有效实现本案例目标，读者应该具备下列相关知识背景：

（一）理论背景

2002年美国发布《萨班斯-奥克斯利法案》，2004年，美国COSO发布了《企业风险管理——整合框架》（COSO-ERM），首次把内部控制从"过程观"提升到了"风险观"，进一步说明了内部控制在企业风险管理中起到的作用，同时也明确了内部控制是企业日常经营活动必不可少的组成部分。2006年我国宣布成立内部控制标准委员会，这标志着我国正式开始建设企业内部控制体系。2008年，我国发布了全新的《企业内部控制基本规范》；2010年，我国发布了企业内部控制配套指引，至此，我国建立起一套完整的、以基本规范为统领，以应用指引、审计指引、评价指引等配套办法为补充的标准内部控制体系。

（二）公司背景

三九集团的前身是1986年赵新先创立的南方制药厂。1991年，中国人民解放军总后勤部出资1亿元从广州第一军医大学手中收购了南方制药厂，成立了以三九医药、三九生化和三九发展为一体的三九集团，总资产达200多亿元。此后三九集团为加快发展，偏离了经营医药的主业，持巨资投向房地产、进出口贸易、食品、酒业、金融、汽车等领域，承债式收购了近60家企业，积累了大量的债务风险。涉足过多陌生领域给集团带来巨大财务风险。截至2003年年底，三九集团及其下属公司银行贷款余额98亿元。2005年4月28日，为缓解财务危机，三九集团不得不将旗下上市公司三九发展卖给浙江民营企业鼎立建设集团，将三九生化卖给山西民营企业振兴集团。自此"三九系"这一词汇消失。这揭示出三九集团内部控制缺陷及存在的问题，本案例在素材选择上侧重于引导读者发现内部控制的失败原因及其带来的启示。

三、案例分析要点

（一）需要读者识别的知识点

本案例需要读者识别的主要知识点包括：内部控制环境、企业内部控制存在的缺陷及整改措施。

（二）解决问题的思路

内部控制设计揭示的问题有：

1.放弃主业导致管理失控

三九集团本是经营中药研发、生产及销售的企业，但为扩大企业规模和效益，贸然进入了与医药毫不相关的房地产、进出口贸易、食品、酒业、金融、汽车等领域。这些产业与主业没有一点联系，不仅无法与主业发展有效衔接还分散了注意力。而且，这些非相关领域竞争激烈、风险大，管理人员很少有相关管理经验导致管理断档和管理真空。

2.集团内部管理制度存在缺陷

集团董事不重视财务管理、用人不当、内部监督制度没有落实好导致集团内部信息不对称，无法控制好集团的资金，整个集团的资金使用混乱，出现许多资金浪费与投资错误现象。

从财务管理制度上看，没有形成一套良好的财务监督体制，集团资金使用混乱。集团的资金在5 000万元以下的赵新先从不过问，至于资金流向以及资金效率更不重视。整个三九集团的资金管理是哪里需要资金不管合理与否资金就流向哪里，当没有足够资金时只能抽用别家子公司资金。从集团公司对子公司的管理制度看，采用了法定代表人负责制。但是赵新先并没有通过财务监督以及其他各种监督控制制度对子公司的负责人进行监督。这直接导致了3个后果：第一，信息不对称，决策容易受到子公司经理的误导,从而导致决策失误;第二,赵新先无法控制集团的资金;第三,整个集团的资金使用混乱,出现许多资金浪费与投资错误现象。

3.权力过于集中

在整整20年时间里面,赵新先在三九集团中占据着绝对主导地位,他超越了一切制度的约束以他的意志来决策。三九集团的财务以及人事决策都由赵新先一人决定。至于关系企业生死存亡的战略制定问题,三九集团也成立了以专家为主体的战略委员会,但实际上真正决定企业经营战略的还是赵新先一人。三九集团的多元化战略决策、人事和财务决策体现的都是赵新先个人的意志。在这种决策机制下赵新先的个人决策失误直接导致企业的失败。

(三)推荐解决问题的方案

1.三九集团在重组后应如何完善内部控制

第一,完善三九集团的内部控制环境,使其股权结构合理化,改善目前一股独大的状态,从而实现股东彼此制衡的局势。完善公司治理结构,强化监事会、审计委员会、独立董事监督机制,明确股东、董事及管理层职责。稳定和完善管理团队,实行股权激励机制,避免管理人员频繁变动所带来的低效与风险。

第二,进行科学、系统的风险评估。风险管理在公司经营中至关重要,包括事项认定、风险识别、风险评估与风险应对。而进行科学、系统、有效的风险评估则是重中之重。针对三九集团所面临的外部风险与内部风险,应该采取有效的评估方法及机制,评估风险发生的概率与损失,建立健全风险警报和应急反应机制,并采取必要合理的风险应对措施,使风险降低到可以接受的水平。

第三,健全可执行的控制活动。三九集团应该紧紧围绕八大方面的控制活动建立健全可执行的控制活动,充分利用公司章程、规章制度、组织结构、岗位设置及业务流程,设计并实施影响企业目标实现的人、财、物以及业务流程关键控制点,不断完善可执行的控制活动。

第四,建立完善、充分及时的信息与沟通机制。对内建立健全完善的信息平台,及时、准确、完整地收集与企业经营管理相关的信息,做到上下沟通、平级沟通有效无障碍,这是实施内部控制制度的重要条件。对外建立良好的信息披露机制,严格遵守资本市场法律法规,使公司信息透明、及时,对利益相关者负责,不断增强企业良好的公众形象。

第五,建立健全有效执行的监督机制,不断完善三九集团内部审计监督机制,做好做实日常监督,全面提高监督实效,处理好定期监督与临时监督的关系,及时纠错查弊,从而起到良好的控制作用。实施必要的内部举报人制度,使之发挥应有的监督机制,从而及时发现问题,解决问题。另外,内部审计监督与评价范围也要从财务审计扩大到经营管理审计层面,从而不断完善监督机制。

2.关于三九集团内部控制的启示

第一,主营业务的充分发展和核心能力的形成是企业多元化经营的基础。

一方面，企业应该把核心产业做大做强，为企业向其他产业发展聚集足够的实力；另一方面，当企业具备进入其他产业的条件时，要按照专业化经营的要求规划和组织实施，以使企业在进入的新领域内一开始就具有较强的竞争力。

三九集团应始终将医药行业作为主营和核心业务，不断发展壮大自己的主营业务，实现产品升级及纵向一体化的业务扩展，从多个方面来强化主导产业的发展。

第二，多元化经营应以寻求战略关联产业为主攻目标。

在企业多元化战略的实施中，能否建立有效的战略关联是决定多元化成败的核心因素之一。与原有业务领域战略关联程度的高低，是企业确定多元化方向的主要依据。一般来说，企业应该首先选择那些与其主营业务和已经建立的核心竞争力关联密切、容易获得关联优势的领域作为多元化的主要进入目标。其原因在于与关联程度低的领域相比，进入高关联度的领域更容易依托在主营业务领域建立起来的优势地位和核心竞争力，可以较低的成本和风险建立优势地位。只有关联的程度高，新单元与老单元之间才能有效地沟通和融合。在此基础上，某一方面的优势才能顺利地转移到另一个方面，形成优势互补或优势扩张。

第三，应把握好多元化经营的时机。多元化经营的时机要综合考虑拟进入产业发展以及企业发展这两个因素，在两者间寻找最佳切入点。一般而言，伴随着经济的快速增长，产业结构会发生剧烈的变化。如果企业能够把握产业变化的趋势，顺应产业演变的规律，抢先进入新兴产业，则企业的前景将是美好的。

第四，企业在不同的生命周期应当采用不同的内部控制模式，具体参考表3-2。

表3-2　　　　　　　　　**从企业生命周期角度看内部控制**

初创期	企业业务单一，人员较少，实施集权治理模式更有利于提高决策效率
成长期	企业规模日渐扩大，决策信息越趋不充分和不对称。此时，集权式治理模式容易导致决策失误
成熟期	企业应合理划分集团公司与控股子公司的财权边界，在合理的边界内分而治之
衰退期	企业应适度加大分权范围，充分调动分公司和子公司的积极性，以寻求企业增长的新动力

3.三九集团如何在管理企业上突出重围

首先是注重主业与副业的关联度和融合度。一个企业的生存是靠主业产品的支撑。在任何经营模式下，企业都应该有具有核心竞争力的骨干业务，才可能在激烈的竞争市场中求得长期的生存、发展、盈利。因此只有立足于主业才能为其他行业奠定坚实的后盾，不可"四面出击"。一个企业的资源与优势是有限的，能够支持该企业经营的产业也是有限的，合理而科学的多元化经营策略应保持产业之间的高度关联性，以充分发挥企业的原有优势并节约包括资金、技术、人力、品牌、市场网络等各方面的资源。若盲目涉足与主业无关的领域以致产业之间跨度过大且缺乏关联，往往会导致无法发挥企业原有的资源优势而且难以降低经营风险和企业内部交易费用。三九集团在生命健康产业和印刷业取得了成功，而在房地产、汽车等领域遭遇的失败证实了这点。

其次是重点抓好核心企业。企业核心竞争力是企业的一项竞争优势，是企业发展的长期支撑力。企业现有业务有没有形成竞争优势以及这种竞争优势能否有效地延展到新的业务领域是决定新业务能否顺利发展的关键因素。故企业必须首先有一个具有竞争力的核心产品，然后再围绕核心产品、核心能力和竞争优势考虑是否采取多元化经营的策略。没有根植于核心能力的企业多元化经营，又无法在外部扩张战略中培植新的核心能力，最终结果可能把原来的竞争优势丧失了。

最后是适度扩大规模。企业规模应有一个适度的问题，若超过适度规模就会带来较高的内部交易成本。扩大企业规模应在遵循市场价值规律的前提下，使企业综合要素的提高和企业的长期平均成本降低的临界规模为最佳。在经营战略选择的过程中应该有"先做实再做大"的思想，若不顾市场、资金、技术、资源、企业布局和管理水平等因素的制约，盲目进行扩张而资金、技术和管理等方面跟不上新业务，新业务反而会成为企业的包袱甚至危及企业的生存。

四、教学组织方式

（一）问题清单及提问顺序、资料发放顺序

本案例讨论题目依次为：

1.三九集团内部控制是如何走向崩溃的？

2.分析导致三九集团内部控制失败的深层原因。

3.三九集团在重组后应该如何调整内部控制？

4.本案例带来的启示是什么？

本案例的参考资料及其索引，在讲授有关知识点之后一次性布置给读者。

（二）课时分配

1.课后自行阅读资料：约3小时；

2.小组讨论并提交分析报告提纲：约3小时；

3.课堂小组代表发言、进一步讨论：约3小时；

4.课堂讨论总结：约0.5小时。

（三）讨论方式

本案例可以采用五人一组的方式进行小组式讨论。

（四）课堂讨论总结

课堂讨论总结的关键是：归纳发言者的主要观点；重申其重点及亮点；提醒大家对焦点问题进行进一步思考；建议大家对案例素材进行扩展研究和深入分析。

案例 8

零售业巨头沃尔玛的背后故事

编写目的

本案例旨在通过零售业巨头沃尔玛案例的学习，使读者可以在理论及实践上深化对 COSO 五要素中内部控制环境的了解与掌握。同时，读者可以根据沃尔玛完善的内部控制制度与有效的执行，更好地理解和掌握内部控制的现实意义，并加以运用，学会解决实际工作中存在的具体问题。

知识点

内部控制五要素；内部控制的现实意义；内部控制的设计与运行

关键词

零售巨头；COSO 五要素；经营管理；风险防御

摘要

改革开放以来，随着消费者需求的变化，中国的零售业蓬勃发展，尤其是连锁超市，已成为我国现代零售行业的主流。但中国商业企业的管理还主要依靠传统管理方式和方法，缺乏创新能力，因此难以得到更好的发展，更不能和外国连锁超市相提并论。要解决这一问题，我们可以借鉴沃尔玛的经验，从内部控制着手，改造管理模式。本案例不仅仅是要加深读者对内部控制的认识，也希望能为我国连锁超市的内部控制建设提供良方。

案例正文

财富中文网于北京时间 2017 年 7 月 20 日晚全球同步发布了最新的《财富》世界 500 强排行榜，沃尔玛以 2016 年营业收入 4 858.7 亿美元的傲人成绩排名第一，同比提升 0.8%。这也是它连续 4 年将世界 500 强榜首的荣誉收入囊中。沃尔玛这一零售巨头的业绩神话令世界为之惊叹，而它所有的成功，都离不开它的有力武器——有效的内部控制。因此，我们将在接下来的文章中着重分析沃尔玛的内部控制，并总结归纳其中的可取之处，为我国零售业的发展提供借鉴。

一、公司概况及案例背景

（一）沃尔玛全球概况

沃尔玛百货有限公司（以下简称"沃尔玛"）由美国零售业的传奇人物山姆·沃尔顿先生于1962年在阿肯色州成立。经过多年的发展，沃尔玛已经成为世界最大的私人雇主和连锁零售商，多次荣登《财富》杂志世界500强榜首及当选最具价值品牌。

沃尔玛致力通过实体零售店、在线电子商店以及移动设备端等不同平台以不同方式来帮助世界各地的人们随时随地节省开支，生活得更好。每周，超过2.6亿名顾客和会员光顾沃尔玛在28个国家拥有的超过63个品牌下的约11 500家分店以及遍布11个国家的电子商务网站。沃尔玛2016财政年度（2015年2月1日至2016年1月31日）的营业收入达到近4 821亿美元，全球员工总数约230万名。一直以来，沃尔玛坚持创新思维和服务领导力，在零售业界担任领军者的角色；更重要的是，沃尔玛始终履行"为顾客省钱，从而让他们生活得更好"的这一企业重要使命。2016年《财富》杂志世界500强排名如图3-2所示。

在沃尔玛门店疯狂扩张以及超高的同店销售增速两大因素的影响下，沃尔玛的收入和净利润在飞速增长。截至2018财年，沃尔玛营业收入达到5 003.43亿美元，其中，美国地区营业收入3 805.80亿美元，占美国零售和食品服务销售额的6.59%。公司整体净利润21.78亿美元，门店数1.17万家，经营面积达到11.58亿平方英尺，同店销售增速2.20%。其主要业态有沃尔玛商店、购物广场、山姆会员商店和社区店等，业务范围覆盖线上线下。沃尔玛的营业收入及增速如图3-3所示。

沃尔玛的净利润及增速如图3-4所示。

沃尔玛的门店数及增速如图3-5所示。

（二）沃尔玛在中国

与在世界其他地方一样，沃尔玛在中国始终坚持"尊重个人、服务顾客、追求卓越、始终诚信"的四大信仰，专注于开好每一家店，服务好每一位顾客，履行公司的核心使命，以不断地为顾客、会员和员工创造价值。

沃尔玛对中国经济和市场充满信心，并致力于在中国的长期投资与发展。1994年沃尔玛与泰国的卜蜂集团组建合资公司，成功进入中国香港市场，在中国香港开设3家会员制折扣店。沃尔玛于1996年进入内地市场，在深圳开设了第一家沃尔玛购物广场和山姆会员商店。经过多年发展，已拥有约10万名员工。

目前沃尔玛在中国经营多种业态和品牌，包括购物广场、山姆会员商店等。截至2016年12月31日，沃尔玛已经在全国189个城市开设了439家商场、8家干仓配送中心和11家鲜食配送中心。沃尔玛在中国的经营始终坚持本地采购，目前，沃尔玛与超过7 000家供应商建立了合作关系，销售的产品中本地产品超过95%。

排名 ▲	上年排名	公司名称 （中英文）	营业收入 ◇ （百万美元）	利润 ◇ （百万美元）	◇ 国家
1	1	沃尔玛（WAL-MART）	485 873	13 643	美国
2	2	国家电网公司（STATE GRID）	315 198.6	9 571.3	中国
3	4	中国石油化工集团公司 （SINOPEC GROUP）	267 518	1 257.9	中国
4	3	中国石油天然气集团公司 （CHINA NATIONAL PETROLEUM）	262 572.6	1 867.5	中国
5	8	丰田汽车公司（TOYOTA MOTOR）	254 694	16 899.3	日本
6	7	大众公司（VOLKSWAGEN）	240 263.8	5 937.3	德国
7	5	荷兰皇家壳牌石油公司（ROYAL DUTCH SHELL）	240 033	4 575	荷兰
8	11	伯克希尔-哈撒韦公司 （BERKSHIRE HATHAWAY）	223 604	24 074	美国
9	9	苹果公司（APPLE）	215 639	45 687	美国
10	6	埃克森美孚（EXXON MOBIL）	205 004	7 840	美国

图 3-2　2016 年《财富》杂志世界 500 强排名①

同时，沃尔玛注重人才本土化，鼓励人才多元化，特别注重培养和发展女性员工及管理层。目前沃尔玛中国超过 99.9% 的员工来自中国本土，商场总经理 95% 以上由中国本土人才担任，女性员工占比超过 60%，管理团队（职等 7 级以上）约42% 为女性。2009 年公司成立了"沃尔玛中国女性领导力发展委员会"，以加速推动女性的职业发展。2013 年年初，公司又成立沃尔玛女性领导力学院，更好地推动了女性领导者在公司的成长与发展。

---

① 数据来源于财富中文网 http：//www.fortunechina.com/fortune500/c/2017-07/20/content_286785.htm。

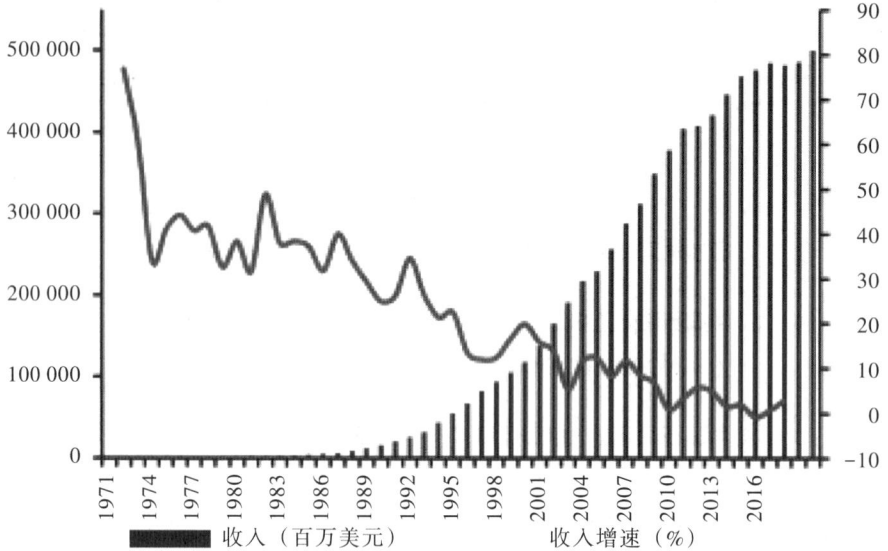

图3-3 沃尔玛的营业收入及增速

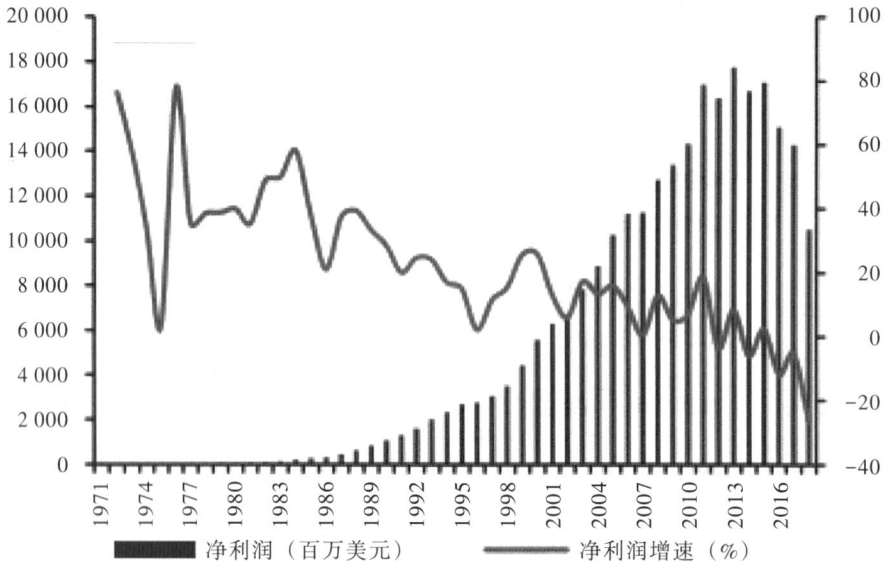

图3-4 沃尔玛的净利润及增速

2015—2017年，沃尔玛加大对中国市场不同业务的投资，包括大卖场和山姆会员商店，创造3万多个就业岗位。同时，沃尔玛将继续升级现有门店、加强食品安全，与本土供应商共赢发展。沃尔玛希望能更好地适应中国经济新常态，创造更多就业岗位，在与中国经济共发展的同时成为消费者信赖的优秀企业公民。截至2018年，沃尔玛在中国共有443家分店。近年来中国区沃尔玛的同店销售大致呈现上涨趋势，公司同店销售收入增速达到1.50%。沃尔玛中国区门店数及增速如图3-6所示。

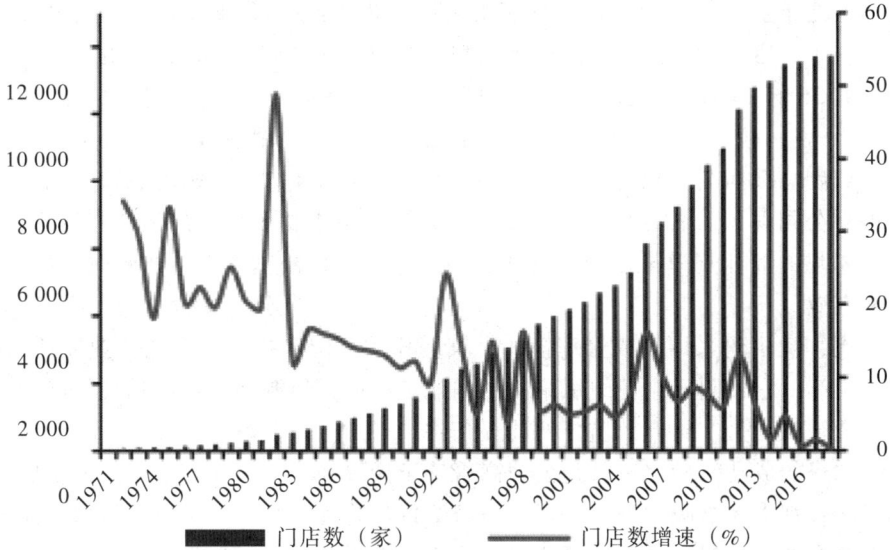

图3-5 沃尔玛的门店数及增速

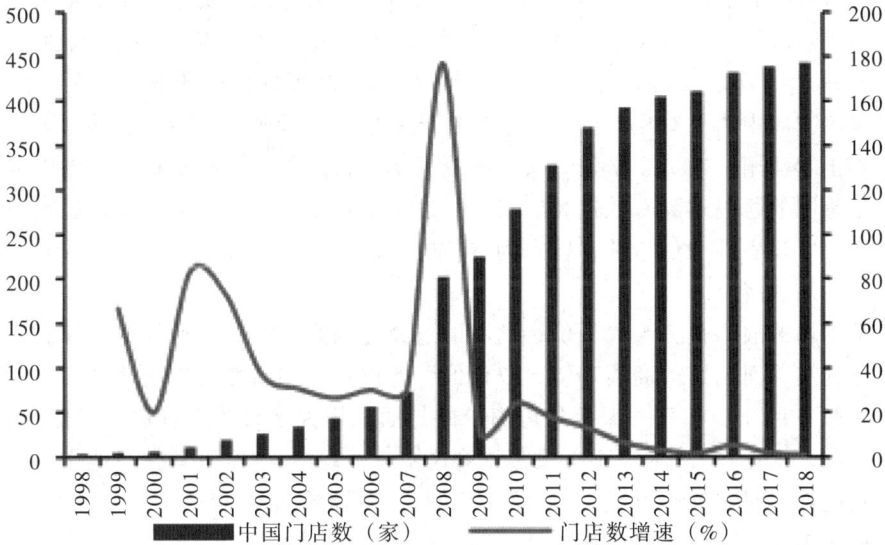

图3-6 沃尔玛中国区门店数及增速

二、案例概况

（一）沃尔玛内部控制描述

1.内部环境描述

（1）组织架构。

首先，沃尔玛使用的是U形与M形结构相结合的一种组织结构。

沃尔玛的门店虽然遍布全球，但其通过清晰的责任配置，使得每家分店都在公司的监控之下。具体来说，每家分店由1位经理和至少2位助理经理经营管理，经理负责整个分店的运营，助理经理则分别负责耐用商品和非耐用商品的管理，他们领导着约36个商品部门经理；分店经理向地区经理汇报工作，每位地区经理负责约12家分店；地区经理向区域副总裁汇报工作，每位副总裁下设3~4位地区经理；区域副总裁向公司执行副总裁汇报工作，另外还有2位高级副总裁分别负责新店发展和公司财务。各区域副总裁是核心，他们负责整个公司的沟通和运营管理。虽然沃尔玛的商业规模早已今非昔比，但这一监控机制基本上与初建时一样简单、精炼和有效。

其次，沃尔玛采用授权管理模式，其责任的分配和授权是现代企业委托-代理管理的延续，它依附于企业组织结构的构建。在内部控制中，适度的授权和清晰的责任配置被认为是实施有效监督的前提条件。

沃尔玛的成功法则之一就是公司高管善于授权和监督。随着沃尔玛的发展，越来越多的管理人才被吸收进入公司，山姆给每位管理者都留下了充分发挥其能力的空间，并常常亲驾飞机进行现场监督。更值得推崇的是，沃尔玛高层甚至认为十分有必要将责任和职权下授给第一线的工作人员，尤其是清理货架和经常接触顾客的部门经理，沃尔玛采取"店中有店"的方法（每个人所负责的区域就是一个"店"，每个人就是自己店的总经理）授权部门经理管理自己的业务，只要能力足够，这些"店中店"有极高的销售额。在此基础上，沃尔玛认为信息共享下的授权才会真正起作用，对员工来说，所有的资料如经营方式、采购价格、运输成本和利润都是透明的，以达到有效监督的目的。适当的授权和良性的竞争调动了每一位员工的职权、积极性和创造性，以人为本的内控制度得以展开。

（2）发展战略。

沃尔玛的战略是：天天低价，商品的选择范围广，有较大比例的名牌商品，使顾客感到友善而温馨的商店环境，较低的营业成本，创新性的市场营销，以及优良的售后服务保证。在每一家沃尔玛商店的外面都用大字母传递着这样的信息："永远的低价，永远！"沃尔玛还向顾客灌输这样一种观念："竞争者在当地作出任何广告，我们都将对之产生反应！"从而使其创立了低价的形象。

那么为什么沃尔玛可以做到低价呢？

据报道，沃尔玛处处精打细算，以降低成本和各项费用支出。一是"苛刻地挑选供应商，顽强地讨价还价"，以尽可能低的价位向制造商直接采购。二是实现采购本地化，既节约成本，又适应了当地顾客的消费习惯。在中国，沃尔玛销售的95%商品都是"中国制造"。三是讲究精简实用。比如新店开业不追求豪华装修，也不进行广告宣传；办公费用（包括总公司和地区经理们的薪水、办公室的开支以及配送中心和电脑系统的投入）只允许占营业额的2%。四是通过"点子大王"的传统，激励员工不断向管理层提供节省费用的点子。

（3）人力资源。

留住人才：在沃尔玛，管理人员和员工之间具有良好关系，公司经理人员的纽扣刻着："我们关心我们的员工"。管理者必须亲切对待员工，必须尊重和赞赏他们，对他们关心，认真倾听他们的意见，真诚帮助他们成长和发展。沃尔玛从员工的角度出发，不仅给予经济满足，更重要的是精神的满足，给予员工归属感。

发展人才：沃尔玛非常重视对员工的培养与教育，公司 60% 的管理人员是从普通营业员成长起来的。而且公司会对不同层次的员工进行与岗位或职位相对应的培训，比如新加入公司员工的入职培训，普通员工的岗位技能培训和部门专业知识培训，部门主管和经理的基础领导艺术培训，卖场副总经理以上高管人员的高级管理艺术培训，不定期地从世界各地选拔工作表现优秀且有发展潜力的管理人员前往沃尔顿学院接受系统培训。员工在刚加入公司时，也不一定非得从基层做起，受教育多的人可以被安排到比受教育少的人更高的位置。只要能在工作中作出成绩，证明自己的能力，很快就能得到提拔。

吸纳人才：除了从公司内部选拔人才之外，沃尔玛也从外部适时引进高级人才补充新鲜血液，以丰富公司的人才储备。

（4）社会责任。

作为一个出色的企业公民，沃尔玛自进入中国就积极开展社区服务和慈善公益活动，累计向各种慈善公益事业捐献了接近 6 000 万元的物品和资金，员工累计投入约 18 万个工时。沃尔玛十分重视环境保护和可持续发展，并把环保 360 的理念融入沃尔玛日常工作的每一个环节，同时沃尔玛也鼓励合作伙伴成为沃尔玛环保 360 计划的一部分，共同致力于中国的环境保护和可持续发展。

沃尔玛积极投入慈善活动以及遵从环境可持续发展不仅顺应了国际经济发展的要求，同时在国人心中留下了良好的公益形象。

（5）企业文化。

沃尔玛的企业文化极具特色，沃尔玛强调诚信原则和道德价值观："我为人人，人人为我"。沃尔玛将顾客定位为"公司最大的老板"，站在顾客角度提出天天平价、3 米微笑、200% 满意等原则。3 米微笑原则要求员工要对 3 米以内的顾客微笑，规定员工认真回答顾客的提问，永远不要说"不知道"，沃尔玛内部有条不成文的规定，唯一允许迟到的理由就是"顾客服务"。200% 满意原则表现为鲜食部门的自制食品出现任何质量问题，沃尔玛都保证退货并免费赠送一份。优质的企业文化为沃尔玛留住了大量忠实顾客。

2.风险评估及风险反映描述

沃尔玛风险管理机构与传统风险评估有区别，在传统方法下，按职能单独管理，而沃尔玛采用跨部门综合管理；传统方法下各部门间信息不共享，而沃尔玛将信息跨部门共享，做到了良好的信息沟通，以便更好地规避和应对风险。

COSO 报告认为，环境控制和风险评估是提高企业内部控制效率的关键。沃尔玛建立和保持了相关程序和措施，能够对经营风险、财务风险、市场风险、政策法规风险和道德风险等进行持续监控，及时发现、评估公司面临的各类风险，考虑其可能性和影响程度，制定对策并采取必要的控制措施。

沃尔玛在不断引进新技术的基础上保持非常谨慎的态度，每位主管想建立新系统时，总是先认真地对应用这个系统后可能带来的风险进行评估，并且谨慎地推行系统的应用范围，循序渐进，逐渐推广。例如，1981年，沃尔玛开始尝试使用商品条码设备。两年后，试验扩大到25家店。1984年，试验范围扩大到70家店。1985年，公司宣布将在所有的商店安装条码识别系统，当年又扩大了200多家。到20世纪80年代末，沃尔玛才将所有的商店和配送中心都安装了电子条码扫描系统。一个系统从试验到全面应用用了差不多10年的时间，由此看出沃尔玛的风险意识之强，非同一般。

3.控制活动描述

（1）财产保护控制。

沃尔玛总部的高速电脑与全世界沃尔玛商店连接，可及时控制存货存储量。

（2）运营分析控制。

厂商可以通过运营系统进入沃尔玛的电脑分销系统和数据中心，直接得到供应商品的流通动态信息，如不同店铺及不同商品的销售数据，沃尔玛各仓库和调配的状态、销售预测、电子邮件及付款通知等，以此作为安排生产、供货和送货的依据。通过这个系统，管理人员掌握到第一手的资料，并对日常运营与企业战略作出分析和决策。

4.信息与沟通描述

对于零售业来说，物流的配送是信息与沟通的重大方面，沃尔玛各分店的订单信息通过公司的高速通信网络传递到配送中心，配送中心整合后正式向供应商订货。供应商可以把商品直接送到订货的商店，也可以送到配送中心。

在配送中心，计算机掌管一切。供应商将商品送到配送中心后，经过核对采购计划、商品检验等程序，分别送到货架的不同位置存放。公司6 000多辆运输卡车全部安装了卫星定位系统，每辆车在什么位置、装载什么货物、目的地是什么地方，总部都一目了然。

灵活高效的物流配送使得沃尔玛在激烈的零售业竞争中技高一筹。沃尔玛可以保证商品从配送中心运到任何一家商店的时间不超过48小时，沃尔玛的分店货架平均一周可以补货两次，而其他同业商店平均两周才能补一次货；通过维持尽量少的存货，沃尔玛既节省了存贮空间又降低了库存成本。

沃尔玛的管理层奉行"门户开放"政策，既拓宽了信息沟通渠道，又保证了信息沟通效果。而信息共享和机构精简，既让控制无处不在，又让控制不失于简明。沃尔玛建立适当的沟通渠道，便于管理者和雇员间进行沟通，以消除部门间障碍并为员工合作提供机会。

5.监督描述

沃尔玛的卫星系统可以监控全球的所有店铺、配送中心和经营的所有商品，包括每天发生的一切与经营有关的购销调存等信息。

（1）沃尔玛有一个统一的产品代码叫UPC（Universal Product Code）代码，经理们选择一件商品，扫描一下该商品的UPC代码，不仅可以知道商场目前有多少这种商品，订货量是多少，而且还能知道有多少这种商品正在运输到商店的途中，会在什么时候运到等情况。这些数据都是通过主干网和通信卫星传输到数据中心。管理人员能及时地对销售情况和物流情况进行监控，并监督当天成交的数目。

（2）草根会议。每隔一段时间，每家店都会举行"草根会议"，随意抽取各部门员工了解情况。

（3）基层调查。每年沃尔玛总部都会在全球范围内开展"基层调查"，以无记名形式了解整个店的经营管理情况，密封后寄至美国，由专门的调查公司进行统计分析。

（4）设立合规管理部门，全面负责公司一切与合规经营相关的事务。该部门直接向沃尔玛亚洲总裁兼首席执行官汇报。该部门负责食品安全、消费者权益保护、营运安全等方面事务，以保证公司日常运营全面符合政府部门的相关法律法规以及沃尔玛公司的标准。合规部门除在总部工作之外，还将深入到沃尔玛业务所在的城市和地区，担负起公司内部第三方监督的作用。

（二）借鉴意义

沃尔玛的成功与其强有力的内部控制制度密不可分，我国的零售企业要想成为优秀的企业，必须拥有一个完善强劲的内部控制，而这可以通过完善五要素来建立。内控环境是其他四要素发生作用的基础，我国零售企业应从这方面入手，在构建成本控制体系的软环境方面，打造企业坚固的内核——企业文化，靠企业文化凝聚个人，创造良好的工作氛围。为人之道即为商之道，在企业内部传播"以人为本"的思想，如沃尔玛所传播的企业价值观"顾客是上帝""尊重每位员工"。同时在此基础上为顾客提供良好的服务，争取得到顾客的信赖。在硬环境方面，建立完善合理的组织机构，各司其职、分工明确、相互牵制，达到提高效益、降低损失的目的。

三、主要参考文献

［1］闫旭旭. 从内部控制窥探沃尔玛中国化进程——以蚌埠沃尔玛发展为例［J］. 赤峰学院学报（自然科学版），2016，32（10）：59-61.

［2］谢志华，黄国成，杨克智. 基于价值模式的商业集团企业内部控制建设——沃尔玛的经验分析［J］. 北京工商大学学报（社会科学版），2011（5）：50-56.

四、讨论题目

根据沃尔玛经营战略案例，请读者分析：

1.沃尔玛是一家怎样的企业？

2.沃尔玛有哪些经营管理模式？

3.沃尔玛内部控制是怎样的？其营造了一个怎样的内部控制环境？

4.沃尔玛成功的秘诀是什么？对中国企业有什么启示？

案例使用说明

一、本案例要解决的关键问题

本案例要解决的关键问题在于：引导读者了解内部控制环境在企业管理中的重要作用。根据沃尔玛案例资料，通过对世界500强企业良好的内控制度的了解，读者可以在企业内部控制框架建设的具体案例中学习在实务中如何进行内部控制设计，从中获取启发。

二、案例讨论的准备工作

为了有效实现本案例目标，读者应该具备下列相关知识背景：

（一）理论背景

2002年美国发布《萨班斯-奥克斯利法案》，这一法案提出后，人们开始广泛关注内部控制，并且更加趋向于将风险管理与内部控制结合。2004年，美国COSO发布了《企业风险管理——整合框架》（COSO-ERM），首次把内部控制从"过程观"提升到了"风险观"，更进一步说明了内部控制在企业风险管理中起到的作用，同时也明确了内部控制是企业日常经营活动必不可少的组成部分。

（二）公司背景

沃尔玛百货有限公司由美国零售业的传奇人物山姆·沃尔顿先生于1962年在阿肯色州成立。

沃尔玛作为全球连锁龙头，发展历程已经成为教科书式的经典案例。截至2018财年，沃尔玛营业收入达到5 003.43亿美元，其中，美国地区营业收入3 805.80亿美元，占美国零售和食品服务销售额的6.59%。公司整体净利润21.78亿美元，净资产收益率高达17.08%（国际化前夕净资产收益率超过30%），门店数1.17万家，经营面积达到11.58亿平方英尺，同店销售增速2.20%。以沃尔玛的成立、成为区域龙头、超越西尔斯成为全美第一大零售公司作为时间节点可以把多年的历程划分为三个阶段：

第一阶段：从一家不起眼的在夹缝中求生的乡村小店，到举债数百万美元被迫股票上市，再到在折扣店行业的危机下奋力追赶成为区域龙头。沃尔玛营业收入到这一阶段结束达到12.58亿美元，复合年均增长率为35.08%。

第二阶段：通过内生和并购方式逐步向全国扩张，在1991年销售额超越西尔斯成为全美第一大零售公司。这一阶段营业收入达到 326.01 亿美元,复合年均增长率为 34.72%。

第三阶段:进军海外市场,成为世界零售霸主。从 1992 年公司踏上国际化之路至今,这一阶段营业收入达到 5 003.43 亿美元,复合年均增长率为 9.81%。

(三)行业背景

中国区沃尔玛同店销售增速、同店客流量增速、同店客单量增速如图 3-7 所示。

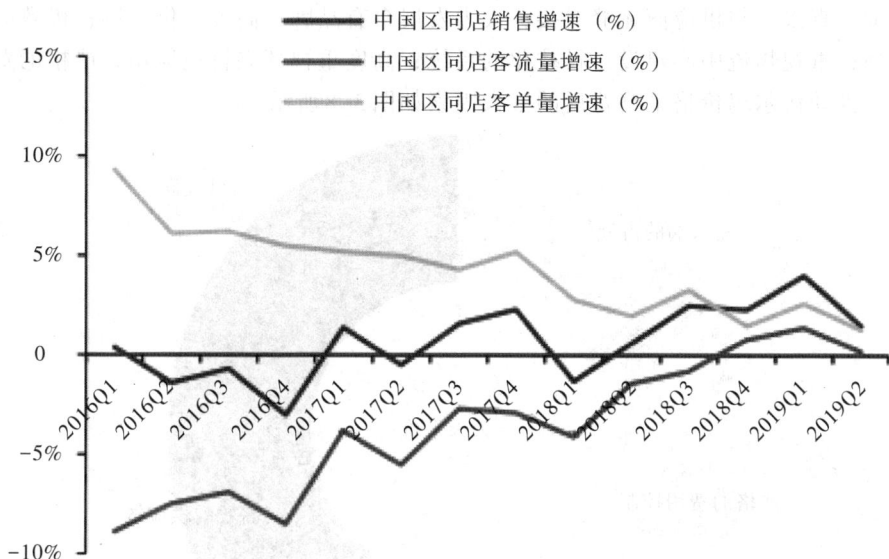

图 3-7　中国区沃尔玛同店销售增速、同店客流量增速、同店客单量增速

沃尔玛 1996 年进入内地市场,在深圳开设了第一家沃尔玛购物广场和山姆会员商店。沃尔玛全球采购中心总部于 2002 年在深圳设立。经过多年的发展,目前沃尔玛已经在中国经营多种业态,包括购物广场、山姆会员商店、社区店。沃尔玛至今在华创造了近 100 000 个就业机会。作为一个出色的企业公民,沃尔玛自进入中国就积极开展社区服务和慈善公益活动,多年累计向各种慈善公益事业捐献了近 6 000 万元的物品和资金,员工累计投入约 18 万个工时。沃尔玛十分重视环境保护和可持续发展,将环保 360 的理念融入沃尔玛日常工作的每一个环节,同时沃尔玛也鼓励合作伙伴成为沃尔玛环保 360 计划的一部分,共同致力于中国的环境保护和可持续发展。

三、案例分析要点

(一)需要读者识别的关键问题

本案例需要读者识别的主要知识点包括:内部控制环境、企业内部控制的具体方法。

（二）解决问题的可供选择方案及其评价

1.关于沃尔玛成功背后的战略

（1）价格策略："天天平价，始终如一"

沃尔玛有句经典的广告标语"天天平价，始终如一"，多年来沃尔玛始终奉行低价策略，力求做到同样品质、品牌的商品比其他零售商价格低，如果发现同行卖的商品价格比它低，立马补价差。这种价格策略的背后，是强大的中后台管理能力：加强直采，与供应商无缝对接；大力发展自有品牌；高效的供应链；极致的库存管理；重视物流中心建设；科技化的系统；高度重视新兴科技应用；严格的费用控制。推动沃尔玛价格策略背后的五大因素如图3-8所示。

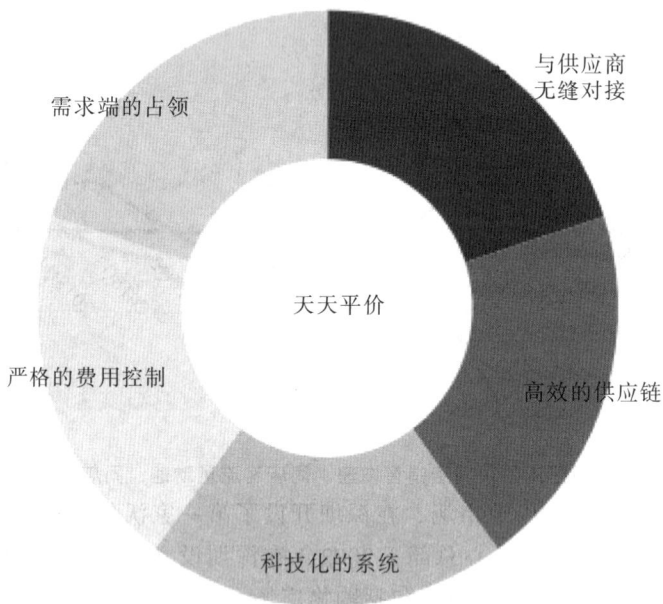

图3-8　推动沃尔玛价格策略背后的五大因素

（2）员工管理：合伙人制度充分调动员工积极性

沃尔玛成功的因素有很多，其中有一点就是公司员工与管理者之间的良好合作关系，即"合伙人"制度。沃尔玛的合伙人制度一共包括4项计划：利润分享计划、员工购股计划、损耗奖励计划和福利计划。通过激励机制，公司员工劳动效率逐年提升，从1980年的5.99万美元/人到2018年的21.75万美元/人，复合年均增长率3.45%；沃尔玛员工劳动效率累积增幅前期是超过美国人均可支配收入增幅的，然而后期，我们判断基于全球化扩张的原因，其增幅放缓。

（3）扩张+电商策略：外延并购，积极扩展到家业务

尽管沃尔玛在海外扩张的道路上遭受挫折，但沃尔玛长期通过不断增设新店和外延并购的方式扩张，使得其门店数量不断增加。近年来，得益于信息时代和消费者消费习惯的改变，美国电商市场处于高速发展阶段，线上零售额占比逐年提高。

从 2010 年线上销售额仅为 1 673 亿美元，占总零售额的 6.3% 发展至 2015 年的 3 417 亿美元，占比 10.6%。预计 2027 年，美国的线上销售额将突破 1 万亿美元大关。

2.改善内部控制环境的具体方法

第一，作为经济运行的微观基础的企业，人力资源要素的数量和质量状况，人力资源所具有的忠诚、向心力和创造力，是企业兴旺发达的活力和强大推动力。因此，如何充分调动企业人力资源的积极性、主动性、创造性，发挥人力资源的潜能，已成为企业管理的中心任务。人力资源控制应包括：建立严格的招聘程序，保证应聘人员符合招聘要求；制定员工工作规范，用以引导考核员工行为；定期对员工进行培训，帮助其提高业务素质，更好地完成规定的任务；加强和考核奖惩力度，应定期对职工业绩进行考核，奖惩分明；对重要岗位员工（如销售、采购、出纳）应建立职业信用保险机制，如签订信用承诺书，保荐人推荐或办理商业信用保险；工作岗位轮换，可以定期或不定期进行工作岗位轮换，通过轮换及时发现存在的错弊情况，同时也可以挖掘职工的潜在能力；提高工资与福利待遇，加强员工之间的沟通，增强凝聚力。

第二，企业在市场经济环境中，不可避免会遇到各种风险。风险控制要求单位树立风险意识，针对各个风险控制点，建立有效的风险管理系统，通过风险预警、风险识别、风险评估、风险报告等措施，对财务风险和经营风险进行全面防范和控制。企业风险评估主要内容有：筹资风险评估，如企业财务结构的确定、筹资结构的安排、筹资币种金额及期限的制定、筹资成本的估算和筹资的偿还计划等都应事先评估、事中监督、事后考核；投资风险评估，企业对各种债权投资和股权投资都要进行可行性研究并根据项目和金额大小确定审批权限，对投资过程中可能出现的负面因素应制定应对预案；信用风险评估，企业应制定客户信用评估指标体系，确定信用授予标准，规定客户信用审批程序，进行实施过程中的实时跟踪，信用活动规模大的企业，可建立独立信用部门，管理信用活动、控制信用风险；合同风险评估，企业应建立合同起草、审批、签订、履行监督和违约时的应对措施的控制科学试验，必要时可聘请律师参与。风险防范控制是企业一项基础性和经常性的工作，企业必要时可设置风险评估部门或岗位，专门负责有关风险的识别、规避和控制。

第三，全面预算是企业财务管理的重要组成部分，它是为达到企业既定目标编制的经营、资本、财务等年度收支总体计划，从某种意义上讲，全面预算也是对企业经济业务规划的授权批准。全面预算控制应抓好以下环节：预算体系的建立，包括预算项目、标准和程序；预算的编制和审定；预算指标的下达及相关责任人或部门的落实；预算执行的授权；预算执行过程的监控；预算差异的分析与调整；预算业绩的考核。全面预算是集体性工作，需要企业内各部门人员的合作。为此，有条件的企业应设立预算委员会，组织领导企业的全面预算工作，确保预算的执行。

第四，会计系统控制要求单位必须依据会计法规和国家统一的会计制度等，制定适合本单位的会计制度、会计凭证、会计账簿和财务会计报告的处理程序。实行会计人员岗位责任制,建立严密的会计控制系统,使会计真正实现为国家宏观经济调控和管理提供信息、为企业内部经营管理提供信息、为企业外部各有关方面了解其财务状况和经营成果提供信息的目标。

第五,为满足企业内部管理的时效性和针对性,企业应当建立内部管理报告体系,全面反映经济活动,及时提供业务活动中的重要信息。内部报告体系的建立应反映部门经管责任,符合例外管理的要求,报告形式和内容简明易懂,并要统筹规划,避免重复。内部报告要根据管理层次设计报告频率和内容详简。通常,高层管理者报告时间间隔长,内容从重、从简;反之,报告时间间隔短,内容从全、从详。常用的内部报告有:资金分析报告,包括资金日报、借还款进度表、贷款担保抵押表、银行账户及印鉴管理表等;经营分析报告;费用分析报告;资产分析报告;投资分析报告;财务分析报告。

(三)推荐解决问题的方案

1.沃尔玛内部控制是怎样的?其营造了一个怎样的内部控制环境?

沃尔玛营造了一个良性的内控环境,主要体现在其企业文化和企业架构方面。沃尔玛的创始人山姆·沃尔顿所倡导并奉为核心价值观的"顾客就是上帝""尊重每一位员工""每天追求卓越""不要把今天的事拖到明天""永远为顾客提供超值服务"等服务原则和文化理念,都被世人称为宝典。山姆·沃尔顿非凡创造能力和他所倡导并一手建设的企业文化,就是一个现代版商业神话诞生的源泉。沃尔玛采用U形与M形结构相结合的一种组织结构,每家分店由一位经理和至少两位助理经理管理,经理负责整个商店的运营,助理经理领导着各个商品部门经理。分店经理向地区经理汇报工作,地区经理又向区域副总裁汇报工作,最后,区域副总裁向公司执行副总裁汇报工作。另外还有两位副总裁负责公司财务和新店发展。对每一个地区的分店都进行有效管理,具体问题具体分析。

在风险评估方面,沃尔玛合理地分析和管理相关风险的机制创造了"天天低价"的控制特色。沃尔玛比竞争对手成本低,商品周转快,真正做到成本抑减。"零库存"的做法使沃尔玛每年都可以节省数百万美元的仓储费用。竞争对手家乐福连续公布新店计划,沃尔玛高层宣布放缓新店拓展速度,以保持稳定的现金流。

在控制活动方面,在沃尔玛总部,高速电脑和各个发货中心及各家分店的电脑连接在一起,商店付款台上的激光扫描器会把每件货物的条形码输入电脑,再由电脑进行分类统计。当某一货品库存减少到一定数量时,电脑会发出信号,提醒商店及时向总部要求进货。总部安排货源后,送往离商店最近的一个发货中心,再由发货中心的电脑安排发送时间和路线。这样,从商店发出订单到接到货物并把货物提上货架销售,一整套工作完成只要36个小时。这保证了它在拥有巨大规模的同时仍保持高效。

在信息与沟通方面，沃尔玛的卫星系统每天可将销售点的资料，快速、直接地传递给4 000多家供应商，以便供应商及时查询，适应市场需求。对沃尔玛来说，其物流链已经远远超出了本公司的范围，沃尔玛的供应商也被包括进来。20世纪80年代末，沃尔玛通过计算机联网和电子数据交换系统与供应商分享信息，从而建立起伙伴关系。比如说，皇后公司和沃尔玛的合作，两公司的计算机联网，让供应商随时了解其商品在沃尔玛各分店的销售和库存变动情况，据此调整公司的生产和发货，可以提高效率，降低成本。

在监控方面，沃尔玛有一个统一的产品代码叫UPC代码，经理们选择一件商品，扫描一下该商品的UPC代码，不仅可以知道商场目前有多少这种商品，订货量是多少，而且能知道有多少这种产品正在运输到商店的途中，会在什么时候运到等情况。这些数据都通过主干网和通信卫星传递到数据中心。管理人员不但能实时监控销售情况、物流情况等，还可知道当天回收多少张失窃的信用卡、信息卡认可体系是否正常工作，并监督那天的成交数量。沃尔玛的数据中心也与供应商建立了联系，从而实现了快速反应的供应链管理。厂商通过运营系统可以进入沃尔玛的电脑分销系统和数据中心，直接得到某供应商的商品流通动态信息，如不同店铺及不同商品的销售统计数据、沃尔玛各仓库的调配状态、销售预测、电子邮件与付款通知等，以此作为安排生产、供货和送货的依据。通过这个信息系统，管理人员掌握第一手的资料，并对日常运营与企业战略作出分析和决策。

2.沃尔玛成功的秘诀是什么？对中国企业有什么启示？

（1）建立真正意义的公司治理结构。如果当年高层管理人员不能迫使山姆接受建立卫星系统的建议，今天的沃尔玛会是什么样还很难说。将整个公司的权力集于一人，很可能会形成"一人兴邦，一人废邦"的局面，这种公司治理的结构是极具风险的。国内的企业也有这种现象，一个庞大集团的事务，往往就一二人说了算，这种控制环境是不稳定的。我国企业应当在建立真正意义上的公司治理结构、让权力有所制衡的基础上，寻找一条适应自身发展的道路。

（2）将信息系统的建设作为整个企业的战略组成之一。沃尔玛信息系统的组建过程，从董事到部门主管全部参与，投入的人力、物力和资金叹为观止，收到的效益也是令人咋舌。而反观我国大部分企业显然对信息系统的建设还不够重视，没有建立相应的IT部。当然其中有态度问题，也有实力问题。将建立物流信息系统作为关系公司整体发展的要事来抓，应该成为国内企业高层考虑的重要问题之一。

3.关于本案例，我们可以获得的启示

沃尔玛的成功多半是其强有力的内部控制制度的功劳，由此也可以得出以下启示：我国的零售企业要想发展壮大，必须拥有一个完善强劲的内部控制制度。

内控环境是其他要素作用的基础，我国零售企业应从这方面下手，在构建成本控制体系的软环境方面，打造企业坚固的内核——企业文化，靠企业文化凝聚员工，创造良好的工作氛围。同时在此基础上为顾客提供良好的服务，争取得到顾客的信赖。在硬环境方面，建立完善合理的组织机构，各司其职、分工明确、相互牵制，以达到提高效益、降低损失的目的。

内部控制措施是整个控制体系的核心部分，直接影响着企业成本控制的效果。内部控制措施一般伴随着企业的成长而不断完善，又随着企业经营内外部环境的变化而调整。作为零售企业，采取严格、完整的内部控制措施，对减少员工的舞弊和工作失误、促进企业正常的营运发挥着至关重要的作用。这要求我国零售企业要根据自己的内部环境和业务实施独特的管理方式，例如沃尔玛建立了与信息系统相适应的存货档案管理系统，通过沃尔玛总部的高速电脑与全世界沃尔玛分店连接，及时控制存货存储量，进而做到先进的存货控制。我国的零售企业也要完善内部监督机制，应实行定期或不定期的评价，加强内部审计。

四、教学组织方式

（一）问题清单及提问顺序
本案例讨论题目依次为：

1.沃尔玛是一家怎样的企业？

2.沃尔玛有哪些经营管理模式？

3.沃尔玛内部控制是怎样的？其营造了一个怎样的内部控制环境？

4.沃尔玛成功的秘诀是什么？对中国企业有什么启示？

（二）课时分配

1.课后自行阅读资料：约1小时；

2.小组讨论并提交分析报告提纲：约1小时；

3.课堂小组代表发言、进一步讨论：约1小时；

4.课堂讨论总结：约0.5小时。

（三）讨论方式
本案例可以采用四人一组的方式进行小组式讨论。

（四）课堂讨论总结
课堂讨论总结的关键是：归纳发言者的主要观点；重申其重点及亮点；提醒大家对焦点问题进行进一步思考；建议大家对案例素材进行扩展研究和深入分析。

案例 9

登云股份的IPO造假始末

编写目的

本案例是中小企业未有效执行资金内控制度，在中小板上市（IPO）申请文件存在虚假记载、重大遗漏的案例。通过本案例的剖析，帮助读者巩固专业知识，引发读者深入思考内部控制监管、财务舞弊以及关联交易等问题，同时对中小型上市公司以及即将上市的公司提供借鉴，以作警示。

知 识 点

内部控制；财务管理理论；公司治理

关 键 词

登云股份；财务造假；内部控制环境

摘 要

良好的内部控制是企业的免疫系统，它有助于提高会计信息的正确性和可靠性，为审计工作提供良好基础；同时良好的内部控制也是企业高效运行的保护伞，它能够保证生产和经营活动顺利进行，实现企业的经营目标。本案例通过分析怀集登云汽配股份有限公司因内控存在的瑕疵，导致诚信危机，受到证监会处罚的经过，从财务知识和审计知识的角度解析登云股份面临的问题，提出重视内部控制建设，加强市场监管和对上市公司处罚的力度，对中小企业具有一定的借鉴意义。

案例正文

2017年5月31日，证监会一纸行政处罚决定书，把怀集登云汽配股份有限公司（以下简称"登云股份"）推上了风口浪尖。经查明，当事人存在以下违法事实：一是登云股份首次公开发行股票并在中小板上市申请文件存在虚假记载和重大遗漏。二是登云股份上市后披露的定期报告中存在虚假记载和重大遗漏。登云股份IPO造假案尘埃落定，这家主要从事汽车发动机进排气门的研发、生产与销售，是中国汽车发动机气门生产龙头企业之一的上市公司，如今被监管机构顶格处罚，同时还要为自己的所作所为向投资者公开道歉。

本案例将研究对象锁定为怀集登云汽配股份有限公司，以期通过登云股份的真实数据探讨企业内部控制。

一、公司概况及案例背景

（一）昔日的龙头

1971年5月，公司前身怀集县汽车配件厂成立。其专注于汽车发动机进排气门系列产品的研发、生产与销售，是国内气门行业的龙头企业之一。公司的规模、产销量和出口量均居国内气门行业前列，产品型号总计达一万多种。1986年，公司与重庆康明斯发动机有限公司配套，产品大批量出口英国、美国、日本等国家和地区，成为中国最大气门出口商。公司已为康明斯、比亚迪等近20家国内著名整车及主机制造厂商提供配套生产服务，公司还为东风汽车等公司配套供应军车用气门，同时为了提高生产能力引进英国气门生产线。2008年，公司完成股份制改造，更名为怀集登云汽配股份有限公司。2009年，公司在美国设立全资子公司 Huaiji Engine Valve USA, Inc., 以自有品牌在美国市场销售，全面进入跨国公司的全球采购链。

登云股份坚持自主创新和引进吸收相结合的技术创新发展战略，专注发动机气门产品的研发和生产，以巩固国内气门行业龙头地位，进而成长为世界顶级的发动机气门产品供应商。然而，就是这样的一家公司，在上市的短短几年之内，净利润瞬间暴跌，公司受到证监会调查。造假案疑云重重，公司是否有意为之？在面临退市危险之时，公司能否再次渡过难关？登云股份从成立到衰败的时间线如图3-9所示。

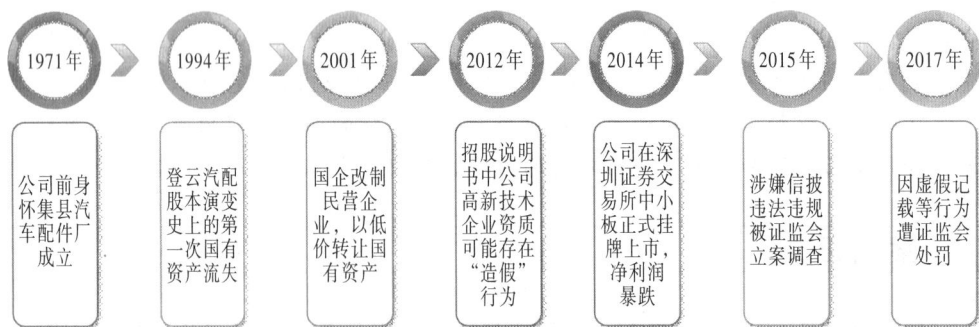

1971年	1994年	2001年	2012年	2014年	2015年	2017年
公司前身怀集县汽车配件厂成立	登云汽配股本演变史上的第一次国有资产流失	国企改制民营企业，以低价转让国有资产	招股说明书中公司高新技术企业资质可能存在"造假"行为	公司在深圳证券交易所中小板正式挂牌上市，净利润暴跌	涉嫌信披违法违规被证监会立案调查	因虚假记载等行为遭证监会处罚

图3-9 登云股份从成立到衰败的时间线

（二）上市风波

2010—2012年，公司的产品市场占有率位居行业前列，公司营业收入分别为27 220万元、31 697万元和30 571万元。而2009年至2011年主营业务收入增长率分别为2.49%、44.98%和16.08%，虽然2010年大幅上升，但却在2011年下滑严重。2010—2012年，登云股份实现净利润分别为3 407万元、4 344万元、3 946万元，2010年和2011年净利润增长率分别为45.7%和27.5%，2012年同比下降9.2%。登云股份2010—2014年营业收入、净利润、净利润增长率见表3-3。

表3-3 登云股份2010—2014年营业收入、净利润、净利润增长率

报告日期	2014	2013	2012	2011	2010
营业收入（万元）	29 607	30 343	30 571	31 697	27 220
净利润（万元）	1 862	3 385	3 946	4 344	3 407
净利润增长率	−45.0%	−14.2%	−9.2%	27.5%	45.7%

实际上，这跟登云股份的业务有着很大的关系。登云股份主要专注于生产柴油机气门，公司的收入以柴油机气门产品业务收入为主，柴油发动机生产商占据客户总数很大比重。汽车生产和销售受到宏观经济和国内经济周期性变动影响比较大，因此市场处于低迷状态。登云股份2010—2013年6月的柴油机气门和汽油机气门的销售占比如图3-10所示。

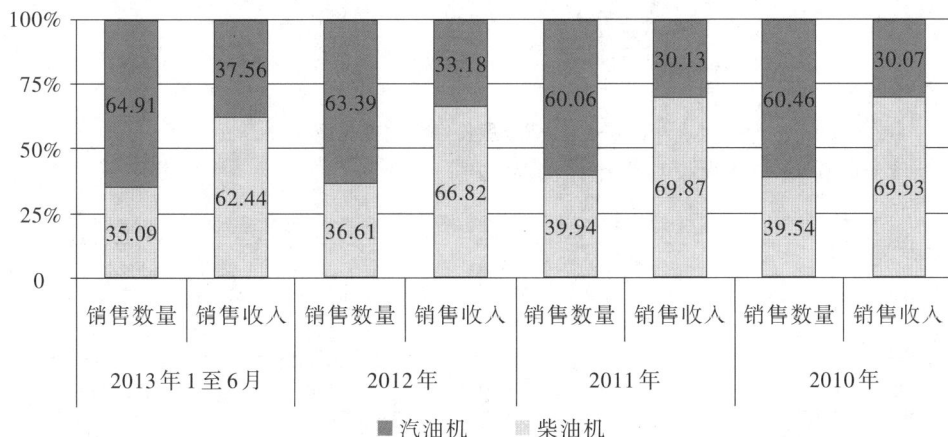

图3-10 登云股份2010—2013年6月的柴油机气门和汽油机气门的销售占比

图片来源：网易财经.

由于在汽配行业，即使是专攻同一模块，也会因为产品线超长、产品更新快，导致同质化竞争加剧。登云股份为了稳固自己在行业中的位置，上市是非常好的选择。挂牌上市之后，能够方便公司融资，完善企业的资本结构。此外，股东股份也可以合法转让，提供股权流动性。尽管面对质疑，以及整体利润下滑的风险，麻烦缠身的登云股份还是提出了IPO申请。2014年2月19日，登云股份在深圳证券交易所中小板正式挂牌上市（股票简称：登云股份；股票代码：002715），成为当地第一家上市公司，也是中国发动机气门行业首家上市公司。同时，公司还邀请新时代证券股份有限公司（以下简称"新时代证券"）担任其保荐机构。

从此戏剧性的一幕逐渐上映，登云股份上市也并没有拯救其整体利润下滑的局面。2014年上市当年业绩突然"变脸"，登云股份的净利润暴跌，同比下滑45.0%，

基本每股收益为-0.58元/股，较上年同期下降376.19%。2015年年报显示，归属上市公司股东的净利润为-5 311.56万元，较去年同期下降了385.19%。挂牌上市不应该使公司地位提高，销售收入增加吗？事实上，似乎没有起到这样的作用。也正是因为2014年净利润的戏剧化变化，引得证监会的注意和调查。登云股份净利润变化如图3-11所示。

（万元）

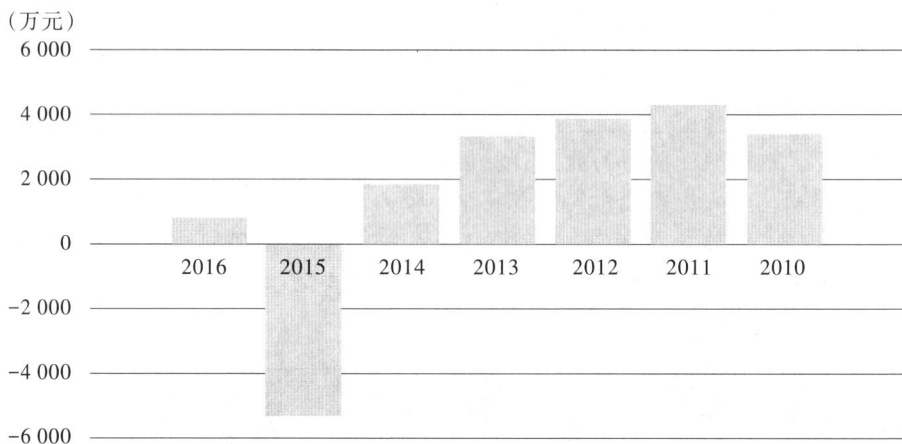

图3-11　登云股份净利润变化图

登云股份基本每股收益变化如图3-12所示。

（元）

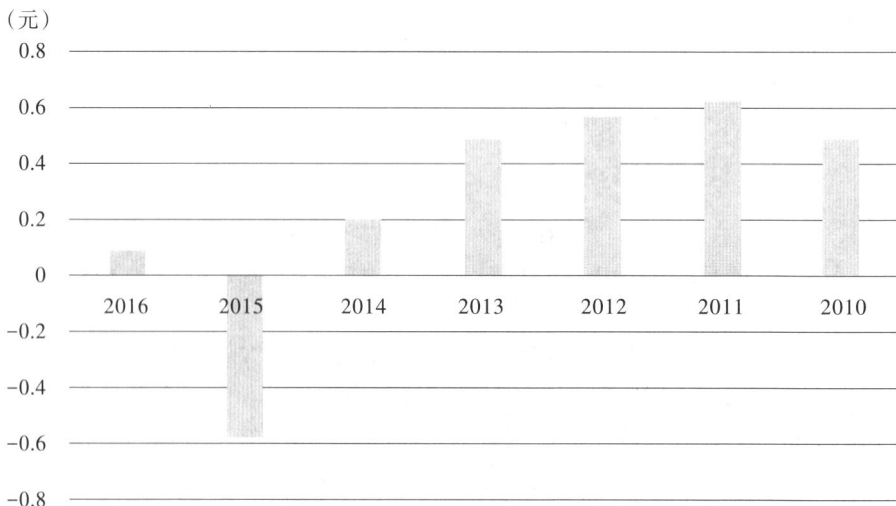

图3-12　登云股份基本每股收益变化图

（三）真相浮出水面

2015年10月20日，一封证监会的《调查通知书》发到登云股份手上，因公司涉嫌信息披露违法违规被证监会立案调查。2016年5月5日，登云股份审计机构信永中和会计师事务所因无法获取对公司确认的三包索赔费用及计提存在争议的三包索赔费用导致难以收回的应收账款坏账准备的认定所需的充分、适当的审计证据，注册会计师对公司2015年度财务报告出具了保留意见的审计报告。2017年5月31日，证监会下发了登云股份的《行政处罚决定书》。因IPO文件与年报双双造假，该公司被证监会责令改正、给予警告，并处60万元的顶格罚款。同时，证监会拟对该公司时任董事及高管欧洪先、潘炜各处以30万元罚款及5年市场禁入，其余责任人也相应被罚。对于造假，登云股份表示将于6月8日在相关网络平台举行公开致歉会。登云股份问题爆发时间轴如图3-13所示。

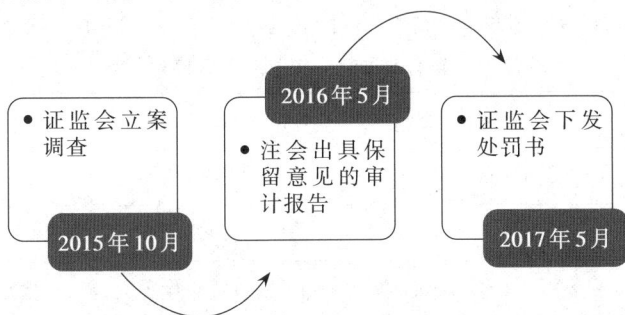

图3-13　登云股份问题爆发时间轴

被处罚的不仅仅是造假主体，保荐机构新时代证券亦因出具的《发行保荐书》等文件存在虚假记载行为，被证监会给予警告，没收业务收入，并处以与业务收入同等金额的罚款，两项共计3 353.92万元。而因登云股份造假案，新时代证券投行业务接连丢客户，在被南通锻压设备股份有限公司"炒鱿鱼"后，正在冲刺IPO的璧合科技股份有限公司日前公告，已与其解除上市辅导关系。

不过这些行政处罚只是"餐前水果"，等待他们的"主菜"是一系列民事赔偿和信用危机，登云股份以及相关中介机构或还将面临大批中小投资者索赔。

值得注意的是，2016年7月30日，登云股份发布了立案调查事项进展暨风险提示公告称，"公司股票可能被深圳证券交易所实施退市风险警示并暂停上市"。在此次登云股份的"IPO造假案"中，证监会对登云股份采取的是行政处罚的处理，并没有启动强制退市程序。

二、案例概况

（一）行业概况

登云股份属于汽车零部件行业，作为汽车整车行业的上游行业，汽车零部件行业是汽车工业发展的基础，其上游行业主要是钢材、石油、有色金属、天胶、布料及其他材料行业，下游行业主要是整车装配行业和维修服务行业。汽车配件是构成汽车的零件和配件，分类如下：发动机配件、传动系配件、制动系配件、转向系配件、行走系配件、电器仪表系配件、汽车灯具、维修设备、电动工具等。

汽车配件作为汽车的重要组成部分，是汽车产业发展的基础。我国汽车配件行业发展经历了中华人民共和国成立初期低水平、以卡车配套为主的起步阶段；改革开放后以轿车配套技术为主的成长阶段；20世纪90年代国产化率不断提高的壮大阶段后；进入了新世纪以高新技术、节能研发、新能源开发为主的快速发展阶段。伴随着我国整车行业的快速发展，我国汽车配件行业亦得到了长足的进步，跨国汽车配件供应商凭借其上百年的技术积累，在诸如发动机、变速器、底盘各系总成等高附加值关键配件上形成了主导地位；自主汽车配件供应商则通过不断学习跨国汽车配件供应商的先进经验，正逐步缩小与国际先进水平的差距。总体而言，我国汽车配件行业已形成充分竞争的格局。我国汽车配件行业发展历程见表3-4。

表3-4   我国汽车配件行业发展历程

阶　段	时　间	特　征
起步阶段	1952—1978年	给卡车配套为主，技术水平较低
成长阶段	1978—1992年	开始为轿车配套，技术水平提高
壮大阶段	1992—2000年	外商投资力度加大，国产化率提高
快速发展阶段	2000年至今	整体技术水平进步较快，出口增长

由于我国汽车配件行业属于劳动密集型、材料密集型企业，因此行走系配件、电器仪表系配件、汽车灯具、汽车内饰、汽车外饰等非关键零部件领域产品在国际市场具有竞争力。由于技术薄弱、研发不足，在发动机、手动变速箱、传动轴等发动、传动、制动系总成类、系统类部件上竞争力相对不足。而自动变速箱、ABS系统、电控燃油喷射系统、气门弹簧、专用轴承等高技术含量经济规模较大的配件在市场上缺乏竞争力。汽车配件产品竞争层次见表3-5。

表3-5   汽车配件产品竞争层次

竞争层次	产品特性	具体产品
具有竞争力	劳动密集型	线束、地毯、内饰件、点火线圈、滤清器
	材料密集型	散热器、万向节、传动轴、无石棉摩擦材料
	其他产品	座椅、保险杠、雨刷器、火花塞、水泵
竞争力不足	总成类、系统类部件	发动机、手动变速箱、传动轴等关键部件和空调系统
缺乏竞争力	国内空白产品	自动变速箱、ABS系统、三元催化装置、安全气囊
	高技术含量的产品	电控燃油喷射系统
	经济规模较大产品	气门弹簧、高强度紧固件、轴瓦、油封、专用轴承

我国整车市场出现集中度低、竞争激烈的情况。近年来，这种竞争形势促使整车制造商不断推出新车型、新技术，产业化不断加快。随汽车技术不断进步和互联

网公司的加入，汽车产业正在发生变革，零部件和汽车系统的智能化提升了产品的附加值，并且使得市场份额进一步向优质龙头企业集中。在此背景下，汽车零部件生产技术革新成为各汽车零部件供应商满足整车制造商竞争需要的必要条件。根据登云股份最新的运营业务数据，2017年6月公司主营业务收入1.65亿元，占比最高的是维修市场气门，为55.35%，其次是柴油机气门，为32.73%，最后是汽油机气门，为11.92%。销量方面，发动机气门销量达到1 448万支。2016年，汽车零部件产量2 635.13万支，销量为2 862.60万支，气门广泛应用于汽车、摩托车、农业机械、工程建筑机械、船舶、铁道内燃机、石油钻机和内燃机发电机组等领域，竞争力不大，需求弹性较小。

如今，中国汽车配件行业在国民经济中占有很重要的地位，和整车行业组成的汽车行业是机械行业的第一大产业。智能化与新能源及新能源车的不断升级将给汽车零部件行业带来巨变。未来在乘用车方面将有可能首先取代传统汽油发动机汽车，对配件的要求将不断提高，登云股份汽油机气门产品将面临着市场容量被压缩的风险，过往低端产品的供应商将逐步出局，让位于真正有技术实力的优质配件企业。因此，在这个创新时代，登云股份应继续扩大市场容量，减少行业波动带来的风险。

（二）公司净利润暴跌之谜

1.市场需求下降

登云股份的主营业务是柴油机气门。公开资料显示，登云股份的主要客户为康明斯、一汽大柴、潍柴动力和东风朝柴等柴油发动机生产商；而类似奇瑞汽车、比亚迪汽车这样的客户并不多，从业务占比上来看，仅占主营业务收入的三分之一左右。登云股份汽配发展受到限制，主要体现在以下几个方面：

第一，从宏观角度来看，国家严格把关柴油交易，拖缓其市场增长速度，导致全球汽车市场对柴油的需求处于低迷状态。

第二，从微观角度来看，由于市场增速放缓，柴油机气门除了利润空间较大，市场增长和发展空间却不及汽油机气门。同时，生产所需的原材料价格波动也是登云股份难以规避的风险。

因此，对专注于生产柴油机气门的登云股份来讲，发展就会受到限制，想要突破瓶颈并不容易。登云股份为了巩固自己在行业中的位置，完善企业的资本结构，选择了挂牌上市。

然而，现实证明挂牌上市是失败的。因为2014年净利润的戏剧化变脸，引得证监会的注意和调查，历时一年半的调查也证明登云股份的确存在问题，登云股份受到行政处罚，其董事、总经理欧洪先和董事、副总经理、财务总监潘炜两位高管也因此辞职。

2.财务舞弊

（1）违规关联方信息及关联交易信息披露

证监会调查结果显示，在2013—2014年的年报中，登云股份未披露与广州富匡全、肇庆达美、山东富达美、山东旺特、APC公司、Golden Engine公司的关联关系。登云股份2010—2014年向Golden Engine公司销售商品以及2010年、2011年山东富达美、山东旺特向公司销售商品等，与上述关联方发生的关联交易未履行相关审批程序和信息披露义务。此外，登云股份在2011年、2012年、2013年、2014年违规对外借款分别为960万元、2 000万元、2 300万元、1 200万元，而公司未履行相关审批程序和信息披露义务。登云股份及相关当事人的上述行为导致首次公开发行股票并上市的上市公告书、2013年年度报告、2014年年度报告和2015年年度报告中的信息披露存在虚假记载和重大遗漏。

（2）存货数据异常

登云股份生产的产品分为柴油机气门和汽油机气门，销售市场以汽车发动机国内主机配套市场与国外售后维修市场为主。2012—2015年，登云股份营业收入逐步下降，但存货每年都在稳定增加，计提存货跌价准备后的存货金额也在逐步上升。2013—2015年，每年的利息支出都在1 500万元左右，在原材料供应充足而登云股份资金并不宽裕的情况下，登云股份根本没有必要保留这么多存货，导致占用大量资金。登云股份2009—2016年营业收入、存货、财务费用见表3-6。

表3-6　　　　登云股份2009—2016年营业收入、存货、财务费用　　　　单位：万元

报告期间	2016	2015	2014	2013	2012	2011	2010	2009
营业收入	28 796	23 999	29 607	30 343	30 571	31 697	27 220	18 819
存货	13 898	15 627	14 784	12 469	10 764	10 242	9 096	6 620
财务费用	469	1 309	1 449	1 683	1 172	1 272	1 163	565

存货异常除了存货积压外，很可能是企业为了少结转营业成本所致。2010年以来，柴油机气门、汽油机气门实现的营业收入所占比重都比较稳定，随着竞争加剧，销售价格逐年下滑。不过，单位生产成本反而逐年上升。柴油机气门单位平均成本又明显高于汽油机气门。例如，2014年年报披露与问询函回复的销售单位成本差价0.08元，计算少结转的成本占当年利润的11%。比起2010年，2014年的单位生产成本高了0.8元，但是期末产成品单位成本却高了4.4元，而销售产品结构比例却没有多大变化。加上三包索赔费、咨询服务费、会务费不入账，以及票据贴现费用不入账，登云股份通过少结转成本虚增利润，来缓和业绩恶化，从而把企业顺利推上市场。

此外，2015年年末库存产成品单位成本与少结转成本有着重大关系。如果不是因为少结转成本，登云股份2015年亏损额更高。更值得一提的是，IPO数据涵盖

2009—2011年，意味着这种少结转成本的种子已经在公司上市之前生根发芽，没有这些哪来漂亮的数据呢？

（3）虚增利润

登云股份少结转成本虚增利润在其上市前就已经存在了。除了成本方面，还有其他费用问题使得利润虚增。

首先，在2016年4月19日，登云股份发布业绩修正公告，这是登云股份第二次进行业绩修正。在公告年报前夕高调甩包袱的行为，其目的令人匪夷所思，难道是迫于证监会对公司立案调查的压力吗？为了成功申请IPO，增加募集资金，公司千方百计虚增千万利润。2011—2014年，登云股份少计三包索赔费用合计1 663.32万元。登云股份费用"控制有方"的秘诀在于少计大量费用。2014年登云股份净利润仅1 862万元，如果将上述少计的三包索赔费、租金等记入2014年，那么上市之年业绩会暴降九成，会将登云股份推向风口浪尖，更可能是被立案调查。证监会披露，2015年4月16日，登云股份第一季度亏损超过1 000万元。登云股份将销售商品的单位成本调减了一定的百分比，经调整，主营业务成本减少4 212 385.54元，并使第一季度财务报告由亏转盈。而在2015年10月31日，登云股份在三季报中预计2015净利润变动区间为−3 000万元至−2 500万元。

其次，由于登云股份营业收入、净利润双双下降，为了缓解利润下滑，登云股份在费用方面也研究了一番。在物价上涨、人力成本上涨、规模扩大的情况下，登云股份的销售费用、管理费用却开始下降。特别是在上市前夕，政府补助的营业外收入也远远超过了以前年度，为了展现漂亮的利润表，公司可谓下足了功夫。

3.公司内部管理混乱

证监会处罚对象从董事、独立董事到财务经理，处罚对象范围可谓广泛，说白了就是：只要是在招股说明书上签字的人员，既然都对说明书上的真实性和完整性作出合理保证，那么出现了问题就应该承担相应的责任。

登云股份未经股东大会或董事会同意，在上市前4年对外违规借款，表面上看是登云股份擅作主张，欺上瞒下，但董事会何尝不是睁一只眼闭一只眼，任由其行事？1994年，登云股份贱卖国有资产，股权的转让价格并不公允，导致国资流失。2001年，登云股份国有企业改制，涉嫌以低价转让国有资产，一度陷入国民质疑中。登云股份在后来的招股说明书中也承认违反相关规定，并作出弥补措施。公司可以将责任推到某些受让人身上，让其补缴税款，但是这也反映出公司内部管理存在严重问题，缺乏沟通和信息交流。登云股份2011—2014年违规借款金额如图3-14所示。

公司定期报告存在会计差错、未按规定披露关联方关系及关联交易、违规对外借款等问题，看上去好像是财务人员做账不严谨导致的，而实际上这些无不是公司内部管理出了岔子。公司没有规定岗位责任制，内部控制形同虚设，财务人员职业素养低，所造成的漏洞将会是很难弥补的。

（万元）

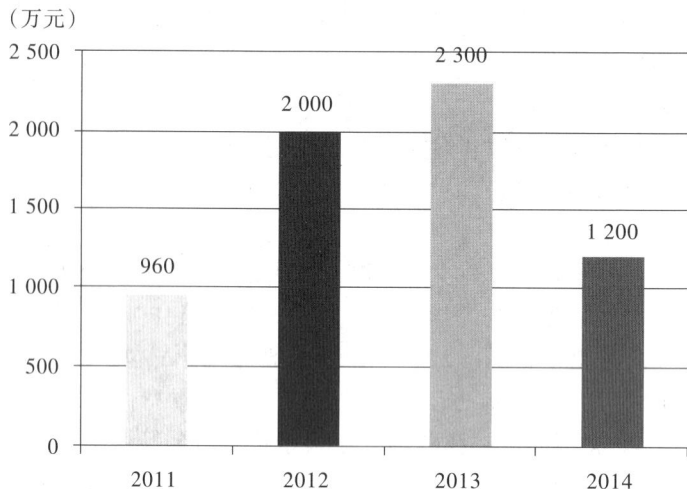

图3-14　登云股份2011—2014年违规借款金额

（三）处罚疑云

2014年正是中国A股市场如火如荼之时，只要能够上IPO，登云股份就可以锁定一个超额的回报。也正因为利益的驱动，上市公司过度包装、粉饰业绩的事件频出。随着经济下行，正常公司业绩都会受到影响。

然而登云股份并没有因为此次IPO造假而受到退市处罚。此外，董秘张福如在致歉会上表示："公司违法违规的原因主要是非主观的，但在致歉会上强调原因没有任何意义。"而其保荐代表人郭纪林称："我们是按照执业规范开展工作，但勤勉尽责不够，导致发行保荐书出现虚假记载问题。"

IPO造假存在两种情况：一是未达到IPO门槛要求，通过虚增业绩来达到IPO上市条件，这类构成欺诈发行，一旦发现就会被退市，比如欣泰电气虚增业绩构成欺诈发行被退市；另一种则是造假金额占IPO企业营收和净利润比例较低，比如1%到5%不等（高于30%则是重大财务造假），剔除这一部分后其仍然能达到IPO门槛要求，这种并不构成欺诈发行，证监会不会启动强制退市程序。登云股份不构成欺诈发行，较大可能属于第二种情况。此次的造假未计入成本费用金额不是很大，主要原因可能是其财务人员做账不严谨，财务内部控制制度没有得到严格实施。躲过退市处罚，登云股份仍然有机会改过自新，继续发展。

（四）登云股份内部控制问题透视

证监会披露，2013—2014年，登云股份没有建立完整的、合理的内部控制制度，未在所有重大方面保持与财务报告相关的、有效的内部控制。内部控制是为确保实现企业目标而实施的程序和政策。内部控制系统涉及企业财务、运营、遵纪守法等具体运作层面。每个上市公司都有其内部控制制度，企业应当根据《企业内部控制基本规范》、应用指引和评价指引分别从内部环境、风险评估、控制活动、信息与沟通、内部监督等五要素，对内部控制评价过程、内部控制缺陷认定及整改情况、内部控制有效性等相关内容作出披露。

1.内部环境

内部环境是企业实施内部控制的基础，是其他内部控制因素的根基。登云股份没有重视内部控制环境的建设，不仅是财务人员，管理人员也将内部控制搁置一边，因此给其运营带来了很多困难。

首先，从组织结构上看，组织结构能够为规划、执行、控制和监督活动提供框架，以实现企业整体目标。对于持续发展的企业来说，建立完善的组织结构有助于企业持续发展。而从证监会行政处罚决定书中对直接负责人员的惩罚来看，登云股份的组织结构肯定存在一定的混乱和不协调。

其次，从权责分配上看，权力的分配本质上是指按照工作描述确定责任，根据组织结构图形成责任。上市之前，2010年至2013年6月，登云股份存在部分三包索赔费、咨询服务费、会务费不入账，以及票据贴现费用不入账、提前确认收入等情形；未按规定披露关联方关系及其交易；未有效执行资金内控制度，存在违规对外借款等情形；招股说明书未披露与关联方关系及关联交易，未说明表决和签署等情况。上市之后，如2015年一季度，登云股份实际亏损超过1 000万元。然而，公司将销售商品的单位成本调减了一定的百分比，令主营业务成本减少约421.2万元，导致第一季度财务报告扭亏为盈。虽然这些是财务人员的失误，但是证监会处罚的主体是董事会、监事会和管理层，权力越大，担负的责任就越重，显然登云股份在造假时对这些潜在的致命成本欠缺考虑。

内部控制出现瑕疵的还有登云股份的保荐机构新时代证券。就在登云股份收到《行政处罚及市场禁入事先告知书》的前一天晚间，该公司还连续发布《新时代证券股份有限公司关于对怀集登云汽配股份有限公司2016年下半年现场检查报告》《新时代证券股份有限公司关于怀集登云汽配股份有限公司2016年度内部控制自我评价报告的核查意见》《新时代证券股份有限公司关于怀集登云汽配股份有限公司2016年内部控制规则落实自查表的核查意见》等由新时代证券出具的核查意见，而在上述核查意见中，新时代证券表示，登云股份董事会填写的《内部控制规则落实自查表》符合公司内部控制制度的制定和运行情况的实际，不存在隐瞒、疏漏等情况。

事实上，新时代证券在内部控制的有效性或执业行为的合规性两个方面的瑕疵存在已久。2016年7月，证监会组织部分派出机构对13家证券公司投行类业务开展专项检查，并于当年年末通报了证券公司投行类业务专项检查情况，责令新时代证券等5家公司限期改正，同时增加内部合规检查次数并提交合规检查报告，对其采取出具警示函的行政监管措施。

2.风险评估

作为整体内部控制结构的一部分，企业应开展风险评估，准确识别与实现控制目标相关的潜在外部风险和内部风险，并确定相应的风险承受程度。登云股份发生风险的主要是管理因素和财务因素。

在管理因素方面，企业因对外借款等重大事项未及时披露而深陷舆论漩涡，不符合正常的企业对外投资理财规范，还会造成高管自利行为、挪用资金的情况。另外，如果出现资金收不回来的情况，更会直接影响上市公司当期效益，这会使得企业产生巨大的财务风险和信用危机。根据《深圳证券交易所上市公司信息披露工作考核办法（2017年修订）》，上市公司信息披露工作考核结果主要依据上市公司信息披露质量，同时结合上市公司运作规范程度、对投资者权益保护程度等因素，从高到低划分为 A、B、C、D 四个等级。深圳证券交易所官网显示，登云股份在2016年的信息披露考评结果为 D，信用较低。

在财务因素方面，企业财务人员不重视会计基本原则，没有按权责发生制原则入账相关费用，编制华丽又虚假的会计报告，未及时披露公司重大事项，成为公司违规风险重灾区，从而使投资者的利益受损。

3.控制活动

企业应结合风险评估结果，运用相应的控制措施，将风险控制在可承受范围之内，这些措施就是控制活动。控制活动的目的是确保所需的行动得以有效且适时地执行。

授权审批控制是指企业根据常规授权和特别授权的规定，明确各岗位办理业务和事项的权限范围、审批程序和相应责任。从IPO招股说明书签字到财务报表的报出，都需要经过授权审批。同时，企业应建立营运分析制度，而登云股份并没有做好营运方面的分析控制。在上市之前，登云股份没有踏实做好汽车发动机进排气门系列产品的创新、研发、生产与销售，管理层没有综合运用生产、投资、筹资、财务等方面信息对营运情况进行分析评估，因此卷入了许多不必要的争端，面临致命的惩罚。

4.内部监督

内部控制监督机制和内部控制缺陷认定标准构成了内部监督的基础，企业理应定期对内部控制的有效性进行自我评估及按法律法规要求委派会计师进行内部控制审计。内部控制评价的目的在于通过评估发现内部控制体系存在的问题及不足，进而整改落实、持续改进，确保内部控制体系有效运行。若仅为评价而评价、只评不改或整改不到位，内部控制监督评价将失去其应有之意。然而，审计机构信永中和会计师事务所出具的《内部控制鉴证报告》认为，登云股份内部控制存在重大缺陷。但该公司出具的《内部控制自我评价报告》认为，在报告期内财务报告及非财务报告方面均不存在内部控制的重大缺陷。登云股份内部控制存在的重大缺陷对于内部控制的监督设计和运营工作造成重大压力，同时会使得信息传递不真实，无法保证投资者和股民获取及时有效的信息。

三、案情延续

登云股份 IPO 造假以及财务舞弊等给登云股份带来的是诚信危机以及跌倒后再爬起的挑战。从更换保荐代表人到与事务所、新时代证券齐领罚单，这起被确认财务造假的案件，正在向更多中国中小型上市公司发出警示。

以下是登云股份的公告以及深圳证券交易所对涉事公司的处罚：

（一）更换保荐代表人

怀集登云汽配股份有限公司于 2017 年 9 月 21 日收到新时代证券《关于更换保荐代表人的函》，前任保荐代表人冯响先生已于 2017 年 9 月 12 日离职，不再作为公司持续督导保荐代表人，不再履行持续督导的工作职责。新时代证券授权肖章福先生担任公司持续督导保荐代表人，自 2017 年 9 月 13 日起负责持续督导相关工作，并按照相关规定出具核查意见。

（二）对事务所涉事人员给予处罚

经查明，广东君信律师事务所律师高向阳和陈志生作为怀集登云汽配股份有限公司首次公开发行并上市项目的签字律师，未能勤勉尽责，出具的《广东君信律师事务所关于怀集登云汽配股份有限公司首次公开发行的股票于深圳证券交易所上市的法律意见书》存在虚假记载、重大遗漏，违反了《深圳证券交易所股票上市规则（2012 年修订）》的相关规定，对登云股份的违规行为负有重要责任。深圳证券交易所对广东君信律师事务所律师高向阳和陈志生给予通报批评的处分。对于相关当事人的上述违规行为和给予的处分，将记入上市公司诚信档案，并向社会公布。

（三）对新时代证券股份有限公司保荐代表人给予处罚

经查明，新时代证券股份有限公司保荐代表人郭纪林、时任保荐代表人程天雄和王玮，作为怀集登云汽配股份有限公司首次公开发行并上市的保荐代表人，存在以下违规行为：登云股份定期报告存在会计差错，未按规定披露关联方关系及关联交易、违规对外借款。鉴于相关当事人的上述违规事实和情节，依据《深圳证券交易所股票上市规则（2014 年修订）》第 17.5 条和第 19.3 条的规定，经深圳证券交易所纪律处分委员会审议通过，对新时代证券股份有限公司保荐代表人郭纪林、时任保荐代表人程天雄和王玮给予通报批评的处分。

登云股份披露的《首次公开发行股票并上市公告书》存在虚假记载、重大遗漏。郭纪林、程天雄、王玮作为登云股份的保荐代表人，未能勤勉尽责，出具的《新时代证券股份有限公司关于怀集登云汽配股份有限公司首次公开发行股票之上市保荐书》存在虚假记载、重大遗漏，违反了《深圳证券交易所股票上市规则（2012 年修订）》的相关规定，对登云股份的违规行为负有重要责任。

（四）对公司及相关当事人给予公开谴责处分

鉴于公司及相关当事人的上述违规事实和情节，根据《深圳证券交易所股票上市规则（2014 年修订）》的相关规定，深圳证券交易所做出如下处分决定：对怀集登云汽配股份有限公司予以公开谴责的处分；对怀集登云汽配股份有限公司董事长张骏，时任董事兼总经理欧洪先，副总经理、时任董事兼董事会秘书邓剑雄，时任副总经理兼财务总监潘炜予以公开谴责的处分。对于公司及相关当事人的上述违规行为和上述处分还将记入上市公司诚信档案，并向社会公布。

根据登云股份 2017 年 12 月 16 日的公告，该公司取得了国家知识产权局颁发的 5 项发明专利证书，正在慢慢地从处罚阴影中走出，发挥公司自主知识产权优势，完善知识产权保护体系，促进技术创新，提升公司的核心竞争力。然而，证监会对登云股份的调查与惩罚，以及深圳证券交易所对登云股份的处分，值得中国企业警惕与反思。完善内部控制制度，建立适合企业的内部管理体系，便可以避免成为下一个登云股份。

四、讨论题目

本案例结合我国企业内部控制基本理论，研究证监会披露的登云股份 IPO 造假事件中存在的内部控制执行缺陷，通过本案例的分析，重点思考如下问题：

1. 登云股份 IPO 造假的动机是什么？
2. 登云股份出现了哪些财务状况？
3. 从内部控制环境角度出发，登云股份内部控制存在哪些问题？
4. 登云股份将面临哪些风险？该如何解决？
5. 如何实施有效手段避免登云股份这样的后果？
6. 读完案例，你获得怎样的启示？

五、主要参考文献

[1] 方红星，池国华. 内部控制 [M]. 4 版. 大连：东北财经大学出版社，2019.

[2] 何玉. 职务舞弊与内部控制、内部审计——兼评法国兴业银行职务舞弊案例 [J]. 审计研究，2009（2）：91-96.

[3] 于刚，夏林. 上市公司财务舞弊案例分析——以"紫鑫药业"为例 [J]. 财会研究，2015（10）：33-36.

[4] 李庆玲，沈烈. 近年国际内部控制研究动态：一个文献综述 [J]. 管理学动态，2016（5）：187-199.

案例使用说明

一、本案例要解决的关键问题

通过登云股份的案例学习，引导读者关注中小企业在中小板上市的申请文件可能存在资金管控不力、虚假记载、重大遗漏等事项，并对其经营管理和资金内控进行深度剖析。首先，读者可以通过了解即将上市的中小企业应当具备的条件，深入分析IPO造假下公司的内部监管状况和异常财务状况。其次，帮助读者巩固内部控制相关知识背景和制度背景，引发读者对企业应如何建立、健全良好的内部控制环境的思考，这也是全面提升企业风险防范能力的关键。

二、案例讨论的准备工作

为了有效实现本案例目标，读者应具备下列相关知识背景：

（一）理论背景介绍

1.公司治理

公司治理又名公司管治、企业管治，是一套程序、惯例、政策、法律及机构，影响着如何带领、管理及控制公司。公司治理方法也包括公司内部利益相关者及公司治理的众多目标之间的关系，主要利益相关者包括股东、管理人员和理事。其他利益相关者包括雇员、供应商、顾客、银行和其他贷款人、政府政策管理者、环境和整个社区。

2.内部控制理论

内部控制理论包括内部控制目标和内部控制原则。内部控制涉及企业管理的方方面面，内部控制的目标也呈现出多元化、纵深化的趋势。

（1）内部控制目标

内部控制目标有利于确保企业战略的有效实现。任何企业都有其特定的战略，要有效实现组织的战略，就必须及时对构成企业的资源（财产、人力、知识、信息等）进行合理的组织、整合与利用，这就意味着这些资源要处于控制之下或在一定的控制之中运营。如果一个企业未能实现其目标，那么该企业在从事自身活动时，一定是忽视了资源的整合作用，忽视了经济性和效率性的重要性。

内部控制目标有利于企业遵循政策、程序、规则和法律法规。内部控制系统必须保证遵循各项相关的法律法规和规则。为了协调企业的资源和行为以实现企业战略，一方面管理者会制定政策、计划和程序，并以此来监督运行并适时作出必要的调整。另一方面，企业还必须服从政府制定的法律法规、职业道德规则以及利益集团之间的竞争因素等所施加的外部控制。

内部控制目标有利于经济且有效地利用企业资源。所有的企业都是在一个资源有限的环境中运作的，一个企业实现其目标的能力取决于能否充分地利用现有的资源，制定和设计的内部控制必须保证以最低廉的成本取得高质量的资源（经济性）和防止不必要的、多余的工作和浪费（效率）。管理者必须建立政策和程序来提高运作的经济性和效率，并建立运作标准来对行动进行监督。

内部控制目标有利于确保信息的质量。内部控制系统必须与确保数据搜集、处理和报告的正确性相联系。除了建立企业的目标并沟通政策、计划和方法，管理者还需利用相关、可靠和及时的信息来控制企业的行为。同时，决策信息系统特别是会计信息系统也依赖内部控制系统来确保提供相关、可靠和及时的信息。

内部控制目标有利于保护组织的资源。资源的稀缺性客观上要求企业通过有效的内部控制系统确保其安全和完整。如果资源不可靠、损坏或丢失，企业实现其目标的能力就会受到影响。保护各种有形与无形的资源，一是要确保这些资源不被损害和流失；二是要确保对资产的合理使用和必要的维护。

（2）内部控制的原则

合法性原则是指内部控制应当符合法律、行政法规的规定和有关政府监管部门的监管要求。

全面性原则是指内部控制在层次上应当涵盖企业董事会、管理层和全体员工；在对象上应当覆盖企业各项业务和管理活动；在流程上应当渗透到决策、执行、监督、反馈等各个环节，避免内部控制出现空白和漏洞。

重要性原则是指内部控制应当在兼顾全面的基础上突出重点，针对重要业务与事项、高风险领域与环节采取更为严格的控制措施，确保不存在重大缺陷。

有效性原则是指内部控制应当能够为内部控制目标的实现提供合理保证。企业全体员工应当自觉维护内部控制的有效执行。内部控制建立和实施过程中存在的问题应当能够得到及时纠正和处理。

制衡性原则是指任何人不得拥有凌驾于内部控制之上的特殊权力。企业的机构、岗位设置和权责分配应当科学合理并符合内部控制的基本要求，确保不同部门、岗位之间权责分明和有利于相互制约、相互监督。履行内部控制监督检查职责的部门应当具有良好的独立性。

适应性原则是指内部控制应当合理体现企业经营规模、业务范围、业务特点、风险状况以及所处具体环境等方面的要求，并随着企业外部环境的变化、经营业务的调整、管理要求的提高等不断改进和完善。

成本效益原则是指内部控制应当在保证内部控制有效性的前提下，合理权衡成本与效益的关系，争取以合理的成本实现更为有效的控制。

3.企业内部控制要素

《企业内部控制基本规范》指出，企业建立与实施有效的内部控制，应当包括下列五个要素：内部环境、风险评估，控制活动、信息与沟通、内部监督。

内部环境一般包括组织结构、权责分配、战略发展、人力资源政策、企业文化及社会责任等。风险评估是指企业及时识别、系统分析经营活动中与实现内部控制目标相关的风险，合理确定风险应对策略。控制活动是指企业根据风险评估结果，采用相关的控制措施，将风险控制在可承受度之内。信息与沟通是指企业及时、准确地搜集、传递与内部控制相关的信息，确保信息在企业内部、企业与外部之间进行有效的沟通。内部监督是指企业对内部控制建立与实施情况进行监督检查，评价内部控制的有效性，发现内部控制缺陷，应当及时加以改进。

（二）制度背景

内部控制的产生最初来源于组织内部管理的需要。COSO报告指出：内部控制由控制环境、风险评估、控制活动、信息与沟通以及监控这五个相互联系的要素组成。作为一种企业经营活动自我调节和自我约束的内在机制，内部控制在企业管理系统中具有重要的作用，有效的内部控制是公司高效管理的必要组成部分。

随着现代企业制度的建立，特别是所有权与经营权相分离后，内部控制得到迅速发展，逐步形成了一系列组织、调节、制约和监控企业经营管理活动的方法，这也是内部控制的雏形。目前为止，内部控制概念的发展大致可以分为五个阶段（见表3-7）。

表3-7　　　　　　　　　　内部控制概念发展的五个阶段

20世纪40年代，萌芽期		
1934，美国	《证券交易法》	证券发行人应设计并维护一套能够为财务信息真实可靠目标提供合理保证的内部控制制度
20世纪40年代—20世纪70年代，发展期		
1949，美国注册会计师协会审计程序委员会	《内部控制、协调制度要素及其对管理当局和独立公正执业会计师的重要性》	对内部控制首次做了权威定义
1953，美国注册会计师协会审计程序委员会	《审计程序公告第19号》	将内部控制分为会计控制和管理控制
1958，美国注册会计师协会审计程序委员会	《独立审计人员评价内部控制的范围》	将内部控制分为内部会计控制和内部管理控制
20世纪50年代—20世纪80年代，形成期		
1988，美国注册会计师协会	《审计准则公告第55号》	以"内部控制结构"概念取代了"内部控制制度"
20世纪90年代，成熟期		
1992，美国COSO	《企业内部控制——整合框架》	将内部控制要素以一个金字塔结构提出
1995，美国注册会计师协会	《审计准则公告第78号：在财务报告审计中对内部控制的考虑》	取代了《审计准则公告第55号》
21世纪初，拓展期		
2004，美国COSO	《企业风险管理——整合框架》	指出企业的风险管理应包括四类目标和八个要素
2013，美国COSO	《内部控制——整合框架》	提供内部控制评价的模板，帮助评估内部控制的有效性

中国内部控制的发展状况见表3-8。

表3-8 中国内部控制的发展状况

2005年10月，证监会	《关于提高上市公司质量的意见》
2006年5月17日，证监会	《首次公开发行股票并上市管理办法》
2006年6月5日，上海证券交易所	《上市公司内部控制指引》
2006年6月6日，国务院国有资产监督管理委员会	《中央企业全面风险管理指引》
2006年9月28日，深圳证券交易所	《上市公司内部控制指引》
2008年5月22日，财政部会同审计署、证监会、银监会、保监会	《企业内部控制基本规范》
2010年4月15日，财政部会同证监会、审计署、银监会、保监会	《企业内部控制应用指引第1号——组织架构》等18项应用指引，《企业内部控制评价指引》和《企业内部控制审计指引》

（三）公司背景简介

怀集登云汽配股份有限公司原名为怀集县汽车配件厂，成立于1971年5月10日。在1988年10月3日，国务院发布《中共中央、国务院关于清理整顿公司的决定》；1989年1月25日，国务院发布《国务院批转国家工商行政管理局关于公司年检和重新登记注册若干问题意见的通知》，对公司年检和重新登记注册的原则、条件和程序作出规定。怀集县汽车配件厂就是在这个背景下重新注册登记为全民所有制企业。1995年，根据政府相关文件的精神，怀集县汽车配件厂改制设立为有限责任公司，实施产权承包经营制度，并出售部分国有股权给经营者。2008年6月24日，公司整体变更为股份有限公司。

登云股份自成立以来，一直专注于汽车发动机进排气门系列产品的研发、生产与销售。产品销售市场以汽车发动机国内主机配套市场与国外售后维修市场为主。登云股份是首批国家级"高新技术企业"，先后被认定为"广东省高新技术企业""广东省民营科技企业""广东省技术创新优势企业"；先后荣膺"中国机械500强——汽车零部件50强"、"国家汽车零部件出口基地企业"和"中国优秀民营科技企业"等称号；通过了ISO/TS 16949质量体系和ISO 14001环境管理体系认证；公司还连续多年获得主机厂商的"A级供应商""优秀供应商"等荣誉。

公司主要产品为各种规格的汽车发动机进排气门，主要分为汽油机气门和柴油机气门两大类。公司生产的气门产品覆盖重型车、轻卡、大型客车、微型车、轿车、混合动力汽车等各种车辆，也有少量用于发电机组、船机、工程机械等，型号总计一万多种。

三、案例分析要点

（一）本案例需要读者识别的主要问题

1.登云股份IPO造假的动机是什么？

2.登云股份出现了哪些财务状况？

3.从企业角度出发，透视登云股份出现了哪些内部控制环境问题？

4.登云股份将面临哪些风险？该如何解决？

5.如何实施有效手段避免登云股份这样的后果？

6.读完案例，你获得怎样的启示？

（二）解决问题的关键知识点

企业内部控制的五要素和企业内部控制的重要性。

（三）推荐解决问题的方案

1.登云股份IPO造假的动机是什么？

从登云股份2017年上半年的主营业务构成来看，登云股份主要专注于维修市场气门以及柴油机气门，配套产品方面更加专注于柴油机气门，柴油发动机生产商占据了很大比重。汽车生产和销售受宏观经济和国内经济周期性变动影响比较大，因此市场处于低迷状态。登云股份2017年上半年营业收入和营业成本构成分析见表3-9。

表3-9   登云股份2017年上半年营业收入和营业成本构成分析

	业务名称	营业收入（元）	收入比例	营业成本（元）	成本比例	利润比例	毛利率
按行业	汽车零部件	1.65亿	100.00%	1.23亿	100.00%	100.00%	25.13%
按产品	维修市场气门	9 109.85万	55.35%	5 850.11万	47.48%	78.80%	35.78%
	配套产品柴油机气门	5 386.86万	32.73%	4 457.75万	36.18%	22.46%	17.25%
	配套产品汽油机气门	1 962.63万	11.92%	2 014.56万	16.35%	-1.26%	-2.65%
按地区	国外市场	8 574.15万	52.09%	5 396.62万	43.80%	76.81%	37.06%
	国内市场	7 885.19万	47.91%	6 925.80万	56.20%	23.19%	12.17%

登云股份营业收入构成比例如图3-15所示。

登云股份营业成本构成比例如图3-16所示。

首先，由于在汽配行业，即使是专攻同一模块，也会因为产品线超长、产品更新快等原因，导致同质化竞争加剧。其次，随着新能源汽车的推广，公司面临着巨大的挑战。挂牌上市之后，能够方便公司融资，完善企业的资本结构。此外，股东股份也可以合法转让，提供股权流动性。因此，登云股份为了巩固自己在行业中的位置，走向了上市之路。尽管面对质疑以及整体利润下滑的风险，麻烦缠身的登云

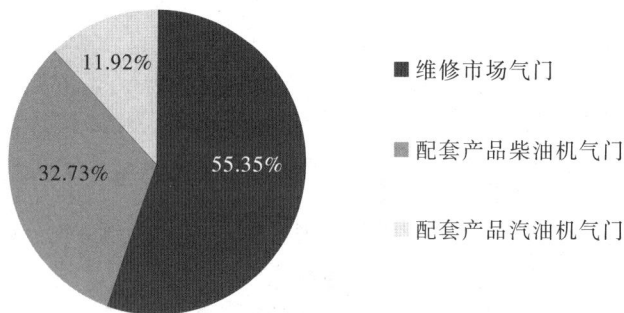

图 3-15　登云股份营业收入构成比例

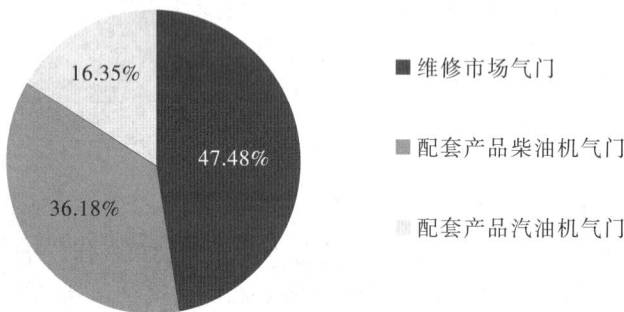

图 3-16　登云股份营业成本构成比例

股份还是提出了 IPO 申请。2014 年 2 月 19 日，登云股份在深圳证券交易所中小板正式挂牌上市，成为该地区第一家上市公司，也是中国发动机气门行业首家上市公司。同时，公司还邀请新时代证券担任其保荐机构。在中小板上市后，登云股份的股价不断攀升，最高为 2015 年 6 月的 74.59 元/股。既然上市能给公司带来这么大的利益，那么在不符合上市条件的情况下，通过财务造假等手段就能拿到上市的通行证，像登云股份这样的公司愿意一试。

2.登云股份内部控制问题透视

（1）内部控制环境薄弱。

首先是组织结构混乱。组织结构能够为规划、执行、控制和监督活动提供框架，以实现企业整体目标。登云股份在 2013 年、2014 年都没有建立起完整的企业内部控制制度，虽然企业每年都会对外公布企业内部控制自我评价报告，但这都形同虚设。2013—2014 年，登云股份存在部分三包索赔费不入账、票据贴现费用不入账等情形，违规金额每年高达 1 000 万元。同时，登云股份未建立完整的、合理的内部控制制度，未在所有重大方面保持与财务报告相关的、有效的内部控制，存在对外违规借款情况。在上市之际，公司未有效执行内部控制制度，虚增利润，违规对外借款没有披露，这不仅违反了企业会计准则，还会对企业整个控制环境产生不利影响。企业不重视内部控制建设，终于这些暗度陈仓之事在 2015 年渐渐浮出水面。登云股份被证监会立案调查，而注册会计师对公司 2015 年度财务报告出具了保留意见的审计报告。

其次是没有落实好权力和责任的分配。权力的分配本质上是指按照工作描述确定责任，根据组织结构图形成责任。董事会签字并通过年度报告及摘要议案、在招股说明书上签字承诺；IPO 申请文件虚假记载，重大错漏；财务人员缺乏会计职业素养、没有规范运作意识、违反会计制度等，这些无疑为登云股份埋下隐患。管理层没有确立报告关系及授权协定机制，没有分配好权力，强化责任意识，这使得企业内部治理及信息披露管理出现重大漏洞。

（2）风险评估不到位。

作为整体内部控制结构的一部分，企业应开展风险评估，准确识别与实现控制目标相关的潜在外部风险和内部风险，并确定相应的风险承受程度。登云股份发生的企业风险主要是管理因素和财务因素。

2017 年，证监会对登云股份进行的行政处罚，可能还会影响到登云股份在今后的再融资等资本运作。同时，对于登云股份及相关当事人的违规行为和深圳证券交易所给予的处分，深圳证券交易所将记入上市公司诚信档案，并向社会公布。

登云股份没有做好风险评估，为了公开发行股票并在中小板上市而虚假记载并存在重大遗漏，导致公司身处舆论的风波之中，岂不是得不偿失？登云股份的所作所为，不仅受到证监会处罚，而且公司的形象会受影响，在以后每年深圳证券交易所抽样检查时，该企业都会被重点关注。在上市公司的信息披露考核层面，公司将被监管员重点关注。

（3）控制活动有错漏。

在授权审批方面，任何企业都应该根据常规授权规定，明确相应责任。登云股份没有编制常规授权的权限指引，其曾在提交的 IPO 招股说明书中承诺：招股说明书及摘要不存在虚假记载、误导性陈述或重大遗漏，并对其真实性、准确性、完整性承担个别和连带的法律责任。然而登云股份财务工作中存在各项费用未入账、少确认票据贴现等财务费用、提前确认利润等行为，财务制度、凭证的传递、财务报表的报出，都是需要管理层审核批准的。这也能够解释为什么证监会处罚了这么多公司高管和董事。这样的受个人利益干扰的审批控制，极大地损害了股东利益。

另外，公司没有进行营运分析控制。企业应建立营运分析制度，而登云股份受到处罚归根到底是没有做好营运方面的分析控制。倘若在上市之前，登云股份无过度包装，而是踏实主营业务汽车发动机进排气门系列产品，做好创新、研发、生产与销售，提升核心竞争力；对营运情况进行分析评估，发现存在的问题，及时查明及改进，企业就可以避免许多不必要的争端，也不会面临致命的惩罚。

（4）内部监督不完善。

审计机构信永中和会计师事务所出具的《内部控制鉴证报告》认为，登云股份内部控制存在重大缺陷，但该公司出具的《内部控制自我评价报告》认为，在报告期内财务报告及非财务报告方面均不存在内部控制的重大缺陷。这恰恰也说明了登云股份没有重视内部控制的监督设计和运营工作，内控形同虚设，自我评价敷衍了事，将公司相关经营环境发展状况、变化程度及伴随风险，执行控制人员的才能及经验、持续监控的结果模式化。

3.登云股份将面临哪些风险？

2015年10月20日，登云股份因IPO以及年报造假疑云被证监会立案调查，近21个月后处罚降临。证监会披露，上市前，登云股份存在部分三包索赔费、咨询服务费、会务费不入账，以及票据贴现费用不入账、提前确认收入等情形；同时还有上市前后都未按规定披露关联方关系及其交易、未有效执行资金内控制度，存在违规对外借款等情形。证监会公布的惩罚对登云股份是一次致命的打击。

（1）信任危机。

证监会例行发布会通报去年证券期货市场诚信情况，2016年度存在违法失信记录的机构共822家，1 319人。证监会依法对5宗案件作出行政处罚，包括2宗信息披露违法违规案件，3宗中介机构违法违规案件。其中3起与登云股份有关，2宗信息披露违法违规案件中，登云股份中小板IPO的申请文件和上市后定期报告中存在虚假记载、重大遗漏。3宗中介机构违法违规案件中，一是新时代证券作为登云股份IPO保荐机构，未勤勉尽责被罚；二是广东君信律师事务所作为登云股份IPO的法律服务机构，未勤勉尽责被罚。

公开资料显示，登云股份于2014年2月19日登陆中小板，主要从事汽车发动机进排气门产品的研发、生产与销售，是国内该行业首家上市公司，但上市首年业绩大变脸，当年净利润暴跌44.98%。虽避开了业绩下降50%的处罚红线，但产量异常、募投后产能缩水、存货异常等诸多问题于2015年集中爆发，并于当年10月被立案调查。登云公司的所作所为，以及新时代证券和广东君信律师事务所的推波助澜，造成现在登云股份面临极大的信用危机。对专注于生产柴油机气门的登云股份来讲，需要面临极大挑战，未来发展会受到限制，希望登云股份能重新挽回信誉继续稳步走下去。

不过，因不构成欺诈发行，登云股份未触发退市制度。新时代证券作为登云股份上市的保荐机构，2016年12月22日亦被证监会立案调查，且因为此案多单投行业务受阻，不断失去客户，可谓得不偿失！

（2）行业风险。

登云股份营业状况及行业排名见表3-10。

登云股份属于汽车制造配件行业，根据最新的行业数据对比，从整个行业的营业收入排名来看，登云股份在129家公司中排名124，收入可谓极低。相比上海汽车集团，登云股份主营业务收入是其1/2591，是客户潍柴动力主营业务收入的1/323，是行业平均的1/52。同时，登云股份的净利润、总资产和股东权益分别为828万元、70 198万元和47 120万元，均低于行业平均，与排名前列的上汽集团、华域汽车等是天壤之别。这意味着登云股份市场占有率不高，可能也和其主营产品

表 3-10　　　　　　　　　登云股份营业状况及行业排名

排名	名称	主营业务收入（万元）	净利润（万元）	总资产（万元）	股东权益（万元）
1	上汽集团	74 623 674	3 200 861	65 232 297	21 560 662
2	华域汽车	12 429 581	607 576	11 536 123	3 955 814
3	比亚迪	10 347 000	505 215	16 472 754	5 410 340
4	长城汽车	9 844 367	1 055 116	8 931 119	4 695 770
5	潍柴动力	9 318 352	244 119	19 353 594	3 821 940
124	登云股份	28 796	828	70 198	47 120
	行业平均	1 507 541	87 484	1 851 132	717 594

有关，登云股份主要专注于生产柴油机气门，主营业务单一，而公司的收入除了气门维修，就是以柴油机气门业务收入为主，柴油发动机生产商占据其客户的很大比重，因此经营模式也比较单一，经营范围狭窄。同时，受到宏观经济波动和宏观政策的不利影响，由于公司业务收入主要来自销售气门产品，用于与汽车发动机配套，产品单一，销售渠道窄，登云股份有可能面临订单减少、存货积压、货款收回困难等状况。此外我国纯电动汽车市场近年发展较为迅速，未来在乘用车方面将有可能首先取代传统汽油发动机汽车，登云股份汽油机气门产品将面临着市场容量被压缩的风险。

（3）利润波动的风险。

登云股份 2015 年 3 月—2017 年 9 月利润总额和净利润如图 3-17 所示。

登云股份上市后的第二年，公司的利润总额以及净利润直线下滑，2015 年 10 月证监会调查之后，公司净利润急剧下跌，一发不可收拾。除了原材料价格波动较大有影响以外，还可能是公司将上市之前调增的利润在 2015 年扣减。尔后，公司将成本在以后季度确认，造成利润骤降，损害了股东利益。另一个转折点是证监会处罚公告后，登云股份净利润跌到全年最低，然后逐渐好转。近年，利润很大程度和公司的诚信以及产品有关。处罚落地之后，登云股份以及相关中介机构面临诚信缺失以及大批中小投资者索赔。产品方面，公司的主要原材料为各种合金钢材、合金粉末等金属材料，原材料成本约占制造成本的 50%，主要原材料价格受镍、铬、钴等金属价格的影响较大，若原材料价格出现大幅波动，将对公司的业绩产生不利影响。为规避这些因素带来的风险，公司除了采取必要公关措施挽回信誉，应同时开发多家原材料供应商，提高公司的议价能力，确保原材料的稳定供应。

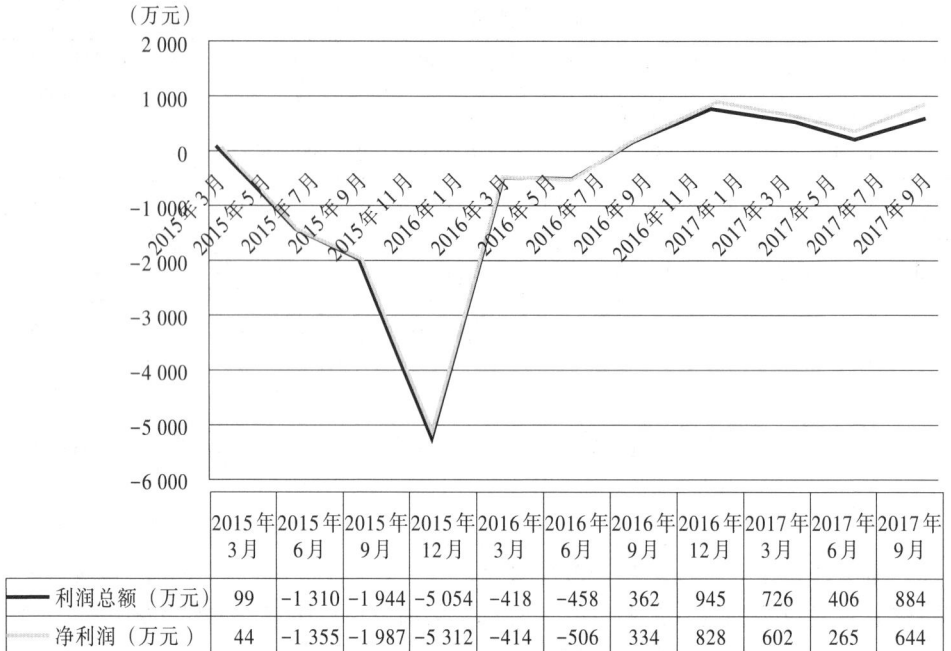

	2015年3月	2015年6月	2015年9月	2015年12月	2016年3月	2016年6月	2016年9月	2016年12月	2017年3月	2017年6月	2017年9月
利润总额（万元）	99	-1 310	-1 944	-5 054	-418	-458	362	945	726	406	884
净利润（万元）	44	-1 355	-1 987	-5 312	-414	-506	334	828	602	265	644

图3-17　登云股份2015年3月—2017年9月利润总额和净利润

4.该案例的启示

法律的制裁往往都是滞后的，法律不能做到预判，因而许多事件通常都是发生之后被曝光，又经过相关部门检查之后才能审判。尽管最后法律维护公平正义而制裁了违法犯罪者，但是相应的损失已经造成。所以，要想减少法律滞后性带来的影响，企业就要制定良好的内部控制制度。内部控制是层层设控，严格把关，虽然不能够绝对保证企业不出现重大错漏，但是通过层层设控可以最大限度消除给企业带来的不利影响。通过分析怀集登云汽配股份有限公司内部控制管理，我们可以得到以下启发。

（1）完善公司内部治理结构。

在本案例中，让登云股份乘虚而入，发生舞弊的机会之一就是公司内部治理结构不完善。因此，企业应建立完善的公司内部治理结构，以防止舞弊的发生。人生就是由大大小小的风险组成的，是一个不断进行风险管理的过程，企业的发展历程也如此。企业应开展风险评估，准确识别与实现控制目标相关的潜在外部风险和内部风险，并确定相应的风险承受程度，有效地应对风险、控制风险、规避风险，增强信息真实性。首先，应适当调整董事会结构，下设风险管理委员会、审计委员，分别负责对重大决策进行风险评估和制定监督评价流程、出具有效审计报告，以提高风险管理水平。其次，应建立完善的内部审计流程，通过培训等规范财务审计人员的行为，提升财务审计人员的专业素养，并且对内部控制的执行情况进行有效监督。

（2）强化公司内部控制执行力度。

从登云股份的教训中可以得出强化内控意识的重要性，这体现在以下几个方面。首先，内部控制可以反映成本性态组成，将成本合理地调度和压缩，这样就可以把不必要的支出在下年的预算中剔除，而不是一味地造假舞弊。其次，建立合理的内部控制制度，配合企业内部职能结构和发展战略，可使得人力资源管理的作用得到有效发挥。不相容职务分离控制能明确各岗位办理业务和事项的权限范围、审批程序和相应责任，确保管理层决策、执行和监督流程相互制衡，执行过程中按照批准的范围和程序进行，可降低舞弊风险。再次，加强企业内部管理信息与沟通，在人员能够履行责任的方式及时间范围内，建立识别、取得和报告经营、财务及法律遵守的相关资讯的有效程序和系统。最后，规范内部控制自我评价，可使企业的员工广泛地参与到内部控制的设计与评价中来，让他们知道自己在企业内部控制中所处的位置，意识到内部控制是全体成员共同的责任，从而积极地参与到内部控制评价和改进中来，组织的内部控制整体意识得到加强，内部控制环境得以提升。

内部控制是企业的一剂良药，它能提高会计信息的正确性和可靠性，为审计工作提供良好基础，同时内部控制也是企业良好运行的保护伞，它能够保证生产和经管活动顺利进行，圆满实现企业的经营目标。在企业面临严峻挑战时，能够保护企业财产的安全完整，保证企业既定方针的贯彻执行。因此，应重视内部控制建设，相关部门有必要采取更加严厉的措施保护投资者，加大对上市公司处罚的力度，使得公司财务舞弊的成本大于收益，从而杜绝像登云股份这样的舞弊事件发生。

四、教学组织方式

（一）问题清单及提问顺序、资料发放顺序

1.在分析企业内部控制对企业管理的影响之前需要明确什么问题？

2.企业内部控制的五要素是哪些？它们之间的关系是什么？

（二）课时分配

1.课前小组讨论并分工：1学时；

2.课前小组查阅资料并撰写分析报告：1学时；

3.课堂小组报告（可采用角色扮演的形式）：1学时；

4.课堂小组提问并进一步讨论：0.5学时；

5.报告总结：0.5学时。

（三）讨论方式

本案例适于采取小组合作的形式讨论并展示。

第4章 风险评估

▲ 案例10 ▲

过度投机、监管失控——中航油为失败买单

编写目的

通过对本案例的学习，能够帮助读者获取分析企业内部控制在风险管理中起到的作用。针对大型上市公司中航油的失败案例资料，读者可以在理论上基于企业经营管理深化对风险评估的了解与应用，同时，引导读者通过该具体案例对内部控制中风险评估的重要性进行讨论，并对如何解决内控问题进行思考，获取评估风险和应对风险的能力。

知 识 点

内部控制；企业风险管理

关 键 词

金融衍生工具；中航油；风险评估；整改措施

摘　　要

中航油新加坡公司在高风险的石油衍生品期权交易过程中蒙受了高达5.5亿美元的巨额亏损，成为继巴林银行破产以来最大的投机丑闻。中航油事件发生的根本原因在于其企业内部控制在执行方面的不完善。2004年美国COSO颁布了新的内部控制框架——《企业风险管理——整合框架》，不仅满足企业加强内部控制的需求，也能促进企业建立更为全面的风险管理体系。本案例将从内部控制的角度主要介绍事件的过程、原因及启示。

案例正文

　　一篇题为"5.5亿美元巨亏谜团：中航油掉进了谁的陷阱"的文章发表在2004年12月11日的《中国经营报》上，新闻报道"中国企业又一次为过度投机国际期货市场付了大笔学费——中国航油（新加坡）股份有限公司投机石油期货巨亏5.5亿美元"引发了广泛的关注。2004年10月10日，中航油新加坡公司首次向中航油集团呈交报告，说明交易情况及1.8亿美元的账面亏损，并已缴付了期货交易的8 000万美元补偿资金，公司同时严重的现金流问题，已耗尽将近2 600万美元的营运资本、1.2亿美元的银团贷款及6 800万美元的应收账款资金，上述数据从未向其他股东及公众披露。据分析，中航油存在内部控制方面的问题。因此，我们这里把关注的焦点放在中航油的内部控制及缺陷之上。

一、公司概况及案例背景

（一）公司概况

　　中国航油（新加坡）股份有限公司成立于1993年，是中央直属大型国企中国航空油料集团有限公司的海外子公司。公司成立之初经营非常困难，一度濒临破产，不到两年就亏损了19万新元。

　　1997年陈久霖成为中航油负责人，带领中航油扭亏为盈。中航油新加坡公司从一个濒临破产的贸易型企业发展成工贸结合的实体企业，业务从单一进口航油扩展到国际石油贸易，并很快垄断了中国国内航空油品市场的采购权。2001年，中航油在新加坡交易所主板上市，成为中国首家利用海外自有资产在国外上市的中资企业，净资产从1997年起步时的21.9万美元增长为2003年的1亿多美元，总资产近30亿元。

　　中航油在2002年和2004年曾两度被新交所评为"最具有透明度的上市公司"。

（二）案例背景

　　中航油于2002年3月起开始从事背对背期权交易，从2003年3月底开始从事投机性期权交易。

　　陈久霖和日本三井银行、法国兴业银行、英国巴克莱银行、新加坡发展银行、新加坡麦戈利银行等签订了期货场外交易合同。陈久霖买了"看跌"期权，赌注每桶38美元，但是没想到国际油价一路攀升。

　　2003年，石油期权开始交易，最初涉及200万桶石油。

　　2004年第一季度，油价攀升导致公司潜亏580万美元，公司决定延期交割合同，期望油价能回跌，交易量随之增加。

　　2004年第二季度，油价持续升高，公司的账面亏损额增加到3 000万美元左右，公司决定再延后到2005年和2006年交割，交易量再次增加。

2004年10月，油价再创新高，公司此时的交易盘口达5 200万桶石油，账面亏损再度大增。10月10日，中航油首次向母公司呈报交易和账面亏损，为了补加交易商追加的保证金，公司已耗尽将近2 600万美元的营运资本、1.2亿美元银团贷款和6 800万元应收账款资金，账面亏损高达1.8亿美元，另外已支付8 000万美元的额外保证金。10月20日，母公司提前配售15%的股票，将所得的1.08亿美元资金贷给中航油。10月26日至28日，公司因无法补加一些合同的保证金而遭逼仓，蒙受1.32亿美元的实际亏损。11月8日至25日，公司的衍生商品合同继续遭逼仓，截至25日的实际亏损达3.81亿美元。12月1日，在亏损5.5亿美元后，中航油新加坡公司宣布向法庭申请破产保护令。

二、案例概况

中航油新加坡公司走向破产，让其一直受到社会公众和各种媒体的关注。究其事件发生的原因有很多，下面从内部控制角度来解读中航油事件及其原因。

（一）内部环境描述

中航油新加坡公司聘请国际上著名的安永会计师事务所制定了国际石油公司通行的风险管理制度，建立了股东会、董事会、管理层、风险管理委员会、内部审计委员会等制衡制度和风险防范制度，还受到新加坡证监会的严格监管。但在"强人治理"的文化氛围中，内控制度的威力荡然无存，这是中航油事件发生的根本原因。控制环境是其他内部控制组成要素的基础，包括企业人员的操守、价值观、能力、管理者的管理哲学与经营风格、管理层指派权责、组织及培养员工的方式以及董事会所提供的关注及指引。

1.所有者缺位。中航油是海外上市的企业，由国有企业中国航空油料集团有限公司控股。所有者缺位是国有企业的通病，国资委的出现虽然已经部分解决了国企改革所有者缺位的问题，但从个体来看，企业内部产权代表缺位的现象依然严重，造成管理层的行为无人监管，其弊端在中航油事件中暴露无遗。

2.组织架构。在中航油新加坡公司的股权结构中，集团公司一股独大，股东会中没有对集团公司的决策有约束力的大股东，众多分散的小股东只是为了获取投资收益，对重大决策基本没有话语权。在董事会的组成中，绝大多数董事是中航油新加坡公司和集团公司的高管，而独立董事被边缘化，不能构成重大决策的制约因素。党委书记在新加坡两年多，一直不知道陈久霖从事场外期货投机交易。

（二）控制活动分析

中航油控制活动失效主要体现在两方面：

1.期货交易的披露存在问题。中航油提交给法庭的一份宣誓声明显示，2004年的收益将超过2003年业绩，尽管该公司此前已受到2.32亿美元衍生品交易损失的打击，但公司未向市场披露这一情况。

2.缺乏期货交易的通报制度。根据有关规定，取得境外期货业务许可证的企业在境外期货市场只允许进行套期保值，不得进行投机交易，不得进行场外交易。企业内部应建立期货交易的通报制度以便对期货交易进行监控。但是中航油集团对于期货交易既没能从资金权限上进行控制，也没有建立严格的通报制度，使得期货风险无从防范和控制。

（三）风险评估分析

金融衍生工具作为金融创新产品，发展迅猛，品种繁多，结构复杂，具有收益不确定性、高杠杆性、高风险性等特征。国内外诸多使用金融衍生工具最后发生亏损的事件都是由于内部控制不力导致的。分析金融衍生工具内部控制的风险成因，可以有针对性地对其进行规避。风险评估是中航油需要重点关注的内部控制要素，可以从以下方面进行分析：

1.主观方面

第一，中航油的管理层风险意识薄弱，没有充分意识到场外投机行为可能导致的毁灭性风险。金融衍生工具的投资常常与企业的发展战略密切相关，企业从金融衍生市场所赚取的利润可以增加企业的业绩，使管理人员的报酬增加或为管理人员的个人资历增加砝码，高层管理人员漠视从事金融衍生工具交易的高度风险性，而仅仅为其高收益所迷惑，表现为无视明显的警告信号和听任内部管理与控制方面的混乱。中航油冒险选择了卖出看涨期权而且没有进行买入套保，这不再是财务上的套期保值行为，而是一种彻底的投机行为。而当企业在衍生产品上出现亏损的情况时，金融衍生市场瞬息万变及其蕴涵的巨大风险为金融衍生产品操作的失败提供了借口，并且由于场外交易不受证券和期货监管当局监控，将公司暴露在巨大的风险之中。

第二，缺乏风险评估机制，过度的激励机制激发了交易员的冒险精神，增大了交易过程中的风险系数。虽然中航油内部已制定了风险管理制度，采用当时世界上先进的风险管理系统来进行管理，但是由于相应的风险评估机制的缺失，没有及时对风险进行计量与通报，使这些风险管理系统基本上形同虚设。

第三，中航油集团缺乏风险防范和风险处理机制。中航油集团2004年10月3日就已经了解到事件的严重性，当时的账面亏损为8 000万美元，如果当即斩仓，实际亏损可能不超过1亿美元，但是中航油集团直到16日才召开党政联席会议研究这一事项，并且除了声称将出售所持有股票获得资金转贷给中航油以弥补亏欠的保证金外，直到公司申请破产之日没有采取任何实质性止损举措。中航油集团在应对这一风险和危机时的反应迟钝和病急乱投医暴露出其在风险处理机制方面的严重缺陷。

2.客观方面

第一，中航油集团本身业务活动具有的特点。①管理者素质方面。管理者素质不仅仅是指知识与技能，还包括职业操守、道德观、价值观、世界观等各方面，直接影响到企业的行为，进而影响到企业内部控制的效率和效果。陈久霖花了较多的时间和精力在投机交易的博弈上，把现货交易看得淡如水，而这正是期货市场上比较忌讳的。②盲目自大。作为一个将净资产从21.9万美元迅速扩张到过亿美元的企业总裁，确有过人之处，但是盲目自大却导致了盲动，不尊重市场规律，不肯承认并纠正错误。陈久霖说过："如果再给我5亿美元，我就翻身了。"这番话表明，陈久霖还不明白自己及中航油新加坡公司栽倒的根源。

第二，法治观念淡薄。2004年10月10日，中航油新加坡公司向集团公司报告期货交易将会产生重大损失，中航油新加坡公司、集团公司和董事会没有向独立董事、外部审计师、新加坡证券交易所、社会机构投资者及小股东披露这一重大信息，反而在11月12日公布的第三季度财务报告中仍然谎称盈利。集团公司在10月20日将持有的中航油新加坡公司75%股份中的15%向50多个机构投资者配售，将所获得的1.08亿美元资金以资助收购为名，挪用作为中航油新加坡公司的期货保证金。对投资者不真实披露信息、隐瞒真相、涉嫌欺诈，这些行为严重违反了新加坡公司法和有关上市公司的法律规定。在公司内部传递法治观念的最有效方式是管理层以身作则，员工对于内控的态度通常会效仿他们的领导。

第三，衍生交易的一大特点就是具有某种"投机性"，事先往往难以判断交易员的操作是否适当，所以为交易员按照自己的意志行事提供了理由，其他处于控制地位的管理人员可能因缺乏相关知识或者信息不对称而不能理解与投资对象相关的风险性质。这就使得金融衍生工具容易被人为操纵，而管理人员没有权限或无法深入某些业务当中。金融衍生工具一般不需要初始净投资或者初始净投资与那些预期对市场条件有类似反应的其他合同相比要少，这就使传统的通过设定现金支出权限对投资进行内部控制的方法对金融衍生工具投资完全或部分失效。

第四，COSO框架下内部控制的局限性。任何事物都不是尽善尽美的，内部控制也一样，它存在着固有的、不可避免的局限性，包括受成本效益原则的约束、人为错误的影响、串通舞弊的限制、管理越权的限制、制度滞后的限制等。从中航油的发展史来看，中航油对原总裁陈久霖极为信赖，这使其在中航油中拥有几乎不受制约的权力。中航油的这种"人治"和"英雄崇拜"使个人权力凌驾于公司内部监督及制度之上，从而使得内部的审核和监控体系形同虚设，并最终导致了破产重组的结局。

总之，内部控制不是万能的"保险"系统，其作用只能是"合理保证"。正如COSO报告中所说："不论设计及执行多么完美，内部控制都只能为管理层及董事会提供达成企业目标的合理保证，而目标达成的可能性还受到内部控制的先天条件的限制。"

（四）信息与沟通

在中航油事件中，管理层对期权交易市场信息的缺乏及中航油与其母公司之间沟通不及时的问题都十分严重。

1.缺乏关于场外金融衍生品交易市场及规则方面的信息，特别是期货风险头寸的计量信息。在期货市场中，对风险头寸的计量是衡量风险的重要指标。随着油价的攀升，中航油的头寸不断加大，风险和亏损随之骤升。由于缺乏充分的期货市场信息和风险头寸的计量信息，使得中航油逆市而行，越走越远，最终造成不可挽回的巨额亏损。

2.缺乏和母公司之间顺畅的信息沟通渠道和机制。在中航油事件中，集团领导曾表示无人知晓陈久霖从事场外期权投机，反映了集团与其控股子公司之间缺乏顺畅的信息沟通渠道与机制，无法及时有效地从新加坡航油公司获取其经营的相关信息。

中航油新加坡公司直到2004年10月10日账面亏损高达1.8亿美元时才就此类交易和潜在亏损向中航油集团做了首次报告，中航油新加坡公司与集团没能就该事件进行良好的沟通，未及时采取措施阻止事态的恶化，最后导致巨额亏损5.5亿美元。

（五）内部监督

要对企业风险管理进行全面监控，必要时加以修正，监控可以通过持续的监督活动、个别评价或者两者结合来完成。

中航油新加坡公司拥有一个由部门领导、风险管理委员会和内部审计部组成的三层"内部控制监督结构"。但其交易员没有遵守风险管理制度规定的交易限额，没有向公司其他人员提醒各种挪盘活动的后果和多种可能性，挪盘未经董事会批准或者向董事会汇报，财务报表中亦未报告亏损；风险控制员没有正确计算公司期权交易的收益，没有准确汇报公司的期权仓位情况和敞口风险；财务部门的首要职责是对交易进行结算，而在2004年5—11月长达7个月的时间内，中航油新加坡公司共支付了近3.81亿美元由不断新增的损失引发的保证金，甚至动用了董事会和审计委员会明确规定有其他用途的贷款。风险管理委员会在所有重大问题上未履行其职责：在公司开始期权这项新产品交易时，风险管理委员会没有进行任何必要的分析和评估工作；交易开始后，未能对期权交易设置准确的限额，也未能准确报告期权交易；在期权交易挪盘时，未能监督执行相关的交易限额，未能控制公司的超额交易，未指出挪盘增加了公司的风险，也未建议斩仓止损；向审计委员会提供的衍生品交易报告中，隐瞒了公司在期权交易中面临的各种问题；未向董事会报告公司的期权交易和损失情况。内部审计部没有定期向审计委员会报告，即使报告也是内容重复，敷衍了事，还造成公司内部控制运行良好的假象。

三、主要参考文献

［1］曾秋根.从中航油案例看我国企业风险管理制度［J］.财会月刊，2005（23）：27-28.

［2］刘华.中航油新加坡公司内部控制案例分析［J］.上海市经济管理干部学院学报，2008（3）：14-15.

四、讨论题目

中航油新加坡公司在高风险的石油衍生品期权交易过程中发生的投机丑闻，牵动了国内外无数企业的神经，也一直受到社会公众和各种媒体的研究和关注，因此带给人们很多启示以及思考。本案例的侧重点在于：中航油集团内部控制执行缺陷及整改措施，重点思考如下问题：

1.本案例中中航油新加坡公司是怎样蒙受巨额亏损的？

2.蒙受巨额亏损后中航油集团的管理层是怎样处理的？

3.导致中航油新加坡公司破产的主要原因以及根本原因是什么？

4.该如何针对中航油新加坡公司从内部控制风险评估方面进行改进？

案例使用说明

一、本案例要解决的关键问题

本案例要解决的关键问题在于：以金融危机为契机，在帮助读者了解金融衍生工具和期货交易的基础上，引导其进一步学习风险评估的作用。根据中航油新加坡公司巨亏案例，读者可以更好地运用风险评估对企业经营活动进行分析，引发读者深入思考内部控制监管、风险应对等问题，同时对上市公司掌控风险方面提供借鉴，以作警示。

二、案例讨论的准备工作

为了有效实现本案例目标，读者应该具备下列相关知识背景：

（一）事件背景

1997年，在亚洲金融危机之际，陈久霖被派接手管理中国航油（新加坡）股份有限公司，在陈久霖的管理下，作为中航油总公司唯一的海外"贸易手臂"——中航油新加坡公司，便开始捏住了国内航空公司的航油命脉，在中国进口航油市场上的占有率急剧飙升：1997年不足3%，1999年为83%，2000年达到92%，2001年采购进口航油160万吨，市场占有率接近100%。2000—2003年中航油期货结算价如图4-1所示。

由于2003年年初伊拉克战争的爆发，国际油价波动上涨，中航油新加坡公司参与石油期货期权交易，陈久霖初战告捷，截至年底共盈利580万美元，尝到了甜头的中航油新加坡公司加大对期货市场的投资。

2004年10月10日，中航油新加坡公司首次向中航油集团呈交报告，说明交易情况及面对1.8亿美元的账面亏损，并已缴付了期货交易的8 000万美元补偿资金，公司同时面对严重的现金流问题，已耗尽将近2 600万美元的营运资本、1.2亿美元

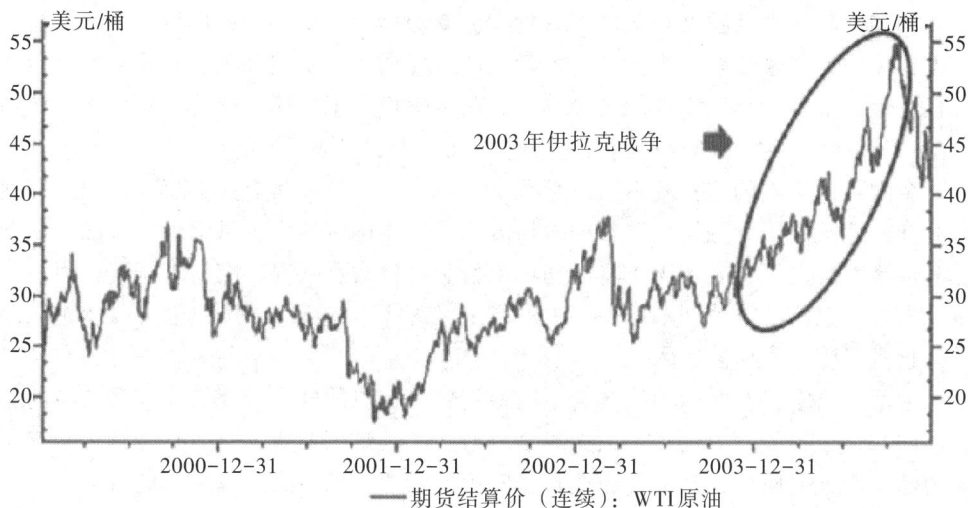

图4-1　中航油期货结算价

的银团贷款及6 800万美元的应收账款资金，上述数据从未向其他股东及公众披露。2004年12月1日，在亏损5.5亿美元后，中航油新加坡公司宣布向法庭申请破产保护令。据分析，中航油存在内部控制方面的问题。

（二）金融衍生工具定义和特征

衍生工具是与现货市场合同相对应的另外一种合约，金融衍生工具（derivative security）是在货币、债券、股票等传统金融工具的基础上衍化和派生的，以杠杆和信用交易为特征的金融工具。20世纪80年代以后，金融自由化推动了金融衍生产品的进一步发展。金融衍生产品以创新快、品种多、灵活多变为特色，确切定义金融衍生工具是在实务中对其进行内部控制、掌控风险的前提。金融衍生工具具有以下特征：

1.跨期性

金融衍生工具是交易双方通过对利率、汇率、股价等因素变动趋势的预测，约定在未来时间按照一定条件进行交易或选择是否交易的合约。

2.杠杆性

金融衍生工具交易一般只需要支付少量保证金或权利金就可以签订远期大额合约或互换不同的金融工具。金融衍生工具的杠杆性效应一定程度上决定了它的高投机性和高风险性。

3.联动性

通常金融衍生工具与基础变量相联系的支付特征由衍生工具合约规定，其联动关系既可以是简单的线性关系，也可以表达为非线性函数或者分段函数。

4.不确定性或高风险性

金融衍生工具的交易结果取决于交易者对基础工具（变量）未来价格（数值）

的预测和判断的准确程度。基础工具价格的变幻莫测决定了金融衍生工具交易盈亏的不稳定性，这是金融衍生工具高风险性的重要诱因。基础金融工具价格不确定性仅仅是金融衍生工具风险性的一个方面，而金融衍生工具还伴随着信用风险、市场风险、流动性风险、结算风险、操作风险和法律风险这几种风险。

金融衍生工具的这些基本特点导致了金融衍生工具还具有如下特性：（1）跨期性和杠杆性决定了金融衍生工具的价格波动大，不确定性大，风险性高。（2）联动性和风险性决定了金融衍生工具的套期保值和投机套利共存。交易者既可以通过衍生交易对冲已有头寸来进行套期保值（把已有的风险转移出去），也可以承担风险进行投机（将外来风险转入）。

创新性决定了金融衍生工具会不断地更新，相应的规章制度（尤其是相应的会计准则）往往不能及时更新，因而对金融衍生工具难以监管。企业在金融衍生产品的内部控制方面应当找到适合企业自身特色的方法，以达到内部控制的目的。

三、案例分析要点

（一）需要读者识别的关键问题

本案例需要读者识别的关键问题包括：中航油存在的管理漏洞、评估企业存在的风险、企业内部控制存在的缺陷及整改措施。

（二）解决问题的关键知识点

本案例需要读者识别的主要知识点包括：风险管理、企业内部控制的风险评估要素和企业内部控制的重要性。

1.中航油风险识别

企业必须识别影响其目标实现的内、外部事项，区分表示风险的事项和表示机遇的事项，引导管理层的战略或者目标始终不偏离。在中航油事件中，如果公司的管理层能及时认清形势，在赚取巨额利润时，清醒地意识到可能产生的风险，或许就不会遭到如此惨痛的损失。

2.中航油风险评估

风险评估在于分析和确认内部控制目标实现过程中"不利的不确定因素"，帮助企业确定何处存在风险，怎样进行风险管理，以及需要采取何种措施。中航油新加坡公司从事的场外石油衍生品交易，具有高杠杆效应、风险大、复杂性强等特点，但由于内部没有合理评估金融衍生产品，大大低估了所面临的风险，再加上中航油新加坡公司选择的是一对一的私下场外交易，整个交易过程密不透风，因此中航油新加坡公司承担的风险要比场内交易大得多。

（三）推荐讨论问题的解决方案

1.本案例中中航油新加坡公司蒙受巨额亏损的原因如下：

经国家有关部门批准，中国航油（新加坡）股份有限公司自2003年开始做油品套期保值业务，总裁兼任集团公司副总经理的陈久霖擅自扩大业务范围，进行投机活动，从事石油衍生品期权交易。2004年起，陈久霖购买了石油看跌期权，赌注每桶38美元，没想到国际油价一路攀升。2004年10月以后，中航油所持石油衍生品价格已远远低于市场价格。根据合同，继续持有这些期货，中航油需向交易对方支付保证金，每桶油价每上涨1美元，中航油要向这些银行支付5 000万美元的保证金。此时，中航油不但没有果断斩仓，而是不断加大交易量并延迟交割时间，其结果导致中航油现金流枯竭，实际亏损和潜在损失总计约5.5亿美元。

2.导致中航油新加坡公司破产的主要原因以及根本原因如下：

首先，中航油没有对卖方期权作出正确的风险评估。公司原本是销售进口的石油，但卖方期权到期时，只能从外部购进石油，因此卖方期权承担的风险非常重大。同时，期权卖方的风险是潜在无限的，而期权买方的风险则仅限于权利金成本。

其次，漠视法律法规。中航油从2003年开始做石油套期保值业务，以后擅自扩大了业务范围，从事石油期权交易，对于这种投机交易，其母公司中航油集团公司是明令禁止的。中航油新加坡公司违规之处有三点：一是做了国家法律法规明令禁止的事；二是场外交易；三是超过了现货交易总量。中航油新加坡公司从事的石油期权投机是我国政府明令禁止的。国务院1998年8月发布的《国务院关于进一步整顿和规范期货市场的通知》中明确规定："取得境外期货业务许可证的企业，在境外期货市场只允许进行套期保值，不得进行投机交易。"2017年，国务院修订的《期货交易管理条例》第四条规定："期货交易应当在依照本条例第六条第一款规定设立的期货交易所、国务院批准的或者国务院期货监督管理机构批准的其他期货交易场所进行。禁止在前款规定的期货交易场所之外进行期货交易。"第六条规定："设立期货交易所，由国务院期货监督管理机构审批。未经国务院期货监督管理机构批准，任何单位或者个人不得设立期货交易所或者以任何形式组织期货交易及其相关活动。"第四十一条规定："国有以及国有控股企业进行境内外期货交易，应当遵循套期保值的原则，严格遵守国务院国有资产监督管理机构以及其他有关部门关于企业以国有资产进入期货市场的有关规定。"2001年10月11日证监会发布的《国有企业境外期货套期保值业务管理制度指导意见》明确规定："获得境外期货业务许可证的企业在境外市场只能从事套期保值交易，不得进行投机交易。中航油新加坡公司没有通过内部控制制度来制止不合法不合规的投机交易行为。倘若内部控制足够健全，各种制衡牵制制度得以完善落实，就不会出现这些情况。

再次，公司治理结构不完善，缺乏权力制衡。中航油新加坡公司的内部控制监督结构由部门领导、风险管理委员会和审计委员会组成。但是整个期权投机交易都由身兼董事和总裁的陈久霖一人任意操作，陈久霖以集团副总经理的身份兼任中航油董事和执行总裁，中航油本质上是其一个人的"天下"，导致授权审批等牵制制度以及风险止损制度都形同虚设，风险管理委员会和董事会如"花瓶"一般的角色，没有实质性的权力制衡作用。

最后，资金运作中的控制缺失。根据对中航油的分析报告，2004年中航油需要控制其金融衍生产品投资风险，但其投入量不减反增。对于早应斩仓止损的期权交易，陈久霖依旧试图通过不断补交保证金得以展期的办法，延迟实际的交割时间。其行为导致资金的不合理占用，严重影响正常的生产营运活动。

最致命的原因是中航油缺乏内控失效的及时补救措施，空有完善的制度，而执行力度不足。中航油曾在《风险管理手册》中规定：损失超过500万美元，必须报告董事会，并立即采取止损措施。2004年第一季度，中航油的危机初次出现，亏损超过警戒线时管理层却没有上报集团，而是选择将期权展期，直到第三季度面临严重资金周转问题时才首次向集团呈报交易和账面亏损。究其原因是：一方面，管理层存在赌博心理，期盼在期权到期前石油价格能下跌至交易价格，避免影响管理层声誉；另一方面，国有股处于绝对控股地位，产权拥有者和经营者分离，导致企业内部各方都不愿为内部控制的有效性作出努力，加上所有者缺位情况较为严重，导致无人监管管理层的行为。

3.关于本案例，针对中航油的解决方案有：

第一，制定严格的操作规程，禁止过度投机，完善内部治理制度，杜绝"越陷越深、无法自拔"。

第二，建立严格的金融衍生工具使用、授权和核准制度。企业使用金融衍生工具应该由高级管理部门、董事会或相关的专门委员会如审计委员会、财务委员会授权批准，并进行合法、合规性检查；金融衍生工具的授权、执行和记录必须严格分工。如由独立于初始交易者的负责人授权批准，由独立于初始交易者的其他人员负责接收来自交易对方对交易的确认凭证；对交易伙伴的信誉进行评估，并采取措施控制交易伙伴的信用风险；建立健全的金融衍生工具保管制度和定期盘点核对制度；建立投机项目的投资限额制度，规定金融衍生工具的最高限额，将风险控制在可以接受的范围之内；严格限定衍生金融工具的适用范围，除为了规避实际外贸业务中的不确定风险以外，禁止从事以投机为手段的投资行为。

第三，加大对操作人员的业务培训和职业道德教育，提高他们的职业水平和道德水平。金融衍生工具不断创新，种类繁多，业务操作人员必须认真学习和分析各种金融衍生工具的特点、风险，同时加强职业道德教育，避免事件中因业务人员越权违规操作所带来的经济损失。

第四，培养我国的期货交易人才。公司的期货交易必须任用信得过的交易人员，做到核心机密由内部人掌握。中航油参与此次交易、掌握交易核心机密的交易员均是外籍人士，来自澳大利亚、日本、韩国等国。像这种核心机密被外籍人士掌握和运作的情况，即使在美国这样发达的国家也是很少出现的。在美国的高盛、摩根士丹利等公司，掌握最核心机密的关键位置交易员一般都是美国人。

第五，实施严格的信息披露制度，加强外部监督，将"表外业务"纳入到表内披露。中航油从事场外交易历时一年多，从最初的200万桶发展到出事时的5 200

万桶，一直未向中航油集团报告，中航油集团也没有发现。

第六，对经理人的风险偏好进行评估，并采取合理的监督措施。

四、教学组织方式

（一）问题清单及提问顺序、资料发放顺序

本案例讨论题目依次为：

1.本案例中中航油新加坡公司是怎样蒙受巨额亏损的？

2.蒙受巨额亏损后中航油集团的管理层是怎样处理的？

3.导致中航油新加坡公司破产的主要原因以及根本原因是什么？

4.该如何针对中航油新加坡公司从内部控制风险评估方面进行改进？

本案例的参考资料及其索引，在讲授有关知识点之后一次性布置给读者。

（二）课时分配

1.课后自行阅读资料：约1小时；

2.小组讨论并提交分析报告提纲：约1小时；

3.课堂小组代表发言、进一步讨论：约1小时；

4.课堂讨论总结：约0.5小时。

（三）讨论方式

本案例可以采用5人一组小组式进行讨论。

（四）课堂讨论总结

课堂讨论总结的关键是：归纳发言者的主要观点；重申其重点及亮点；提醒大家对焦点问题进行进一步思考；建议大家对案例素材进行扩展研究和深入分析。

案例 11

法国兴业银行：小交易员捅出的大窟窿

编写目的

本案例是通过对法国兴业银行这个一度被认为是世界上风险控制最出色的银行之一的欺诈案，引导读者理解与掌握内部控制中风险评估的重要性。百年老店溃于蚁穴，根据本案例资料能够激发读者对其中原因的分析与思考。读者可以通过外国上市企业内部控制框架结构设立的具体案例学习企业内部控制设计，特别是风险评估的缺陷，以增强读者对问题的思考和解决能力。

知 识 点

内部控制；风险管理；企业内部控制存在的缺陷及整改措施

关 键 词

交易舞弊；风险评估；兴业银行

摘　　要

法国兴业银行创建于1864年，由拿破仑三世批准成立，经历了两次世界大战并最终成为法国商界支柱之一。法国兴业银行是法国历史最悠久、最具影响力的投资银行。可就是这样一个创造了无数骄人业绩的老牌银行在2008年年初因一个底层交易员的违规操作而受到了重创。本文将从法国兴业银行交易舞弊案入手，分析法国兴业银行内部控制和风险监控的体系漏洞，同时提出完善我国银行内部控制体系的建议。

案例正文

2008年1月24日，法国兴业银行披露该行遭遇了银行业历史上最大的一宗欺诈案。该案迫使该行紧急发起55亿欧元（合80亿美元）的融资行动。案件起因：法国兴业银行证券业务部的交易员杰罗姆·科维尔于2007年年初预计股市将上涨，并开始投入超过个人授权许可的巨额资金进行交易。但由于全球股市大幅下跌，导致他在欧洲期货市场上的投资失误，造成了巨额损失。损失出现后，他利用在监控交易的安全控制部门工作时获得的知识来逃避监管，通过修改银行电脑系统数据，编造交易掩盖其投资失误。之后，科维尔因违反信托合同、滥用计算机系统和造假接受了正式调查。从公布的调查报告来看，科维尔的违规交易活动其实从2005年他判断市场要走跌时就已经开始了。由于内部控制的缺陷，员工杰罗姆·科维尔未经授权大量购买欧洲股指期货形成巨额亏损，并波及全球股市。本文分析了杰罗姆·科维尔的作案手法，把分析重点放在了法国兴业银行内部控制设计和风险评估的缺陷。

一、公司概况及案例背景

（一）公司概况

法国兴业银行（Societe Generale，以下简称法兴银行）创建于1864年5月，是有着150多年历史的老牌欧洲银行和世界上最大的银行集团之一，分别在巴黎、东京、纽约的证券市场挂牌上市。

法兴银行最初为私营银行，1946年被国有化，1979年国家控制该行资本的93.5%，后转为全额控制，1983年改现名。1986年，法兴银行在国内外共设分支机构2 873个，在国外的分支机构主要设在英国、比利时、瑞士、奥地利、西班牙、突尼斯、摩洛哥、刚果、日本、伊朗、美国、加拿大等30个国家和地区。1993年资产总额为2 578.38亿美元，为法国第4位，在世界1 000家大银行中排在第27位。2014年世界500强排名第33位，银行业世界排名第二。

（二）案例背景

在2007年至2008年年初长达一年多的时间里，科维尔在欧洲各大股市上投资股指期货的头寸高达500亿欧元，超过法兴银行359亿欧元的市值。其中：道琼斯欧洲STOXX指数期货头寸300亿欧元，德国法兰克福股市DAX指数期货头寸180亿欧元，英国伦敦股市《金融时报》100种股票平均价格指数期货头寸20亿欧元。

科维尔2000年进入法兴银行，在监管交易的中后台部门工作5年，负责信贷分析、审批、风险管理、计算交易盈亏等工作，积累了关于控制流程的丰富经验。2005年调入前台，供职于全球股权衍生品方案部，所做的是与客户非直接相关、用银行自有资金进行套利的业务。科维尔负责最基本的对冲欧洲股市的股指期货交易。由于这是一种短线交易，且与相似金融工具的价值相差无几，体现出来的仅是非常低的余值风险。但有着"电脑天才"名号的科维尔进行了一系列精心策划的虚拟交易，采用真买假卖的手法，把短线交易做成了长线交易。在银行的风险经理看来，买入金融产品的风险已经通过卖出得到对冲，但实际上那些头寸成了长期投机。

为了确保虚假的操作不被及时发现，科维尔利用多年来处理和控制市场交易的经验，连续地屏蔽了法兴银行对交易操作的检验、监控，其中包括是否真实存在这些交易的监控。在买入金融产品时，科维尔刻意选择那些没有保证金补充警示、不带有现金流动和保证金追缴要求，以及不需要得到及时确认的操作行为，巧妙地规避了资金需求和账面不符的问题，大大降低了虚假交易被检测到的可能性。尽管风险经理曾数次注意到科维尔投资组合的异常操作，但每次科维尔称这只是交易中常见的一个"失误"，随即取消了这笔投资，而实际上他只是换了一种金融工具，以另一笔交易替代了那笔被取消的交易，以规避相关审查。此外，科维尔还盗用他人电脑账号，编造来自法兴银行内部和交易对手的虚假邮件，对交易进行授权、确认或者发出具体指令，以掩盖其越权、违规行为。

二、案例概况

法兴银行事件让其一直受到社会公众和各种媒体的关注。通过对案件进一步剖析可发现：一方面，因为科维尔以法国兴业银行的资金进行交易，相关的保证金追缴由银行结算，银行本身对其操作予以认同，而这些投资组合中的金融工具交易是真实存在的，与大型投资银行的正常交易量相符，同时也受到了银行的日常监控特别是来自主要清算中心的保证金追缴要求。另一方面，科维尔选择了不带有现金流动、保证金追缴要求和不需要得到及时确认的操作行为，并确保在每次虚假操作中使用另一个不同于他刚刚取消的交易中的金融工具。直到法国兴业银行强制清盘后，人们才发现这些令人眼花缭乱的系列操作导致该行损失了49亿欧元。

对风险的态度和防范意识决定了企业是否能够"长治久安"，下面通过分析法兴银行内部控制解读其发生的事件及其原因。

（一）控制环境描述

1.主体内部的文化

法兴银行有着"业绩至上"的企业文化。2003年穆斯蒂埃担任法兴银行投行部门主管，在他的领导下，投行业务逐渐成为法兴银行增长最快、最赚钱的业务，而其成功的法宝就是大胆参与越来越复杂的金融衍生产品，"业绩至上"的企业文化使法兴银行的员工不顾一切追求业绩，科维尔为了实现这个目标而不择手段。2000年法兴银行概况见表4-1。

表4-1　　　　　　　　　　　2000年法兴银行概况

市值	分支机构	业务分配	长期债务评级	客户群
300亿欧元	500多家	40%来自海外	Aa3和AA-	500万私人及企业客户

由表4-1可见，法兴银行的业务发展迅速，"业绩至上"的企业文化也油然而生。

2.组织结构

首先，法兴银行未建立科学的人力资源管理制度。法兴银行没有建立科学的交易员聘用制度，任用科维尔这样一个有后台系统管理经验的人员来担任交易员。其次，法兴银行也没建立起科学的交易员绩效考核制度与薪酬制度。其对交易员的加薪、升迁都只看交易的短期获利情况，没有长期绩效考核目标，导致交易员进行高风险的交易，而将风险问题置之度外。科维尔的职位变动见表4-2。

表4-2　　　　　　　　　　　　　**科维尔的职位变动**

2000年	2000—2005年	2005年
进入法兴银行	在银行内部不同中后台部门工作	银行风险套利部门的交易员

由此可见，法兴银行招聘及任用员工的制度是不合理的。

（二）风险评估描述

法兴银行只注重利益而忽视风险，体现在两个方面：一是在法兴银行，交易员的经营业绩决定其命运（包括升迁及薪水等）；二是后台结算部本应发现交易员异常的交易行为，但为了怕承担风险选择视而不见。

1.风险识别

从外部方面来看，外部经济形势为世界经济持续发展，竞争形势为证券市场和石油等大宗商品市场都出现了强的投机风潮，从而导致法兴银行的风险管理意识弱化。

从内部方面来看，法兴银行的内部控制系统在对交易员盘面资金的监督、资金流动的跟踪、后台与前台完全隔离规则的遵守、信息系统的安全及密码保护等多个环节存在漏洞。因其银行风险系统存在漏洞，交易员闯过5道电脑关卡获得了使用巨额资金的权限，违规操作一年没有被发现。让长期从事风险控制的员工直接参与交易，更是违背了最基本的不相容职务分离原则。同时，员工一味追求薪资，素质低。科维尔在接受调查时称，银行内部未经授权的交易现象普遍存在，只是其他交易员动用的金额比较小，这证明员工素质差，不够负责，且管理者利欲熏心。舞弊人员类型见表4-3。

表4-3　　　　　　　　　　　　　**舞弊人员类型**

员工	中层管理人员	高管层
67.8%	34%	12.4%

2.风险分析

法兴银行的内部控制系统在"发现"功能上并非一无是处，但是却无动于衷。

首先，估计风险的重大程度。从2006年6月到2008年1月，法兴银行的运营部门、股权衍生品交易部门、柜台交易、中央系统管理部门等28个部门的11种风险控制系统自动针对科维尔的各种交易发出了75次警报。从时间来看，2007年发出警报最为频繁（达67次），平均每月有5次以上；2008年1月案发前，又发出3次警报。从细节来看，这11种风险控制系统几乎是法兴银行后台监控系统的全部，涉及经纪、交易、流量、传输、授权、收益数据分析、市场风险等风险控制的各个流程和方面，由运营部门和股权衍生品交易部门发出的警报高达35次，足见其风险隐患的重大程度。

其次，风险发生的可能性。系统发出了75次警报，可见风险隐患的重大，风险发生的可能性是极大的，可法兴银行并未引起重视。

最后，确定风险应对策略。监控系统发现在不可能进行交易的某个星期六，存在着一笔没有交易对手和经纪人姓名的交易，但风险控制部门负责调查的人员轻信了科维尔的谎言，有些警报甚至在风险控制系统中转来转去，而没有得到最终解决。直到2008年1月，一笔涉及金额达300亿欧元的德国股指期货交易才使集团管理人员产生警觉，此前法兴银行并未制定风险应对策略。

3.风险防控

科维尔居然能够进入那么多未经授权的数据库，也表明法兴银行的计算机数据管理存在很大漏洞。5年的打杂工作使他对银行的电脑系统非常熟悉，可以绕过银行的监管系统投资衍生品。科维尔花费许多时间侵入计算机系统，从而消除本可以阻挡他豪赌的信用和交易量限制。事情发生后，法兴银行也对信息系统的有效性进行了检讨，得出的结论是开发验收人员和IT管理人员应当对技术漏洞及时采取补救措施，不定期更改系统密码，并对每个户名及密码的使用进行定期监控，做好风险防控措施。

4.职能部门和辅助支持部门的支持和控制功能存在瑕疵

银行内部控制管理上存在一定的风险。从整体上看，内部控制按照规定的程序运行，但是这些内部控制并不能有效发现舞弊行为，缺乏一些关键的可以发现职务舞弊的风险管理的内部控制。由于营运部门、会计财务部门、风险管理部、主管权益证券和衍生品交易的部门等的支持和控制功能存在瑕疵，从而不能发现科维尔舞弊。这主要表现为：首先，法兴银行的内部控制程序中，缺乏部门间横向内部控制功能，没有具体规定横向各个部门间内部控制的职责，各个部门发现的异常信号不能有效汇总并进行适当处理。其次，缺乏特定的内部控制措施来识别舞弊。法兴银行的内部控制程序并没有将风险管理要求反映到与风险、结果或情形一致的分析中。

（三）控制活动描述

控制活动是管理当局为了确保其指令被贯彻执行而制定的各种措施和程序。从法兴银行丑闻主角的供词和事后的有关调查资料来看，法兴银行的内部监控机制并未完全运转，内部监控系统的多个环节有可能存在漏洞。

1.超出权限交易

西方国家的金融机构实行一种类似于暗箱操作的授权机制，表现为对于不同的金融衍生产品交易行为，授予交易员不同的权力。曾经在法兴银行安全控制部门工作过的科维尔实际上自己就是监管者，他利用在安全控制部门的工作经历和获得的知识来逃避监管，用编造的交易掩盖他的非法交易活动。科维尔通过篡改数据和一面之词，能够将越权交易从2005年年底一直掩盖到2008年年初，这足以证明该行的内部控制活动没有起到应有的作用。

2.限额控制上的缺陷

法兴银行将风险监控重点置于交易员的净额头寸上，忽视全部交易的规模与单边交易数额。科维尔进行的虚假交易中大约 15%是由他的交易助理来完成的，正是交易助理和科维尔的共谋为规避内部控制提供了机会。同时，交易员之间经常均衡经营业绩以获取更高的津贴，这也为科维尔规避内部控制创造了条件。

（四）信息与沟通描述

1.前台部门对舞弊风险缺乏敏感度，对大量信号缺乏关注

不同部门间的内部控制缺乏有效交流和沟通，员工职责和内部控制程序没有充分明晰，而且缺乏完善的信息交流沟通制度，各个部门发现的异常信号很难集中并逐级报告到相关部门进行处理。

2.部门迅速扩展给正常经营带来了困难

譬如，权益证券部门的交易量一年增长了一倍，雇员两年内由 4 人增到 23 人。在权益证券部门交易量急剧增加的情况下，尽管对信息系统投入了不少资金，信息系统还是跟不上日益增长的交易环境的复杂性，从而不能有效处理交易。过分依赖人工处理以及员工超负荷的工作意味着内部控制很难有效运行。这样的整体环境降低了内部控制运行的有效性。

（五）监督描述

1.内部稽核作用未能充分发挥

作为后台的稽核或内审部门对实际交易的稽核或审计抽检不及时也不严格；中台部门的检查时间、内容、形式一成不变，缺乏灵活性，科维尔利用过去在中后台部门工作积累的经验对检查的时间、方法、内容了如指掌。加之检查人员工作不认真、走过场，给科维尔利用虚假账户掩盖真实交易提供了可乘之机。案发后，有记者采访巴林银行前交易员里森，他对此毫不惊奇。他认为现在的银行系统并没有吸取以往的教训。一位兴业银行员工也透露，这起欺诈案虽然罕见，但其实在日常交易中，它可能发生在每个交易员身上。

2.内部监督的缺失

法兴银行的内部控制系统的多个环节存在漏洞，但是，如果法兴银行能够对本行的内部控制体系进行有效的日常监督，那么也会从中发现蛛丝马迹，并及时纠正。科维尔的违规操作实际上已经延续了比较长的一段时间，但在巨额盈利的掩盖下却一直未暴露出来。

三、主要参考文献

［1］王桂莲，任建武.内部控制质量的保证：风险观、监督与软控制并重——由法国兴业银行交易丑闻引发的思考［J］.交通财会，2008（4）：59-63.

［2］吴晨冰.我国上市公司风险导向内部控制问题研究［D］.大连：大连交

通大学，2009.

四、讨论题目

法兴银行惊天欺诈案引发了法国乃至整个欧洲的金融震荡，并波及全球股市，无论从性质还是规模来说，都堪称史上最大的金融悲剧之一。读完案例，思考并回答以下问题：

1.什么是头寸？银行为什么要进行头寸管理？

2.为什么发生的75次警报，都没有引起科维尔的上司的重视？

3.为何在这样的内部控制较为成熟、制度较为完善的大型企业都一再发生欺诈案例？

4.在加强法律监管的同时，如何加强内部控制系统的监督以化解或降低风险带来的损失？

5.该案例对中国企业内部控制管理有什么启示？

案例使用说明

一、本案例要解决的关键问题

本案例要解决的关键问题是：根据对法兴银行的案例分析，引导读者进一步了解企业可能存在的风险，并提出不同层面的企业可采取的内部控制措施，深化对内部控制理论的理解与应用；此外，读者还可以根据企业内部控制框架建设的具体案例学习西方企业的整体内部控制和整体风险管理制度，从而能给国内的企业提供更多更好的意见，不断完善企业的内部控制，建立起风险管理的壁垒，有效防范风险，积极应对风险。

二、案例讨论的准备工作

（一）理论背景

1949年，美国审计委员会对内部控制首次做了权威性定义："内部控制是所制定的旨在保护资产、保证会计资料可靠性和完整性、提高经营效率、推动管理部门所制定的各项政策得以贯彻执行的组织计划和相互配套的各种方法及措施。"可见，内部控制已经突破了与财会部门直接有关的控制的局限。

1988年，美国注册会计师协会发布的《审计准则公告第55号》（SAS NO.55），以"财务报表审计对内部控制结构的考虑"为题，首次采用"内部控制结构"一词，将其界定为：为合理保证企业特定目标的实现而建立的各种政策和程序，并且明确了内部控制的内容包括三个部分：控制环境、会计制度、控制程序。

2001年，COSO委托普华永道开发一个关于管理当局评价和改进他们所在组织的风险管理的简便易行的框架，2004 年 9 月《企业风险管理——整合框架》正式文本发布。《企业风险管理——整合框架》认为："企业风险管理是一个过程，它由一个主体的董事会、管理当局和其他人员实施，应用于战略制定并贯穿于企业之中，旨在识别可能会影响主体的潜在事项，管理风险以使其在该主体的风险容量之内，并为主体目标的实现提供合理保证。"该框架拓展了内部控制，更有力、更广泛地关注于企业风险管理这一更加宽泛的领域。

（二）行业背景

法兴银行提供从传统商业银行到投资银行的全面、专业的金融服务，占据世界上最大衍生品交易市场领导者的地位，也一度被认为是世界上风险控制最出色的银行之一。但 2008 年 1 月，法兴银行因期货交易员杰罗姆·科维尔（Jerome Kerviel）在未经授权情况下大量购买欧洲股指期货，形成 49 亿欧元（约 71 亿美元）的巨额亏空，创下世界银行业迄今为止因员工违规操作而蒙受单笔损失金额最高的纪录。这桩惊天欺诈案还引发了法国乃至整个欧洲的金融震荡，并波及全球股市，无论从性质还是规模来说，都堪称史上最大的金融悲剧之一。

三、案例分析要点

（一）需要读者识别的关键问题

本案例需要读者识别的主要知识点包括：风险评估、企业内部控制存在的缺陷及整改措施。

（二）解决问题的可供选择方案及其评价

1.COSO 内部控制五要素分别为控制环境、风险评估、控制活动、信息与沟通、监控

这里主要论述法兴银行的风险评估要素。风险评估是指识别和分析与实现目标相关的风险，并采取相应的措施加以控制。这一过程包括风险识别和风险分析两个部分。通常，企业的风险主要来自外部环境和内部条件的变化。其中，风险识别包括对外部因素（如技术发展、竞争态度、经济形势）和内部因素（如员工素质、公司活动性质、信息系统处理的特点）进行梳理和辨识。风险分析则涉及估计风险的重大程度、风险分析的可能性、确定风险应对的策略等。

2.关于内部控制缺陷的评价

（1）"防止"功能的评价。法兴银行的内部控制之所以不能防止令人触目惊心的交易欺诈发生，主要源于设计上的严重缺陷。在技术发展迅速、交易系统日益复杂的趋势下，只依据过往的经验来拟定风险控制方法，不能适时地、前瞻性地展现出环境适应性和契合性，是法兴银行难以有效地觉察出欺诈行为的重要原因。法兴银行的内部控制系统在对交易员盘面资金的监督、资金流动的跟踪、中台与前台完全隔离规则的遵守、信息系统的安全及密码保护等多个环节存在漏洞。法兴银行关注的是欧洲交易所提供的汇总后的数据，而没有细分到每一个交易员的交易头寸数

据。此外，它把监控点放在交易员的净头寸和特定时间段的交易风险上，并没有对套利"单边"交易的总头寸进行限制，忽视了全部交易的总规模。而让长期从事风险控制的员工直接参与交易，更是违背了最基本的不相容职务分离原则。如今的金融交易和监管系统已完全实现电子化，信息技术和系统开发人员理应对内部控制的设计缺陷承担责任。

（2）"发现"功能的评价。2008年，法兴银行发表的内部调查报告显示，内部管理失误是造成"巨额欺诈案"未能被及时发现的重要原因。科维尔的直接上司在监管他的可疑行为方面明显不力，而且这名管理人员缺乏交易经验，并对科维尔的违规交易表现出了"不恰当的容忍度"。此外，法兴银行另外一名更高级别管理人员在风险管理方面也存在问题。其实法兴银行的内部控制系统在"发现"功能上并非一无是处。2006年6月至2008年1月，运营部门、股权衍生品交易部门、柜台交易、中央系统管理部门等28个部门的11种风险控制系统自动针对科维尔的各种交易发出了75次警报。从时间来看，2007年发出警报最为频繁，平均每月有5次以上；有些警报甚至在风险控制IT系统中转来转去，风险控制部门负责调查的人员轻信了科维尔的谎言，问题没有得到最终解决。直到2008年，一笔涉及300亿欧元的德国股指期货的交易对手巴德尔银行（Baader Bank）才引起集团管理人员的警觉，因为巴德尔银行作为一个中等规模的德国做市商，不可能从事数额如此巨大的交易。在对巴德尔银行核查历史交易和开展全面调查之后，惊天欺诈案水落石出，不幸的是为时已晚。

（3）"纠正"功能的评价。法兴银行的交易欺诈案显示出其内部控制系统不能"防止"错误与舞弊，虽能"发现"但又不能及时"纠正"错误与舞弊的功能"残疾"。探究"纠正"功能"残疾"的深层次原因，其实是内部控制的根基不牢——控制环境不佳。从2005年开始违规交易、一度账面盈利达14亿欧元的科维尔说："我不相信我的上级主管没有意识到我的交易金额，小额资金不可能取得那么大的利润。当我盈利时，我的上级装作没看见我使用的手段和交易金额。任何正确开展的检查都能发现那些违规交易行为。"管理层的利欲熏心、风险管理意识淡化，由此可见一斑，这也是法兴银行内部控制功能落空的根本原因。这个悲剧的发生给全球商业银行的内控建设敲响了警钟。

究其原因是其缺乏风险评估机制，上市企业比较缺乏风险概念，风险管理意识薄弱。这些企业很少分析那些有可能导致风险的因素，在企业的运营过程中忽视风险管理，容易使企业陷于风险之中。

（三）推荐解决问题的方案

1.为何在这样的内部控制较为成熟、制度较为完善的大型企业都一再发生欺诈案例？

法兴银行的交易欺诈案，表面上是因为风险防控系统的功能"残疾"，但深层次的原因则是内部控制的根基不牢，控制环境不佳。法兴银行内部控制设计上存在缺陷：一是法兴银行让长期从事风险控制的员工直接参与交易，由于风险控制员工直接设计了交易风险识别、控制的相关技术及程序，当其以交易员的身份参加交易时，必然非常清楚监控的要点及技术，并能有效地加以规避，此种员工人事安排违背了内部控制中最基本的不相容职务相分离原则。二是内部控制是一个系统，各部门、各员工都应参与其中，但法兴银行并没有明确规定各横向部门间内部控制的职责，导致各部门发现的异常情况不能及时汇总并进行风险识别和适当处理。管理层的利欲熏心、风险管理意识淡化，由此可见一斑，这也是法兴银行内部控制功能落空的根本原因。

2.在加强法律监管的同时，如何加强内部控制系统的监督以化解或降低风险带来的损失？

（1）加强内部监管不容忽视。由于中国金融业的发展刚刚起步，我国金融市场还不发达，金融创新不多，风险相对而言不大，因而从客观角度来讲，我国还不存在能够造成类似法兴银行案件发生的条件，但是，仍然不能轻视金融监管，如何进一步加强银行业的内部监管仍是中国银行业需要长期关注的问题。在我国金融业呈现双向开放的市场环境里，如何在内部风险管控和外部市场监管方面，将相关的风险通过制度设计降到最低限度，是我们面临的严峻命题。

（2）加强金融业风险管理。中国金融业应进一步加强内部审查程序，使内控部门能够及时并迅速地反馈内控检查中存在的漏洞，以应对可能突发的风险。特别是在市场繁荣之际，更应警惕因盈利而放松正常监管，尤其在整个市场系统性风险加大的情况下，要提高风险防范意识。

（3）以正确客观的姿态看待金融衍生产品。金融机构要对金融衍生产品的特殊风险作出系统的考虑和设置相应的风险防控措施，正确对待金融衍生产品，特别是股指期货。此外，当前我国金融机构衍生产品业务发展迅速，但监管法规尚未跟进，还没有规范有关金融产品的权威性立法，监管规章则主要反映在《金融机构衍生产品交易业务管理暂行办法》中，因此必须加快立法进程，制定专门的针对金融衍生产品的具体监管规范，切实加强监管和风险防控，同时也要加强对投资者的教育。

（4）金融机构强化内部控制必须切实可行。在法兴银行的案例中，主要在两个方面发生了问题：一是人员配置不当。从内控角度来讲，银行的前中后台必须保证部门及人员的绝对分离。因为一个熟知公司运作体系的人，一定会破解这个体系。二是企业盈利模式与内部控制机制的冲突。在实践中，如果完全循规蹈矩，严格执行审批程序，那么金融衍生产品将会缺乏效率，所以为了利益，一般银行都会赋予交易员不同的权力让他们提高获取利润的效率，强化信息系统控制是加强内部控制的关键。

四、教学组织方式

（一）问题清单及提问顺序、资料发放顺序

本案例讨论题目依次为：

1.什么是头寸？银行为什么要进行头寸管理？

2.为什么发生的75次警报，都没有引起科维尔的上司的重视？

3.导致本案例发生的主要原因是什么？

4.除了公司层面的举措，有没有个人方面的举措？

5.如何从内部控制五要素方面进行改进？

本案例的参考资料及其索引，在讲授有关知识点之后一次性布置给读者。

（二）讨论方式

本案例可以采用5人一组小组式进行讨论。

（三）课堂讨论总结

课堂讨论总结的关键是：归纳发言者的主要观点；提醒大家对重点问题进行进一步思考；围绕教学展示重点提问题。

案例12

奇信集团内部控制与风险管理案例分析

编写目的

本案例旨在引导读者理解企业内部控制和风险管理的目的和意义，掌握内部控制风险评估与风险管理的基本理论。通过了解奇信集团内部控制与风险管理存在的问题与具体过程和应采取的应对措施，拓展读者对企业内部控制与风险管理问题的深度思考。

知 识 点

内部控制；风险管理基本理论

关 键 词

风险评估；职业规范；奇信集团

摘　　要

本案例聚焦于奇信集团内部控制和风险管理，简要介绍了风险管理和内部控制的相关概念、奇信集团股份有限公司的状况、内部控制与风险管理的问题，分析了奇信集团内部控制与风险管理评价，以期让读者深入了解内部控制与风险管理的具体程序与工作方法，使之掌握相关业务知识，拓展读者对企业内部控制与风险管理的深度理解。

案例正文

奇，就是要立志创新，做与人家不同的东西，创造出奇迹；信，就是要以诚信为本，固守承诺，以信立企。这是奇信集团董事长叶家豪将公司取名为"奇信"的由来，代表了一种志向。叶家豪奉行"诚信比赚钱更重要"，通过坚持不懈的努力，使得奇信股份的企业建设一直走在全国装饰行业前列，先后被中国企业联合会、中国企业家协会授予称号，荣获多项荣誉，并成为深圳企业文化节首届理事会常务理事单位。那么，奇信集团是如何走向今天的辉煌的呢？

一、奇信集团概况介绍

（一）奇信集团发展情况简介

深圳市奇信集团股份有限公司（简称奇信集团）成立于 1995 年，是一家集建筑装饰、设计、施工于一体的公司。奇信股份位居中国建筑装饰行业百强企业前七位，被中国企业联合会授予全国建筑装饰行业唯一、广东省首家"全国企业文化示范基地"称号，被国家市场监督管理总局授予"国家守合同重信用企业"称号，并荣获广东省著名商标、深圳知名品牌等称号。2015 年 12 月 22 日，奇信集团成功在深圳交易所挂牌上市，股票代码 002781。

（二）奇信集团股权结构

奇信集团股权结构表见表 4-4。从奇信集团的前十大股东的信息我们可以看出，奇信集团董事长叶家豪直接持有公司 20 940 839 股，占公司总股本的 9.31%。深圳市智大投资控股有限公司为董事长控制的子公司，是关联法人，持有公司 95 176 448 股，占公司总股本的 42.30%。叶秀冬为董事长妻子，是关联法人，持有公司 10 800 000 股，持股比例为 4.80%。叶国英为叶家豪的弟弟，是关联法人，持有公司 5 639 213 股，持股比例为 2.51%。根据奇信集团股权结构，董事长叶家豪直接或间接持有奇信集团 58.92% 的股份，公司股权高度集中，符合家族企业的定义与要求。

表 4-4　　　　　　　　　　　　　奇信集团股权结构表

截止日期	股东名称	持股数量（股）	持股比例（%）	股份性质
2016年9月30日	1.深圳市智大投资控股有限公司	95 176 448	42.30	流通受限股份
	2.叶家豪	20 940 839	9.31	流通受限股份
	3.深圳市亚太投资管理有限公司	14 593 500	6.49	流通受限股份
	4.叶秀冬	10 800 000	4.80	流通受限股份
	5.苏州国发宏富创业投资企业（有限合伙）	9 000 000	4.00	流通受限股份
	6.叶国英	5 639 213	2.51	流通受限股份
	7.汇智创业投资有限公司	5 400 000	2.40	流通受限股份
	8.江苏国投衡盈创业投资中心（有限合伙）	3 600 000	1.60	流通受限股份
	9.深圳飞腾股权投资基金（有限合伙）	3 600 000	1.60	流通受限股份
	10.中国建设银行股份有限公司企业年金计划—中国工商银行股份有限公司	351 562	0.16	流通受限股份

二、奇信集团内部控制现状描述

（一）内部环境

1.所有权与经营权分离程度不高

奇信集团按照《公司法》《证券法》等法律、法规、部门规章要求，建立了规范的公司治理结构和议事规则，明确决策、执行、监督等方面的职责权限，股东大会、董事会、监事会分别行使决策权、执行权和监督权。总体来讲，在职责权限和制衡的规章制度上已经较为完善。但是，由于家族企业均是创始人经过长期的艰苦奋斗，以血缘、亲缘关系为联结点，从小到大发展起来的，职权高度集中在一人或其家族手中，所以把制度落到实处存在一定难度。奇信集团董事长实际掌握着公司超过50%的股份，是最大的股东，所有权与经营权的分离程度不大，因此股东大会与董事会的相互制衡作用大大削弱。

2.关键管理人员家族化

奇信集团虽然聘请了职业经理人进行公司管理，且注重人力资源的选择和培养，在社会上进行广泛公开的招聘，但是由于关键管理人员由董事长任命，考虑家族企业的特性，并受传统家庭观念的影响，关键管理人员基本由家庭成员构成，高管名单中董事长儿子、兄弟等人员赫然在目，同时财务、出纳这样与大量现金接触的岗位，也偏向于选择家族成员担任，这就使得企业管理质量对家族成员管理能力的依赖程度较高，管理风险较大。

（二）风险评估

奇信集团风险评估的目标为：力争在最小的风险条件下获取最大的收益。为实现这一目标，结合公司规模及业务等方面的实际情况，奇信集团完善了包括风险管理机构设置、风险识别、风险评估、风险应对以及部门及人员的职责与权限等要素在内的系统的风险管理机制。但是，企业的风险评估目标除了平衡收益与风险之外，还应该注重日常经营风险的防范，如对企业活动规范性的考察等。在奇信集团内控报告的风险评估活动中，并没有出现关于财务报告的目标和企业活动合规性的目标，这可能使得财务报告系统规范度不够，企业活动缺乏规范而导致企业的风险增加。

奇信集团所面临的风险如下：

首先是投资风险。2018年，为加强公司在北方地区的业务开拓及项目实施力度，积极把握机遇，实施公司发展战略，奇信集团以自有资金投资设立全资子公司——雄安奇信绿色智慧科技有限公司（简称雄安奇信）。雄安奇信业务拓展需要一定的时间周期，并与雄安新区的建设发展进程密切相关，其未来生产经营过程中可能面临国家政策、宏观经济、市场竞争及其他不可抗力因素的影响，同时可能面临运营管理、内部控制等方面的风险，其后续的经营情况能否达到预期尚存在一定的不确定性，需要不断强化内部控制及风险防范机制，适应市场变化，促使该公司稳健发展。

其次是宏观经济周期性波动风险。我国宏观经济出现的波动会对建筑装饰行业的整体需求产生影响，进而对公司经营环境造成一定影响。公司所处的行业为建筑装饰行业，近年来，国民经济增速放缓，经济下行压力较大，新增建筑所带来的业务机会、现有建筑装饰更新周期的长短和预算水平与宏观经济发展水平相关，宏观经济的周期性波动对建筑装饰行业有一定影响。

再次是公司快速成长引致的管理风险。随着公司业务的不断拓展，公司资产规模、员工数量、经营区域都将迅速扩大，管理难度加大，如果在研发、采购、生产、施工等方面的管理水平不能随之有效提高，将给公司的高效运营带来较大挑战，使公司面临一定的管理风险，对公司业绩产生不利影响。

最后是应收账款回收的风险。虽然公司承接的建筑装饰工程的多数客户具有良好的信誉，但随着公司业务规模的扩大，应收账款可能继续保持在较高水平。一旦外部经营环境出现恶化、宏观经济增速持续回落，公司每实现单位营业收入所形成的应收账款规模就可能存在进一步上升的风险。

在应对风险方面，奇信集团也有自己的方式。为了提高经营效率和降低风险，公司不断探索组织变革和管理模式创新，围绕责权利统一的原则，适时调整组织架构、清晰设置职责范围、优化内部管理流程、理顺职能管理关系。例如，奇信集团所实施的"项目策控管理"模式，从市场营销人员接订单前开始，策划控制中心就组成项目前期策划小组进行营运策略制定、成本测算、市场核价、施工决策及风险预测等，后交由工程运营中心组织执行实施。

（三）控制活动

奇信集团建立了较为详尽的控制活动体系，对于不相容职务分离、交易授权、会计系统、责任分工、资产管理、凭证记录、资产接触、投资管理、对外担保和关联交易等活动都进行了控制。但由于家族企业的局限性，对经理人员的授权会受到一定影响，授权范围较窄。

（四）内部监督

1.审计委员会独立性差

奇信集团于2015年12月上市，在此之前，为了符合监管机构的要求，奇信集团设立了内部审计委员会。同时，按照监管机构对上市公司的要求，内部审计工作由审计委员会负责。根据我们之前提过的奇信集团股权结构，奇信集团董事长叶家豪直接或间接持有集团50%以上的股份，股权高度集中，以为代表实际控制人利益的董事会服务为宗旨的审计委员会无法保证其独立性，因而审计委员会未能实现对董事会的有效监督和对企业的有效治理。

2.内部审计有效性弱

奇信集团依据法律法规制定了内部审计制度，内部审计仅作为内部控制的一个子系统，对企业内部控制的有效性和完整性进行确认，仅开展内部控制测试确认服务，未包括咨询服务，也未包括以公司管理高层为服务对象的确认服务。由于家族企业股权集中的特性，内部审计若只设置内控测试，查错防弊的功能很难得到公司高层的认可，甚至会有排斥的心理，因为查错防弊的对象是企业高层，对于家族企业这种股东与高管受托责任制不明显的企业来说，开展以监督高层为目的的内部审计的有效性是非常有限的。

（五）信息与沟通

奇信集团作为一个较为年轻的现代化企业，建立了完善的信息系统，企业内的信息传播较为方便，信息能够实现有效的上传下达。公司还设立了专门的人员负责信息系统的维护，保障整个系统正常有效运行。在对外沟通上，奇信集团充分利用了新兴媒体的作用，划分不同的功能开通了多个微信公众号，包括奇信智能、奇信装饰、奇信海外等，并且建立了自己的官网，信息披露较为充分，沟通较为顺畅。

三、主要参考文献

［1］古淑萍. 基于企业风险管理的内部控制体系研究 ［J］. 经济问题探索，2009（7）：117-120.

［2］谢志华. 内部控制、公司治理、风险管理：关系与整合 ［J］. 会计研究，2007（10）：37-45.

四、讨论题目

讨论题目依次为：

1.奇信集团现行内部控制对企业传承的影响是怎样的？

2.对奇信集团内部的信息沟通有什么建议？

3.对奇信集团内部控制有何好的建议？

4.对奇信集团风险管理有何好的建议？

5.您觉得奇信集团内部控制与风险管理该如何完善？

案例使用说明

一、本案例要解决的关键问题

本案例要解决的关键问题在于：通过对奇信集团案例的学习，引导读者初步了解企业内部控制、COSO 风险管理框架的基本理论。通过了解风险评估和风险管理的目的和意义，能够使读者掌握内部控制与风险管理相关业务知识。通过小组学习讨论的案例教学方式，培养读者独立思考和解决问题的能力。

二、案例讨论的准备工作

为了有效实现本案例目标，读者应该具备下列相关知识背景：

（一）理论背景

近些年来，内部控制得到迅猛发展。这不仅源于组织自身对于内部控制重要性、内部控制在公司治理体系中作用的认识的逐步深化，也在很大程度上源于组织外部环境对建立健全有效内部控制期望的增长和监管要求的不断提高。

21世纪初，安然、世通等舞弊事件极大动摇了投资者对资本市场的信心，同时也暴露了内部控制缺陷导致的严重危害。随着社会的发展，控制环境不断发生变化，这种变化会使原来比较健全有效的内部控制失效。同时，随着人们对内部控制制度的深入了解，人们也需要对内部控制进行不断完善。这些都要求人们对现有内部控制的健全性、有效性进行不断的评价，以发现其中存在的问题，及时加以改进和完善，使其趋于健全、有效。企业可以聘请外部审计师进行这种评价，但内部审计部门更了解本企业的情况，而且更关心企业内部控制的健全性和有效性。内部审计人员进行这种评价，不仅更加准确、有效，而且成本更低，评价更及时。

COSO认为，内部控制与风险管理有着密切的联系，内部控制是风险管理的一部分。因此，COSO在1992年提出了《内部控制——整合框架》后，又于2004年出台了《企业风险管理——整合框架》。《企业风险管理——整合框架》包含并继承了《内部控制——整合框架》的主体内容，同时增加了三个要素，增加了一个目标，更新了一些观念，旨在为各国的企业风险管理者提供一个有着统一术语与概念体系的全面应用指南。2017年，COSO发布了《企业风险管理框架——与战略和业绩的整合》。相较于2004年发布的《企业风险管理——整合框架》，新框架强调了企业风险管理对战略规划的重要意义。

（二）行业背景

奇信集团按照企业内部控制规范体系的规定，建立健全和有效实施内部控制，评价其有效性，并如实披露内部控制评价报告是公司董事会的责任。监事会对董事会建立和实施内部控制进行监督。经理层负责组织领导企业内部控制的日常运行。公司董事会、监事会及董事、监事、高级管理人员保证内部控制评价报告内容不存在虚假记载、误导性陈述或重大遗漏，并对报告内容的真实性、准确性和完整性承担个别及连带法律责任。公司内部控制的目标是合理保证经营管理合法合规、资产安全、财务报告及相关信息真实完整，提高经营效率和效果，促进实现发展战略。由于内部控制存在的固有局限性，故仅能为实现上述目标提供合理保证。此外，由于情况的变化可能导致内部控制变得不恰当，或对控制政策和程序遵循的程度降低，根据内部控制评价结果推测未来内部控制的有效性具有一定的风险。

三、案例分析要点

（一）需要读者识别的关键问题

本案例需要读者识别的关键问题包括：内部控制与风险管理的具体业务流程与评价方法。

（二）解决问题的关键知识点

1.内部控制与风险管理定义

内部控制是指由企业董事会、管理层和其他人员实施的，旨在为实现经营的有效性和效率、财务报告的可靠性、符合适用的法律或法规等目标提供合理保证的过程。

风险管理是组织管理层确定可接受的风险范围，并在此基础上由整个组织及其内部各个部门通过风险识别、风险评估、风险应对等手段保证将实现企业战略目标时所遇到的风险控制在可接受范围的过程。

2.家族企业的界定

学术界关于家族企业的概念界定并不统一，有从所有权来界定的，有从控制权来界定的，还有从经营权来界定的，也有从前三者相互组合来界定的等等。美国学者克林·盖克尔西认为，判断某一企业是否是家族企业，不是看企业是否以家族来命名，或者是否有多位亲属在企业的最高领导机构里任职，而是看是否由家族拥有所有权，一般是谁拥有股票以及拥有多少。这一定义强调企业所有权的归属。学者孙治本将是否拥有企业的经营权看作家族企业的本质特征。他认为，家族企业以经营权为核心，当一个家族或数个具有紧密联系的家族直接或间接掌握一个企业的经营权时，这个企业就是家族企业。

根据现代企业理论可以将家族企业定义为：企业创始人及其最亲密的合伙人（和家族）一直掌有大部分股权，他们与经理人维持紧密的关系，且保留高阶层管理的重要决策权，特别是在有关财务政策、资源分配和高阶人员的选拔方面。

3.COSO 内部控制整体框架

（1）一个定义

COSO 报告提出：内部控制是一个过程，受企业董事会、管理层和其他员工影响，旨在保证财务报告的可靠性、经营的效果和效率以及对现行法规的遵循。

（2）三个目标

COSO 内部控制整体框架中内部控制的目标有三个：第一个目标是对外公布的各种财务报表和数据的可靠性；第二个目标是营运的效果和效率；第三个目标是对相关法律法规和合约的遵循性。

（3）五种要素

控制环境：主要指对内部控制制度的建立和程序的实施产生影响的因素。其包括组织机构、管理者理念、权责分配、人力资源政策、管理控制方法以及其他外部的影响因素。

风险评估：在管理运行过程中由于存在内部或外部的各种影响因素，因此在实现组织目标的过程中可能存在风险，风险评估就是识别、分析、管控这些不确定事项的过程。

控制活动：在确定内部控制的风险之后，管理阶层需要考虑采取相应的措施来降低或者规避风险，控制活动就是确保风险应对得以执行的程序和政策。控制活动具体包括授权、批准、岗位职责分离、业绩评价、资金及资产的控制等。

信息与沟通：建立信息与沟通制度，可以确保与组织内部控制相关的信息的搜集和处理，提升内部控制运行的有效性。

内部监督：内部监督可以帮助管理层对内部控制的整个实施过程进行监督，及时评价组织内部控制设计的健全性、合理性和运行的情况，从而进一步改进存在的问题和薄弱环节，确保内部控制可以持续有效运行。

内部控制五大要素图如图4-2所示。

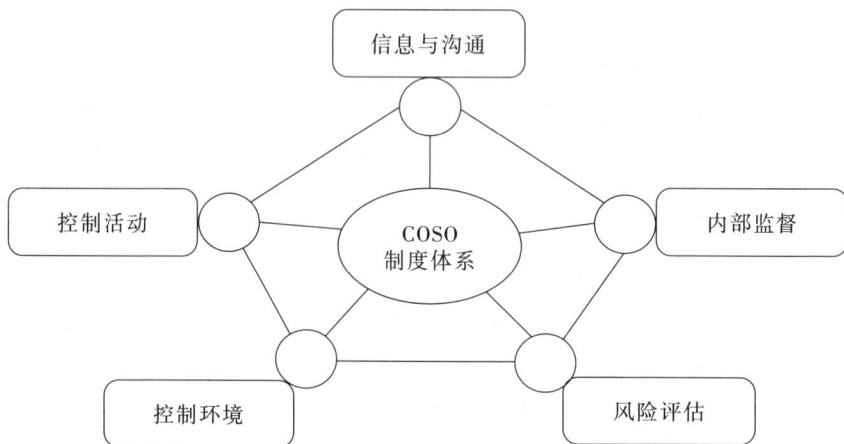

图4-2　内部控制五大要素图

4.风险管理

企业风险管理理论发展大致分为三个阶段。第一阶段：以"安全和保险"为特征的风险管理。100多年前，航运企业风险管理的主要措施就是通过保险把风险转移给保险公司。第二阶段：以"内部控制和控制纯粹风险"为特征的风险管理。随着工业革命的发展，公司对业务管理和流程方面的内部控制提出了要求。第三阶段：以"风险管理战略与企业总体发展战略紧密结合"为特征的全面风险管理。风险管理实践表明，仅靠内部控制难以实现企业的最终目标。

我国国务院国资委于2006年发布《中央企业全面风险管理指引》，标志着我国中央企业建立全面风险管理体系工作的启动。

5.内部控制与风险管理的关系

全面风险管理与内部控制既相互联系又存在差异。企业的内部控制体系是企业全面风险管理体系中重要的组成部分之一，而内控体系建设的动力则来自企业对风险的认识和管理。良好的内部控制可以合理保证合规经营、财务报表的真实可靠和经营效益，而这正是全面风险管理应该达到的基本状态。此外，内控体系建设与全面风险管理工作的开展之间具有紧密的联动作用，具体体现在以下两个层面：

（1）在理论框架层面，完整的内控体系包括依据COSO《内部控制——整合框架》开展内部控制的评审体系以及内控自我评估体系；而目前国内外较为认可的企业风险管理理论框架是 COSO《企业风险管理——整合框架》。这两个框架在理论基础上具有继承性和发展性。

（2）在推进工作的步骤层面，从国内大型国有企业集团开展内部控制和风险管理的推进步骤来看，以内控先行，再逐步开展全面风险管理的做法是符合我国国情的。通过内控体系建设，在组织架构的完善、人员经验的积累、内控流程的记录等方面做好准备，可为公司未来开展全面风险管理打下较为完善的基础。

至于差异，从二者的框架结构看，全面风险管理除包括内部控制的三个目标之外，还增加了战略目标；全面风险管理的八个要素除了包括内部控制的全部五个要素之外，还增加了目标设定、事件识别和风险对策三个要素。从二者的实质内容看，内部控制仅是管理的一项职能，而全面风险管理贯穿于管理过程的各个方面。内部控制主要从防范性的视角去降低企业内部可控的各种风险，侧重于财务和运营；而全面风险管理强调通过前瞻性的视角去积极应对企业内外各种可控和不可控的风险，侧重于战略、市场、法律等领域。

（三）推荐解决问题的方案

1.奇信集团现行内部控制对企业传承的影响是怎样的？

核心工作岗位由亲属担任，过分依赖亲缘关系，可能会给以后继承者的工作开展带来不便。代际传承之后，亲属之间的血缘关系可能会被淡化，好比周朝实行分封制，一开始的血缘纽带都很牢固，但传承之后，就会被淡化，这时很容易出现不可调和的分歧。

由于内部控制的不足，对继任者的管理要求就更高了，这无形中提高了管理的风险。

2.对奇信集团内部的信息沟通有什么建议？

对企业内部信息沟通的建议是，在财力允许的前提下，企业可以购买一套私人订制的软件用于内部沟通，以提高内部信息的保密性。

3.对奇信集团内部控制有何好的建议？

（1）注重对继任者和管理层的选择和培养

家族企业的经营无外乎两条路：家族继承人和职业经理人。从奇信集团现在的情况来说，董事长叶家豪有意培养自己的儿子叶洪孝成为继任者，因此对于其管理能力和综合素质的培养就非常重要，可以考虑进一步学习深造，为未来的继任做好铺垫和打算。另外，在关键岗位的设置上，除考虑亲缘关系外，应重点强调胜任能力，这样才能降低治理的风险。

（2）完善风险评估制度

风险评估除了平衡收益与风险之外，还应设立财务报告目标，同时加强对企业活动合规性的检查，使企业活动在规定的范围之内进行，不越界，以此来降低企业的管理风险。

（3）正确定位内部审计目标

对于企业内部审计工作目标定位存在两种价值主张：一是查错防弊；二是兴利增值。组织内部审计工作目标应该适应其服务对象的定位，以满足特定服务对象的特定需求作为内部审计工作的目标。根据奇信集团股权高度集中且为大股东实际控制的情况，奇信集团掌握资源最多的为公司实际控制人，内部审计机构将审计委员会作为主要服务对象显然是不准确的。

结合奇信集团管理实际情况，奇信集团内部审计如果以高管层作为主要服务对象，内部审计工作将获得较多的资源，工作中遇到的阻力将减少，更有利于内部审计价值的实现。

奇信集团内部审计工作重心应该下移，帮助项目管理者发现项目管理中存在的问题，给他们提供可有效提高管理效率的建议。同时内部审计可以作为高层管理与基础管理沟通的渠道，以使基层管理者向公司高层反馈他们的意见和建议，促进公司管理效率的提高。

奇信集团应根据公司实际情况，对与内部控制有关的审计工作进行重新定位，以高管层作为服务对象，以咨询服务为主要职能，以实现内部审计兴利的工作目标。新定位的咨询服务直接接受高管层的委托，向高管层提供内部控制建设建议及相关的服务活动，这符合现阶段奇信集团高管层的需求。

（4）适当的股权激励

在家族企业内，由于家族成员掌握了控制权，因而企业内的其他非家族成员高管会缺乏对企业的认同感和参与感，工作的积极性会受到影响。从奇信集团高管的持股情况来看，并没有实行股权激励，除董事长本人以外，所有高层人员均无持股。如果奇信集团能够在保证董事长控制权的情况下进行适当的股权激励，调动高管的积极性和增强对企业的认同感，整个公司的治理会更顺利。

4.对奇信集团风险管理有何好的建议？

（1）加强家族企业主的风险管理审计意识

风险管理审计说到底是企业内部管理的一个级次，企业管理层的态度决定着风险管理审计的发展，对于家族企业来说尤其如此，只有企业主切实重视了，风险管理审计才能得到既快又好的发展，这是家族企业内部风险审计发展的根本保证。针对家族企业主风险管理意识的提高，可以由深圳内部审计协会定期或不定期地举办一些诸如风险管理审计的必要性、作用、方式方法等介绍的讲座或者座谈会，邀请家族企业的老总们参加，以加强家族企业主对风险管理审计的认识。

（2）强调事中审计，优化内部风险管理审计方法

对于内部风险管理审计而言，内部审计人员一定要改变在传统内部审计中的事后审计的状况，要改事后审计为事中审计，及时对风险管理部门作出的风险衡量进行检验，利用定量和定性方法分析风险衡量的恰当性。其基本的审计程序是参与风险识别、风险评估和风险应对整个过程。鉴于注册会计师审计在风险评估程序中评

价被审计单位的经营风险的相关理论比较完善，笔者认为在内部风险管理审计中，关于风险事件的识别和评估时可以仿效注册会计师在评价被审计单位的经营风险时的审计程序。在评价风险管理部门风险衡量的恰当性时，内部审计人员需要建立风险评价指标体系和科学的数学模型，按照一定特征或间距进行分类、分组整理，之后对风险进行有效计量，进行定性和定量分析，最后综合评价，将内部审计部门的结论与风险管理部门风险分析评价的结果进行对照，对风险衡量进行检验。

5.完善家族企业内部控制与风险管理的结论与建议。

本文是针对深圳市奇信集团股份有限公司内部控制存在的问题所进行的研究，结合 COSO 内部控制框架，从控制环境、控制活动、风险评估、信息与沟通、内部监督五个方面进行分析，得出了以下的结论：

（1）由于家族企业固有的特性，奇信集团也存在着所有权和经营权分离程度不高、家族成员控制关键岗位的问题，这种情况增加了家族企业的经营风险，对企业管理者及其家族成员的管理能力的依赖程度较大，因此提升高层人员的素质和能力，同时与适当的放权相结合，是奇信保持竞争力的必由之路。

（2）在家族企业的内部监督上，尤其是内部审计方面，应该根据家族企业的实际情况和特性正确定位内部审计的目标。根据企业股权高度集中的特征，内部审计应更加强调提出经营管理方面的建议，而不只局限于发现内部控制系统的问题，这样才能减小工作阻力，真正发挥内部审计的作用。

（3）家族企业应鼓励进行适当的股权激励，才能让外来管理者对企业有认同感和归属感，减少其贪污舞弊的可能。

（4）要加强家族企业主的风险管理审计意识。由于家族企业的特殊性，很多问题只有得到了企业主的重视，才能够得以推进。只有企业家的风险管理意识提高，才有可能在风险管理方面进行投入，并且将工作落到实处。

（5）对政府部门而言，应当进一步加强政府部门对风险管理审计的指导。政府审计部门对奇信家族企业风险管理审计的指导毋庸置疑地应该由深圳审计局完成。但是风险管理审计作为近几年内部审计的新兴领域，审计理论界对其研究尚显不足，实务界更迫切需要理论的指导。审计局应致力于寻求适合深圳市家族企业发展的内部风险管理审计模式、方法，以更好地指导深圳市家族企业内部风险审计的发展。

6.总结。

内部控制与风险管理的成败，在一定程度上影响了公司的经营风险和效益。一个好的内部控制与风险管理体系，能够使企业在内部团队建设上更加规范，同时在外部竞争激烈的情况下对风险进行很好的管理。如果能够建立良好的内部控制与风险管理体系，相信未来的奇信集团会发展得更好。

四、教学组织方式

（一）问题清单及提问顺序、资料及发放顺序

1.奇信集团现行内部控制对企业传承的影响？

2.对奇信集团内部的信息与沟通有什么建议？

3.对奇信集团内部控制有何好的建议？

4.对奇信集团风险管理有何好的建议？

5.对奇信集团内部控制与风险管理该如何完善？

本案例的参考资料及其索引，在讲授有关知识点之后一次性布置给读者。

（二）课时分配（时间安排）

1.小组分配5人一组，并在小组长的组织下，课后自行阅读资料，并搜集整理与案例相关的辅助材料：约3小时；

2.小组讨论并提交分析报告提纲：约3小时；

3.课堂小组代表发言、进一步讨论：约2小时；

4.课堂讨论总结并做相关知识点延伸分析：约1小时。

（三）讨论方式（情景模拟、小组式、辩论式等）

本案例可以采用小组式进行讨论，在此基础上，进行小组之间的辩论和探讨。

（四）课堂讨论总结

课堂讨论总结的关键是：归纳各小组发言者的主要观点；辨析各小组观点中的重点及亮点；引导大家对焦点问题或有争议观点进行进一步思考；建议读者对案例素材进行扩展研究和深入分析。

第5章 控制活动

案例13

郑百文：一落千丈的"绩优股"

编写目的

本案例以中国证券市场上首个申请破产保护的上市公司——郑州百文股份有限公司为说明对象，引导读者关注内部控制的控制活动要素在企业风险管控中发挥的重要作用。根据郑百文事件的案例资料，读者从理论层面上进一步了解内部控制五要素中的控制活动要素。同时，读者通过具体的案例分析，熟悉并掌握我国上市企业构建内部控制框架体系的思路和过程，应该如何应对在具体的实行过程中遇到的具体问题，从而拓宽对内部控制研究的思路。

知识点

内部控制；企业内部控制存在的缺陷及整改措施

关键词

百货用品；COSO内部控制五要素；控制活动；重组启示

摘要

郑百文作为郑州市第一家上市的企业，当时是百货文化用品行业的巨头，最终面临破产重组，这揭示出改革开放初期企业内部控制缺陷及重要性，所以本案例在素材选择上侧重于引导读者从企业层面关注内部控制并能对具体问题施以解决方案。

案例正文

一、公司概况及案例背景

（一）公司概况

郑百文，全称郑州百文股份有限公司，前身为郑州市百货文化用品公司，1989

年在合并郑州市百货公司和郑州市钟表文化用品公司的基础上，向社会公开发行股票成立郑州百货文化用品股份公司。1992年6月，郑州百货文化用品股份公司增资扩股后更名为郑州百文股份有限公司。1996年4月，经证监会批准，其在上海证券交易所上市，成为郑州市第一家上市企业。

（二）案例背景

1998年7月，郑州百文股份有限公司以1997年年末股本为基数按10∶2.307向全体股东配股，配股后公司总股本为197 582 119元。公司第一大股东为郑州市国有资产管理局，持股14.62%，其股份委托郑州百文集团有限公司代为管理。1997年的年报显示其主营规模和资产收益率在沪深两市的所有商业公司中均名列第一，然而1998、1999年郑百文每股亏损分别达2.54元、4.844元，创下了当时的最高纪录。2000年3月3日中国信达资产管理股份有限公司向郑州市法院提出"郑百文"破产的申请，这是中国证券市场上首例上市公司破产申请，此时信达名下ST郑百文所欠债务本息共计213021万元。究竟是什么原因使曾经的"绩优股"一落千丈？

二、案例概况

郑百文破产事件广受社会公众和各种媒体的关注。究其事件发生的原因有很多，下文从企业风险管理角度，结合内部控制来解读郑百文事件及其原因。

1.内部环境

郑百文是由国有企业改革而来，由一家同名企业作为控股股东，持股比例为14.62%，是第二大股东郑州市投资基金合作公司持股比例的5倍，可以说国有股份占据了绝对的控股地位。但国家所有者的监督是否真正起作用了呢？如果代管国家股的第一大股东郑州百文集团有限公司能够真正履行其股东职责，在公司经营陷入困难时，及时停止所谓的"工、贸、银"资金运营模式，也许还能避免郑百文的悲剧发生。其实所谓的第一大股东与郑百文的法定代表人同为一人，即公司董事长李福乾。用委托代理理论的话说就是：资本所有者将管理权与监督权同时委托给了经营者。公司前十名股东持股情况见表5-1。

表5-1 公司前十名股东持股情况

序号	股东名称	持股数（股）	比例（%）
1	郑州百文集团有限公司	28 877 869	14.62
2	郑州市投资合作基金公司	5 776 082	2.92
3	鹏程广告	3 961 360	2.00
4	河南省郑州市区信用合作联社营业部	2 535 000	1.28
5	河南金鑫电脑信息有限公司	2 197 000	1.11
6	河南省信托投资公司郑州铁路分公司	1 859 000	0.94
7	南方南京	1 690 000	0.86
8	中保财险郑州汽车修配中心	1 690 000	0.86
9	河南省石油总公司	1 257 360	0.64
10	豫郑人信	1 183 000	0.60

2.风险评估

（1）盲目扩张——一次错误的目标设定

郑百文在上市时资产负债率已达68.9%，1997年上升至87.97%，1998年仍用配股的资金在全国建立了12家配售中心，支出达2.7亿元。收入反而自1997年的70.4亿元下降到1998年的33.5亿元，1999年资产负债率达到134.18%，2000年为159.14%。此外，郑百文配股所募集资金主要用于：收购郑州灯泡厂，兼并郑州市化工厂，组建电光源公司，组建安阳郑州百文有限公司，组建风扇制作公司。盲目的扩张使郑百文的资产负债率不断提高，为后来的公司破产埋下了隐患。

（2）信用销售——未进行风险识别

郑百文高速发展的动力及最后陷入困境都是源于长虹、建行的三角信用关系。在此关系下，厂商将销售风险转给郑百文。1998年春节过后，建行郑州分行发现郑百文的承兑汇款已形成巨额债权，收回有一定难度，于是开始停止发放新的汇票。1998年，长虹降价及放弃单纯依靠批发商经销，最终造成购销价倒挂。1998年郑百文罚息高达1.3亿元人民币。1999年6月30日，公司应收账款为76264万元，其他应收款为26 973.59万元。

3.控制活动

良好的内部控制是为了防止企业货币资金业务中舞弊行为的发生。郑百文不仅违反不相容职务分离控制原则和审批控制原则，而且控制活动虚无。郑百文其实根本不具备上市资格，为了达到上市筹集资金的目的，公司硬是把亏损做成盈利报上去，最后蒙骗过关。为了上市，公司曾组建专门做假账的班子，采用虚增资产、虚减负债、增加待摊费用等手段，最终骗取上市资格。甚至在1998年公司出现严重亏损时，管理层仍汇聚深圳，讨论公司1998年财务报告是反映亏损，还是继续用盈利欺骗投资者。如果公司对外财务报告的数据均由企业管理者通过讨论得出的话，上市公告及财务报告的虚假程度之深就不言而喻了。

4.信息与沟通

（1）会计处理不规范导致账目混乱

郑百文的财报显示，郑百文1998年按0.3%计提坏账准备，1999年6月按1年内10%、1～2年60%、2～3年80%、3年以上100%计提。1999年注册会计师对郑百文出具了拒绝表示意见的审计报告，原因是郑百文的家电分公司缺乏可信赖的内部控制制度，会计核算方法具有较大的随意性，而且家电分公司的资产及业务量在整个公司中占较大比重。

（2）虚增利润

2001年，中国证监会查明，郑百文上市前采取虚提返利、少计费用、费用跨期入账等手段，虚增利润1 908万元，并据此制作了虚假上市申报材料。上市后三年采用虚提返利、费用挂账、无依据冲减成本及费用、费用跨期入账等手法，累计虚增利润14 390万元。此外，郑百文还存在股金不实，上市公告书有重大遗漏，年报信息披露有虚假记载、误导性陈述或重大遗漏，同时还发现原郑州会计师事务所为郑百文出具了严重失实的审计报告。2001年9月27日，证监会决定对郑百文予以警告并罚款200万元，对该公司董事长李福乾、总经理卢一德及乔鸿祥等10名董事分别作出了罚款30万、20万、10万元的行政处罚，对为该公司出具审计报告的注册会计师龚淑敏、宋大力作出罚款30万、20万元并暂停从业资格等行政处罚。2002年8月，我国首例独立董事陆家豪告证监会案因过法定起诉期限而被驳回（起诉日是4月22日，有效日为20天前）。

5.监督描述

（1）内部监控虚无

公司高管可以随意拆借、挪用巨额资金，数以亿计的货款被藏私囊。在没有对市场进行详细调查和科学分析的情况下，盲目进行投资，兼并郑州市化工厂就是典型的例子之一。

（2）制度监控对象范围未涵盖所有经营管理者

以往传统的内部控制制度所监控的对象主要限于中层以下的管理人员及普通员工，对单位高层管理者的控制相对薄弱，郑百文就是由于对高层管理者的约束严重失控而造成巨大经济损失的典型事例。我们在建立现代企业制度时，首先应建立涵盖所有经营管理者的完善的内部控制制度，在制定内部控制制度时，必须在巩固和完善日常管理控制的基础上，从资产所有者的角度，把高层管理者行使权力的过程纳入内部控制。

三、主要参考文献

［1］宁波市内审协会《企业风险管理》课题组.企业风险管理失败典型案例研究评郑百文ST、长虹巨亏和中航油失败［C］.中国内部审计协会会议论文集，2005（10）：372-377.

［2］曹婷.完善企业内部控制思考［J］.财会通讯：理财版，2007（11）：47-48.

［3］饶盛华.加强企业内部控制是当务之急——"ST郑百文"的警示［J］.中国注册会计师，2001（6）：52-54.

［4］李志斌.内部控制的规则属性及其执行机制研究——来自组织社会学规则理论的解释［J］.会计研究，2009（2）：39-44.

［5］企业内部控制编审委员会.企业内部控制主要风险点、关键控制点与案例解析［M］.上海：立信会计出版社，2018.

四、讨论题目

1.根据本案例，讨论郑百文事件的来龙去脉。

2.导致郑百文出现严重亏损的主要原因是什么？

3.面对巨额亏损郑百文的管理层采取了什么措施？

4. 根据 COSO 内控分析方法，对郑百文公司内控五要素进行分析。

5. 郑百文失败的内部控制对中国企业有什么启示？

案例使用说明

一、本案例要解决的关键问题

本案例要解决的关键问题在于：引导读者关注郑州百文股份有限公司由于内部控制的缺陷导致控制活动虚无等一系列问题，最终使曾经的"绩优股"一落千丈，不得不申请破产这一案例。根据本案例提供的资料，首先，读者在理论上基于风险管理层面深化对内部控制理论的了解。其次，读者可以通过我国上市企业在企业内部控制框架建设中的具体案例，学习企业有关控制活动的设计过程。

二、案例讨论的准备工作

为了有效实现本案例目标，读者应该具备下列相关知识背景：

（一）理论背景

ST 股票是指境内上市公司经营连续两年亏损，被进行特别处理的股票。*ST 股是指境内上市公司经营连续三年亏损，被进行退市风险警示的股票。PT 是英文 Particular Transfer（特别转让）的缩写。依据相关法律规定，上市公司出现连续三年亏损等情况，其股票将暂停上市。

（二）行业背景

郑州百文股份有限公司，前身为郑州市百货文化用品公司，1989 年在合并郑州市百货公司和郑州市钟表文化用品公司，向社会公开发行股票的基础上成立郑州百货文化用品股份公司。1992 年 6 月增资扩股后更名为郑州百文股份有限公司。1996 年 4 月成为郑州市第一家上市企业。短短两年过后，1998、1999 年郑百文每股亏损分别达 2.54 元、4.844 元，创下了当时的最高纪录。2000 年 3 月 3 日中国信达资产管理公司向郑州市法院提出"郑百文"破产的申请，成为中国证券市场上首例上市公司破产申请，曾经的"绩优股"一落千丈。

三、案例分析要点

（一）需要读者识别的关键问题

本案例需要读者识别的主要知识点包括：控制活动、划分标准、作用划分。

（二）解决问题的可供选择方案及其评价

1. 关于控制活动的划分

控制活动按照其作用可划分为预防性控制活动、检查性控制活动、纠正性控制活动、补偿性控制活动。

预防性控制活动：预防性控制可以用来防止问题的发生，是一种事前和事中的控制措施，相对其他控制措施而言，其对风险控制的有效性最高，但基于成本效益原则的考量，预防性控制的控制成本相对而言也最高。因此，一般提倡在对重要风险进行控制的基础上，考虑成本效益原则，选择适合公司风险和控制目标的预防性控制活动。

检查性控制活动：在设计控制活动时须加入适当的检查性控制，以便在发生问题时，能够迅速地察觉风险所造成的潜在损失，并通知相关人员采取行动。检查性控制是一种事中和事后的控制概念，其成本相对于预防性控制而言较低。

纠正性控制活动：纠正性控制措施的作用在于改正被侦测到的问题，以利于企业顺利的运作，从而能够达成既定的目标。纠正性控制程序主要包括：找出造成问题的原因；改正已经发生的错误或障碍；修改现有的控制制度或程序，以消除或降低未来发生类似问题的可能性。纠正性控制的成本相对比较少。

补偿性控制活动：补偿性控制主要是针对某些环节的不足或缺陷而采取的补充性质的内部控制。当某项控制措施无法完全满足控制目标的情况下，企业可以考虑采取附加性的控制活动，结合原先的控制措施，共同满足既定的控制目标的要求。

2.关于控制活动存在的缺陷

部分上市企业管理层人员对内部控制制度不够重视，导致了控制活动执行不力。有的企业内部控制制度不合理，因此企业内部没有明确的控制制度，就更谈不上内控标准和程序。对于那些具有明确内控制度的上市企业，控制活动的执行也存在很大的问题，可以说名不副实，只存在于企业控制手册上。企业管理层不加重视，更不会以身作则地去执行、遵守内部控制制度，上行下效，基层人员也不去贯彻落实，控制活动无法得到真正的执行，就更谈不上保证企业目标实现。

（三）推荐解决问题的方案

关于本案例，解决方案分别有以下几点：

第一，要建立健全企业的内部控制框架。建立符合现代企业制度的组织结构，加强董事会的职能和独立性；提高管理者素质，凭借市场经济的竞争，由市场决定管理层；鼓励塑造企业文化，加强管理者的激励，明晰权责。企业要根据关键控制点，按照企业业务流程或会计循环，实行切实的会计控制和管理控制活动；设立良好的信息沟通系统，使企业随时掌握营运状况和实际发生的情况；企业在经营过程中加强风险评估和风险管理，进行内部自我评估的监督，比如，国外企业常采用CSA，即企业定期或不定期采用结构化方法对内部控制的效率和效果进行评估，关注业务过程和控制的实效，由管理层和员工一起执行。

第二，建立内控信息披露机制。对于上市公司，投资者最关心的就是收益，而常常忽视内部控制。但是，信息的真实性离不开企业良好的内部控制。内部控制越好，信息越可靠。所以，企业有必要在进行内部控制自我评估后，向社会公开披露其内控信息。

第三，提高会计信息质量的根源在于公司治理结构的完善。郑百文事件再一次提醒我们提高信息披露质量的迫切性。单纯依靠证券监管并不能从根本上提高信息披露的质量，只有从公司内部治理结构入手才能做到"防患于未然"，同时发挥股东大会应有的作用。

第四，完善资本结构是我国上市公司发展的当务之急。从郑百文事件中不难看出资本结构合理与否的重要性，而资本结构恰恰是相当多上市公司亟待解决的问题。尽管我国上市公司筹资渠道尚不完善，解决负债过高问题并非一朝一夕之事，但是避免过高的财务杠杆仍是公司得以发展的前提。

第五，建立财务风险预警系统是公司健康发展的必要条件。上市公司在市场经济环境下要承受较其他类型企业更高的风险，各种风险都会反映为公司现实的或潜在的损失。回顾郑百文的经营管理，如盲目扩张是许多上市公司从股市中筹集到资金后常见的短期行为，不难看出其并未进行有效的财务风险管理。进行财务风险管理的一个重要方面是财务风险预警，这也是我国上市公司财务管理中欠缺的主要方面。

第六，其他启示。我国缺乏有关破产重组的法律法规，如"默示原则""统一过户""要约收购""协议收购"等行为都没有明确的界定和规范。在该案例中表现为，许多行为无法用现有法律法规来衡量，从现行的法律法规角度看，郑百文重组没有明显违法的迹象，只是在钻法律的空子。因此，只有完善相关法律法规，才能对更多的现实问题进行解释，进而为规范证券市场提供必要的标尺。其中应注意的是，应当在法律法规上充分体现对中小投资者的保护。如 PT 水仙退市之前有投资者大量购入，就体现了投资理念扭曲的不正常现象，中国投资者的风险意识亟待加强。

除此以外，针对案例企业郑州百文股份有限公司，应对其内部控制框架进行构建，框架分为五个部分，分别是完善的内部控制环境、科学系统的风险评估、健全的控制活动、充分及时的信息与沟通以及有效的监督。

四、教学组织方式

（一）问题清单及提问顺序、资料发放顺序
本案例讨论题目依次为：
1. 本案例中郑百文公司爆出了什么丑闻？
2. 本案例中事件发生前后管理层采取了什么行动？
3. 导致本案例发生的主要原因是什么？
4. 如何从内部控制五要素方面进行改进？
本案例的参考资料及其索引，在讲授有关知识点之后一次性布置给读者。

（二）课时分配
1. 课后自行阅读资料：约 1 小时；
2. 小组讨论并提交分析报告提纲：约 1 小时；

3.课堂小组代表发言、进一步讨论：约1小时；

4.课堂讨论总结：约0.5小时。

（三）讨论方式

本案例可以采用5人一组小组式进行讨论。

（四）课堂讨论总结

课堂讨论总结的关键是：归纳发言者的主要观点；重申其重点及亮点；提醒大家对焦点问题进行进一步思考；建议大家对案例素材进行扩展研究和深入分析。

▲ 案例 14 ▲

老"巨人"衰败背后的故事

编写目的

本案例通过分析老"巨人"集团从鼎盛走向衰落的过程，引导读者理解内部控制对企业管理的重要意义。通过对本案例的学习和讨论，读者在深入理解内部控制理论知识的基础上，进一步构建设计合理的内控框架，以及解决在执行内部控制制度过程中遇到的相关问题，进而提升读者思考问题和解决问题的能力。

知 识 点

内部控制；企业内部控制存在的缺陷及整改措施

关 键 词

保健品行业；房地产业；控制活动；整改措施

摘 要

巨人集团横跨网络游戏、保健品行业、房地产业等多个行业，在跨行业经营时存在组织结构不佳、资金挪用、发展战略制定失败等问题。本案例主要探讨巨人集团衰败背后的内部控制与风险评估原因。本案例在素材选择上侧重于引导读者从风险管理层面关注内部控制并能对具体问题的原因进行分析。

案例正文

本文以史玉柱领导的巨人集团的发展历史为基础，从内部控制要素的角度分析了其倒闭的原因，并得出其加强内部控制管理的启示与反思。

一、公司概况及案例背景

（一）公司概况

1989年8月，史玉柱和他的三个伙伴共同承包了天津大学深圳科技工贸发展公司电脑部，巨人事业起步，史玉柱采用先打广告后付款的方式，将其研制的M-6401桌面排版印刷系统软件推向市场，赚进了经商生涯中的第一桶金，奠定了巨人集团创业的基石。

1991年4月，史玉柱带着所有资产和其研发的新产品M-6402移师珠海，珠海巨人新技术公司应运而生。同年，M-6403汉卡销售量居全国同类产品之首，甚至比当时的联想汉卡还畅销，获纯利达1 000万元。9月，巨人公司更名为珠海巨人高科技集团公司，注册资金1.19亿元，由史玉柱担任总裁，公司员工发展到100人。12月底，公司纯获利3 500万元，年发展速度500%。

史玉柱创立的巨人集团，经营的主要业务是电脑、保健品和房地产，年销售额达300亿元，但因为急速扩张而倒闭。作为20世纪90年代初我国民营企业的佼佼者，巨人集团一度在市场上叱咤风云，然而该企业以闪电般的速度崛起后，又以流星般的速度迅速在市场上陨落了。

（二）案例背景

1993年1月，巨人集团在北京、上海、成都等地成立了8家全资子公司；7月，巨人集团下属全资子公司达38个，成为中国第二大民营高科技企业。同年，西方国家向中国出口计算机的禁令失效，以惠普、IBM为首的国际著名电脑公司大举进入中国市场，巨人等本土电脑品牌无法与这些国际品牌抗衡，史玉柱明确提出巨人要进行"二次创业"，也就是跳出电脑产业，走产业多元化之路。当时正值全国房地产热，史玉柱抓住这一机遇转移发展战略至房地产业，同时又进入了生物工程产业，起初较好，但后来由于管理不善，仅集团下的康元公司就累计损失1亿元，然而总体来说生物工程效益尚可。

巨人集团原计划建一座18层的办公楼，后来一改再改，从18层到54层再到64层，甚至最后达到70层，要建一座珠海标志性建筑，也是当时全国最高的大厦。当时公司的几个合伙人觉得"64"不吉利，就向我国香港的某咨询公司咨询，咨询公司认为技术上是可行的，就从64层增加到了70层。

1994年年初，号称中国第一高楼的巨人大厦一期工程动工，同年，史玉柱当选为"中国改革风云人物"。由于巨人大厦修建的地段处于断层区，所以只是打地基就用了1亿元。投资从2亿元增加到12亿元的大厦，所需资金主要来自集团生物工程。生物工程不断被抽血导致造血能力不足，无法再供应资金。到了1996年下半年，集团资金几近枯竭。由于全国各分销公司管理不善，各地侵吞财物现象屡屡发生。人心也开始涣散，巨人集团6 000多名员工中只有5%有珠海户口。

1996年年初，史玉柱为挽回局面，将公司重点转向减肥食品"巨不肥"。3月，全面大规模的广告铺天盖地地覆盖了全国各大媒体，营销口号随处可见，人员和资金的大投入在4月有了回报，销售量大幅上升，公司情况有所缓解，但这并不代表公司整体状况好转。

1997年年初，巨人大厦在只完成了相当于三层楼高的首层大堂后停工，各方债主纷纷上门，巨人集团资金链断裂，负债2.5亿元，最终破产。

二、案例概况

老"巨人"集团的内部控制描述如下：

（一）内部环境

1.多元化发展战略制定和执行不够合理

巨人集团发展过程中存在重大的决策失误。如1994年投资建设巨人大厦，楼层因争取建设珠海市最高楼、讨吉利、迎合领导喜好等各种原因盲目增高，最后产生了巨额债务；再如巨人集团进军房地产行业却不使用银行贷款，不仅使巨人白白浪费了合理利用财务杠杆作用从而给企业带来效益的机会，而且使企业因放弃举债而承担高额的资本成本。这使得企业在资产与资本结构、营利性与流动性的相互矛盾中陷入难于自拔的财务困境；同时，巨人集团抽调生物工程的资金建设巨人大厦，以超过其资金实力十几倍的规模投资于自己生疏而资金周转长的房地产行业，这使得公司的有限的财务资源被冻结，从而使资金周转产生困难。

2.人力资源管理存在缺陷

巨人集团从几个人发展到上千人，人员素质、组织结构以及企业文化都在不断磨合；由于缺乏规范的基础性内部控制，各类违规、违纪、违法案件，诸如截留、坐支、挪用公款、搞虚假广告等问题屡见不鲜，最终导致了资金断流、经营难以为继的局面，甚至在危急时刻，"巨不肥"带来的利润还被一些人私分。

3.盲目扩张而忽略主业的创新

巨人集团在进行多元化经营时，盲目跟风把大量的资金和精力投入到并不熟悉的房地产与保健品行业，完全忽略其主业，也就是电脑业的技术创新。巨人集团成名于M-6401桌面排版印刷系统、M-6402文字处理软件系统等，但是在电脑业陷入低迷之后，史玉柱就完全忽略了其赖以起家的电脑业的技术创新。

（二）风险评估

1.没有对企业面临的内外部风险进行评估

比如，巨人集团向保健品和房地产行业多元化发展的目标，与巨人集团的管理能力、资金能力和技术能力产生错位，企业管理、资金、人员素质不能与设定的目标相匹配，企业战略风险增大。

2.缺乏危机意识，最终未能控制好财务风险和经营风险

由于缺乏必要的财务危机意识和预警机制，老"巨人"的债务结构始终处在一种不合理的状态。一味指望用保健品的利润甚至是抽调了保健品公司的日常流动资金来建大厦，这成了巨人集团突发财务危机的致命伤。到1996年下半年，资金紧张时，由于缺乏与银行的信贷联系，加上正赶上国家宏观调控政策的影响，巨人集团陷入了全面的金融危机。

（三）控制活动

1.组织结构形式导致的管理混乱

一是缺乏高层权力制约的机制。一方面，由于史玉柱个人的股份占巨人集团总股份的90%以上，所以巨人集团的董事会形同虚设。除此之外，史玉柱手下的副总裁们都没有巨人集团的股份，因此在决策的讨论中他们很少坚持自己的意见，也无法干预史玉柱的错误决策。因此，随着巨人集团的规模越来越大，高层管理方面却没有从"一个人说了算"过渡到集体决策的机制。另一方面，权力都集中在史玉柱一人手中，因此，监事会实质上也无法起到任何监督和制衡的作用。二是巨人集团采用的是控股型组织结构形式，在使各下属单位（子公司）保持较大独立性的同时，却又缺乏相应的财务控制制度，从而使公司违规、违法、挪用、贪污事件层出不穷，在一定程度上加速了巨人集团陷入财务困境的步伐。如其全资子公司康元公司管理混乱，缺乏监督，至1996年年底累计债务已达1亿元，且大量债务存在水分，其中有相当一部分是内部人员侵吞瓜分集团整体利益造成的，使得公司资产流失严重。

集团的快速扩张和资产规模的快速膨胀，也使得内部的管理变得浮躁而混乱。由于缺乏规范的基础性内部控制，各类违规、违纪、违法案件等问题屡见不鲜，最终形成了资金断流、经营难以为继的局面。如此可见，巨人集团的内部环境存在着巨大的漏洞。

2.缺乏全面的预算控制

巨人大厦的设计方案从一开始的18层增加到最终的70层，预算从2亿元陡增至12亿元，工期从2年延长到6年，显然存在着巨大的资金缺口，巨人集团并没有充分预计自己的资金能力，作出全面合理的预算控制方案。与此同时，巨人集团还把预期的收益当成了实际的收益。虽然当时新推出的巨人汉卡M-6403大受欢迎，年回款金额突破了3 000万元的大关，但这只是当时的收益，并不能保证随后几年的实际收益。

3.运营分析控制不到位

巨人集团的每一次重大决策，都是史玉柱苦思冥想出来的。尽管点子多、思路好，但个人的主观性不可避免地造成史玉柱决策失误多，决策的执行难度大、风险大。巨人集团曾试图通过不断重造组织结构，构建内部控制，来改变史玉柱一人决策的局面，但最终也没能成功地构建健全的内部控制。

4.危机公关能力严重不足

在保健品推广失败、危机爆发之初，巨人集团所面临的局面并没有达到无法挽回的地步。当时巨人大厦的地下工程部分已经完成，只要当时能够与银行和媒体及时沟通，哪怕以抵押贷款的方式启动大厦的修建，辅之以媒体的正面报道，也能使很多不实的传言不攻自破。然而，巨人当时并没有协调好与媒体和银行之间的关系，导致种种问题被报道并放大，最终使矛盾得不到化解，巨人轰然倒下。

(四) 信息与沟通

1.盲目推出新产品，罔顾消费者需求

1995年2月，巨人集团以广告集束轰炸方式一次性推出30余种新品，其中包括12种保健品。但众所周知，保健品主要是靠产品的功效对接消费者的诉求来打开市场的，广告在整个过程中只是作为购买的诱因。巨人的保健品缺乏合理的科学依据以及切实的服用效果，又没有注重倾听消费者的呼声，导致推出的产品与消费者需求不符、效果不明显等问题突出，产品的市场销量不佳。

2.缺乏与外界进行有效的沟通

巨人投放的保健品中，有一款"巨人吃饭香"产品与同一时期娃哈哈推出的"儿童营养液"产品功效相似，巨人的文案人员居然在宣传册中诋毁竞争对手娃哈哈的产品中有激素，引发了后续的一系列诉讼、赔偿以及新闻发布会上的公开道歉事件。然而，在这一过程中，巨人集团的高层始终没有主动与媒体、消费者、竞争对手进行解释和展开对话，一直以回避的方式委派律师进行沟通，最终达成庭外和解，这个事件成为巨人走向衰落的标志之一。

三、主要参考文献

[1] 卫丹丹.基于巨人集团的内部控制环境研究 [J]. 全国商情，2016 (9)：43-44.

[2] 张国平.管理学原理 [M]. 北京：北京交通大学出版社，2017.

四、讨论题目

巨人集团倒闭事件轰动了整个资本市场，也一直受到社会公众和各种媒体的关注，因此带给人们很多启示，引发人们太多的思考。本案例的侧重点在于：巨人集团内部控制执行缺陷，重点思考如下问题：

1.概括梳理出巨人集团在不同的时间点所做出的决策有哪些？

2.案例中巨人集团有哪些失败的决策？相关的控制活动是怎样的？

3.决策失败后管理层的做法是什么？

4.导致巨人集团经营失败的内部因素和外部因素有哪些？

5.如何从内部控制五要素层面进行改进？

案例使用说明

一、本案例要解决的关键问题

本案例要解决的关键问题在于：引导读者分析和讨论老"巨人"集团内部控制制度中控制活动的失效所引发的破产倒闭事件。读者通过本案例的学习，进一步理解和掌握内部控制相关理论，以及构建内部控制活动框架的意义。结合巨人集团管理层在管理企业方面的经验和教训，引导读者进一步分析导致其衰败的主要原因，以及如何从内部控制方面进行改进，从而加强对内部控制研究的深度认知。

二、案例讨论的准备工作

为了有效实现本案例目标，读者应该具备下列相关知识背景：

1993年，中国民族电脑业陷入低谷，巨人集团抓住机遇转移发展战略至房地产行业，同时又进入了生物工程产业。1994年年初，号称中国第一高楼的巨人大厦一期工程动工，所需资金主要来自集团生物工程。生物工程不断被抽血导致造血能力不足，无法再供应资金。到了1996年下半年，集团资金几近枯竭。1997年年初，巨人大厦在只完成了相当于三层楼高的首层大堂后停工，资金链断裂，负债2.5亿元，最终破产。

三、案例分析要点

（一）需要读者识别的关键问题

本案例需要读者识别的主要知识点包括：主要控制活动、风险应对策略。

（二）解决问题的可供选择方案及其评价

1.主要的控制活动

控制活动主要包括不相容职务分离、授权审批控制、会计系统控制、财产保护控制、预算管理控制等方面。

（1）不相容职务分离：不相容职务分离要求企业系统全面地分析、梳理业务流程中所涉及的相容职务，实施相应的分离措施，形成各司其职、各负其责、相互制约的工作机制。

（2）授权审批控制：授权审批控制要求企业根据常规授权和特殊授权的规定，明确各岗位办理业务和事项的权限范围、审批程序和相应责任。企业应当编制常规授权的权限指引，规范特别授权的范围、权限、程序和责任，严格控制特别授权。常规授权是指企业在日常经营管理活动中按照既定的职责和程序进行的授权。特别授权是指企业在特殊情况、特定条件下进行的授权。企业各级管理人员应当在授权范围内行使职权和承担责任。企业对于重大的业务和事项，应当实行集体决策审批或者联签制度，任何个人不得单独进行决策或者擅自改变集体决策。

（3）会计系统控制：会计系统是指公司为了汇总、分析、分类、记录、报告公司交易，并保持对相关资产和负债的受托责任而建立的方法和记录。会计系统控制要求企业严格执行国家统一的会计准则和制度，加强会计基础工作，明确会计凭证、会计账簿和财务会计报告的处理程序，保证会计资料真实、完整。

（4）财产保护控制：企业建立财产日常管理制度和定期清查制度，采取财产记录、实物保管、定期盘点、账实核对等措施，确保财产的安全完整；严格限制未经授权的人员接触和处置财产。这里所讲的财产主要包括企业的现金、存货以及固定资产等，它们在企业资产总额中所占的比重较大，是企业进行经营活动的基础，因此，企业应加强实物资产的保管控制，保证实物资产的安全、完整。

（5）预算管理控制：预算管理控制要求企业实施全面预算管理制度，明确各责任企业在预算管理中的职责权限，规范预算的编制、审定、下达和执行程序，强化预算约束。企业通过预算控制，使得经营目标转化为各部门、各岗位以及个人的具体行为目标，作为各责任企业的约束条件，能够从根本上保证企业经营目标的实现。

2.控制活动下的风险应对策略

企业选择风险应对策略之后，就要考虑风险应对策略得以恰当和及时实施所需要的相应控制活动。在选择控制活动的过程中，企业要注重考虑控制活动之间是如何彼此关联的，在某些情况下，一项单独的控制活动可以实现多项风险应对，或者一项风险应对需要多项控制活动相结合，还要考虑到现有的控制活动是否足以保证新的风险应对得以有效执行。

（三）推荐解决问题的方案

关于本案例，解决方案分别有以下几点：

巨人集团的衰落，很大程度上归因于企业内部控制缺陷严重。内部控制作为公司治理的关键环节和经营管理的重要举措，在企业发展壮大的过程中有着举足轻重的作用。巨人集团的案例并非个例，它的经营失败对于同类企业有警示意义，如何加强企业内部控制管理成为每个企业都应当倍加关注的问题。

1.完善的公司治理结构

完善的公司治理结构应当是董事会、监事会和经理层各负其责、各司其职、协调运转、相互制衡，这样企业才能够在最高层次上保证内部控制制度的建立和有效运作。健全董事会专业委员会的设置，董事会应下设战略决策、薪酬、审计、提名等专门委员会，做到各司其职，相互制衡；重视董事会的作用，董事会应当对全体股东负责，所以对于"三重一大"项目要实行董事会联签制度，关注全体股东利益，避免"一股独大"现象；健全独立董事制度，独立董事不得在上市公司担任除独立董事外的其他任何职务，独立董事对上市公司及全体股东负有诚信和勤勉义务。独立董事的加入，有利于公司内部的检查、监督和评价，有利于强化公司的制衡机制，能有效地遏制"内部人控制"的情况出现。

2.公司集团化与财务控制制度同步发展

集团公司能否稳定健康发展的关键在于能否有效整合集团，而财务控制制度建设是集团整合重要而关键的一个环节。随着多元化经营的开展，企业规模迅速扩大，如果内部整合程度低，则公司整体就无法统一协调运作，财务失控在所难免。巨人集团采用控股型组织结构形式，各子公司独立性较大，且缺乏有效的财务控制制度。当公司出现资金短缺和周转问题时，未能及时采取相应措施，向金融单位贷款，浪费了合理利用财务杠杆从而给企业带来经济效益的机会。在确保企业战略目标得以实施的情况下，企业应当合理规划、配置和利用公司的财务资源，保证资产结构与资本结构、资产营利性与流动性的有机协调，使多元化发展和其核心竞争力紧密联系。

3.建立健全对高管人员的激励和约束机制

良好的人力资源管理制度是增强企业活力的内在源泉，是提高企业核心竞争力的重要基础，是实施发展战略的根本动力。企业高级管理人员会产生道德风险，除了个人本身的性格弱点之外，还有企业内部控制制度本身就存在缺陷的原因。相关管理机制的不到位，使得他们有机会利用手中掌握的权力来谋求个人利益，作出影响企业经营运作的事情。在个人要素方面，企业应当关注高管人员是否具有领导企业的素质和能力，采取任前考察、评估审议、任前公示等措施。在制度要素方面，企业应当重点评估产权结构、治理结构、组织结构、管理制度是否科学合理，并制定相关机制以激励和约束高级管理人员的行为。

4.优化企业内部信息与沟通系统

企业内部各级管理人员之间及时准确地沟通信息，对贯彻企业发展战略、正确识别生产经营中的风险、及时纠正操作错误、提高决策质量有重要作用。企业应当建立健全内部报告和指标体系，搜集整理内外部信息，编制和审核内部报告，增强企业内部信息的流通性，确保信息的及时传递和决策的落实。

四、教学组织方式

（一）问题清单及提问顺序、资料发放顺序

本案例讨论题目依次为：

1.概括梳理出巨人集团在不同的时间点所做出的决策有哪些？

2.案例中巨人集团有哪些失败的决策？相关的控制活动是怎样的？

3.决策失败后管理层的做法是什么？

4.导致巨人集团经营失败的内部因素和外部因素有哪些？

5.如何从内部控制五要素层面进行改进？

本案例的参考资料及其索引，在讲授有关知识点之后一次性布置给读者。

（二）课时分配

1.课后自行阅读资料：约1小时；

2.小组讨论并提交分析报告提纲：约0.5小时；

3.课堂小组代表发言、进一步讨论：约1小时；

4.课堂讨论总结：约0.5小时。

（三）讨论方式

本案例可以采用5人一组小组式进行讨论。

（四）课堂讨论总结

课堂讨论总结的关键是：归纳发言者的主要观点；重申其重点及亮点；提醒大家对焦点问题进行进一步思考；建议大家对案例素材进行扩展研究和深入分析。

▲ 案例 15 ▲

中石化"11·22"爆炸事件:质问内控管理漏洞

编 写 目 的

本案例通过引导读者分析中石化"11·22"爆炸事件这一案例,重点理解并掌握企业内部控制要素中的控制活动在预防企业风险中起到的作用。结合该案例,读者可以理解和掌握在内部控制制度的设计中如何突出事前控制,如何"防微杜渐",进而帮助企业避免可预见的风险,达到防患于未然的效果,基于风险管理层面深化读者对内部控制理论的了解与应用。

知 识 点

控制活动;企业内部控制存在的缺陷及整改措施

关 键 词

原油泄漏;安全生产;内部控制;整改措施

摘 要

2013年11月22日凌晨2点45分,中石化青岛开发区(黄岛区)因输油管线破裂造成原油泄漏,继而发生燃爆。这起被称为中石化史上最严重的事故最终造成了62人遇难。爆炸事故发生的原因很大程度上与中石化自上而下缺乏安全生产意识,内部控制不完善有关。本案例主要探讨中石化在这起事故中的内部控制与风险评估原因,在素材选择上侧重于引导读者从风险管理层面关注内部控制并能对具体问题的原因进行分析。

案例正文

一、公司概况及案例背景

(一)公司概况

中石化,全称中国石油化工集团有限公司,是1998年7月国家在原中国石油化工总公司基础上重组成立的特大型石油石化企业集团,是国家独资设立的国有公司、国家授权投资的机构和国家控股公司。公司注册资本3 265亿元。公司对其全资企业、控股企业、参股企业的有关国有资产行使资产受益、重大决策和选择管理者等出资人的权力，对国有资产依法进行经营、管理和监督，并相应承担保值增值责任。公司主营业务范围包括：实业投资及投资管理；石油、天然气的勘探、开采、储运（含管道运输）、销售和综合利用；煤炭生产、销售、储存、运输；石油炼制；成品油储存、运输、批发和零售；石油化工、天然气化工、煤化工及其他化工产品的生产、销售、储存、运输；新能源、地热等能源产品的生产、销售、储存、运输；石油石化工程的勘探、设计、咨询、施工、安装；石油石化设备检修、维修；机电设备研发、制造与销售；电力、蒸汽、水务和工业气体的生产销售；技术、电子商务及信息、替代能源产品的研究、开发、应用、咨询服务；自营和代理有关商品和技术的进出口；对外工程承包、招标采购、劳务输出；国际化仓储与物流业务等。

（二）案例背景

2013年11月22日凌晨2点45分，位于青岛市黄岛区秦皇岛路与斋堂岛街交会处的中石化输油储运公司潍坊分公司输油管线破裂，事故发生后，约3点15分关闭输油管线，斋堂岛街约1 000平方米路面被原油污染，部分原油沿着雨水管线进入胶州湾，海面过油面积约3 000平方米。黄岛区立即组织人员在海面布设两道围油栏。在处置过程中，当日上午10点30分，黄岛区海河路和斋堂岛街交会处发生爆燃，同时在入海口被油污染海面上发生爆燃。

山东省青岛市"11·22"中石化东黄输油管道泄漏爆炸特别重大事故认定为责任事故，事故共造成62人死亡、136人受伤，直接经济损失7.5亿元。

2014年1月9日，国务院对山东省青岛市2013年"11·22"中石化东黄输油管道泄漏爆炸特别重大事故调查处理报告作出批复，同意国务院事故调查组的调查处理结果，认定是一起特别重大责任事故；同意对事故有关责任单位和责任人的处理建议，对48名责任人分别给予纪律处分，对涉嫌犯罪的15名责任人移送司法机关依法追究法律责任。

二、案例概况

（一）中石化内控要素描述

中石化发生的这起事故可以从控制环境、控制活动、监督三个要素进行论述。

1.控制环境

石油石化工业是高危行业，具有易燃易爆、有毒有害的特点，任何一项设备隐患、制度缺陷、工作疏忽都可能造成事故，而这次爆炸案发生的原因很大程度上与中石化的管理层缺乏内部控制意识、基层人员缺乏安全生产的观念有关。

（1）没有通过适当的权责分配建立可追究责任的管理控制体系。中石化在输油管的铺设方面缺乏合理性，因为在爆炸事故现场附近有一个住有740多户居民的小区。《输油管道工程设计规范》规定输油线路应该避开居民区，显而易见这次爆炸事故中的石油管线与设计规范并不相符，导致从一开始就埋下了安全隐患。那么负有监管责任的部门为什么没有在管道建设时就发现这个问题并着手解决呢？此次事故的发生是否应该追究当初设计铺设方案人员的责任呢？

（2）企业的生产经营情况未能得到持续的监控。中石化忽视了对生产经营情况进行持续有效的监控，与此类似的生产事故已不是第一次发生，仅2011年这一年，石油石化产业共发生了各类事故179起，事故共造成149人死亡、1234人受伤和5人失踪。其中，死亡最多的集中在化工管道等设施的爆炸、城市天然气管道老化、储气罐违规维修和储油罐违规拆借等事故中。那么中石化的管理层是否在事故发生后进行了内部控制措施的改进，从而加强基层人员的安全生产意识呢？

（3）企业无法通过行动显示其品质、诚信和安全观念。漏油事件发生后，从领导到职工对原油泄漏的危害性以及事态的严重性均认识不足，没有采取必要的防范措施，缺乏安全生产意识。这充分说明了中石化安全生产管理人员安全生产意识差，安全生产知识和管理能力还有待加强和完善，中石化安全组织部门负责人对安全生产工作重视不够。这种应急迟缓不仅严重影响了事故的救援，同时错过了群众的最佳疏散时间，造成了不可挽回的损失。

2.控制活动

严格把控安全生产制度才能消除事故源头，排查事故隐患，达到企业安全生产管理的目标，严格执行安全生产制度更是有效减少安全生产事故发生的重要措施。

一方面，按照石化企业遇到原油泄漏的一般操作流程，关闭输油管道后应立即注水防止气体挥发淤积，消除发生爆炸的隐患。然而，中石化工作人员在发现漏油后仅仅只是关闭了阀门，接着清理漏油造成的污染，间接导致了泄漏的气体在密闭的管道中引发了爆炸。这不仅说明中石化在遇到紧急情况时内部控制的措施失当，也使中石化安全生产管理人员执行相关安全制度的效果大打折扣。

另一方面，中石化专门设立了油气管道输送安全组织机构来监督相关制度执行，然而从事故发生后的各种应对措施可以看出中石化的安全组织机构形同虚设，没有起到任何实质性的作用。中石化在相关制度中明确规定，定期对输油管道进行防腐层更换、电火花检漏、无损检测等，以保证安全事故零发生。但是中石化定期排查隐患时完全忽视制度并未仔细检查管道问题，未将企业内部制定的安全生产规章制度落实到位，这不能不使人怀疑内部控制的缺位。

3.监督

从事高危行业的企业，应当将安全生产投入列为首位，而监督活动是安全生产的重要保证，也是内部控制体系中不可或缺的一部分。但中石化在监督方面明显不够重视，中石化在事故发生两年前已经确定东黄复线有安全生产隐患，但当时发布报告称因建筑物众多，无法进行管道防腐层大修。这说明中石化早知这个地段存在安全隐患，只是当时事故没有发生，存在侥幸心理，同时相应的监督管理也不到位，导致安全隐患一直存在，没有消除。

三、主要参考文献

[1] 鲁明程，肖寒，左兵.基于青岛"11·22"中石化输油管道泄漏爆炸事故预防研究 [J]. 科技视界，2017（34）：149，154.

[2] 古淑萍.基于企业风险管理的内部控制体系研究 [J]. 经济问题探索，2009（7）：117-120.

[3] 李志斌.内部控制的规则属性及其执行机制研究——来自组织社会学规则理论的解释 [J]. 会计研究，2009（2）：39-44.

[4] 谢志华.内部控制、公司治理、风险管理：关系与整合 [J]. 会计研究，2007（10）：37-45.

[5] 金彧昉，李若山，徐明磊.COSO报告下的内部控制新发展——从中航油事件看企业风险管理 [J]. 会计研究，2005（2）：34-40.

四、讨论题目

"11·22"中石化输油管道爆炸事件造成了巨大的人员伤亡，引发了社会公众对安全生产经营的关注，因此带给人们很多启示，引发人们太多的思考。本案例的侧重点在于：中石化内部控制执行缺陷及整改措施，重点思考如下问题：

1.本案例中暴露出了中石化怎样的内部控制问题？

2.漏油发生后，中石化自上而下的工作人员采取了什么措施？

3.导致本案例事故发生的最主要原因是什么？

4.中石化青岛输油管道爆炸事件带给我们的启示是什么？

案例使用说明

一、本案例要解决的关键问题

本案例要解决的关键问题在于：引导读者分析与讨论中石化由于内控活动的缺位导致重大人员伤亡的爆炸事件。根据本案例资料的学习，读者可以熟悉掌握各项控制活动的基本原理以及如何加强企业内部控制框架建设，防止内控失效而导致企业发生爆炸等责任事故，从而加强安全生产与经营管理。

二、案例讨论的准备工作

2013年11月22日凌晨，中石化输油储运公司潍坊分公司位于青岛市黄岛区秦皇岛路与斋堂岛街交会处的输油管线破裂，事故发生后，虽然中石化的工作人员关闭了输油管道，却没有采取进一步的防范措施，斋堂岛街约1 000平方米路面被原油污染，部分原油沿着雨水管线进入胶州湾，海面过油面积约3 000平方米。黄岛区立即组织在海面布设两道围油栏。在处置过程中，当日上午10点30分，黄岛区海河路和斋堂岛街交会处发生爆燃，同时在入海口被油污染海面上发生爆燃。事故最终被认定为责任事故，共造成62人死亡、136人受伤，直接经济损失达7.5亿元。

三、案例分析要点

（一）需要读者识别的关键问题

本案例需要读者识别的主要知识点包括：内部控制五要素中的控制活动、工程项目内部控制、基本控制方法。

（二）解决问题的可供选择方案及其评价

工程项目基本控制方法包括：业务流程控制、职责分工与授权审批控制、充分的文件记录控制、会计系统控制、竣工决算控制。

1.业务流程控制

企业应当制定工程项目业务流程，明确项目决策、概预算编制、价款支付、竣工决算等环节的控制要求，并设置相应的记录或凭证。如实记载工程项目各环节业务的开展情况，确保工程项目全过程得到有效控制。

2.职责分工与授权审批控制

企业应当建立工程项目业务的岗位职责分工控制，明确相关部门和岗位的职责权限，确保办理工程项目业务的不相容岗位相互分离、制约和监督。工程项目业务不相容岗位一般包括：项目建议、可行性研究与项目决策；概预算编制与审核；项目决策与项目实施；项目实施与价款支付；项目实施与项目验收；竣工决算与竣工决算审计。

3.充分的文件记录控制

文件记录控制是记录和反映经济业务的载体，也是其他控制形式的有效保证，企业必须建立充分的文件记录控制，保证文件记录的连续性、规范性和完整性，防范经济风险。

4.会计系统控制

企业应当根据工程项目的特点，配备合格的人员办理工程项目业务。企业应当配备专门的会计人员办理工程项目会计核算业务，办理工程项目会计业务的人员应当熟悉国家法律法规及工程项目管理方面的专业知识。企业还必须设置工程项目明细分类账和工程项目登记卡，按工程项目类别和每个工程项目进行明细分类核算，对投入的工程物资等及时准确地进行记录和核算。

5.竣工决算控制

单位应当建立竣工决算环节的控制制度，对竣工清理、竣工决算、竣工审计、竣工验收、资产移交等做出明确规定，确保竣工决算真实、完整、及时。

（三）推荐解决问题的方案

关于本案例，解决方案分别有以下几点：

中石化"11·22"青岛输油管道爆炸事件，很大程度上是因企业内部控制中的缺陷引起的，内部控制作为公司治理的关键环节和经营管理的重要举措，在企业安全生产的过程中具有举足轻重的地位。中石化输油管道爆炸事件并非个例，这起事故对于同类企业具有警醒意义，如何加强企业内部控制管理成为每个企业都应当倍加关注的问题。

（1）建立可追究责任的管理控制体系，尤其是权责分配要明确，输油管的铺设方案必须要经过科学专业的论证，要符合《输油管道工程设计规范》中的规定，做到从源头上杜绝安全隐患，负有监管责任的部门要监管到位。

（2）持续监督生产经营的整个过程。石油石化工业是高危行业，具有易燃易爆、有毒有害的特点，任何一项设备隐患、制度缺陷、工作疏忽都可能造成事故。而且从经验方面来看，事故多集中在化工管道的爆炸、城市天然气管道老化、储气罐违规维修和储油罐违规拆卸等方面，因此持续的监督管理是必不可少的一个环节。

（3）管理层要确保员工的胜任能力。在此次事故中，中石化的基层工作人员的表现说明他们对意外事故的处理能力明显不足，对原油泄漏的危害性以及事态的严重性均认识不到位，没有采取必要的防范措施，缺乏安全生产意识。事件发生后仅有小部分中石化的工作人员前往事故地进行维修和处理，没有及时进行警戒，也没有疏散人群以防止事故损失进一步扩大。

（4）管理层要赋予油气管道输送安全组织机构实权，安全生产规章制度要充分落实到位而不能流于形式。

四、教学组织方式

（一）问题清单及提问顺序、资料发放顺序
本案例讨论题目依次为：
1.本案例的中石化内部控制有什么缺位的地方？
2.事件发生之初中石化的工作人员采取的措施暴露出哪些问题？
3.是否可以通过完善内部控制来避免此次悲剧的发生？
4.如何从内部控制五要素方面进行改进安全生产与经营？

（二）课时分配
1.课后自行阅读资料：约0.5小时；
2.小组讨论并提交分析报告提纲：约0.5小时；
3.课堂小组代表发言、进一步讨论：约0.5小时；
4.课堂讨论总结：约0.5小时。

（三）讨论方式
本案例可以采用5人一组小组式进行讨论。

（四）课堂讨论总结
课堂讨论总结的关键是：归纳发言者的主要观点；重申其重点及亮点；提醒大家对焦点问题进行进一步思考；建议大家对案例素材进行扩展研究和深入分析。

第6章 信息与沟通

案例16

失控的丰田:"召回门"事件内部控制思考

编写目的

本案例围绕丰田"召回门"事件,从企业内部控制的视角展开分析,引导读者理解和分析内部控制中的信息与沟通要素在企业应对风险的过程中发挥的重要作用。根据丰田"召回门"事件的案例资料,读者可以了解到信息与沟通要素的欠缺给企业形象带来的不良影响,完善这一要素的措施有哪些,进而掌握企业在具体的实务工作中对外沟通的方式,了解信息的传递和搜集方式有哪些要求,从而拓宽对内部控制研究的思路。

知识点

内部控制信息与沟通

关键词

汽车问题;召回;内部控制;整改措施

摘要

2010年年初,日本丰田汽车公司深陷大规模召回事件,被媒体称为"召回门",严重影响了其品牌形象,同时也给"日本制造"蒙上了阴影,引起了全世界范围内政府、业界、车主、媒体、民众的高度关注和思考。一贯被视为企业界"质量神话"、以"精益生产方式"闻名于世的丰田汽车公司为什么会面临这样的危机?本案例将从丰田汽车公司的社会地位、事件的原因、事件的启示三个方面进行分析。

案例正文

一、公司概况及案例背景

(一) 公司概况

丰田汽车公司(Toyota Motor Corporation)成立于 1937 年,是总部设在日本丰田市的国际化的汽车制造公司,其分公司遍布世界各地,全球雇员 28 万多人,旗下品牌主要包括雷克萨斯、丰田等系列高中低端车型。2008 年,丰田汽车公司全球销量第一,总销售额为 2 528 亿美元,净利润为 165.4 亿美元,荣登全球最受尊敬企业榜首。凭借这一业绩,丰田在 Fortune 世界 500 强排名中名列第 5 位,在 Interbrand 发布的世界品牌价值排名中以 338 亿美元的品牌价值名列第 6 位。

一直以来,丰田公司被称为企业界的"质量神话",更被视为日本企业高技术含量和高品质的典型代表。丰田首创的以"准时生产制度"为核心的"精益生产方式"帮其实现了持续多年的辉煌。日本汽车业曾经远远落后于欧美,但经过几十年的努力,丰田凭借强大的管理竞争力超越欧美汽车巨头,其成功的关键就在于"精益生产方式"。越来越多的企业在研究和效仿丰田的"精益生产方式",其中包括美国波音、韩国三星等世界著名公司,中国的海尔、海信等知名企业更是将丰田视为榜样,进行持续不断的"标杆学习"。

(二) 案例背景

2010 年 1 月 21 日,丰田汽车美国公司宣布召回 230 万辆汽车,一周之后,丰田宣布继续追加召回 110 万辆汽车。召回原因是这些汽车的油门踏板因设计问题在踩下去之后可能无法恢复到正常位置,存在极大安全隐患。召回的车辆包括 RAV4、Matrix、Avalon 等 8 款车型。值得注意的是,丰田汽车本次召回的 230 万辆车中,有 170 万辆是"二次召回"。在 2009 年 11 月,丰田汽车曾召回丰田和雷克萨斯品牌的 427 万辆汽车,而这些刚刚走出 4S 店维修车间的汽车,在两个月后又要再进入一次。

1 月 28 日,一汽丰田宣布召回在中国生产的 75 552 辆 RAV4,召回原因仍然是油门问题。

1 月 29 日,丰田汽车宣布在欧洲召回约 180 万辆有油门隐患的车辆,并称召回范围可能继续扩大,蔓延至中南美洲和中东等地区。

丰田的几次全球性召回事件,最终演化成丰田汽车近年来最大的危机。4 个月内,丰田汽车全球召回总量接近 1 000 万辆,除了支付召回费用、停止生产带来的损失外,丰田汽车还面临着前所未有的信任危机。

二、案例概况

1.控制环境——疯狂扩张的企业文化

一直以来，丰田的管理和质量都是国内外众多企业争相效仿和学习的榜样。传统的丰田从来不追求市场份额、利润等短期利益，做决定也都是从长期着眼。正是凭借这种策略，丰田获得了质优价廉的口碑。但从1995年奥田硕担任董事长开始，丰田家族低调、稳重的行事作风被抛弃，并逐渐发展为激进的扩张战略。在疯狂扩张的战略目标下，加快速度和降低成本被放了首位。在丰田急剧扩张的同时，一些隐忧被骄傲的经营数字所掩盖，盲目扩大规模又导致产能的大量过剩。据日本媒体报道，2007年2月，丰田宣布将在美国密西西比州建立其北美的第八家工厂。但到2008年，美国的汽车销售陷入低迷，丰田在北美的库存积压严重，公司几乎陷入全面产能过剩的境地。丰田亏损后受命挽救丰田的现任总裁丰田章男表示，过去的飞速扩张浪费了公司的资源。丰田汽车为了尽快登上世界第一的宝座，一味追求速度与规模，一方面通过"CCC21"（21世纪成本竞争力建设计划）控制成本来保持利润，另一方面又不断增加产品类型、拓展新的业务区域。于是，相应的管理层次逐渐增多，公司组织结构也变得异常庞大，这无疑大大降低了企业的运营效率，更为致命的是，由于丰田过度追求市场份额而忽略了产品自身的质量，导致在产品的质量监管层面出现了很大的漏洞。

丰田与全球汽车业产量增长率对照表见表6-1。

表6-1　　　　　　　　丰田与全球汽车业产量增长率对照表

项目＼年份	2003	2004	2005	2006	2007	2008
全球同比增长率（%）	2.8	5.8	3.1	4.2	5.7	-3.7
丰田同比增长率（%）	-5.8	9.2	7.7	9.5	6.2	8.2

2.风险评估——零部件通用的成本控制模式

丰田汽车快速扩张的主要方式是在海外直接设厂生产。在市场竞争与追逐利润的双重压力下，丰田汽车尽最大可能压缩生产成本，措施之一便是直接在当地采购零部件，并形成整车生产与零部件供应商专业化协作的关系，逐步搭建起零部件的通用平台，即不同级别车型的零部件采用相同的供应商，建立全球化的零部件供应体系。企业与供货商的这种专业化协作，利于他们共同面对市场，降低成本，2005—2009年为丰田节约了100亿美元，保证了丰田近年来利润额的持续上升。也正是在这种成本控制模式之下，丰田汽车才以低成本优势赶超美国通用。但是辉煌的背后，却隐藏着相当大的风险。一个小部件的失误，使得一系列使用同种零件的汽车受到牵连。据外媒报道，这次大范围召回的部分车型，如汉兰达、卡罗拉、凯美瑞、RAV4等所使用的油门踏板均是由美国印第安纳州的零件生产商CTS公司独家供应的，足以说明该零部件通用平台的先天不足。

　　3.信息沟通——突发事件应急处理机制不足

　　丰田汽车的刹车失灵、高速暴冲等问题早就见诸媒体，但这似乎并没有引起丰田公司高层领导的重视。直到2009年8月，美国的丰田车主一家四口在车祸中身亡，丰田公司才迫于美国政府和公众压力作出回应。即使丰田开始大规模召回有问题的汽车，公司总裁也没有立即现身，这有点不符合危机处理的"速度第一"原则。丰田汽车之后又因油门踏板、刹车系统有问题大批召回，危机已经愈演愈烈。直到2010年1月30日全球召回540万辆汽车后，丰田公司才认识到问题的严重性，也才有了后来公司总裁丰田章男首次在达沃斯世界经济论坛上道歉的一幕。对丰田公司而言，事情发展到如此状况是出乎意料的，而这又恰恰是丰田管理层最初采取回避态度的后果。面对一系列汽车质量和安全问题，高管层显得不够主动、积极面对，而是一拖再拖，"质量第一""顾客至上"成了空话。危机发生后，消费者首先关心的是企业的态度。如果企业能够站在受害者的立场上表示同情和安慰，勇于披露信息和承担责任，主动向消费者致歉，便很容易赢得理解和信任。丰田公司最初犹抱琵琶半遮面的态度导致其陷入70多年发展史上最为严峻的品牌信任危机。

三、主要参考文献

　　[1] 陈志斌，何忠莲.内部控制执行机制分析框架构建 [J]. 会计研究，2007 (10)：46-52.

　　[2] 古淑萍.基于企业风险管理的内部控制体系研究 [J]. 经济问题探索，2009 (7)：117-120.

　　[3] 李志斌.内部控制的规则属性及其执行机制研究——来自组织社会学规则理论的解释 [J]. 会计研究，2009 (2)：39-44.

　　[4] 谢志华.内部控制、公司治理、风险管理：关系与整合 [J]. 会计研究，2007 (10)：37-45.

　　[5] 徐玲.超企业组织成本管理研究——对丰田"召回门"事件的反思 [J]. 财会月刊，2010 (32)：73-76.

四、讨论题目

　　丰田"召回门"事件轰动了整个资本市场，也一直受到社会公众和各种媒体的关注，因此带给人们很多启示，引发人们太多的思考。本案例的侧重点仅在于：丰田集团内部控制执行缺陷及整改措施，重点思考如下问题：

　　1.本案例中丰田集团发生了什么事件？

　　2.如何从内控角度分析丰田"召回门"事件产生的原因？

　　3.关于本案例，解决方案有哪些？

4.丰田"召回门"带给我们的启示是什么？

案例使用说明

一、本案例要解决的关键问题

本案例要解决的关键问题在于：根据丰田"召回门"事件的资料，一方面，读者可以从内控角度分析丰田"召回门"产生的根源，深化对内部控制理论的了解，帮助读者了解由于对信息与沟通要素缺乏重视而导致的品牌信任危机；另一方面，读者可以学习企业在具体实务中是如何进行内部控制设计的，从而加深对内部控制研究的理解和掌握。

二、案例讨论的准备工作

为了有效实现本案例目标，读者应该具备下列相关知识背景：

（一）理论背景

内部控制一直是企业界，尤其是会计界关注的热门话题。国内外资本市场上知名大公司的一系列财务造假舞弊丑闻不仅严重打击了广大投资者的投资信心，而且充分暴露了上市公司在内部控制方面存在的严重问题。在此背景下，2002年，美国颁布实施了《萨班斯—奥克斯利法案》，该法案规定了企业管理层对内部控制应承担的责任以及注册会计师对内部控制的审计要求，注册会计师必须就上市公司的内部控制系统和管理层评估过程出具审计意见，所有上市公司必须在年报中提供内部控制报告和内部控制评价报告。2004年，美国COSO发布了《企业风险管理——整合框架》，为内部控制的研究与发展提供了重要的文献。2013年5月，COSO又适时更新了《内部控制——整合框架》，以使企业在外部环境不断变化时提升内部控制的有效性。同时，我国政府也一直致力于内部控制体系的建立和完善。2008年，我国财政部、证监会、审计署、银监会、保监会联合发布了《企业内部控制基本规范》。2010年，我国财政部、证监会、审计署、银监会、保监会等五部委联合发布了《企业内部控制应用指引》、《企业内部控制评价指引》以及《企业内部控制审计指引》，作为实施《企业内部控制基本规范》的具体指南，并要求境内外同时上市的公司自2011年1月1日起施行，上海证券交易所、深圳证券交易所主板上市公司自2012年1月1日起施行，中小板和创业板上市公司择机施行，鼓励非上市大中型企业提前执行。因此，如何建立和完善内部控制体系是我国上市公司面临的重大现实问题。

（二）行业背景

丰田公司自2009年11月开始陷入"召回门"，事态的发展已严重地影响到丰田的品牌形象，并对包括丰田汽车在内的整个日本汽车业造成沉重打击。这一事件使人们的质疑聚焦在了丰田一直引为自豪的成本控制上。一贯被视为企业界"质量神话"、以"精益生产方式"闻名于世的丰田汽车公司为什么会面临这样的危机呢？

三、案例分析要点

（一）需要识别的关键问题

本案例需要识别的主要知识点包括：信息与沟通要素、信息与沟通存在的缺陷、整改措施。

（二）解决问题的可供选择方案

信息与沟通是企业及时、准确地搜集、传递与内部控制相关的信息，确保信息在企业内部、企业与外部之间进行有效沟通的措施。每个企业都必须获取相关的信息——财务及非财务的、与外部及内部事件和行为相关的信息。信息必须经过管理层确认并与企业的经营相关。这些信息也必须以一种能使人们行使各自的控制和其他职能的形式并在一定的时限内传递给需要的人。

1.信息搜集

企业在进行信息搜集时应明确搜集的内容和方式等，并对搜集的各种内部信息和外部信息进行合理筛选、核对、整合，提高信息的有用性。企业可以通过财务会计资料、经营管理资料、调研报告、专项信息、内部刊物、办公网络等渠道，获取内部信息。企业可以通过行业协会组织、社会中介机构、业务往来单位、市场调查、来信来访、网络媒体以及有关监管部门等渠道，获取外部信息。由于不同企业需求的信息存在差异，各企业对每类信息的侧重点也存在差异，因此，企业应当结合自身特点以及成本效益原则，选择使用适合的方式搜集有价值的信息。

2.信息传递

企业应当将内部控制相关信息在企业内部各管理级次、责任企业、业务环节与外部投资者、债权人、客户、供应商、中介机构和监督部门等有关方面之间进行沟通和反馈。信息沟通过程中发现的问题，应当及时报告并加以解决。但是，企业管理者对信息传递的认识不够或传递方式的问题通常会使信息传递存在一些问题。常见的问题包括准确性问题、完整性问题、及时性问题和安全性问题等，信息与沟通包括内部和外部沟通、决策信息支持和反舞弊措施等三个要素。

（三）推荐解决问题的方案

1.本案例中丰田集团发生了什么事件？

从2010年1月起，日本因汽车深陷大规模召回事件。一贯被视为企业界"质量神话"、以"精益生产方式"闻名于世的丰田汽车公司面临着空前的危机。

丰田汽车的刹车失灵、高速暴冲等问题早就被各媒体所报道，但这似乎并没有引起丰田公司高层领导的重视。2009年8月美国的丰田车主一家四口亡于车祸，丰田公司于两个月后才迫于美国政府和公众压力作出回应。即使丰田汽车开始大规模召回有问题的汽车，公司总裁也没有立即现身，这显然不符合危机处理的"速度第一"原则。危机发生后，消费者首先关心的是企业的态度。丰田公司最初犹抱琵琶半遮面的态度无疑是作茧自缚，导致其陷入70多年发展史上最为严峻的品牌信任危机。

2.如何从内控角度分析丰田"召回门"事件产生的原因？

（1）控制环境——疯狂扩展的管理文化

丰田注重长期利益和质量，因此获得了质优价廉的口碑。但从1995年奥田硕担任董事长开始，丰田家族低调、保守的行事作风被抛弃，开始经历从保守到激进的转变。在疯狂的扩张战略目标下，加快速度和降低成本被放在了首位。2005—2009年是丰田扩张最快的5年，同时也是丰田全球召回事件频发的5年。盲目扩大规模又导致产能的大量过剩。丰田汽车为了尽快登上世界第一的宝座，一味追求速度与规模，一方面通过控制成本来保持利润，另一方面又不断增加产品类型、拓展新的业务区域。于是，相应的管理层次逐渐增多，公司组织结构也变得异常庞大，这大大降低了企业的运营效率，更为致命的是，由于过度注重市场份额而忽视了产品本身的质量，对产品质量的监管也因此出现了漏洞。

（2）风险评估——零部件通用的成本控制模式

丰田汽车快速扩张的主要方式是在海外直接设厂生产。企业与供货商的这种专业化协作，利于他们共同面对市场，降低成本。这保证了丰田利润额的持续上升。但是辉煌的背后，却隐藏着相当大的风险。为尽可能地压缩成本以获取高额利润，丰田大量使用低价位产品的供货商，因此产品质量难以保证。一个小部件的失误，使得一系列使用同种零件的汽车受到牵连。据外媒报道，这次大范围召回的部分车型，如汉兰达、卡罗拉、凯美瑞、RAV4等所使用的油门踏板均是由美国印第安纳州的零件生产商CTS公司独家供应的，足以说明该零部件通用平台的先天不足。

（3）信息沟通——突发事件应急处理机制不足

此次由召回演变为危机的另一个重要原因，是丰田高层处理危机的态度。丰田汽车的刹车失灵、高速暴冲等问题早就被各媒体所报道，但这似乎并没有引起丰田公司高层领导的重视。2009年8月美国的丰田车主一家四口亡于车祸，丰田公司于两个月后才迫于美国政府和公众压力作出回应。即使丰田汽车开始大规模召回，公司总裁也没有立即现身，这显然不符合危机处理的"速度第一"原则。丰田汽车油门踏板与刹车系统问题愈演愈烈，直到2010年1月30日全球召回540万辆汽车后，丰田公司才认识到问题的严重性，公司总裁才首次在达沃斯世界经济论坛上道歉。对丰田公司来讲，事情发展到现在这个结果是出乎意料的，而这又恰恰是丰田管理层最初采取的回避态度所招致的结果。面对一系列汽车质量和安全问题，他们没有主动、积极面对，而是一拖再拖，"质量第一""顾客至上"成了空话。危机发生后，消费者首先关心的是企业的态度。

3.关于本案例，解决方案有哪些？

第一，战略改变应当谨慎。

美国 COSO2004 年发布的《企业风险管理——整合框架》，以及中国财政部、审计署等五部委联合发布的《企业内部控制应用指引第 2 号——发展战略》均指出，战略问题反映了企业管理当局为利益相关者创造价值时作出的选择，企业实施内部控制的首要任务就是实现战略目标；发展战略决定了企业执行层的行动方向，也为企业内部控制设定了最高目标。因此，企业战略核心的调整就意味着其内部控制重心的调整。丰田正是在调整战略的时候背离了其战略优势，才导致市场定位和质量控制出现偏差。

第二，风险管理应与战略转型匹配。

一个组织必须有效识别影响其目标实现的内外部事项，区分哪些是风险、哪些是机会。丰田正是缺少了事项识别，才导致管理层看到的只是激进策略下的高速增长机会，却忽视了去分析、判断和比较潜在风险可能带来的巨大损失，疏于防范快速增长所带来的风险，因而也就无法采取有效的应对策略和控制措施来消除负面影响。

第三，与战略整合的信息沟通。

组织设计和利用信息系统的目的是支持战略，因此当主体面临一些根本性的战略变化如高度创新或市场调整时，信息系统应对战略调整及时进行反馈，通过信息传递和内外部沟通及时发现存在的问题，通过持续检查、考核评价、采取措施以确保战略目标的最终实现，从而保持信息和需要的一致性。

第四，持续的控制活动与监控措施。

控制措施是确保管理层的指令得以贯彻的重要手段，持续的监控措施则成为公司战略执行的重要保障。这些措施的有效性都有赖于持续搜集的内外部信息。由于存在内外部信息传递滞缓的问题，丰田总部无法及时了解并监督控制的失效，因而无法及时调整控制措施并采取有效的应对策略。

4.丰田“召回门”带给我们的启示是什么？

（1）风险管理应与战略转型匹配

在丰田的生产方式中，避免浪费和精益生产本来是相互促进的两大精髓，然而战略调整后，两者的关系被人为割裂，管理者越来越看重控制成本，而忽略了因此可能给精益生产带来的负面效应。对于这种战略风险，丰田却缺乏有效的评估措施，尤其缺乏一个风险要素的事项识别体系。

比如，“安全灯绳”制度是丰田精益化生产的象征，代表一种有效反应机制和保障质量的企业文化，然而在过犹不及的成本削减计划中，拉动“安全灯绳”的频率减少了。这并非由于没有问题存在，而是由于赶工导致员工无暇顾及问题的存在，或者是培训成本减少导致员工发现不了问题的存在。

（2）与战略整合的信息沟通

丰田盲目扩张带来的日益庞大的员工队伍和组织结构阻挠了信息系统的有效运作，内部信息传递出现明显滞缓现象。战略扩张让丰田偏离了它在人力资源培育上的一贯坚持，员工的价值增加让步于企业的规模扩张，以致员工丧失了自主化所要求的智慧。员工加班现象严重，无酬加班已经成为常态。在这样的环境下，员工无暇顾及生产中的问题，为了增产而忽视质量的现象经常发生。而在深信"家丑不可外扬"的高管看来，最好能凭借个人的努力将问题掩盖下去，而不是予以彻底解决，因此当问题累积到无法凭借个人的努力解决的时候，已经错过了解决问题的最佳时点。

2003年，丰田取消了公司高层与顾客之间关于产品质量的沟通例会，而在2010年1月25日，丰田即被美国安全监管机构告知必须停售被波及的8种车型，但丰田在加州的销售部门却全然不知当地生产部门的应对措施，也无从了解在华盛顿的管理团队与美国安全监管机构交涉的结果。

（3）持续的控制活动与监控措施

2008年，丰田一举超过通用汽车公司，成为世界第一大汽车销售商。丰田开始更多地依赖国外供应商，并且采用了与国内供给相似的合作伙伴方式。在与这些厂商缺乏合作经验的情况下，丰田既没有设计适当的监管目标，也没有落实必要的控制措施。召回事件发生后，丰田指责海外供应商的产品设计存在问题，并承认在检测标准和执行力上存在缺陷。正是对海外公司在控制活动和持续监控上的鞭长莫及，导致丰田陷入经营风险，迷失在高速发展的轨道上。

四、组织方式

（一）问题清单及提问顺序、资料发放顺序

本案例讨论题目依次为：

1.本案例中丰田集团发生了什么事件？

2.如何从内控角度分析丰田"召回门"产生的原因？

3.关于本案例，解决方案有哪些？

4.丰田"召回门"带给我们的启示是什么？

本案例的参考资料及其索引，在讲授有关知识点之后一次性布置给学生。

（二）课时分配

1.课后自行阅读资料：约1小时；

2.小组讨论并提交分析报告提纲：约1小时；

3.课堂小组代表发言、进一步讨论：约1小时；

4.课堂讨论总结：约0.5小时。

（三）讨论方式

本案例可以采用4人一组小组式进行讨论。

（四）课堂讨论总结

课堂讨论总结的关键是：归纳发言者的主要观点；重申其重点及亮点；提醒大家对焦点问题进行进一步思考；建议大家对案例素材进行扩展研究和深入分析。

▲ 案例17 ▲

资方与管方之战:上海家化内控问题谁之过?

编写目的

本案例以我国日化企业——上海家化为例,引导读者分析与讨论内部控制五要素中的信息与沟通要素在企业风险管理中发挥的作用。首先,基于风险控制理论,可以深化读者对内部控制理论的了解与应用。其次,读者可以通过对我国上市企业内部控制框架建设的具体案例进行剖析,学习企业内部控制信息的传递与沟通的具体运用,以及存在的具体问题和解决方案。

知 识 点

信息与沟通;企业内部控制存在的缺陷及整改措施

关 键 词

家化业务;内部控制;整改措施

摘 要

随着人们物质生活水平的提高,民众对日化用品的要求亦随之提高。面临着市场的变化,以及国际强势品牌的争夺,上海家化在努力维系自身市场的同时,却暴露了企业内部控制的丑闻。针对内部控制三大缺陷,本案例以案例分析的形式,挖掘三大缺陷深层次的原因,并依据《企业内部控制基本规范》的要求,从五要素方面依次分析,最终提出自己的建议。

案例正文

随着中国经济的高速发展,中国日化市场销售额平均以每年12.4%的速度增长,最高达到15.6%,增长速度远远高于国民经济的平均增长速度。但是,以宝洁、联合利华为代表的外国强势洋品牌纷纷抢占中国市场,严重挤压了本土日化企业的生存空间。在我国仅有的七家上市的日化企业中,除了上海家化,其他企业,例如索芙特、两面针、霸王等,均由于经营惨淡而业绩堪忧,面临退市危机。

但是,随着2013年一份内控调查报告的出现,上海家化完美的经营形象倒塌,其中的内控问题暴露在投资者的面前。

一、公司概况及案例背景

（一）公司概况

上海家化联合股份有限公司（以下简称"上海家化"）是中国历史最悠久的日化企业之一，其前身是成立于1898年的香港广生行。经过百年发展，公司发展成为年销售额逾50亿元的大型日化集团，产品涵盖护肤、彩妆、香氛、家用等多个领域，拥有"佰草集""六神""美加净""高夫""启初"等诸多中国著名品牌，于2001年在上海股票交易所上市。

上海家化通过根植中国文化，构建企业核心竞争力，采取差异化的经营战略在市场竞争中占据一席之地，并在众多细分市场占据了领导地位。旗下品牌佰草集凭借汉方中草药养生养美概念和差异化的产品定位成功打入法国等欧洲发达国家的主流市场。

上海家化注重自主创新，驱动公司可持续发展。公司拥有国家级科研中心和国家级工业设计中心，汇聚各学科人才200多名，每年对科研的投入持续增长，并通过与国内外知名科研机构开展多方面战略合作提升公司研发实力。

上海家化在化妆品行业中率先通过国际标准ISO9001质量管理体系的认证，是中国化妆品行业诸多国家标准的参与制定者之一，并于2012年顺利通过GMP认证。

（二）案例背景

2014年3月13日，上海家化披露了2013年度财务报告。引人注意的是，在上海家化披露的2013年年报中，普华永道中天会计师事务所（以下简称普华中天）对上海家化内部控制出具了否定意见的审计报告。

普华中天认为，上海家化的财务报告内部控制存在三项重大缺陷：

其一，公司关联交易管理中缺少主动识别、获取及确认关联方信息的机制，也未明确关联方清单维护的频率，因此，公司无法保证关联方及关联方交易被及时识别，并履行相关的审批和披露程序，影响财务报表中关联方及关联方交易完整性和披露的准确性，与之相关的财务报告内部控制设计失效。

其二，公司部分子公司尚未建立在会计期末对当期应付但未付的销售返利和运输费等费用进行统计和预提的内部控制。上述重大缺陷影响财务报表中销售费用和运输费用的交易完整性、准确性和截止性，与之相关的财务报告内部控制设计失效。对此，在上海家化年报中，董事会对重要前期会计差错进行了更正，更正后对之前报表披露的收入、成本等进行了冲减。更正包括与代加工厂的委托加工交易的会计处理、销售返利及应付运费的计提、应付营销类等费用的重分类以及预计在一年内出售的可供出售金融资产的重分类。

其三，公司对财务人员的专业培训尚不够充分，对最新会计准则的掌握不够准确，财务报告及披露流程中的审核存在部分运行失效，未能及时发现对委外加工业务、销售返利、可供出售的金融资产在长期资产与流动资产间的分类、营销类费用在应付账款与其他应付款间的分类等会计处理的差错，影响财务报表中多个会计科目的准确性。

二、案例概况

内部控制的内容是由基本要素组成的。要素及其构成方式，决定着内部控制的内容与形式。究其事件发生的原因有很多，下面通过内部控制五要素来解读上海家化三大内控缺陷所发生的原因，剖析上海家化内部控制体系的不合理之处，形成对上海家化内部控制体系的完整评价。

（一）风险评估及风险反映描述

上海家化所面临的风险可分为运营风险与财务风险。在上海家化被否定的内部控制审计报告之中，关联交易的披露、销售费用和运输费用的入账及会计人员问题，均与公司财务相关，应属于运营风险。同时，管理层与股东的争执、内斗亦加大了上海家化的运营风险。反观财务风险，主要产生于融资行为的财务风险仍在合理范围内。

所以，上海家化的风险主要集中于运营风险。其中，管理层与股东的内斗，说明不可控风险的大幅上升。另外，对企业会计准则相关条款的忽略，则必然导致日后受到政府机构的调查。

（二）控制活动描述

控制活动是指结合具体业务和事项，运用相应的控制政策和程序，或称控制手段去实施控制。也就是在风险评估之后，单位采取相应的控制措施将风险控制在可承受范围之内。

上海家化于四届十六次董事会会议中制定了《内部控制规范实施工作方案》，同时成立了内部控制项目领导小组、内部控制项目管理办公室及项目工作小组，建立了财务报告内部控制制度。

上海家化2013年度财报显示，其内控工作进一步加强。其完善和加强了公司层面的控制，以促进公司业务规范发展；其梳理业务流程层面风险控制点，修订和完善相关制度；其开展自我评价，对内部控制缺陷进行识别、评估，开展整改工作。同时，对于被否定的内部控制，上海家化认为其没有按照企业内部控制规范体系和相关规定的要求在所有重大方面保持有效的财务报告内部控制制度。

尽管上海家化逐年重视企业内部控制制度的建立、完善和维系，但是，不可否认的是，上海家化建立财务报告内部控制制度不过两年，该制度并不成熟，亦有诸多不完善的方面。而且，对制度的执行力亦受到投资者的怀疑。投资者的怀疑是有道理的，若是严格执行财务报告内部控制制度，遵循《企业内部控制基本规范》，则不会暴露出上海家化内部控制的三大缺陷。

（三）信息与沟通描述

信息与沟通是企业及时、准确地搜集、传递与内部控制相关的信息，确保信息在企业内部、企业与外部之间进行有效沟通。

2011年，平安成为上海家化最大股东。平安与家化的联合，被视为"资金+产业"的完美组合。可惜的是，这世人眼中的完美组合，仍然由于缺乏关键问题的沟通和彼此治理理念的不同，从而结出"苦果"。

尽管平安成功入驻上海家化，但是葛文耀依然担任着企业董事长一职，这为上海家化后期的治理埋下了矛盾的种子。葛文耀一手培育壮大了家化，对企业感情很深，希望能使企业上升到一个新的高度，打造成一家时尚集团，因此力主扩张。因而，在物色投资者时，葛文耀曾强调拒绝财务投资者和短期投资者，选择平安是看中其金融实力，会长期持有上海家化股票和投巨资支持上海家化产业发展，并且希望平安可以使上海家化坚持现有的战略发展方向。但是，平安作为投资者与资本运作者，更加看重的是上海家化的资产增值。自其成为大股东以来，曾经以3 000多万元的价格出售了上海家化位于上海机场附近的一块土地，并且还希望出售酒店、办公楼等物业，甚至曾经计划将上海家化旗下资产包装为信托产品出售，但是此举遭到了管理层的强烈反对。

二者缺乏对双方信息的搜集并进行必要的沟通，使得矛盾不断累积，双方之间的关系不断恶化。甚至于2013年5月，葛文耀在微博上向平安发难，控诉平安在上海家化中的不妥行为。紧跟着，平安信托对外证实，上海家化集团召开临时董事会议，决议免去葛文耀上海家化集团董事长和总经理职务，由上海家化集团董事、平安信托副总经理张礼庆出任上海家化集团董事长。大股东与管理层之间的矛盾，直接影响着公司的内部控制。首先，当大股东和管理层无法实现目标一致、导向一致时，内部控制会相应地松懈。其次，在大股东与管理层相互指责时，内部控制体制中所隐藏的问题会被当作利益集团斗争的武器。最后，大股东和管理层意见不统一时，内部控制体制也会相应陷入困境，没有直接的汇报对象及负责人员。

在资方与管理方的战争中，也许最受伤害的就是广大股民。上海家化的每股股价从2013年5月3日的75.38元跌至2014年6月26日收盘时的34.81元就是最好的证明。不过股民们总是被利益驱动的，内斗持续，股价也跌得持续，战争早日结束是最好的结局。明智的股民们在罢免王茁的临时股东会上基本上投了赞成票，根据上海家化披露的公告，议案同意票数23 225万票，同意比例高达95.6984%。反对票数800万票，反对比例为3.2991%。弃权票数243万票，弃权比例为1.0025%。代表平安信托的资方代表谢文坚，终究是打败了管方代表葛文耀，"葛文耀时代"随着王茁的罢免戛然而止。

目前，上海家化与外部沟通的方式主要有公告、财务报告、重大消息等。在投资者与管理层发生矛盾之时，外部沟通显得尤为重要。其中，财务报告是管理层与外部投资者沟通的重要媒介。但是，上海家化对于会计信息披露的不规范、不全面行为，导致传递的信息不全面、不准确，从而外部投资者无法获取有效的信息。在其财报缺陷被揭露时，外部投资者自然会丧失对上海家化的信心，从而造成不利的影响。另外，管理层与股东之间的矛盾，亦是因为没有达到内部信息传递的总体要求。以葛文耀与平安为例，二者在上海家化发展战略上的分歧，在葛文耀引进战略投资者时被掩盖了。这是因为二者的沟通不是真实、准确的。平安曾经允诺为上海家化提供保险、银行信贷、债券融资等全方位金融支持，并支持上海家化日化产业链延伸、化妆品专卖店、直销品牌、SPA汉方店、旅游项目开发、高端表业等时尚产业拓展，而最终都成了一纸空文。这虚假的承诺，掩盖了二者完全不同的战略目标。所以，这样的沟通是无效、有害的。

（四）监督描述

内部监督是企业对内部控制建立与实施情况进行监督检查，以评价内部控制的有效性，对于发现的内部控制缺陷，应及时加以改进。

虽然上海家化已经建立了财务报告内部控制制度，但是并没有相关资料显示上海家化建立了专职的内部监督机构。为了保证内部监督的客观性，内部监督应当由独立于内部控制执行的机构来进行。虽然一般情况下，企业可以授权内部审计机构具体承担内部控制监督检查的职能，但是，在内部监督方面，可以看出即使存在该机构，该机构也是没有尽职履行职责的。以三大缺陷为例，上海家化自身并没有发现自身的相关错误，而是外部会计师事务所在进行审计时，才指出这三大内部控制缺陷。

三、主要参考文献

［1］陈妍红.上海家化内部控制审计"被否"事件研究［J］.经贸实践，2018（1）：33-34.

［2］郑玉如.内部控制审计能够发挥监督作用吗？——基于上海家化的案例研究［J］.会计之友，2016（18）：118-121.

四、讨论题目

上海家化内控缺陷被披露事件使上海家化完美的经营形象倒塌，也一直受到社会公众和各种媒体的关注，因此带给人们很多启示，引发人们太多的思考。本案例的侧重点仅在于：上海家化公司内部控制执行缺陷分析及完善措施，重点思考如下问题：

1.本案例中上海家化发生了什么事件？

2.此次事件披露了上海家化内部控制的哪些缺陷？

3.从内部控制五要素分析本案例发生的主要原因是什么？

4.如何从内部控制五要素方面进行改进？

5.从该事件中我们可以得出什么启示？

案例使用说明

一、本案例要解决的关键问题

本案例要解决的关键问题是：引导读者理解与分析上海家化事件中的信息与沟通要素对企业经营管理所起到的作用。根据本案例提供的资料，一方面，读者可以在理论上基于企业日常经营管理层面深化对内部控制理论，尤其是信息与沟通要素的了解与应用；另一方面，读者可以通过对上海家化内部控制缺陷的分析，提出解决问题的方案，以及学习和设计企业的内部控制框架。

二、案例讨论的准备工作

为了有效实现本案例目标，读者应该具备下列相关知识背景：

内部控制一直是企业界，尤其是会计界关注的热门话题。

2014年3月13日，上海家化披露的2013年度财务报告中，普华永道中天会计师事务所对公司内部控制出具了否定意见的审计报告。普华永道中天认为，上海家化存在以下问题：公司关联交易管理中缺少主动识别、获取及确认关联方信息的机制；公司对财务人员的专业培训尚不够充分；公司部分子公司尚未建立在会计期末对当期应付但未付的销售返利和运输费等费用进行统计和预提的内部控制。

三、案例分析要点

（一）需要读者识别的关键问题

本案例需要读者识别的主要知识点包括：信息与沟通要素、信息与沟通流程存在的主要缺陷和风险。

（二）解决问题的可供选择方案及其评价

1.信息与沟通流程存在的主要风险

企业管理层无法获取适当的信息；无法及时向相关人士搜集或发送信息；信息披露委员会无法有效地履行工作职责；公司没有建立有效的期末报告程序；财务报告和相关的应用及信息系统不可靠；公司未建立预防、识别舞弊风险的内部控制措施与程序，无法预防可能存在的舞弊行为。

2.关于信息与沟通存在的缺陷

很多上市企业的信息管理系统并没有发挥应有的作用，没有达到预想的效果，企业内部信息交流有障碍，部门之间也做不到信息共享和及时交流，即使交流，信息的真实性也难以保证。另外，很多上市企业关于信息采集的规章制度不完善，内部控制披露程度达不到要求，阻碍了上市企业与外界进行有效沟通。尤其是当企业出现不良状况时，大多上市企业都会被公众或者投资者质疑，然而它们并没有针对质疑进行解释，致使投资者对企业丧失信心，影响了企业未来的发展和声誉。

3.推荐解决问题的方案

（1）完善内控环境

①提升公司员工的胜任能力。此次上海家化被出具否定意见的内控审计报告在一定程度上反映了上海家化财务人员业务能力的缺陷，因此上海家化应该适时开展相关的专业培训，督促财务人员学习最新会计处理方法，把握最新会计准则发展动向，为企业发展提供技术支持。同时加强对管理人员的培训，普及关联方以及关联交易识别和管理等相关知识，加强认识，进一步规范公司关联交易。

②规范公司内部机构的职能权限。上海家化应该建立严格的公司章程和内部控制制度，根据不同岗位设置不同的权限责任，避免高级管理人员责任交叉、责任分配不明，同时应加强授权审批控制。健全管理机制，明确股东大会、董事会、经理层等职责权限，建立独立董事制度。

（2）完善风险评估活动

①加强公司财务、运营风险的评估。设立运营风险、财务风险评估小组，设定与企业风险承受能力一致的目标；全面系统、持续地搜集相关信息，结合实际情况，及时进行风险评估。若是企业认为，在企业内部建立风险评估机制的成本太高，亦可将风险评估外包给第三方机构，委托第三方机构深入企业内部，对企业内部存在的风险进行识别、评估，同时，披露风险评估结果。

②加强公司法律风险的评估。在严格遵守法律法规的前提下，加强对可能涉及的违法行为的主动识别和预防。

（3）完善业务控制活动

①加强会计系统控制活动。针对此次出现的"三大缺陷"，上海家化应加强会计制度修正，建立关联方及关联交易的管理体系，明确关联交易的定义及范围，管理关联交易的申报、定价、披露等，同时建立独立核查机制，定期检查公司关联交易的执行情况，明确违反关联交易管理制度的相关责任追究措施。建立对关联交易的管理机制控制程序，至少涵盖以下方面：内部审计部门或其他相关部门挑选关联交易识别能力高的人员组成核查小组，并保证核查小组的执行能力，发现问题可以直接向董事会或监事会报告；定期进行关联交易的识别，发现重大违规行为及时上报。

②完善合同管理控制活动。当进行涉及交易数额较大或需要具有相关专业知识的重大交易时，企业应派遣技术、法律等多部门人员进行谈判，合理预测合同风险，保障企业合法权益。另外，还需严格按照相关规定签订合同，对于重大事项应在合同中注明违约条款，保证双方的合法权利和责任。签订合同后要跟进履行情况，定期进行统计分析，合理确定履约风险，对监测中出现的问题及时处理，将合同风险降到最低。

（4）加强信息沟通活动

①加强企业内部的信息沟通。企业可采取发放政策手册、公告板通知、网络发

布、研讨会等多种形式，建立一套管理信息系统，向子公司或基层员工推广。建立公开畅通的沟通渠道和报告机制，鼓励员工发现和报告内部控制缺陷，尽可能减少企业中的舞弊行为。

②加强企业外部的信息沟通。企业应加强与客户、供应商、审计师、律师等外部相关者的口头或书面信息沟通。向企业内各级主管部门、其他相关人员以及企业外的有关部门提供信息并对其进行分析是管理信息系统的职责。企业内外部在进行详细沟通的基础上，应建立管理信息系统协助管理层进行决策分析。积极保持与媒体的联络，传递企业运营的正面信息，树立良好的企业形象。积极与投资者沟通，树立投资者对公司的信心，也应当积极维护和政府之间的关系。

上海家化事件，让业界重新审视并购存在的风险，尤其是文化差异问题，这也许是并购中最大的风险。并购不是科学，而是一门艺术，需要靠外部信息和内部信息的整合，做好沟通工作，尽量化解矛盾，巧妙地利用双方的资源，把双方的积极性都调动起来，让双方朝着共同的目标一起努力，达成共识，才能实现共赢。

（5）加强内部监督活动

①加强内部监督人员的责任意识。内部审计人员要及时准确地向管理层报告有关差错防弊、资产保全等信息，根据已有信息对信息质量进行评估并提出建设性意见和改进措施，协助管理人员管理和控制各项活动，同时应加强对各部门职责履行情况的审计，促使各部门和人员严格依照公司规定履行职责，从而保障内部控制制度得到充分的执行。

②明确内部监督机构的职责权限。上海家化应建立审计委员会和内部审计机构，加强内部控制监督。审计委员会应全部由独立、非执行董事组成，至少拥有相关的财务经验，负责整个风险管理过程，对内部控制的实施过程进行监管，发现问题及时反映，同时对自我评价的质量进行监督，监察和评估内部审计只能在企业整体风险管理系统中进行，合理设置角色，协调好自己与内部审计部门的关系，合理确定各自的监督范围，确保内部审计部门能直接与董事会主席接触，进而确保内部控制的充分有效。

四、教学组织方式

（一）问题清单及提问顺序、资料发放顺序

本案例讨论题目依次为：

1.本案例中上海家化发生了什么事件？

2.此次事件披露了上海家化内部控制的哪些缺陷？

3.从内部控制五要素分析本案例发生的主要原因是什么？

4.如何从内部控制五要素方面进行改进？

5.从该事件中我们可以得出什么启示？

（二）课时分配

1.课后自行阅读资料：约1小时；

2.小组讨论并提交分析报告提纲：约1小时；

3.课堂小组代表发言、进一步讨论：约1小时；

4.课堂讨论总结：约0.5小时。

（三）讨论方式

本案例可以采用5人一组小组式进行讨论。

（四）课堂讨论总结

课堂讨论总结的关键是：归纳发言者的主要观点；重申其重点及亮点；提醒大家对焦点问题进行进一步思考；建议大家对案例素材进行扩展研究和深入分析。

案例 18

一场债务危机引发的乐视案,是蓄意为之还是穷途末路?

编写目的

本案例是基于乐视集团的内审底稿丢失问题和资金挪用问题分析内部控制对企业管理的作用和影响。通过本案例的学习,结合我国经济发展的新动态,引发读者深度思考内部控制中的信息与沟通要素在企业风险管理中的运用,以及相关部门的监管、引导作用,进而掌握信息沟通对企业运作产生的影响,以作为我国企业管理的思路参考。

知 识 点

信息与沟通;内部控制理论背景;企业管理

关 键 词

乐视;内部控制;财务分析

摘 要

内部控制是企业、非营利组织乃至政府机构抵御外部风险、防止财务舞弊、提升管理绩效、实现可持续发展的有效途径。本案例通过对乐视被披露的信息,对其内部控制的缺漏进行分析,从内部控制的五要素进行剖析,引发读者的思考,对我国媒体、网络行业的发展提出建议。

案例正文

2017年6月贾跃亭透露乐视财务状况严峻。7月初,贾跃亭被冻结资产,辞去乐视网所有职务飞赴美国,并声称此行意在解决"所面临的最现实问题"——为法拉第未来寻求新一轮融资,推动FF 91量产上市。如今看来,时间过去了5个月,贾跃亭依然是一无所获。而在此前,贾跃亭及其他高管就有大量减持股票的举动,他们是否已经察觉出乐视财务状况出现问题,为出逃做准备?红红火火的乐视为何会走到这般境地?其内部控制是否出现了缺陷?内部控制在其中起到了什么样的作用?

一、背景介绍

（一）公司介绍

乐视集团（Letv）是贾跃亭于 2004 年 11 月创办的影视平台、终端、应用产业公司，致力打造基于视频产业和智能终端的"平台+内容+终端+应用"完整生态系统——"乐视模式"。乐视生态包含四层架构九大引擎，四层架构是指"平台+内容+终端+应用"，分别涵盖内容生产、集纳、传输、终端覆盖和第三方应用的完整生态；九大引擎包含平台层的云视频开放平台和电商平台，内容层的乐视影业、乐视网，终端层的硬件及软件服务，应用层即 LeTV Store，让电视成为互联网生活的大屏延展。乐视业务分类如图 6-1 所示。

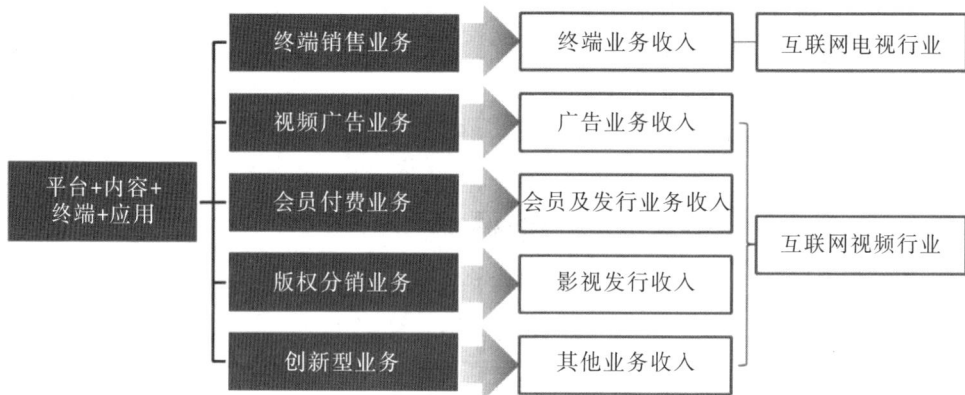

图 6-1　乐视业务分类图

乐视垂直产业链整合业务涵盖互联网视频、影视制作与发行、智能终端、应用市场、电子商务、互联网智能电动汽车等；旗下公司包括乐视网、乐视致新、乐视移动、乐视影业、乐视体育、网酒网、乐视控股等。乐视在不断扩张规模的同时，与多家企业达成合作关系，2014 年成为 NBA 中国官方互联网电视合作伙伴；与重庆广播电视集团重庆广电、重庆有线电视网络有限公司签订《战略合作协议》；2015 年与北汽、TCL 签订合作协议；国外的合作伙伴有泰国 Win IPTV、东京电视台、阿斯顿·马丁等；2016 年与广汽就汽车互联网生态圈项目达成合作关系。乐视概览如图 6-2 所示。

（二）行业背景

乐视以视频起家，涉足地产、电视、手机、汽车、体育、影业、金融等多个领域，旗下上市部分，从 2010 年上市时市值约 50 亿元到 2015 年市值千亿元以上。乐视网属于信息技术行业。信息技术是用于管理和处理信息所采用的各种技术的总称。随着信息化在全球的快速发展，信息产品和信息服务对于各个国家、企业、单位、家庭、个人都不可缺少。信息技术应用广泛，使人们能够高效进行资源优化配置，已经成为支撑当今经济活动和社会活动的基石。

内容生态 乐视视频　乐视影业	2011年乐视影业成立，隶属于乐视控股集团 融资情况：A轮：2亿元，深创投B轮：3.4亿元，恒泰资本 投资情况： 2013年9月，以15.98亿元收购花儿影视100%的股份 2016年5月，拟以98亿元将乐视影业100%股权并入乐视网
手机生态 乐视移动	2015年4月14日在北京举行乐视超级手机发布会，以生态模式进军手机行业 融资情况：A轮：36.04亿元，东方汇富、宏图三胞 投资情况： 2015年6月，共计以32.98亿元分两次购入酷派28.9%股权，成为酷派第一大股东
汽车生态 LeSEE	2014年12月9日上午10点，贾跃亭正式在微博上宣布打造超级汽车 融资情况：战略投资3.4亿元，新华联集团。A轮73.44亿美元，深创投等5家机构 投资情况： 2014年1月，与北汽共同出资1亿美元，投资美国纯电动汽车设计公司Atieva 2015年10月，以47.54亿元收购易到用车70%股权 2015年11月，出资10亿美元，与Faraday Future宣布在美国内华达州建厂 2016年6月，出资8 000万元与广汽成立汽车电商合资公司，乐视持股40% 2016年8月，投资200亿元在浙江湖州建设超级汽车工厂
体育生态 乐视体育	乐视网体育频道于2012年8月上线，为用户提供体育赛事的直播、点播和资讯的视频服务 融资情况：A轮：8亿元，万达等机构。B轮：80亿元，由海航领投 投资情况： 2015年9月，出资2亿至4亿美元，购买英超香港独家转播权 2016年1月，以3亿元全资收购章鱼TV；出资1亿元赞助冠名北京国安足球俱乐部 2016年2月，出资27亿元购买为期两年的中超独家版权
互联网金融生态 乐视金融	乐视金融成立于2012年，是乐视网集团旗下的专业投资平台 融资情况：无 投资情况L 2016年1月，以1.7亿元与科陆电子等8家公司设立新沃财产保险股份有限公司 2016后8月，以1.8亿元领投懒财网
互联网及云生态 乐视云	2014年1月27日，乐视网与乐视控股双方共同投资，正式成立"乐视云计算有限公司" 融资情况：A轮：10亿元，重庆市产业基金 投资情况：无
大屏生态 乐视	2009年，乐视网开始互联网电视领域的研发，成立了乐视TV事业部 融资情况：A轮：规模不详，创新工场等机构。B轮：3亿元，乐视网与乐视控股、富士康 投资情况： 2015年12月，以19亿元认购TCL多媒体20%股权，成为其第二大股东；以数千万美元投资灵境VR（A轮） 2016年7月，以20亿美元全资收购美国智能电视厂商Vizio

图6-2　乐视概览

　　随着我国工业化进程的加快及信息化投入的逐年增加，我国软件和信息技术服务行业总体保持较快发展态势。2016年，我国软件和信息技术服务行业共实现业务收入4.85万亿元，同比增长14.90%。2009—2016年，我国软件和信息技术服务行业业务收入的复合增长率达到25.36%，显著高于同期我国GDP的增速，在国民经济中的地位进一步提升。2009—2016年我国软件和信息技术服务行业收入增长情况如图6-3所示。

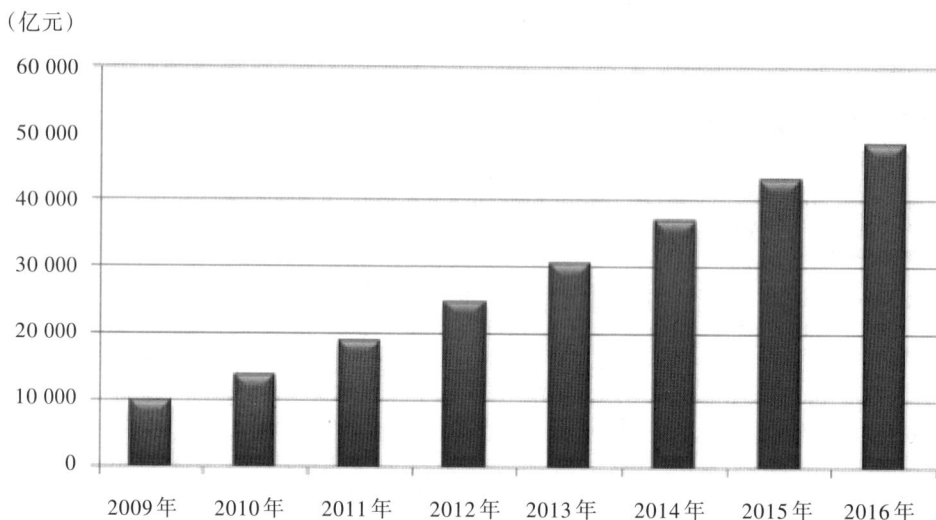

（亿元）

图6-3　2009—2016年我国软件和信息技术服务行业收入增长情况

资料来源　佚名. 2017年我国软件和信息技术服务行业发展概况分析［EB/OL］.［2017-07-21］. https://www.chyxx.com/industry/201707/543314.html.

随着我国信息化建设的推进，国内大中型企业面临着不断变化的竞争环境，需要不断调整并改进企业的组织结构、业务流程和管理模式，这也是推动我国软件和信息技术服务行业高速发展的一个重要因素。近几年云计算、移动互联网、物联网、大数据分析等技术的出现，不仅引发用户应用系统的升级和扩展，而且产生了新的管理模式和应用市场。在新技术的推动下，已有的软件企业不断更新产品，寻求新的发展领域，新的软件企业也寻机成立，成长迅速，那些能够适应企业个性化需求的软件产品和解决方案将更容易满足客户需求。几大行业均把开拓和挖掘行业用户需求作为其提升产值和产业升级的重要途径，对信息化服务将保持较高的需求。

作为信息技术行业的老骨干，乐视网显然中气不足。公开资料显示，截至2017年10月30日，A股市场254家信息技术上市公司的平均市盈率为56.47，其中乐视网的市盈率为-38.47，市盈率行业排名为234位，与市盈率较低的天神娱乐对比，相差56.3；与云数据服务行业的用友网络对比，相差137.47；与信息传媒行业的暴风集团对比，相差155.37。乐视网及部分同行企业市盈率对比如图6-4所示。

名称	市盈率
天神娱乐	17.83
用友网络	99
暴风集团	116.9
新晨科技	67
巨人网络	55.5
乐视网	−38.47
行业平均	56.47
	排名：234/254

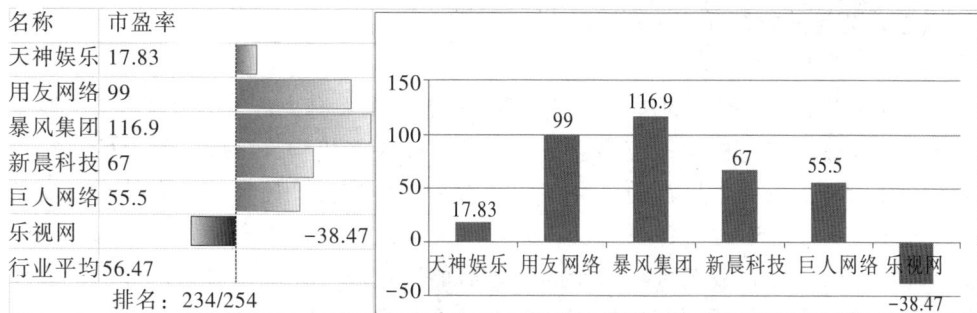

图6-4 乐视网及部分同行企业市盈率对比

截至2017年10月30日，A股市场254家信息技术上市公司的平均销售净利率为0.02%，其中乐视网的销售净利率为−27.09%，远远低于行业平均水平。与巨人网络、大晟文化的销售净利率相差78%和82.26%。乐视网及部分同行企业销售净利率对比如图6-5所示。

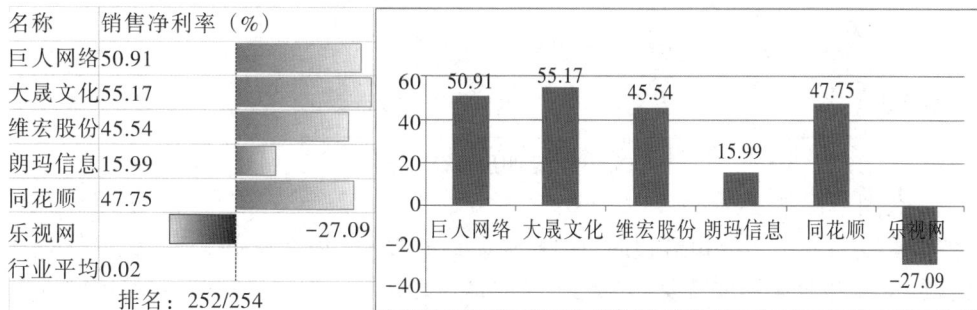

名称	销售净利率（%）
巨人网络	50.91
大晟文化	55.17
维宏股份	45.54
朗玛信息	15.99
同花顺	47.75
乐视网	−27.09
行业平均	0.02
	排名：252/254

图6-5 乐视网及部分同行企业销售净利率对比

截至2017年10月30日，A股市场254家信息技术上市公司的平均净资产收益率为0.06%，其中乐视网的净资产收益率为−13.23%，低于行业平均净资产收益率，根据云数据信息，乐视网与净资产收益率最高的*ST智慧相差45.62%。乐视网及部分同行企业净资产收益率对比如图6-6所示。

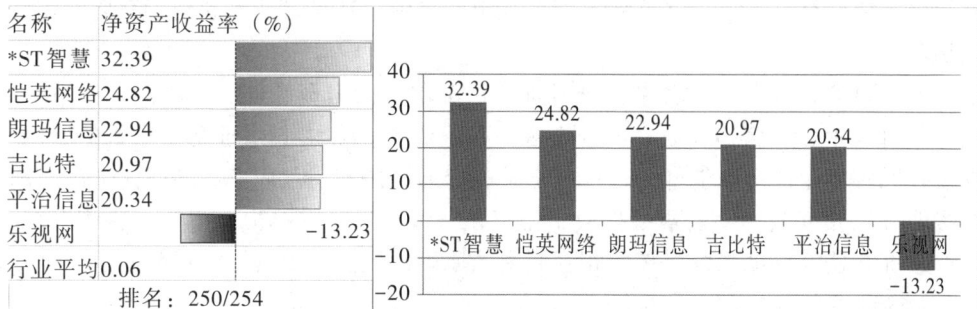

名称	净资产收益率（%）
*ST智慧	32.39
恺英网络	24.82
朗玛信息	22.94
吉比特	20.97
平治信息	20.34
乐视网	−13.23
行业平均	0.06
	排名：250/254

图6-6 乐视网及部分同行企业净资产收益率对比

（三）公司治理概况

1.公司治理结构

公司建立了较为完善的法人治理结构，设有股东大会、董事会和监事会。股东大会是公司最高权力机构；董事会是公司的常设决策机构，是股东大会的执行机构，下设战略委员会、审计委员会、薪酬与考核委员会、提名委员会等专门委员会，执行股东大会通过的各项决议并向股东大会负责；监事会是公司股东大会的常设监察机构，执行股东大会赋予的监督职能，代表全体股东对公司的经营管理活动以及董事会、管理层实施监督；公司总经理由董事会聘任，在董事会的领导下，全面负责公司的日常经营管理活动，并组织实施董事会决议。乐视股份公司结构如图6-7所示。

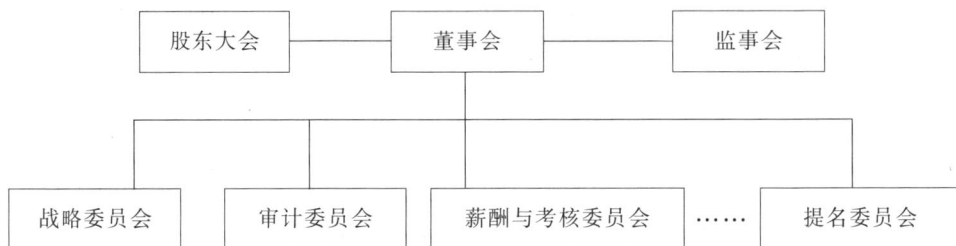

图6-7　乐视股份公司结构

2.公司治理制度

公司还按照上市公司监管部门的要求进一步加强了内部控制制度建设，针对自身实际情况和业务发展需要，制定了《内幕信息知情人登记管理制度》《关联方资金往来管理制度》《年报信息披露重大差错责任追究制度》等一系列制度文件。

3.公司的组织架构

公司董事会下设专门委员会，并制定了各专门委员会的议事规则。自设立以来，各专门委员会运转良好，委员能够履行职责，从而确保了公司的健康运行。公司已建立健全了《独立董事细则》，独立董事在公司募集资金使用、对外投资、对外担保、关联交易等方面严格按照相关规定发表独立意见，从而起到了必要的监督作用。

公司设有行政部、财务部、证券部、法务部、人力资源部、市场部、网站部、技术与研发中心、营销中心、广告销售中心、资源/版权合作事业部、乐视TV事业部、投融资事业部等职能部门，并制定了相应的部门和岗位职责，各职能部门之间职责明确，相互制衡。公司各控股子公司在一级法人治理结构下建立了决策系统、执行系统和监督反馈系统，按照相互制衡的原则设置内部经营及管理部门。

4.内部信息

公司在内部信息传递时已经关注了下列风险：因报告系统不健全、内容不完整，可能对整个生产经营管理造成负面影响；内部信息传递不及时、不通畅，可能导致决策失误、相关政策措施难以落实；在内部信息传递过程中泄露商业秘密，可能削弱企业的核心竞争力。

二、案例概况

（一）内部审计工作底稿丢失

2017年5月11日，乐视网（300104）发布了《乐视网：中德证券有限责任公司关于公司2016年度跟踪报告》的公告，披露了保荐机构中德证券就乐视网在公司内部制度的建立和执行、募集资金存放及使用、关联交易三个方面发现的问题。

保荐机构指出乐视网存在如下问题：

（1）乐视网内部审计部门与财务部门未进行物理隔离，存在合署办公情况；公司内部审计部门人员较少，未能全面有效开展乐视网及其控股子公司的内部审计工作，内部审计工作底稿部分缺失，未能切实履行每季度向董事会或者专门委员会进行汇报的职责。

（2）乐视网信息技术（北京）股份有限公司副总经理、乐视云计算有限公司法定代表人、董事长兼经理同时兼任关联企业乐视互娱科技有限公司法定代表人、执行董事兼经理，上述情形不符合《深圳证券交易所创业板上市公司规范运作指引》中"2.1.3上市公司人员应当独立于控股股东、实际控制人及其关联人。"上市公司的高级管理人员在控股股东单位不得担任除董事、监事以外的其他行政职务。

乐视网内部审计工作底稿丢失，且丢掉的恰恰是有问题记录的底稿，以至于内部审计时无法查出乐视网资金挪用的问题，其实乐视网资金挪用金额达8.81亿元。乐视网的保荐机构认为是内控不到位使得乐视网出现了这样的问题。

（二）挪用资金

1.乐视挪用闲置资金

根据《乐视网信息技术（北京）股份有限公司2015年度非公开发行A股股票预案》《募集资金三方监管协议》，乐视网平安银行北京光华路支行募集资金专用账户募集的资金仅用于公司视频内容资源库建设项目，包括电视剧、电影、综艺、动漫、音乐等版权采购和版权自制投入，而乐视网旗下的西藏乐视网信息技术有限公司是主要负责电视剧版权采购的主体。

2016年8月至11月期间，乐视网在通过西藏乐视网使用募集资金向版权出售方购买版权时，由于部分拟购买版权的影视作品因监管政策、演员变更、合同条款拟变更而重新进入谈判期等原因，造成延期交付，而上述已提取的募集资金未立即转回到平安银行账户，西藏乐视网将其陆续转入乐视网的账户，用于支付员工工资、税费结算等上市公司补充流动资金用途，涉及的募集资金累计8.81亿元。

2016年年底，因上述版权谈判后确定短期内无法再采购，西藏乐视网将累计8.81亿元全部转回了平安银行账户。

乐视网经自查，认为其实质构成了使用部分闲置募集资金暂时补充流动资金的情况，但未按照《募集资金管理制度》的相关规定，公司使用部分闲置募集资金暂时补充流动资金需提交董事会审议，并由独立董事、监事会、保荐机构发表明确意见。

乐视网在2017年4月19日发布的《使用闲置募集资金暂时补充流动资金的公告》中披露了上述事件。乐视网认为，将8.81亿元资金转入乐视网账户用于补充流动资金的做法，没有与募集资金投资项目的实施计划相抵触，不影响募集资金投资项目的正常进行，不存在变相改变募集资金投向和损害股东利益的情况。乐视网称，在不影响募集资金投资项目正常进行的前提下，公司使用部分闲置募集资金暂时补充流动资金有利于提高募集资金使用效率，降低财务费用。

2.乐视涉嫌挪用易到资金

早在2015年10月，乐视汽车曾对易到用车进行战略投资，并以7亿美元获得后者70%的股权，成为其实际控股股东，并期望其能成为乐视生态链上的其中一环。乐视控股易到用车之后的一年时间内，易到用车并未再融资，同时开展了大规模充值返现等营销活动。

据其官方对外数据显示，自2015年11月17日举行"100%充返"活动开始，至2016年6月30日止，共有超过653万人参与，总金额超60亿元。这明显是一笔巨额用户补贴，易到用车需要垫付不少资金。就在周航（易到原CEO）发声明称乐视挪用易到用车资金的前一天（4月16日），易到用车仍在对外宣传"坚持补贴500天""充返80%""再来6天"等信息。

由于两家公司"烧钱"的性格，注定了这场"蜜月"沦为败局。自2016年11月起乐视频频被曝出资金链断裂危机，其旗下各板块持续受到关注，也加大了外界对其控股公司易到的聚焦。

乐视资金链断裂危机使得乐视毫无疑问地再次被推到风口浪尖。如果以乐视的名义贷款，则乐视网的股价承压，会在资本市场"打脸"。以易到用车这种现金流公司贷款就成为不二选择。易到用车作为一家纯互联网公司，如果单独向银行申请贷款，银行未必会通过，所以易到用车及乐视控股共同申请贷款，由乐视控股名下的乐视大厦提供抵押，联合贷款金额高达14亿元。

贷款下来后，乐视深陷债务漩涡。2016年11月初，乐视手机欠供应商百亿资金的消息在市场中流传，乐视网股价暴跌7.5%。11月6日，贾跃亭发表内部公开信，承认乐视存在资金链紧绷问题，乐视危机走到前台。而2016年年初以来易到用车大力推广的充返，将易到用车推入了一个资金链的"深坑"。2016年11月，媒体曝光易到用车拖欠供应商款项总额已达5 000万元。面对危机，双方对贷款的分配结果是，易到用车1亿元，乐视控股及乐视汽车13亿元。

贷款主体是乐视子公司易到用车，但资金大部分被用于乐视业务。在目前的法律法规条件下，乐视及其控股子公司易到用车这种联合贷款方式本身就有可被操作的空间，所以面临的"涉嫌骗贷或挪用贷款"的合规风险较小。

之前也有相似的情况发生在乐视体育上，其B轮融资刚到账，即被划到乐视其他子公司账上，但乐视并未正面作出确认。而在2016年年底，乐视创始人贾跃亭对外表达过他对乐视各板块之间拆借问题的看法，他认为非上市公司的各板块之间资金调动是正常现象，乐视都会在合规方式下操作，资金调动前提是不影响板块自身的业务。言外之意是作为控股股东，拆借部分资金并不违规违法。话虽如此，但毕竟对于易到用车来说，公司是独立法律主体，况且不是乐视全资子公司，即便拆借也需要有相应协议并有明确边界，除乐视之外的30%易到用车股东有知情权。

民营企业集团往往伴随着内部关联交易，可能通过对下属某家子公司的控制来对其他实业子公司的一些冒险行为进行支持，甚至出现"补窟窿"的现象。虽然问题能得到暂时掩盖甚至缓解，但风险不断积聚，一旦某个子公司或环节出现问题，就容易产生连锁反应，从而影响集团的整体流动性，最终有损于整个集团的根本利益。

三、揭秘乐视违规——内部控制评价

（一）控制环境评价

内部环境是企业实施内部控制的基础，一般包括治理结构、机构设置及权责分配、内部审计、人力资源政策、企业文化等。建立良好的内部控制环境，堵塞漏洞，消除隐患，有利于防止并及时发现和纠正错误、违规及舞弊行为，保护公司资产的安全、完整。乐视控制环境包括组织机构、人力资源、企业文化等。

1.人力资源管理不善、组织能力滞后

随着公司上市和生态系统的构建，乐视的员工数量猛增，随之而来的是，乐视在人力资源管理方面的缺陷日益凸显。乐视旗下的乐视网历年年报数据显示，在上市前的2009年，乐视网员工数不过209人，2010年上市后，在册员工373人；2014年年底，乐视网员工数达到了3 501人；2015年年底的员工总数为4 885人，到2016年年底员工增长至5 389人。员工数量大量增加，但并没提高工作效率，反倒是管理没有跟上，许多人无事可做，上班迟到早退。乐视组织架构之多造成业务协调困难。

2016年11月6日，乐视CEO贾跃亭向全体员工发出了一封题为《乐视的海水与火焰》的公开信。信中，他承认"公司生态的组织能力"相对滞后，在人员高增长情况下，管理能力没有跟上，出现了"大公司病"的苗头、人浮于事及组织效能不高等问题。

2.企业文化建设不足

企业文化是内部控制的重要组成部分，是内部控制的灵魂。企业文化是指企业在生产经营实践中逐步形成的，为团队整体所认同并遵守的价值观、经营理念和企业精神，以及在此基础上形成的行为规范的总称。

在缺少完备的制度规范和人员管理的情况下快速扩张，乐视忽略了企业文化的培养，容易导致员工和管理层追求短期利益，忽略长远发展。在这种情况下，恶性循环将不断发生。乐视应积极培育具有自身特色的企业文化，引导和规范员工行为，培育体现企业特色的发展愿景、积极向上的价值观、诚实守信的经营理念、履行社会责任和开拓创新的企业精神，以及团队协作和风险防范意识。同时，董事、监事、经理和其他高级管理人员在企业文化建设中应发挥主导和示范作用，企业文化建设既要注重"上下结合"，更应注重企业治理层和经理层的示范作用。

（二）风险评估机制评价

作为内部控制结构的一个重要组成部分，企业应该展开风险评估，以识别潜在风险，并确定相应的应对措施。目前，乐视面临巨大的风险挑战，主要系财务风险管理出现漏洞所致，而乐视在风险评估方面显然做得不够充分，未能较好地评估企业面临的各项风险并作出合理应对，其主要的风险表现为：

1.公司盈利能力波动的风险

公司目前的主营业务为智能终端产品销售、广告业务、会员及发行业务，收入与互联网市场及用户黏性相关度较大。关联方资金紧张、流动性风波，引发了一系列负面媒体报道，对公司声誉和信誉度、公司供应商合作体系造成了较大影响，公司从产品供应到信用额度等均受到负面压力，同时客户黏性出现波动，造成公司电视会员等销售收入下滑，上半年业绩亏损。

公司将不断优化、调整、提升内控管理水平，建立和完善内部治理和组织结构，形成科学的决策、执行和监督机制，保证公司经营管理合法合规以及经营活动的有序进行，促进公司实现发展战略，保持公司盈利能力的稳定。

2.公司现金流紧张的风险

如上所述，关联方资金紧张、流动性风波，对公司声誉和信誉产生影响，对公司在金融机构的正常债券融资等带来较大影响，银行信贷等不能继续正常发放。因公司存在较高金额的关联交易，关联方资金紧张、流动性风波，使得公司关联方应收账款增加，回款不能及时收回。以上都给公司现金流入带来负面影响，公司现金流紧张将影响公司正常运营。

公司通过与金融机构合作以及提供必要的增信措施、债转股等各种方式，缓解目前现金流紧张的情况，并且通过一系列内部管理措施的调整及管理人员的匹配，希望能全面提升公司与金融机构及交易伙伴的深度合作关系，快速促进公司在财务管理、资产优化等方面的提升。

3.应收账款回收风险

2011—2017年乐视应收账款情况见表6-2。截至2017年9月30日，公司应收账款账面价值为973 992万元，占资产总额的比例为30.2%，较上个季度的26.9%增加3.3%，较高的应收账款余额导致公司流动资金产生了一定程度的短缺。其中，关联方应收账款余额占总应收账款的比例超过了50%，从整体上看，从2011年到2017年，公司应收账款一直在上涨，尤其是在2016年增加较多。在主要报告期内，公司现有正常业务中涉及部分关联交易；原有业务与结算延续导致关联方应收账款的发生;同时公司在报告期内对上市与非上市体系进行切割,导致新增部分一次性关联交易。

表6-2 　　　　　　　2011—2017年乐视应收账款情况 　　　　　金额单位:万元

报告期	2017年9月	2016年12月	2015年12月	2014年12月	2013年12月	2012年12月	2011年12月
应收账款	973 992	868 586	335 968	189 261	95 025	37 095	17 732
资产总计	3 228 806	3 223 383	1 698 215	885 102	502 032	290 115	177 439
应收账款周转率(次)	0.66	3.64	4.96	4.8	3.57	4.26	4.84
应收账款周转天数(天)	408.16	98.77	72.63	75.04	100.72	84.54	74.32

4.资产负债率较高风险

2011—2017年乐视负债情况见表6-3。公司近几年业务快速发展,截至2017年9月30日,公司负债余额为1 741 242万元。其中,短期借款余额为300 836万元,长期借款余额为100 000万元,资产负债率达53.93%,较2016年有所下降。公司负债总额和资产负债率较高,增加了资金管理难度,同时也增加了利息费用的支出,从而带来一定的偿债风险。

表6-3 　　　　　　　2011—2017年乐视负债情况 　　　　　金额单位:万元

报告期	2017年9月	2016年12月	2015年12月	2014年12月	2013年12月	2012年12月	2011年12月
短期借款	300 836	260 036	173 500	138 800	97 000	50 890	34 000
长期借款	100 000	302 445	30 000	411 955	1 670	3 370	6 500
负债合计	1 741 242	2 175 207	1 316 702	550 755	294 080	162 772	71 728
资产负债率(%)	53.93	67.48	77.53	62.23	58.58	56.11	40.42

(三)控制活动评价

1.内部审计控制缺陷

从内审底稿缺失事件能够看出乐视网的内部审计未能切实履行每季度向董事会或者专门委员会进行汇报的职责,这一行为也显示了乐视网的内部控制及相关制度还不健全。因为内控建设得当的话,则岗位分工明确,无论是单位层面还是业务层面,企业的各项流程都会很规范。在这种情况下,一方面,舞弊的风险加大,内审工作效率也会提升;另一方面,内控流程也规范了内审工作,明确内审应该将审计结果上报以维护企业利益。

可见,内审对于内控的重要性是不能忽视的。内控与内审是相互作用的,虽然两者的工作开展起来都会遇到一些问题,但对于企业的风险防范与控制来说是不可缺少的。

2.预算控制缺陷

预算控制也是财务控制，目的是明确各单位在预算管理中的职责权限，强化预算约束。乐视的预算控制未能满足其快速扩张的需求，说明其管理存在缺失，未能形成有效的整体。

首先，乐视员工数量迅速增加，并采用末位淘汰的制度进行人员更迭。从此可以看出，乐视并没有做好大肆扩员的准备，面对大量涌进的员工，没有全面的预算系统来规划，更没有完备的员工岗位指导规划，才会导致招工的规则多变。

扩张也好，招人也罢，这都是财务的失职导致的。公司的财务基础如何，可供融资的资金提供方有哪些，公司目前的人员数量及成本，各部门的收益与人均盈利情况如何等，因为没有数据做参考，所以乐视才乐观地估计了形势，大肆招兵买马，但城有多高粮有几厚，估计在作出决策的时候没有人能给出意见，那么势必就要跟着感觉走了。供应商拉横幅讨薪的状况出现，对于乐视这种规模的公司而言，绝对算得上是一次重大事故，可以说公司是没有财务预算的，或者即便有预算也是一纸空谈。

其次，在财务层面，对公司的资金状况没有进行进度跟踪，才导致乐视借款要联合子公司，之后又出现挪用资金风波。公司主营业务成本居高不下，也说明公司对财务管理不够重视，更没有对现金流量表予以重视，没有对资金安排及使用作出充分的预估。公司财务部门对于硬性开支以及适当延期的支出并没有相应的尺度，这是导致供应商楼下喊话的根本原因。

3.营运分析控制

乐视会出现资金挪用的问题，原因是其营运分析控制没能有效实施，过于注重业绩增长，而忽视企业平稳发展，导致资金短缺。贾跃亭曾经在2016年的公开信中提到："上市公司乐视网前三季度营业收入168亿元，较去年实现翻倍增长。"业绩是评价公司很重要的一个指标，这点不容否认，但前提是企业平稳发展，而平稳发展的前提是资金流不出现断链。只关注营业收入，不担心利润，意义何在？更不用说公开信中提及的硬件免费策略，这样增长的营业收入是否能持续，是否可以保证上市公司的盈利能力，都是需要引起重视的。另外，经营管理问题还导致了很多高管的离职。

因此，企业应建立营运分析制度，管理层可综合运用生产、投资、筹资、财务等方面信息，通过不同方法对营运情况进行分析，对于发现的问题，应及时查明并改进。在乐视的业绩公告中，目前公司已积极着手调整，大幅度压缩各项成本，并持续对主营业务进行恢复，保持公司经营层面的核心竞争力，以使公司各项业务回到正轨，平稳发展。

（四）信息与沟通评价

信息与沟通是企业及时、准确地搜集、传递与内部控制相关的信息，确保信息在企业内部、企业与外部之间进行有效沟通的环节。它是实施内部控制的重要条件。信息与沟通的主要环节有：确认、计量、记录有效的经济业务；在财务报告中恰当揭示财务状况、经营成果和现金流量；保证管理层与单位内部、外部的顺畅沟通，包括与股东、债权人、监督部门、注册会计师、供应商等的沟通，要保证信息的真实性、及时性和有用性。

1.信息被动披露

首先，对于内审底稿丢失、资金挪用问题，若不是保荐机构和周航的揭露，恐怕乐视并不会主动向公众披露。的确，对于自身管理措施的缺失，谁会主动站出来说自己做错了？更可能的是加以掩盖，希望不被发现。但是，作为一个将自己定性为国际化的大公司、其子公司也上市了的大众公司，其肩负着接受投资者监督的责任与义务，要保证信息披露的真实性、及时性和有用性。

其次，对于贾跃亭家族减持的情况，乐视也并没有及时主动披露，而是等到无法继续履行借款协议时，才发布公告。另外，根据此前乐视的公告，贾跃亭在借款期内无权提前收回资金，若公司提出提前还款意向，需召开股东大会，且有独立董事发表独立意见，贾跃亭作为关联方应当回避表决。而在上述法定程序缺失的情况下，乐视提前偿还贾跃亭、贾跃芳约39亿元的借款，乐视网对此最早的信息披露发布于2016年年报。该事件属于涉及上市公司及广大投资者的重大事件，对投资者的投资决策及上市公司的股价均会产生较大影响，依照信息披露的规则，应当及时披露，即最迟应当在还款行为发生之日起3日内披露，而不是等到定期报告时再公告。

2.信息误导

2015年，乐视网与夏普、高通的合作用"联合"一词进行公布，具有误导投资者的嫌疑，与证监会要求上市公司信息披露真实、准确、完整、及时的要求不一致。

2017年1月15日，贾跃亭在乐视网召开的投资者交流会上大胆"预言"股价将上涨至每股100元，这一说法随即引来监管部门的注意。根据深交所监管函的信息，乐视网于1月19日的临时停牌，系根据创业板公司管理部的要求进行的。1月20日，深交所向乐视网及公司董事长贾跃亭下发监管函，就贾跃亭"千亿美元市值""股价过100"的言论，提醒公司及贾跃亭遵循相关规定的要求，认真履行投资者关系管理及相关信息披露义务，保证公开披露的信息中不存在严重误导性陈述。

3.信息披露不规范

乐视网的信息披露主要有四个平台：微博"乐视网投资者关系"、投资者关系互动平台、公司公告和媒体。然而，贾跃亭似乎对公司公告显得不够重视，将类似

"乐视TV·超级电视"是"颠覆性""革命性"的，对产业将带来巨大冲击，属于上市公司应披露范围内的重大信息在员工邮件、微博中宣传，造成股价飙升，然而乐视网对上述促使股价连续涨停的信息并没有发过任何相关的公告。

作为上市公司，在重大信息披露渠道方面，乐视网屡屡用发布会、微博代替指定媒体公告的行为已违反信息披露规则。根据《上市公司信息披露管理办法》，信息披露应该做到公平，应当同时向所有投资者公开披露信息，并在证监会指定的媒体发布。

《深圳证券交易所上市公司公平信息披露指引》中也明确规定，上市公司发布未公开重大信息时，必须向所有投资者公开披露，以使所有投资者均可以同时获悉同样的信息，不得私下提前向机构投资者、分析师、新闻媒体等特定对象单独披露、透露或泄露。

统计结果显示，目前上市公司通过微博披露的信息内容非常广泛。其中，披露比例最高的为公司经营类信息，尤其是销售合同、企业获奖和研发创新等信息。这些信息中，未经公司正式公告披露的信息约占微博信息披露总量的84%，并且公司治理水平越高的公司越倾向开设微博且发布越多的与公司密切相关的信息，尤其是未经公司正式公告披露的信息以及经营活动策略类信息。在当前背景下，使用更多新媒体与投资者交流是值得鼓励的，但要合规。之前已发生多起在不恰当场合、不恰当媒体平台披露上市公司重要信息从而导致股价异常波动的事件，应引起上市公司的高度重视。

在发展乐视生态圈，不断扩张产业链的时候，乐视并没有及时、真实地披露自身的财务、营运、管理状况。另外，随着产业链的扩张，乐视失去对整体的控制力，才最终导致有那么多的投资者盲目投资，而没有看到乐视的资金链危机和管理危机。同时，其供应商因为缺少对乐视真实情况的了解，只能继续苦苦等待偿付货款。

(五) 内部监督评价

内部监督是单位对内部控制建立与实施情况进行监督检查，评价内部控制的有效性，对于发现的内部控制缺陷，及时加以改进。它是实施内部控制的重要保证，是对内部控制的控制。内部监督包括日常监督和专项监督。监督情况应当形成书面报告，并在报告中揭示内部控制的重要缺陷。内部监督形成的报告应当有畅通的报告渠道，确保发现的重要问题能及时送达董事会、监事会和经理层；同时，应当建立内部控制缺陷纠正、改进机制，充分发挥内部监督效力。

从内审底稿丢失、挪用资金的发生可以看出乐视内部监督存在缺陷。乐视虽然建立了相关的内审、财务部门，以及相应的内部监督制度，然而并未得到有效实施，导致内部审计没有相应的权力，以对乐视财务的记录、管理、披露进行有效监督。

另外，从乐视网2016年年报的一些错漏中也能够看出其内部监督不力的事实（如图6-8、图6-9、图6-10所示）。

Toc300000084 第一节 重要提示、目录和释义……5

第二节 公司简介和主要财务指标……9

第三节 公司业务概要……17

图6-8 乐视网2016年年报中多处编辑错误1

乐视网信息技术（北京）股份有限公司 2016 年年度报告全文

第十一节 财务报告

一、审计报告

审计意见类型	带强调事项段的无保留意见
审计报告签署日期	2017 年 04 月 20 日
审计机构名称	信永中和会计师事务所（特殊普通合伙）
审计报告文号	XYZH/2017XAA10323
注册会计师姓名	常晓波、白西敏

审计报告正文

666666

图6-9 乐视网2016年年报中多处编辑错误2

（1）短期借款分类

单位：元

项目	期末余额	期初余额
质押借款	92,000,000.00	0.00
抵押借款	0.00	0.00
保证借款	2,508,361,000.00	1,635,000,000.00
信用借款	0.00	100,000,000.00
合计	2,600,361,000.00	1,735,000,000.00

短期借款分类的说明：

图6-10 乐视网2016年年报中多处编辑错误3

内部监督要求企业对建立和实施内部控制情况进行常规、持续监督检查。要建设好内部控制制度，首先，企业应由适当人员评估控制的设计和运行情况，以及采取适当的跟进行动。虽然每一年乐视都会出具内部鉴证报告，但是公司并没有重视内部控制各职能部门和监管机构的报告和差异，没有根据企业运行情况及时纠正控制运行中的偏差。

其次，不同部门之间的权责权限要清楚，各个职工的岗位分工要明确，这样乐视网工作底稿丢失的情况就会在一定程度上得到控制。乐视网未将财务部门与审计部门分离开，显然内部审计的独立性不能得到保障。在这样的环境下，乐视网的内部审计人员即使想"出淤泥而不染"，也心有余而力不足。

这进一步证实，具有良好的内控实施环境和完善的内控制度，并不代表企业内控能真正落实。只有做好监督、建立完善的评价机制，才是让企业内控管理不缺位。这场债务危机引发的乐视案，是蓄意为之还是穷途末路？案例本身也引发了我们深度的思考。

四、乐视内部控制存在的问题

（一）审计效率不足

乐视的业务复杂，业务量大。当审计人员实施审计程序时，缺乏云信息平台的大数据支撑，导致审计过程的效率不足。同时，由于乐视自身对业务流程的处理也是缺少信息化的规范，并未建立完善的网上交易系统，使得业务流程的风险增加。

互联网企业模式的发展，大多会利用在线数据的处理来完成。在网络环境下，如果公司采用的交易系统应用程序完全集中在网络服务器上，那么大量数据会存储在数据服务器中。乐视的数据来源广泛，但岗位设置还是按照传统模式进行，职责的设立较为分散。因此，审计人员在对被审计单位进行审计时，如何鉴别和评价其信息系统的安全性，成为现代审计控制风险的重要任务。

早在2014年，在中国证监会出具的整改通知中，指出乐视共存在5个问题。其中第二个问题为：公司对核心资产影视剧版权的日常统计管理尚处于纯人工记录的状态，相对于公司无形资产数量及价值来说，管理精细化程度明显不足，人为因素造成统计、计量错误的风险较大。企业内部对于财务数据的统计存在一定的问题。加之乐视在业务拓展期采取较为激进的销售策略，对外投资力度过于强劲，导致资金回笼速度和应收账款的回收率受到影响。在会计师事务所审计人员对该企业的账目进行审核时，也会因原始凭证与单据自身的风险性，增加审计人员的检查风险。

（二）关联方关系复杂

公司交易的关联性可分成纵向和横向关系。纵向是指可以直接控制、协同控制或者产生重大影响的关系，母公司和子公司就是纵向关联方的代表。横向主要是指一方控制多方，双方被认为是具有关联性的，例如由企业和主要投资者或家族有关人士直接控制的企业之间构成关联性。关联方本身的存在，并不违反规定，可以为公司节约成本，提高利润，但由于关联方结构可以变得复杂而隐蔽，使其对审计风险有很大影响。因为关联方交易本身是具有隐蔽性的，所以很容易造成不正当行为的发生，这种不可避免的行为就为审计工作本身带来了较大的难度。

乐视的关联企业多达100多家，由一人控股的企业达到68家，占比近一半。虽然说庞大的关联方网络可以组成独特的乐视生态圈，乐视本身又能通过关联公司的业务模式和资金进行流转融通，使得灵活性提升，但乐视在 2016 年下半年交易模式发生了变化，其中最显著的改变是乐视智能手机终端。交易模式的变化导致原有的商业循环增加了更多的关联性企业，使得关联交易更加复杂，交易类型复杂多样，为公司利用关联方交易的模糊概念进行舞弊操作、虚增利润提供了机会。

相比其他公司简单业务的情况来说，关系越复杂的关联方，就意味着存在的审计风险越高，而乐视关联交易复杂的现况，引发了社会各界的关注和怀疑。审计师在对此类事项进行审计时，就需要提高事实的可发现性，克服取证的困难性，一旦在该过程中，存在未发现的关联方交易以及出具的审计结论不恰当，就不可避免地要承担责任。

（三）缺乏风险评估系统

中德证券对乐视网 2016 年度发布的跟踪报告显示，乐视审计底稿缺失，说明乐视现有的内控监督制度存在漏洞。由于乐视内部审计部门的工作底稿缺失，且丢失的恰巧是存在问题记录的工作底稿，因此导致无法对资金挪用的问题进行核查。

从表面来看，首先，乐视公开了内部控制自我评价报告，将内部控制制度罗列得十分完整与清晰，但乐视却并没有设置相关的风险评估机构。风险评估的缺乏就会导致乐视无法对业务流程中存在的风险进行合理识别、评估、计量与管控，使乐视缺乏事前控制。其次，乐视挪用资金高达 8.81 亿元。由于内控控制监督体系的缺失，岗位职责并不分明，导致当舞弊现象发生后，并不能找出问题的根源。

同时，乐视并未建立一个完善而有效的风险评估系统，导致其面对巨额亏损而不自知，缺乏战略决策与内控的有效评估，导致乐视应对危机的能力有所降低。注册会计师在进行审计时，就会缺少有效的审计证据。

五、乐视网内部控制存在问题的原因分析

乐视网作为上市公司，根据规范建立了内部控制制度，并聘请会计师事务所对公司的内部控制进行审计。但是在实际执行过程中，由于乐视网自身原因和会计师事务所原因导致乐视网内部控制设计与执行失效。

（一）乐视网自身原因

1.管理层对内部控制审计的重视度不够

乐视网的管理者认为内控审计会阻碍他们权力的实施，这是因为自股份制公司成立以来，两权分离，但是并没有完善的委托代理制度，管理者拥有的权力依然较大，并以此谋利。内部控制制度相当于给他们装上了枷锁，权力受到约束，他们并不希望被监督。另外，内部控制审计是预防公司管理者进行财务舞弊的首道防线，实施内部控制审计会造成上市公司的财务工作不便，因此会发生管理层对内部控制审计重视不够，使其流于形式的情况。

2.企业内部审计形同虚设

内部审计部门肩负着审核公司各项活动、为公司治理提供咨询建议的重要职责，能够为公司防范风险、实现目标提供保证。内部审计是公司内部控制中不可或缺的环节，而乐视在经营过程中忽视了这一环节的重要性，2016年，乐视集团竟然出现了内部审计工作底稿部分缺失的问题。审计工作底稿反映的是企业整体的数据与资料，乐视网对于如此重要的报告都出现了纰漏，足以说明企业内部审计部门工作不到位，内审人员未能切实履行其职责，未能对各项工作进行监督，从而使得审计工作出现重大失误。公司发生如此严重的事件，给乐视网带来巨大损失，对企业形象造成了多重负面影响，也失去了许多投资者的信任。

3.企业内部管理基础薄弱

一个企业的健康发展，需要以合理的治理结构和管理监督机制为支撑。虽然乐视网设立了董事会、监事会和管理层，但这些机构的设置只是流于形式，乐视网董事会的决策权仍高度集中在贾跃亭手中，其严格把控着自身权力，企业制度制定与监督的分离无从体现，企业内部无法形成相互制衡的机制，从而导致了内部控制制度的局限性和随意性，造成了内部控制失效、无法落实的状况。

（二）会计师事务所原因

1.负责内部控制审计的注册会计师专业胜任能力不足

内部控制审计的执行时间较短，因此很多会计师事务所并没有针对内部控制审计的流程或者流程不完善，会计师事务所内部没有成立专门的内部控制审计部门负责这方面的工作。这就造成乐视网的受托注册会计师的专业胜任能力不足，并且注册会计师对其专业胜任能力的提升不够重视，从而导致注册会计师审计业务水平不高和独立性较差，不能及时发现问题，进而无法出具客观的内部控制审计报告。

2.负责内部控制审计的注册会计师的道德胜任能力不足

中国注册会计师协会虽有对出具非真实审计意见的处罚措施，但是力度明显不够，不能对注册会计师形成应有的震慑，会计师事务所多年受托审计乐视的内部控制制度，应该对其内部控制"了如指掌"。但事实上，注册会计师一直出具无保留意见的审计报告，直到乐视网事发之后，注册会计师才通过出具否定意见的内部控制审计报告来回避责任，因此可以看出，由于注册会计师的道德胜任能力不足，导致其职业道德和谨慎性的缺失，并最终导致监督失效。

六、主要参考文献

[1] 樊行健，肖光红.关于企业内部控制本质与概念的理论反思 [J].会计研究，2014（2）.

[2] 周守华，胡为民，林斌，等.2012年中国上市公司内部控制研究 [J].会计研究，2013（7）.

[3] 毛新述，孟杰.内部控制与诉讼风险 [J].管理世界，2013（11）.

［4］唐大鹏，葛静，王璐璐.浅谈"互联网+"背景下乐视网的内部控制［J］.财政监督，2016（15）.

五、讨论题目

本案例预先布置给读者阅读，要求读者以小组的形式了解案例的来龙去脉，多方搜集相关背景资料，并结合以下案例题目展开小组讨论，讨论题目依次为：

1.乐视集团的融资扩张方式有哪些？

2.在本案例中，乐视集团出现了哪些内部控制方面的问题？

3.乐视集团在内部控制审计方面存在哪些问题？

4.作为高管，你觉得应该采取什么措施来规避风险及存在的问题？

5.你觉得乐视是蓄意为之还是穷途末路？它带给我们的启示与借鉴是什么？

▌ 案例使用说明

一、本案例要解决的关键问题

本案例要解决的关键问题是：引导读者理解内部控制审计的重要性，并对健全企业内部控制产生启示作用。内部控制是企业、非营利组织乃至政府机构抵御外部风险、防止财务舞弊、提升管理绩效、实现可持续发展的有效途径。本案例是基于乐视集团的内审底稿丢失问题和挪用资金问题分析内部控制对企业管理的作用和影响。

二、案例讨论的准备工作

为了有效实现本案例目标，读者应具备下列相关知识背景：

（一）理论背景

在正式分析内部控制审计案例前，读者需掌握内部控制的基本理论和理论发展背景，以便更好理解内部控制的作用机制；在进行内部控制评价时，读者需了解内部控制的相关内容，包括内部控制的概念、目标、目标之间的关系、原则、要素、要素间的关系和局限性；在进行内部控制审计评价时，读者应大致了解内部审计的对象、方法、准则及其职能。因为本案例涉及数据和资料搜集整理分析工作，所以要求读者具备一定的信息搜集能力，同时掌握较全面的财务报表分析技巧和财务会计（准则）相关知识。

（二）行业背景

在万众创新的背景之下，为了提升市场占有率，乐视网开始打造基于视频产业和智能端的"平台+内容+终端+应用"的完整生态系统，独有的五屏终端（院线屏、电视屏、电脑屏、平板屏、手机屏），实现品牌全覆盖。在这个生态系统中，包含四层架构九大引擎。九大引擎包含平台层的云视频开放平台和电商平台；内容层的内容制作和内容运营；终端层的超级电视乐视盒子及LetvUI系统；应用层的Letv Store、视频搜索、浏览器，让电视成为互联网生活的大屏延展。乐视将依托科技和文化驱动乐视生态持续发展、不断壮大。乐视生态系统架构如图6-11所示。

图6-11　乐视生态系统架构

（三）制度背景

内部控制是组织运营和管理活动发展到一定阶段的产物，是科学管理的必然要求。内部控制理论与实践的发展大体上经历了内部牵制、内部控制系统、内部控制结构、内部控制整合框架四个不同的阶段，并已初步显现向企业风险管理整合框架交融发展的趋势。

控制一词最早产生于17世纪，其原始含义是"由登记者之外的人对账册进行核对和检查"。1992年9月，COSO发布了著名的《内部控制——整合框架》，并于1994年进行了局部修订。该报告是内部控制发展历程中的一座重要里程碑，它对内部控制的发展所做的最重要的贡献在于它对内部控制下了一个迄今为止最为权威的定义："内部控制是由主体的董事会、管理层和其他员工实施的，旨在为经营的效率和有效性、财务报告的可靠性、遵循适用的法律法规等目标的实现提供合理保证的过程。"2004年9月，COSO在《内部控制——整合框架》的基础上发布了《企业风险管理——整合框架》。2013年5月，COSO发布了修订后的《内部控制——整合框架》。2017年，COSO发布了《企业风险管理框架——与战略和业绩的整合》。我国内部控制法规的发展见表6-4。

表6-4   我国内部控制法规的发展

日期	文件名称	发文机构	文件意义
1985年	《中华人民共和国会计法》	全国人民代表大会常务委员会	我国首次在法律文件上对内部牵制提出明确要求
1996年6月	《会计基础工作规范》	财政部	
1996年12月	第二批《中国注册会计师独立审计准则》	中国注册会计师协会	其中有关内部控制的描述和要求，既是注册会计师执业基准的一部分，又是对企业内部控制工作的推动。这种间接的推动力提高了我国企业对内部控制的关注程度，促进了我国企业内部控制制度的初步建设
1997年5月	《加强金融机构内部控制的指导原则》	中国人民银行	我国专门针对内部控制的第一个行政规定，其中要求金融机构建立健全有效的内部控制运行机制。该指导原则对于金融机构内部控制的建设意义重大，为我国金融机构的内部控制制度建设和发展奠定了基础
1999年10月	修订《中华人民共和国会计法》	全国人民代表大会常务委员会	将会计监督写入法律，在我国内部控制制度建设历程中是一个重大突破
2000年11月	《公开发行证券公司信息披露编报规则》	证监会	使得内部控制信息在企业信息披露中的地位不再仅是会计监督和会计控制的信息，而是与企业风险管理完善程度相关的一个标志
2001年1月	《独立审计具体准则第25号——会计估计》《独立审计实务公告第7号——商业银行会计报表审计》《独立审务公告8号——银行间函证程序》，修订了《独立审计实务公告第1号——验资》	中国注册会计师协会	从原独立审计准则中要求注册会计师从制度基础审计的角度审查企业的内部控制、对企业内部控制评价发展到对内部控制制度进行测试，外部审计对企业内部控制制度的测试成为审计的"作业准则"
2001年1月	《证券公司内部控制指引》	证监会	要求所有的证券公司建立和完善内部控制机制和内部控制制度，对证券公司建立健全内部控制制度有着重大意义
2001年6月	《内部会计控制规范——基本规范（试行）》	财政部	虽然以会计控制规范的形式出台，但是其所涉及的内容已不仅仅局限于会计领域，而是对采购、生产、销售、投资等诸多方面内部控制的规范，为未来我国内部控制规范体系的形成提供了参考
2008年5月	《企业内部控制基本规范》	财政部会同证监会、审计署、银监会、保监会	
2010年	《企业内部控制应用指引第1号——组织架构》等18项应用指引、《企业内部控制评价指引》和《企业内部控制审计指引》	财政部会同证监会、审计署、银监会、保监会	《企业内部控制基本规范》和配套指引的发布，标志着我国内部控制规范体系的形成，是我国内部控制制度发展的里程碑

三、案例分析要点

（一）需要读者识别的关键问题

本案例需要读者识别的关键问题在于：如何透过现象看本质，如何分析乐视存在的内部控制问题及其原因。

（二）解决问题的关键知识点

本案例需要读者识别的主要知识点包括：企业内部控制审计、企业内部控制审计的重要性。

（三）推荐讨论问题的解决方案

1.乐视集团的融资扩张方式有哪些？

根据《21世纪经济报道》的信息，自上市以来，乐视网直接融资额为92.89亿元，占上市以来募资总额的比例为30.88%，间接融资额为207.88亿元，占比为69.12%。自2010年8月上市以后的3年时间里，乐视网的资本运作并不频繁。乐视网的首次定增融资于2013年9月发起，于2014年5月增发上市，当时的融资总额为14.99亿元，此后，乐视网又于2015年发起第二次定增，募集资金总额约为48亿元。乐视股份的融资之路见表6-5。

表6-5   **乐视股份的融资之路**

2010年	通过 IPO 募资 7.3 亿元
	三次定向增发募资 60.28 亿元
	五次发行债券 25.3 亿元
2012年	获得创新工场 A 轮投资数千万元
2013年	获得 3.37 亿元融资
2014年	乐视网向乐视致新增资 4.05 亿元
2015年	融资 5.3 亿美元
	乐视体育宣布完成 8 亿元的 A 及 A+轮融资
2016年	乐视体育宣布获 80 亿元 B 轮融资
……	……

然而，从乐视网近年来的资产负债率（见表6-3）来看，其自2012年至2015年资产负债率逐步升高，由2012年的56.11%逐步升至2015年的77.53%，在行业中处于较高水平。2016年，乐视网资产负债率降为67.48%。此外，乐视网总负债更是逐年增长，从2012年的16.28亿元增长至2016年的217.52亿元。

2.在本案例中，乐视出现了哪些内部控制方面的问题?

（1）内部管理混乱

2016年11月，贾跃亭在致全员信中反思说，2016年公司新增员工超过5 000名，公司出现了一些人浮于事及组织效能不高等问题。对于乐视而言，解决资金问题是重中之重，除此之外，乐视的内部管理也亟待加强。

随着乐视债务的集中爆发，资金链断裂危机越来越频繁。舆论发酵也促使投资者不得不重新审视乐视的项目，"投资人的关注点不是几十亿的缺口，甚至不是钱多少的问题，而是资金危机为什么会发生的本质，是组织结构、公司治理、未来的战术执行层面的问题。"2017年5月21日，贾跃亭致全员信中提到乐视组织结构将发生重大调整，以冲刺规模盈利。在憧憬乐视美好未来的时候，贾跃亭资产遭遇冻结，选择跑路。乐视内部整体管理非常混乱，公司内部斗争激烈。和其他草莽生长又蓬勃发展的企业一样，乐视的这些管理问题也是其必经的成长烦恼。贾跃亭有野心、有远见、有魄力，这正是乐视快速成长的重要原因。但当企业发展壮大到一定规模后，公司管理就要走向规范化，这也正是当年谷歌引进施密特做CEO、Face-book引进桑德伯格做COO的原因。如何让大公司保持创业的活力，则是难度更高的挑战。

过去几年，乐视依赖快速聚集资源和战略扩张形成规模效应，而疏于在管理上的精耕细作，等意识到公司需要精细化运营时，现有的资源最终成了经营治理的掣肘。乐视用高溢价争夺大量赛事转播权，对风险缺乏足够合理的控制，在很大程度上导致了如今的困境，从而出现了裁员的风波，当中折射出的是管理者的不理智，裁员的背后是公司人力资源控制缺失的真实表现。

（2）风险评估不足，缺少信息与沟通

当时，陷入监管困局的乐视，正在试图多方"突围"。从颠覆能力来讲，乐视无疑是近年来国内少有的优秀的公司，但同时其在业务、财务和大规模股权质押上的风险也是客观存在的。乐视没有设置专门的风险管理部门对风险进行管理，虽然内部鉴证报告称其在内部控制的实际执行过程中已对各个环节可能出现的经营风险、政策法规风险和道德风险等进行了持续有效的识别、计量、评估与监控，但当公司面临着潜在诉讼、并购重组、无形资产等风险和193亿元的负债余额时，风险控制没有起到应有的作用，不仅使得乐视惨遭停牌，而且给乐视品牌造成了巨大冲击。

例如，乐视的扩张之路没有做好风险预测与评估，融资500亿元，投资700亿元。在2016年11月6日乐视发布的公开信里，贾跃亭在反思乐视资金承压问题时，认为这主要是因为乐视扩张速度太快，在烧钱追求规模的同时，资金和资源没能跟上，而且融资能力不强，方式单一。乐视二级市场直接融资情况见表6-6。

表6-6　　　　　　　　　　乐视二级市场直接融资情况

二级市场直接融资		时间	金额（亿元）
IPO直接发行		2010年7月30日	7.3
直接增发	公开增发	2016年5月6日	50
		2015年5月26日	48
		2013年9月30日	3
	定向增发	2016年5月6日	68.2
		2014年8月8日	45（停止实施）
		2013年9月30日	9.3
发行债券		2016年8月6日	不超过30
		2015年6月29日	9.3
		2015年6月29日	10
		2012年7月18日	2
		2012年5月10日	2

可是，融得多，花得更多。就截至2016年第三季度的现金流量表来看，乐视通过筹资活动产生的现金流量净额为72.06亿元，而投资活动产生的现金流量净额是-72.57亿元。乐视现金流量情况见表6-7。

表6-7　　　　　　　　截至2016年第三季度的乐视现金流量情况

投资活动产生的现金流入	6 082.82万元	筹资活动产生的现金流入	124.01亿元
投资活动产生的现金流出	73.18亿元	筹资活动产生的现金流出	51.95亿元
投资活动产生的现金流量净额	-72.57亿元	筹资活动产生的现金流量净额	72.06亿元

乐视这几年不仅在手机、电视等终端领域开足马力，在影视、体育、房地产等众多领域也有相当大的手笔。贾跃亭也一再强调钱花得快以及对资金的渴求，最大的原因是对汽车业务前期的过多投入。在终端领域，乐视仅收购美国智能电视厂商Vizio这一笔交易就需要20亿美元，而2015年乐视致新入股TCL多媒体也花费近20亿元。

3.从市场管理者角度而言，如何实施有效监管使企业及时合规披露？

信息披露是证券市场有效运行的基础，而及时准确的信息披露工作是评价一家上市公司优劣的重要组成部分。高质量的信息披露是保护投资者的重要手段，是促进上市公司规范运作的重要保障，是向证券市场全面展示公司投资价值的唯一途径。持续的信息披露是证券市场对上市公司的基本要求，也是上市公司必须履行的法定义务，是监管部门监管上市公司的最重要方面。做好信息披露的方式见表6-8。

表6-8   做好信息披露的方式

做好信息披露方式	详细内容
熟知规范信息披露的法律法规体系	证券市场信息披露法律法规体系已经初步完善，按法律法规和制度依法进行信息披露是证券市场对上市公司的基本要求。我国规范上市公司信息披露的法律法规体系包括四个层次，即法律、行政法规、部门规章和自律规则。除此之外，公司内部也存在约束制度，主要由上市公司章程和公司内部制定的信息披露制度组成。披露内容都有相应的法律法规来约束，并有相关的责任追究
明确评价信息披露质量的五个基本要求	五个基本要求：①必须真实，不得有虚假记载。②必须准确，不得有误导性陈述。③必须完整，不得有重大遗漏。④必须有效，不得以形式掩盖本质。⑤必须及时，不得拖延
把握好信息披露的五个重点	①盈利指标。近几年，利润造假现象在个别公司非常严重，主要目的是达到再融资条件或配合二级市场炒作股票。②重大担保及诉讼。近年来，已有许多家公司因未及时披露担保或诉讼而被证监会立案查处。③关联交易。公司应披露的关联交易事项包括向关联方购买或销售商品、提供资金、研究与开发项目的转移、关联双方共同投资等。④资产重组。在保证收购、出售资产的程序合法情况下，上市公司要遵循分阶段披露原则。⑤股权转让信息披露
采取保障措施	首先，要建立公司内部信息披露制度，保证责任落实。同时要建立内部责任制度，对信息失真进行责任追究，有利于信息披露工作顺利展开。其次，发挥中介机构作用，例如经验丰富的审计机构、会计师事务所等，减少信息披露工作中不必要的失误。最后，保持与监管部门沟通渠道的畅通

4.如何从内部控制五要素角度来看乐视问题？

内部控制是由企业董事会、监事会、经理层和全体员工实施的、旨在实现控制目标的过程。需要理解概念中的关键词：全体员工实施、旨在实现控制目标、过程。

对内部控制的概念可以从以下三方面来理解：

（1）内部控制是一种全员控制，即内部控制强调全员参与，人人有责。企业的各级管理层和全体员工都应当树立现代企业管理理念，强化风险意识，以主人翁的姿态积极参与内部控制的建立与实施，并主动承担相应的责任，而不是被动地遵守内部控制的相关规定。

（2）内部控制是一种全面控制，是指内部控制的覆盖范围要足够广泛，涵盖企业所有的业务和事项，包含每个层级和环节，而且还要体现多重控制目标的要求。内部控制本质上是对风险的管理与控制，所谓风险即偏离控制目标的可能性。《企业内部控制基本规范》规定，内部控制的目标是合理保证企业经营管理合法合规、资产安全、财务报告及相关信息真实完整，提高经营效率和效果，促进企业实现发展战略。

（3）内部控制是一种全程控制，是指内部控制是一个完整的内部控制体系。从时间顺序上看，包括事前控制、事中控制和事后控制；从内容上看，包含制度设计、制度执行与监督评价，以上三环环环相扣，逐步递进，彼此配合，共同构成了一个完整的内部控制体系。

内部控制五要素之间的关系如下：

内部环境在最底层，这说明内部环境属于内部控制的基础，对其他要素产生影响。内部环境的好坏决定着内部控制其他要素能否有效运行。

内部监督在最高层，这表示内部监督是针对内部控制其他要素的，是自上而下的单向检查，是对内部控制的质量进行评价的过程。

由于企业在实施战略的过程中会受到内外部环境的影响，所以企业需要通过一定的技术手段找出那些会影响战略目标实现的有利和不利因素，并对其存在的风险隐患进行定量和定性分析，从而确定相应的风险应对策略，这就是风险评估，它是采取控制活动的根据。

根据明确的风险应对策略，企业需要及时采取控制措施，有效控制风险，尽量避免风险的发生，尽量降低企业的损失，这就是控制活动要素。

信息与沟通在这五个要素中处于承上启下、沟通内外的关键地位。控制环境与其他因素之间的相互作用需要通过信息与沟通这一桥梁才能发挥作用。风险评估、控制活动和内部监督的实施需要以信息与沟通的结果为依据，它们的结果也需要通过信息与沟通这一渠道来反映。缺少了信息传递与内外沟通，内部控制其他因素就可能无法保持紧密的联系，整合框架也就不再是一个有机的整体。

5.如何避免成为下一个乐视？

第一，结合企业发展模式，重视风险点分析。"互联网+"背景下成长的企业，其运营模式差异性较大，在进行治理结构革新的同时，更要重视对其主要风险点的分析，包括股东大会是否定期有效召开、独立董事在董事会及其审计委员会中是否及时发挥作用、内审部门是否独立于经理层等方面，重视对中小股东权益的保护和意愿的表达，对董事长和总经理等不相容职位进行分离控制；在对子公司的管控方面，监事会、内审部门等相关权力机构应切实履行职责，加强对关联债权债务往来等重大关联交易事项的监管，对短期内不可避免的日常关联交易事项应确保其交易价格的公平合理，不损害中小股东利益且不影响公司独立性，同时重视对关联交易信息的充分披露。

第二，合理开发新模式，采取积极措施"去库存"。应以市场为导向，重视消费者需求，在推出新产品时进行更有针对性的市场调研，准确把握市场动向，迎合市场需求。同时加强对人员的培训，提升企业人力资源管理的效率。

第三，重视企业内部控制管理。要深刻认识到内部控制管理与企业运营各个流程息息相关。更加完备的内控系统是企业良好运作的基本保障。

6.作为高管，你觉得应该采取什么措施可以规避风险和存在的问题?

（1）增强对内控审计的重视，充分发挥上市公司法人治理的作用。

上市公司董事会负有建立、健全、有效实施内部控制的责任，公司管理层负责内部控制制度的日常运行，监事会对董事会建立与实施内部控制制度进行监督。应明确三者在内部控制中的职责和义务，三者之间形成有效的制衡和监督机制。董事会对自身建立的内部控制负责，不断对内部控制制度的设计与执行情况进行总结，完善内部控制。管理层在具体组织内部控制制度的实施过程中，应结合企业实际，对内部控制执行中的问题及时汇报。监事会在内部控制设计与执行中进行及时独立的监督。同时，也应组织员工与管理层积极学习公司的内部控制制度，从而提高员工在内部控制实施中的执行力。

（2）加强上市公司内部控制制定与执行的独立监督。

很多上市公司都有比较完整的内部控制独立监督体系，但是这个监督体系却没有发挥应有的作用。独立董事和监事会不能千篇一律对公司的内部控制情况进行评价，应在有独立性的基础上，有针对性地提出内部控制建设、执行中的问题与改进建议，再完善的内部控制制度，在具体执行中也会有漏洞，作为独立监督机构，就是要发挥独立性方面的作用。独立董事和监事会应深入基层，积极调研、了解内部控制的执行情况，听取内部控制的具体执行者对内部控制建设的意见和建议，落实到位，使政策建议更接地气。

（3）加强关联方交易风险评估，强化关联方信息控制制度的执行。

公司应设立专门的风险管理部门，建立专门的风险管理制度，定期对员工进行培训，使其了解公司经济业务中每个环节可能产生的风险点和应对措施，特别是对于涉及大额资金支出的交易，比如关联方交易、关联方违规担保占用资金，要特别关注资金风险，防止损失。

首先，在关联方交易之前，企业就应该派风险管理部门有胜任能力的员工对交易涉及的关联方背景进行调查，以预测关联方的信用风险，识别出在关联方交易中内部控制可能出现的漏洞，从而设计风险方案提交给董事会决议。在关联方交易过程中，包括合同的拟定、交易的形式、资金的支出都要经过严密的计划，以防止某一环节存在内部控制缺陷，从而给公司带来损失。事后要及时总结经验，以加强对风险评估和管理不到位的地方进行管理。

其次，对关联方交易的内部控制是一个全程、动态的过程，公司应对关联方建立信用档案并保持跟踪调查，关注关联方公司的盈利能力和偿债能力、重大交易信息披露、管理层的人事变动等信息，并始终保持对关联方的信息控制。

（4）强化企业内部审计机构职能。

首先，增设内部审计委员会。增设了审计委员会，可以加强内审部门的独立性，同时为内部控制审计的建设奠定良好基础。

其次，让内审部门全力参与内部控制制度建设。内部审计作为企业内部控制的一个重要组成部分，在企业管理过程中，负有监督内部控制其他环节的职责。内审机构是公司的一种非常重要的资源，能够帮助企业领导者更有效地达到企业预期的控制目标。内部审计师的任务，应该从简单地实施企业的内部审计日常工作，向帮助企业创建一些程序，以期设立成功的内部控制结构框架的方向发展。内审部门必须做好企业内部控制现状的调查，并配合企业其他的职能部门，提出适合企业特点的内部控制设计框架。

此外，要合理布置内审结构，健全财务内审制度。内部审计部门的合理结构布置，是保证内部审计部门正常有效运行的关键所在，所以在设立时，要尽量减少无关因素的影响，保持内部审计部门的独立性，并且强化内部审计委员会的作用，提高内部审计人员的责任心。内部审计部门还应该与外部的司法监督部门加强沟通合作，努力使内部审计工作更加规范合理。保证内部审计部门工作的有效性，是健全财务内部审计制度的重要前提。企业同时要全力配合内审部门完善整个财务审计制度，以核对审计内容，规范审计程序，并加强对经营过程中财务资金的控制管理，努力强化内部审计部门在企业内部的影响力。完善的财务内审制度能够使企业的整个财务体系变得更加系统化，重视财务内部控制制度的建设，会尽可能减少在财务运行过程中因为不规范操作等失误而造成的潜在风险，使财务经营更加有效合理，趋近资源利用最大化并规避可能的损失。

7.乐视集团在内部控制审计方面存在哪些问题？

（1）缺乏审计效率。

在本案例中，乐视在进行内部控制审计过程中缺乏云信息平台的大数据支持，导致审计过程的效率不足。乐视对业务流程管理缺乏信息化的规范，尚未建立完善的网上交易系统，同时其岗位设置较为传统，职责分散，从而不利于审计人员在进行审计时鉴定和评价其信息系统的安全性。早在2014年，乐视就被指出其对核心资产影视剧版权的日常统计管理尚处于纯人工记录的状态，从而增加了统计、计量错误的风险，同时也提升了审计人员的检查风险。

（2）复杂的关联方关系。

由于关联方关系可以变得复杂而隐蔽，使其对审计风险有很大影响。因为关联方交易本身是具有隐蔽性的，很容易引起不正当行为的发生，这种不可避免的行为为审计工作带来了较大难度。

在本案例中，乐视的关联企业多达100多家，由一人控股的企业达到68家，占比将近一半。然而自从乐视更改了交易模式，导致原有的商业循环增加了更多的关联性企业，使得关联交易更加复杂，交易类型复杂多样，从而为公司利用关联方交易的模糊概念进行舞弊操作、虚增利润提供了机会。越复杂的关联方关系，意味着越高的审计风险。乐视在对此类事项进行内部控制审计时需要提高事实的可发现性，以克服取证的困难性。

（3）风险评估系统的缺乏。

在本案例中，由于乐视内部审计部门的工作底稿缺失，且丢失的恰巧是存在问题记录的工作底稿，导致无法对资金挪用的问题进行核查，而审计底稿缺失恰恰说明了乐视缺乏风险评估系统。风险评估的缺乏就会导致乐视在业务的执行过程中，无法对业务流程中容易存在的风险进行合理识别、评估、计量与管控，使乐视缺乏事前控制。

乐视挪用了高达8.81亿元的资金，说明了乐视并未建立一个完善而有效的风险评估系统，导致其面对巨额亏损而不自知。风险评估系统的缺乏，导致企业应对危机的能力有所降低。乐视在进行内部控制审计时，就会缺少有效的审计证据。

8.你觉得乐视案是蓄意为之还是穷途末路？它带给我们的启示与借鉴是什么？

开放性问题，言之成理即可。

四、教学组织方式

（一）问题清单及提问顺序、资料发放顺序

1.乐视集团的融资扩张方式有哪些？

2.本案例中，乐视出现了哪些管理方面的问题？

3.从案例描述中可以看出乐视内部控制存在什么样的问题？

4.针对以上存在的内部控制问题，你觉得有哪些改进措施？

5.作为高管，你觉得应该采取什么措施可以规避这种风险和存在的问题？

6.乐视集团在内部控制审计方面存在哪些问题？

7.你觉得乐视案是蓄意为之还是穷途末路？它带给我们的启示与借鉴是什么？

（二）课时分配

1.小组分配5人一组，在小组长的组织下，课后自行阅读资料，并搜集整理与案例相关的辅助材料：约1小时；

2.小组讨论并提交分析报告提纲：约1小时；

3.课堂小组代表发言、进一步讨论：约1小时；

4.课堂讨论总结并做相关知识点延伸分析：约0.5小时。

（三）讨论方式（情景模拟、小组式、辩论式等）

本案例可以采用小组式进行讨论，并在此基础上，进行小组之间的辩论和探讨。

（四）课堂讨论总结

课堂讨论总结的关键：归纳各小组发言者的主要观点；辨析各小组观点中的重点及亮点；引导大家对焦点问题或有争议的观点进行进一步思考；建议读者对案例素材进行扩展研究和深入分析。

第7章 业务控制活动

案例19

双汇"瘦肉精"事件始末

编写目的

通过双汇集团内部控制漏洞案例的学习，读者可以在理论上理解与掌握基于风险管理层面的企业内部控制理论与应用；同时，通过对双汇的企业内部控制框架建设具体案例的学习，了解企业在具体实务中是如何进行内部控制设计的，以及通过对双汇的供应商环节、生产环节等方面的分析，引导读者思考双汇的业务控制活动存在的问题与对策，从而加深读者对内部控制研究的理解与掌握。

知识点

内部控制五要素；内部控制存在的缺陷；内部控制的整改措施

关键词

肉食品加工业；风险管理；内部控制；业务控制活动

摘要

双汇集团是以肉类加工为主的大型食品集团，是中国最大的肉类加工基地。2011年3月15日央视新闻频道《每周质量报告》的3·15特别节目播出了《"健美猪"真相》，对河南孟州等地部分养猪场喂有"瘦肉精"的生猪流入济源双汇食品有限公司进行了报道，双汇集团一度被推到舆论的风口浪尖，产品下架、停牌整顿、巨额亏损。本案例从不同的层面对双汇集团的内部控制进行了分析，特别是对双汇在采购、生产、存货管理等环节存在的问题进行了深入剖析，揭露了双汇集团内部控制存在的问题，以便于食品加工企业有针对性地采取改进措施，并为企业在构建内部控制体系时提供一些参考和借鉴。

案例正文

2011年3月15日，据央视《每周质量报告》3·15特别节目的曝光，双汇所宣称的"十八道检验"，并不包括瘦肉精的检测，此前河南孟州等地使用瘦肉精喂猪，几乎成了行业公开的秘密，当地的动物检疫机构形同虚设。"毒肉"不仅流入了南京的菜市场，还被顺利地卖到双汇集团下属的济源双汇公司。3月16日双汇集团发布致歉声明，同时责令济源双汇停产自查。3月17日，双汇集团再就"瘦肉精"事件发表声明，称将召回济源双汇在市场上流通的产品，并对济源双汇的相关负责人予以免职。这次"瘦肉精"事件对双汇集团的影响很大，估计全部直接和间接损失将会超过100亿元，但是更大的损失还是双汇集团失去了消费者对其产品的信任。

一、公司概况及案例背景

（一）公司概况

双汇集团是以肉类加工为主的大型食品集团，总部位于河南省漯河市，2010年总资产达200亿元，员工6万多人，年肉类总产量300万吨，是中国最大的肉类加工基地，在2012年中国企业500强榜单中列第200位。其品牌定位是开创中国肉类第一品牌，企业宗旨是消费者的安全与健康高于一切，双汇的品牌和信誉高于一切。

双汇集团是跨区域、跨国经营的大型食品集团，在全国15个地区建有20多家现代化的肉类加工基地和配套产业，在31个地区建有200多个销售分公司和现代化的物流配送中心，每天有8 000多吨产品通过完善的供应链配送到全国各地。双汇集团在新加坡、韩国、菲律宾等国设立了办事机构，开拓海外市场，每年进出口贸易额突破1亿美元。

（二）案例背景

2011年3月15日，据央视曝光，尽管双汇宣称"十八道检验、十八个放心"，但按照济源双汇的规定，十八道检验并不包括瘦肉精检测，尿检等检测程序也形同虚设。此前，河南孟州等地添加瘦肉精养殖的有毒猪顺利卖到双汇集团旗下公司。该公司市场部负责产品质量投诉及媒体宣传的工作人员则向记者回应说，原料在入厂前都会经过官方检验，央视所曝光的"瘦肉精"事件，公司正在进行调查核实。

与此同时，农业部（现为农业农村部）第一时间责成河南、江苏农牧部门严肃查办，严格整改，切实加强监督，并立即派出督察组赶赴河南督导查处工作。农业部还表示，将在彻查的基础上，责成有关地方和部门对相关责任人员进行严肃处理，并随后向社会公布结果。

受此影响，15日下午，双汇旗下上市公司双汇发展跌停，并宣布停牌。17日晚间，双汇集团发表声明：要求涉事子公司召回在市场上流通的产品，并在政府有关部门的监管下进行处理。据了解，截至 3 月 17 日，已经控制涉案人员 14 人，其中养猪场负责人 7 人、生猪经纪人 6 人、济源双汇采购员 1 人。对于双汇发展的投资者来说，这只是刚刚开始，4 月 19 日经历一个多月停牌的双汇发展复牌交易，复牌后的双汇发展连续两个跌停板，随后股价也在底部徘徊了一段时间后才逐渐上升。

　　瞬时间，双汇被推到风口浪尖之上。作为国内规模最大的肉制品企业，"瘦肉精"事件令双汇声誉大受影响。

二、案例概况

（一）双汇集团内控五要素描述

　　双汇集团发生的"瘦肉精"事件，使其一直受到社会大众及各种媒体的关注，探究其发生的原因有很多，本案例主要通过对风险管理角度下的企业内部控制五要素的分析，来解读该事件发生的原因，并揭露出双汇集团内部控制所存在的问题。

　　1.内部环境描述

　　（1）公司治理描述

　　相关资料显示，双汇发展目前的股权结构中，香港罗特克斯公司是第一大股东，而且其持股比例超过了 50%。这样"一股独大"的局面会导致形成一言堂，日常经营中一手遮天，产生造假、不适当的分配、肆意侵吞上市公司资产等漠视投资者利益的行为，在一定程度上会损害到中小股东的利益。双汇发展的十大股东见表 7-1。

表 7-1　　　　　　　　　　　双汇发展的十大股东

名次	股东名称	股份类型	持股数（股）	占总股本持股比例	增减（股）	变动比例
1	罗特克斯有限公司	流通 A 股 限售流通 A 股	2 436 727 364	73.41%	不变	—
2	香港中央结算有限公司	流通 A 股	74 638 432	2.25%	-10 496 067	-12.33%
3	中国证券金融股份有限公司	流通 A 股	57 971 092	1.75%	不变	—
4	中央汇金资产管理有限责任公司	流通 A 股	31 585 900	0.95%	不变	—
5	中国工商银行-广发稳健增长证券投资基金	流通 A 股	25 200 000	0.76%	5 600 000	28.57%
6	全国社保基金一一一组合	流通 A 股	20 387 243	0.61%	371 600	1.86%
7	全国社保基金五零三组合	流通 A 股	14 999 931	0.45%	-1 999 564	-11.76%
8	全国社保基金一零一组合	流通 A 股	13 730 900	0.41%	-2 290 029	-14.29%
9	全国社保基金四一四组合	流通 A 股	9 738 243	0.32%	-3 508 700	-26.49%
10	全国社保基金一一五组合	流通 A 股	9 430 000	0.29%	-4 370 000	-31.67%
	合计	—	2 694 409 105	81.20%		

因为万隆董事长对双汇的杰出贡献，并且长期在一把手岗位任职，所以他在公司内形成了绝对的权威。股东大会、董事会、监事会和经理层都要听他个人的指挥，不自觉地都会按他的行为模式做事，无法对其进行有效的制衡，管理层、董事会、监事会的相互制约作用没有完全地发挥出来，治理结构形同虚设，不能更大限度地发挥各个职能部门和干部职工的积极性和主动性，因而不可避免地出现了人管制度而不是制度管人的现象。双汇集团的治理结构如图7-1所示。

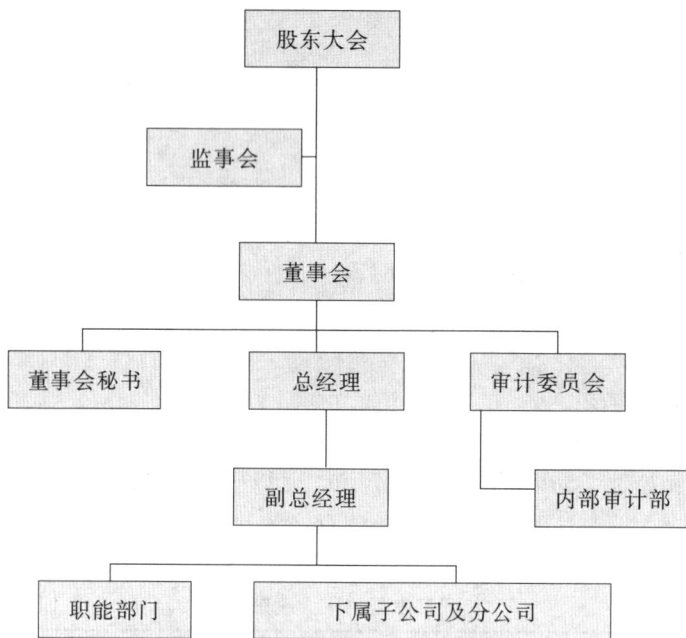

图7-1 双汇集团的治理结构

除此之外，双汇设立的专门负责质量检验工作的质检部门，虽然便于企业集中管理，看起来也比较规范，但也存在着一些问题。如果质检机构失职，通过企业内部的审计委员会就一定能查出来吗？没有外部有效的再监管，为了局部利益，有时这种内部监督就很容易流于形式。没有广大媒体、非政府组织和民众的直接参与，没有建立以行政监管为基础，以大众舆论监督为补充，以法律法规为后盾的立体式、多层次的质量监管体系，诸如瘦肉精类的有害物品仍可能死灰复燃。

（2）公司文化描述

"诚信立企，德行天下"是双汇企业文化的核心理念，并不是说双汇出了"瘦肉精"问题，其所倡导的诚信与德行的理念是错误的、虚伪的，而是说这种文化理念没有被认同，即便企业核心层是认同和坚守的，但是其基层部门与干部职工却没有很好地认同和坚守这种文化，更不要说深入人心。而不能得到广泛认同与深入人心的文化理念，实质上就是一条好看的标语、明亮的招牌罢了。双汇集团没有把食品行业的第一要素"质量优先"切实地灌输到企业的文化中，企业的员工没有形成为顾客提供安全放心食物的理念。一个管理有效的企业,经营的理念与制度的执行不仅要靠自上而下的命令,更要靠文化理念认同下的自觉与自愿精神。上面提倡"诚信立企,德行天下",下面的执行者却放任"瘦肉精"一路绿灯,由此可见,企业文化这个"底板"不牢,其他软硬件再先进、再完备,企业也会不堪一击。

2.风险评估描述

(1)肉制品加工企业的检测指标存在偏差。

双汇集团执行的"瘦肉率的高低最终决定生猪价格"的定价策略是导致"健美猪"事件的一个重要诱因。据了解,包括双汇在内的不少肉制品加工企业在收购生猪时,最为严厉、苛刻的指标并非瘦肉精或猪尿液检测,而是生产流程中一项叫作瘦肉率的检测,它是最终生猪账款结算的主要依据。

(2)"杀猪不养猪"的经营模式。

双汇采用"杀猪不养猪"模式,是因为担心养猪风险高、资产投入大、疫病问题多、成本变动快、产出效益低。这样确实规避了养猪的风险,不过却给食品安全带来了更大的风险。据报道,目前双汇集团的自建养猪场一年出栏生猪约30万头,而每年的生产则要消化3 000万余头。也就是说,这家国内最大的肉制品加工企业每年肉类深加工所需的绝大多数生猪都来源于基地以外的各种养殖户,而且绝大多数供应商为散户农民。

在确定供应商时,双汇对农户的生产规模、经营状态、诚信状况和饲养监管的评估没有做到位,没有进行充分的风险评估。处于整个产业链上游的养殖环节,由于是千家万户养殖户的分散经营,小、散、乱的现象特别突出,导致了企业在源头就埋下了食品安全的隐患。

以上分析反映出双汇缺乏客观、科学的供应商评价体系,导致公司没有公平、公正地确定供应商,也滋生了职务犯罪和商业犯罪。

(3)缺少重大风险预警机制。

发现瘦肉精的消息算不上一则"新"新闻,每次曝光也就是热热闹闹地争吵一番,事件过后一切还是按部就班,不久之后同类甚至同样的事件又死灰复燃。双汇"健美猪"事件发生之前,我国已经发生过多起瘦肉精中毒事件。如2002年广州某饲料公司违规添加瘦肉精导致480多人中毒;其同行雨润食品2009年也发生过"瘦肉精"问题。早在2002年国家有关部门就将瘦肉精作为禁用药品,明令禁止在饲料和动物饮用水中添加。瘦肉精对于一个肉制品加工企业来说,应该是最显而易见也是最重要的风险。然而,就是一个本应得到"非一般重视"的问题,却把号称有"十八道检验"的双汇击倒了。2010年至2011年2月份,双汇集团就发生了3例"瘦肉精"事件,而作为年销售额超过500亿元的超大型企业,却没有从中吸取教训,没有引起高度警惕,没有真正意识到肉制品加工行业既是朝阳产业又是高风险产业,没能及时建立重大风险预警机制,加强质量监管,防微杜渐。

3.控制活动描述

（1）双汇集团的主要问题显然是执行力度不够。控制活动的具体措施包括组织制度、政策、规范与程序等。按照济源双汇公司（子公司）的规定，十八道检验并不包括"瘦肉精"检测，而双汇集团（总公司）客服人员表示，集团检测包括对"瘦肉精"的检测。显然，总部对分公司的监管力度和执行力度并不到位。

（2）验收不规范，把关不严。济源双汇采购员明知采购的是问题猪，仍然进行采购，原料采购如此重要，没有人员对采购员进行监督，不相容职务分离的原则没有做到位。在对原料进行验收时没有严格地执行验收程序，产品质量控制体系形同虚设，导致了不合格的原料进入生产环节，而且供应商过于分散增加了监管和追查的难度。

这都反映了双汇在资产管理控制中的存货管理方面存在着不足。首先，原材料在取得、验收入库等过程中都未得到有效的监控。其次，产品在各个生产环节没有进行独立的质量检测和监控。

（3）公关处理能力不强。双汇的万人道歉大会没有请消费者代表参加，大谈企业损失，还声嘶力竭地大喊"双汇万岁"，种种迹象显示，双汇的道歉诚意不足，私心太重，很像一场危机公关秀。双汇集团道歉大会拼写错误如图7-2所示。

图7-2　双汇集团道歉大会拼写错误

4.信息与沟通描述

（1）信息上传迟缓，集团高层与基层部门之间沟通不畅，导致事件进一步恶化。双汇集团在2010年至2011年2月之间先后发生3起生猪添加瘦肉精事件，但都没有引起集团的重视，存在侥幸心理。这说明集团在信息的搜集、整理和评估方面存在着严重的不足。

（2）济源双汇采购主管宋亮明知故犯，此行为持续了两年之久，却没有被发现与处理，暴露出集团在信息传递以及对内控体系的评估方面存在着一些漏洞。

5.监督描述

（1）产品质量控制体系形同虚设。"十八道检验，十八个放心"作为双汇在产品质量中的执行标准，并没有得到贯彻和实施，没有对子公司、分公司进行有效监控。

（2）双汇集团缺乏对养猪户和猪贩子的有效监控。生猪的供应商大部分属于个体经营户，不在企业内控范围，使得不法的养猪户钻其漏洞，与采购人员勾结，说明内部审计部门失职，缺少对内部各部门的日常监控，导致违规行为猖獗。

（3）对内部控制体系进行监督的部门职责不清，责任不明，没有发挥出内部监督与内部控制其他要素相互联系、互为补充、共同促进企业实现控制目标的作用。

通过对双汇集团的内部监督分析可知，双汇在采购业务控制方面存在着以下问题：首先，双汇的采购管理制度不完善，这为采购环节问题的产生埋下了隐患；其次，公司相关部门未按照规定的审批权限和程序办理采购业务，落实责任制。

（二）双汇集团的整改措施

1.完善内部控制体系

完善公司各项内部控制体系，加强控制力，提高执行力，严把产品质量关；严格禁止暗箱操作、商业贿赂和不正当交易行为；完善产业链，加快自身养殖业的发展，以此来提高企业对行业产业链上游的生猪原料的控制力，从源头上保证产品供应和食品安全，切实履行企业的社会责任。

2.加强对供应环节的管理

（1）按照公司的相关制度，所有采购人员应严格按照"公开、透明、廉洁、高效"的原则开展采购业务，推行公开招标和阳光采购，严格执行不相容职务分离原则。确定供应商之前，要对有关供应商的经营状况、诚信等级、原料质量等进行详细的评估，以便选择优秀的供应商。

（2）事件发生后，双汇进行了相关的战略调整，加强了对采购供应环节的治理整顿，对生猪供应商明确要求：供应的生猪、原辅料要安全无害；供应前签订质量安全承诺书；不采购有"瘦肉精"的猪，不交售有"瘦肉精"的猪。

3.引入第三方检测机构

目前，双汇集团与产品安全第三方检测机构——中国检验认证集团签订了食品安全长期战略合作协议。作为独立的第三方监督机构，中国检验认证集团将对双汇集团的产品质量、食品安全和内控体系进行全方位的审核和检测，并定期向企业和社会反馈结果。此外，双汇集团实行开放式办公，接受消费者和新闻媒体的监督，全面搜集社会上的反馈信息，掌握各方对集团的意见和建议。

4.狠抓产品质量

（1）公司应对原料采购、生产过程、产品存放、产品出厂、产品运输、产品销售等各个环节设立的关键风险控制点进行更加严格的质量检验和监控，对生产过程进行严格管理。各个检测环节的负责人应相互独立，以提高各环节检验结果的真实可靠性。

（2）事件发生后，双汇改变了检测制度，加强了检测控制。生猪头头检验，原辅料批批检查，从源头控制食品安全；发现有毒有害等非食品原料，除按国家规定处理外，处以两倍罚款并通报国家执法部门依法处理。

三、主要参考文献

［1］程心悦，李易坤.从双汇事件看肉类加工企业采购环节内部控制［J］.会计之友，2011（28）：87-88.

［2］温法军.浅析肉制品加工企业内部控制存在的问题——以双汇"健美猪"事件为例的实证分析［J］.当代经济，2011（11）：44-47.

［3］管俊.基于内部控制的双汇集团"瘦肉精"事件研究［J］.合作经济与科技，2013（21）：56-57.

［4］兰军瑞.产品召回与内控要素关系研究——以双汇"瘦肉精"事件为例［J］.会计之友，2014（16）：91-93.

［5］罗沈娴.我国企业内部审计的问题及对策——以双汇集团为例［J］.商场现代化，2016（20）：180-181.

四、讨论题目

双汇集团"瘦肉精"事件受到了社会公众和媒体的广泛关注，引起了人们对食品行业安全性的质疑，也让人们对企业的内部控制有效与否产生了疑问。本案例结合我国企业内部控制基本理论，研究双汇集团在此次事件中暴露出的内部控制执行缺陷，并通过对其内部控制不足的分析，提出一些相应的整改措施，重点思考如下问题：

1.本案例中双汇集团发生了什么事件？

2.事件发生后管理层是如何做的？

3.该事件对双汇集团有什么影响？

4.双汇集团在业务活动控制层面出现了哪些漏洞？

5.从COSO内部控制五要素分析导致事件发生的原因有哪些？

6.如何从内部控制五要素方面进行改进？

7.该案例对食品行业企业的内部控制有哪些启示？

案例使用说明

一、本案例要解决的关键问题

本案例要解决的关键问题在于：引导读者理解与掌握内部控制在企业风险管理中起到的作用。通过对本案例的学习，读者可以在理论上基于风险管理层面深化对内部控制理论的了解与应用；同时，读者可以通过对双汇的内部控制的具体分析，了解并剖析双汇在业务控制活动方面的不足，以及思考如何改正这些不足，从而提高企业的内部控制。

二、案例讨论的准备工作

为了有效实现本案例目标，读者应该具备下列相关知识背景：

（一）理论背景

2002年，美国国会通过了《萨班斯—奥克斯利法案》，这一法案的提出，使人们广泛关注内部控制，企业更加趋向于将风险管理与内部控制相结合。2004年，COSO发布了《企业风险管理——整合框架》，首次把内部控制从"过程观"提升到了"风险观"，进一步说明了内部控制在企业风险管理中起到的作用，同时也明确了内部控制是企业日常经营活动中必不可少的组成部分。2006年，我国成立了内部控制标准委员会，这标志着我国正式开始建设企业内部控制体系。2008年，财政部会同证监会、审计署、银监会、保监会出台《企业内部控制基本规范》；2010年，五部委又发布了《企业内部控制配套指引》。我国开始建立起一套完整的，以基本规范为统领，以应用指引、审计指引、评价指引等配套办法为补充的标准内部控制体系，是我国内部控制制度发展的里程碑。

（二）行业背景

2011年3月15日，央视新闻频道《每周质量报告》的3·15特别节目播出了《"健美猪"真相》，对河南孟州等地部分养猪场喂有"瘦肉精"的生猪流入济源双汇食品有限公司进行了报道，济源双汇瞬间成为众矢之的，双汇集团也一度被推到舆论的风口浪尖。受此影响，3月15日当日，双汇集团下属的上市公司双汇发展即以跌停回应市场，市值蒸发103亿元。3月16日，双汇发展停牌。农业部和商务部的调查组分别奔赴河南，对事件进行调查，双汇发展由此进入漫长的停牌状态，双汇在10余天内销售额锐减10多亿元。大量超市、零售店下架双汇冷鲜肉和火腿肠等肉制品，一些双汇加盟店也"改旗易帜"，脱离双汇的销售体系。截至3月17日，抓获涉案人员包括养猪场负责人、生猪经纪人、双汇采购员等14人。

早在2002年，我国就明令禁止"瘦肉精"使用于养殖业。双汇一直宣传"十八道检验，十八个放心"，但济源双汇的检测却不包括"瘦肉精"的检测，尿检等其他检测程序也形同虚设，揭露出了双汇集团的内部控制存在严重问题。

（三）制度背景

《企业内部控制基本规范》关于企业内部控制的现行规范；《企业内部控制配套指引》——评价指引、应用指引、审计指引为补充的相关内部控制体系。

三、案例分析要点

（一）需要读者识别的关键问题

本案例需要读者识别的主要知识点包括：内部控制五要素、企业内部控制存在的缺陷及整改措施。

（二）解决问题的可供选择方案及其评价

1.本案例中双汇集团产品安全出现了问题

双汇集团的产品安全出现问题主要是采购业务等环节存在着严重的内部控制漏洞。如在采购业务控制中，供应商评估不严、供应商选择不当等导致了企业在源头就埋下了食品安全隐患；在原料验收过程中，验收程序不规范，缺乏有效的验收制度，导致含有瘦肉精的生猪流入企业。在资产管理控制中，存货管理过程中的控制措施存在着重大漏洞。

2.关于内部控制存在的缺陷

（1）内部环境。

内部环境是企业实施内部控制的基础。控制环境是一种氛围和条件，它奠定了公司内部控制结构的基础，决定了组织的控制基调，影响了整个组织内所有人员的控制意识和控制行为。它包含了很多内容，有企业的组织结构、董事会、权责分配、员工的诚信度和道德观念、企业管理人员的胜任能力和风险管理意识等。双汇集团的内部环境不完善导致了其存在以下几个问题：

①公司的企业文化建设不到位，不仅会导致员工丧失对企业的信心和认同感，使企业缺乏凝聚力和竞争力，而且会使基层部门与干部职工不能很好地认同和坚守企业文化，影响企业的持续发展。

②人力资源管理不当，导致了企业用人不当、经营效率低下等问题的出现，影响企业发展战略的实现。

（2）风险评估。

风险评估是企业及时识别、系统分析经营活动中与实现内部控制目标时的风险，以合理确定风险应对策略。它是实施内部控制的重要环节。双汇集团风险评估机制的不完善导致其存在以下几个问题：

①肉制品加工企业的检测指标存在偏差。双汇片面强调瘦肉率的高低，没有评估其中所包含的巨大风险。

②"杀猪不养猪"的经营模式，不仅加大了原料的安全隐患，而且因为大多数供应商为散户农民，所以企业进行责任追究的难度也加大了。

③缺少重大风险预警机制。食品行业被爆出产品中存在"瘦肉精"已经不是什么"新"新闻了，而且早在2010年至2011年2月份，双汇集团就已经出现过3例"瘦肉精"事件，而这些重大事件却没有引起双汇的重视，说明其缺乏风险意识。

（3）控制活动。

控制活动是在风险评估之后，单位采取相应的控制措施将风险控制在可承受的范围之内。控制活动通常由两个要素构成：制定应该执行的政策和执行该政策的程序。然而，可能由于管理层对内部控制制度不重视，导致企业内部控制活动执行力不足。双汇集团在控制活动方面存在以下几个问题：

①执行力度不够。在济源双汇公司（子公司）的规定中，十八道检验并不包括"瘦肉精"检测，而双汇集团（总公司）客服人员表示，集团检测包括对"瘦肉精"的检测，总公司与分公司在规章制度方面存在偏差。显然，总部对分公司的监管力度和执行力度并不到位。

②验收不规范，把关不严。济源双汇原料的采购和监督没有分开，不相容职务分离的原则没有做到位。在对原料进行验收时没有严格地执行验收程序，产品质量控制体系形同虚设。

③公关能力不强。在事件爆发后，公关部门没有迅速地掌握事件发生的前因后果，所以没能及时、迅速地作出应对；在道歉大会上，不仅公司名字的拼写出现错误，而且没有邀请消费者代表出席。

（4）信息与沟通。

信息沟通是企业实施内部控制的重要条件，内部环境与其他因素的相互作用需通过信息与沟通这一桥梁才能发挥作用。有效的沟通就是广义上的沟通，包括企业内部纵向和横向的沟通。有效的沟通还需要把企业内外部的相关信息与企业相关方进行沟通交流，如企业的股东、政府职能部门、企业的客户等。双汇的信息沟通不畅导致其存在以下几个问题：

①信息搜集不全面、不准确，导致企业无法作出适当的决策或者决策失误。

②信息传递过程中可能存在人为故意或者疏忽，导致信息传递错误，甚至泄露公司机密。济源双汇采购主管宋亮采购含有"瘦肉精"的生猪的行为持续了两年之久，却没有被发现与处理，暴露出集团在信息传递以及对内控体系的评估方面存在着一些漏洞。

（5）内部监督。

监督就是对企业风险管理的监控过程。企业可以通过持续监控和个别评估等对风险管理进行监督。这两种方式都被用来保障企业风险管理能够在企业各个层级和各个部门中得到持续的执行。双汇集团监督体系的不完整导致其存在以下几个问题：

①产品质量控制体系形同虚设。双汇集团的产品质量检测标准在子公司没有得到贯彻和实施，说明双汇集团没有对子公司进行有效监控。

②双汇集团缺乏对供应商的有效监控。双汇生猪原料的供应商大部分属于个体经营户，不在企业内控范围内，使得不法的养猪户钻其漏洞，与采购人员勾结，说明内部审计部门失职，缺少对内部各部门的日常监控，导致违规行为猖獗。

③企业的内部控制体系存在缺陷，而相关的监督部门却没有发现或者虽然发现却没有报告给相关部门，说明企业的内部监督体系存在着缺陷。

3.推荐解决问题的方案

关于本案例，解决方案分别有以下几点：

（1）优化双汇集团的内部环境。在双汇集团内部组织架构上，要建立完善的法人治理结构，改善其股权情况，符合法律法规和企业发展战略等的要求，防止一人独大或是相互勾结等情况。同时要完善对人力资源的管理机制，防止高层管理任人唯亲，从人才选拔到人才任用的各个方面，都需要明确其职责和权限范围。强化双汇集团"诚信立企，德行天下"的核心价值观，防止企业文化流于形式。同时，双汇集团应该提高员工的道德素养及专业水平，定期进行宣传和培训，开展内部会议、培训、讲座等，提升员工的综合素质。

（2）进行科学、系统的风险评估。双汇集团的内部控制不到位，对食品的安全意识不够是导致"瘦肉精"事件发生的一个重要原因。企业需要建立健全有较强风险防范能力的内部控制系统。在严格执行十八道安检程序外，也要加强对瘦肉精的检验，并建立产品安全第三方检测机制。双汇集团"杀猪不养猪"的经营模式虽然降低了成本，但会造成风险过于分散，企业难以控制风险，所以建立第三方检测机制既能明确双方的职责，也能明确双方应承担的风险。

（3）强化控制活动的执行力度。双汇在人力资源管理上，特别是高层管理者要做到不相容职务分离，防止相互勾结、隐瞒和贪污。建立索赔机制，重视采购、生产和销售环节的质量安全的把控，在第一次出现"瘦肉精"事件时，双汇集团就应该立即采取措施对内部进行整顿审查，而不是忽视。双汇集团的内部控制需要高层管理者带头执行，内部控制的有效执行也需要监管部门独立监督。双汇集团在分公司的管理和监督上要有所强化，集团的稽查中心要严查采购、生产、销售等环节的违规行为，防止分公司滥用职权而难以管辖。

（4）要及时、充分地搜集和传递信息。一方面，双汇集团对信息上传显然不够重视，信息上传比较迟缓，导致事件一而再再而三发生。另一方面，双汇集团应广泛搜集投资者需要的信息，进而建立完整的规章制度，要加大对违规信息披露的惩处力度，提高举报的奖赏，鼓励员工积极反映真实状况。

（5）执行到位、有效监督。食品行业是一个风险管理层级非常高的行业，双汇集团要从源头上下功夫，大量地建养殖场、屠猪场比较困难，所以就需要设立风险控制委员会来进行监督，确保安全。在第一次发现"瘦肉精"事件时，就应该及时采取监管措施，寻找问题的源头，迅速作出应对和调整。

四、教学组织方式

（一）问题清单及提问顺序、资料发放顺序

本案例讨论题目依次为：

1. 本案例中双汇集团发生了什么事件？
2. 事件发生后管理层是怎样做的？
3. 从COSO内部控制五要素分析导致事件发生的原因有哪些？
4. 双汇集团在处理事件过程中出现了哪些漏洞？
5. 如何从内部控制五要素方面进行改进？

6.该案例对食品行业企业的内部控制有哪些启示？

将本案例的参考资料及其索引，在有关知识点讲授之后一次性布置给读者。

（二）课时分配

1.课后自行阅读资料：约1小时；

2.小组讨论并提交分析报告提纲：约1小时；

3.课堂小组代表发言、进一步讨论：约0.5小时；

4.课堂讨论总结：约0.5小时。

（三）讨论方式

本案例可以采用4人一组小组式进行讨论。

（四）课堂讨论总结

课堂讨论总结的关键是：归纳发言者的主要观点；重申其重点及亮点；提醒大家对焦点问题进行进一步的思考；建议大家对案例素材进行扩展研究和深入分析。

案例20

"内外监控,保驾护航"之华为内控分析

编写目的

本案例从华为的内部控制出发,较为具体地阐述了华为的内部控制制度及内部控制建设,并分别从不同的业务控制活动层面,提出了华为内部控制的特色。一方面,本案例可以引导读者对华为内部控制有效性的原因进行分析;另一方面,基于华为有效的内部控制,读者可以了解企业是如何进行内部控制框架的构建和设计的,从而加深读者对内部控制研究的理解与掌握。

知识点

内部控制;业务活动控制程序

关键词

华为公司;内部控制;业务活动控制程序;控制要点

摘 要

华为成立于1987年,是一家由员工持有全部股份的民营企业,目前约有19万名员工,业务遍及170多个国家和地区,是全球领先的信息与通信技术(ICT)解决方案供应商,公司专注于ICT领域,坚持稳健经营、持续创新、开放合作,在电信运营商、企业、终端和云计算等领域构筑了端到端的解决方案优势,为运营商客户、企业客户和消费者提供有竞争力的ICT解决方案、产品和服务。这是一家典型的内部控制非常有效的公司。本案例通过对华为内部控制的分析,从业务活动控制程序层面研究企业内部控制的有效性。

案例正文

企业内部控制是否有效是决定企业能否成功的重要因素,而且高新技术企业与一般企业相比在内部控制目标和风险控制上具有自身的独特性,因此对高新技术企业内部控制的研究具有特殊意义。通过对华为内部控制建设的具体阐述和评价,读者可以详细了解高新技术企业在业务方面的内部控制活动。

一、公司概况及案例背景

（一）公司概况

华为成立于1987年，是一家由员工持有全部股份的民营企业，目前有超过19万名员工，业务遍及170多个国家和地区。华为是全球领先的ICT基础设施和智能终端提供商，致力于把数字世界带入每个人、每个家庭、每个组织，构建万物互联的智能世界。华为主张在通信网络、IT、智能终端和云服务等领域为客户提供有竞争力、安全可信赖的产品、解决方案与服务，与生态伙伴开放合作，持续为客户创造价值，释放个人潜能，丰富家庭生活，激发组织创新。华为坚持围绕客户需求持续创新，加大基础研究投入，厚积薄发，推动世界进步。2004年，华为的销售额为462亿元人民币，其中海外销售额为22.8亿美元，比2003年增长117%；2005年公司的销售目标为650亿元人民币，2005年上半年华为销售额达到330亿元人民币，同比增长82%，其中海外销售额达到24.7亿美元，占销售总额的62%，并已超过2004年全年的海外销售额。这些数据意味着华为当时进入了一个新的快速发展时期。华为公司的组织结构如图7-3所示。

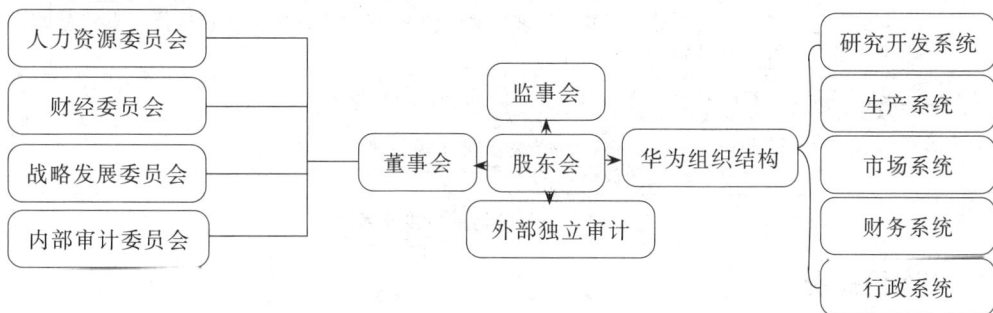

图7-3　华为公司的组织结构①

（二）案例背景

任正非在2016年12月1日监管体系座谈会上提到，公司发展这么快，腐败这么少，得益于华为在管理和控制领域做出的努力。公司发展得越快，管理覆盖就越不足，为了应对出现的漏洞，华为设置了内部控制的三层防线：第一层防线，业务主管是内控的第一责任人，在流程中建立内控意识和能力，不仅要做到流程的环节遵从，还要做到流程的实质遵从。第二层防线，内控及风险监管的部门针对跨流程、跨领域的高风险事项进行拉通管理，既要负责方法论的建设及推广，也要做好各个层级的赋能。第三层防线，内部审计部是"司法部"，通过独立评估和事后调查建立冷威慑。华为良好的内部控制为其长远的发展奠定了基础。

华为公司的内部控制建设经验，对于高新技术企业的内部控制建设具有重要的借鉴意义。华为公司的发展历程如图7-4所示。

---

① 数据来源于华为企业业务网站 https://e.huawei.com/。

1990	·开始自主研发面向酒店与企业的 PBX 技术并进行商用
1992	·开始研发并推出农村数字交换解决方案
1995	·销售额达 15 亿元人民币，主要来自中国农村市场
2000	·在瑞典首都斯德哥尔摩设立研发中心 ·海外市场销售额达 1 亿美元
2004	·获得荷兰运营商 Telfort 公司价值超过 2 500 万美元的合同，首次实现在欧洲的重大突破
2005	·海外合同销售额首次超过国内合同销售额 ·成为英国电信（简称 BT）首选的 21 世纪网络供应商，为 BT21 世纪网络提供多业务网络接入（MSAN）部件和传输设备
2008	·被"商业周刊"评为全球十大最有影响力的公司 ·根据 lnforma 的咨询报告，华为在移动设备市场领域排名全球第三 ·首次在北美大规模商用 UMTS/HSPA 网络，为加拿大运营商 Telus 公司和 Belus 公司建设下一代无线网络
2009	·无线接入市场份额跃身全球第二 ·主要产品都实现了资源消耗同比降低 20% 以上，在全球部署了 3 000 多个新能源供电解决方案站点
2016	·华为支持全球 170 多个国家和地区的 1 500 多个网络的稳定运行，服务于全球 1/3 以上的人口
2017	·运营商业务：从"投资驱动"走向"价值驱动" ·企业业务：使行业数字化转型 ·消费者业务：打造"世界级智能终端品牌" ·华为云：构建开放可信的云平台

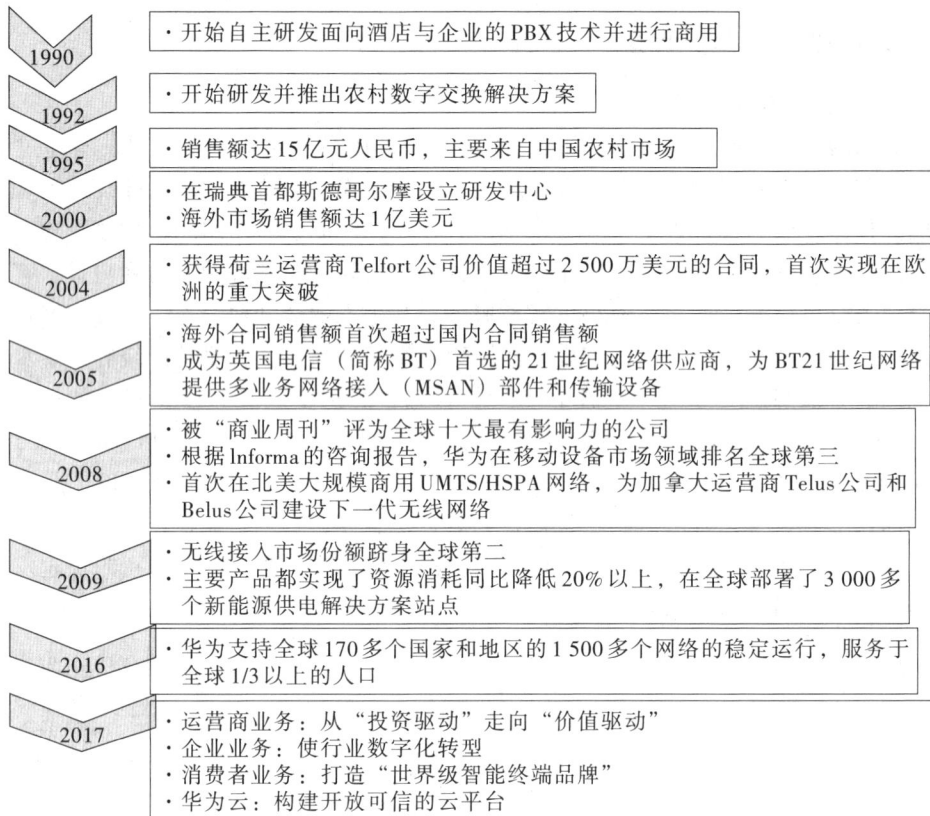

图 7-4　华为公司的发展历程[①]

二、案例概况

本案例通过对华为业务活动控制的分析，学习华为如何在业务活动方面进行良好的控制建设。

（一）采购业务处理循环控制程序

采购业务包括商品、材料、行政事务用品等物资的订购、验收、入库、结算、付款等工作。采购业务的内部控制，包括整个订货、取得、结算循环。

1.华为的采购制度

仓储部门编制请购单，经存货控制部门核准后，仓储或存货控制部门编制核准请购单，将请购单送至采购部门。请购单连续编号并将副本归档，与采购部门编制的订购单、仓库的验收单进行核对。采购部门收到请购单后，将确定应订购的项目、选择适当的供应商以及货物的品质和价格，然后签发一份连续编号的订购单以订购货物，并将订购单副本送仓储、验收和财务部门。验收部门独立于采购部门，收到货物时与订购单进行核对，清点及检查货物（在这一过程中应有质量检验），

---

① 数据来源于华为企业业务网站 https://e.huawei.com/。

所有收到的货物皆应编制验收单，这些文件必须编号并及时将副本送至财务、采购和仓储部门。财务部门收到验收单，与订购单、供应商发票等进行数量、价格、折扣等核对，从而确定应付款项等，据此登记入账。仓储部门收到验收单后，对货物进行归类放置与整理，登记货物吊卡、明细账，财务部门定期与之进行账实核对。

2.华为采购环节的控制要点

请购阶段：仓储部门在编制采购申请时，应结合库存货物满足生产需求的程度以及合理的库存量，即最佳经济订货量来编制。非生产用物品的请购应结合费用考核的办法以获得批准。订购阶段：采购部门应根据所要订购的项目，选择适当的供应商并对其信用、价格、质量、交货期、货款结算方式等内容进行评定，然后签订合同（即订购单），登记备查簿。对这一过程指定的审批人是指在特定金额范围内指定的人员，超过特定金额的采购必须经特殊授权。验收阶段：验收过程中应核对订购单，审核所收货物是否系所订购货物，以及到货数量与订购单是否相符，并与质量检验部门相配合，确定到货质量是否符合标准。结算付款阶段：此阶段要审核发票、验收单、订购单三种单证列示的货物数量及订购单与发票所列示的价格、折扣、运输条件，防止多付货款。发票的验证和款项的支付功能要分离，核签过的发票和相关文件应标记，防止重复付款。按照供应商名录建立明细账，及时准确地进行会计记录，并定期与供应商对账单进行核对。

3.华为的采购程序

仓储部门开出请购单给采购部门：原材料或零配件的需求，首先是由生产部门（或其他使用部门）根据生产计划（或其他使用计划）提出的，并以需求清单的形式送至仓储部门，仓储部门物料管理人员收到需求清单时应将库存数量与生产或其他部门需要的数量进行比较（在这里，最简便的方法是将材料吊卡上记录的数量与之比较），当库存数量低于生产使用的数量与仓储所需后备数量之和时，应开出请购单，并报部门主管审批。

决定物料供应来源。采购部门接到请购单后，首先，应审查该项请购是否有重复提出及其他不合理请购数量。其次，审查每一份请购单中提出的请购数量是否在控制限额范围内；对需大量采购的物料，必须做出各种采购数量对成本影响的分析（如采用经济批量法等）。最后，根据公司财务安排及成本分析结果决定购买数量。

决定最佳时机发出订单：在这里，主要控制措施是通过分析最低存货点来进行的，MRPⅡ的运行能简便地解决这一问题。

与适当的供应商签约并开立订购单：与适当的供应商就物品订购单价、数量、折扣、付款条件、交货时间等条款进行协商，达成共识后开立订购单（代合同）。

监管供应商准时交货：核对并完成采购行为，对到货物品进行验收，填制验收报告或质量、数量检验报告、核对供应商交货情况、对不良品或数量不符加以处理。货物的管理应登记材料吊卡和材料明细账，并进行账实核对。

结算付款：依据验收单，核对发票、订购单等，结合付款条款进行结算付款。

（二）存储及调拨业务处理循环控制程序

1.存储业务流程

存储业务包括对货物的收、发、存等经济活动。根据各项货物的内容，可分为购入货物和生产转入的货物两大类。

（1）购入货物。①仓储部门收到"订购单"（即PO），与"请购单"核对，依照请购单进行归档保管，做好进货准备，登记"进货计划簿"，安排库房仓位。②货物抵达后组织人员（包括质量检验人员）进行检查验收，根据订购单载明的品名、规格、数量、质量等内容查验货物，按实收数量填制"入库单"（一式五份），入库单必须连续编号。③验收中发现货物有溢余时，填写"溢余货物单"（一式三份），将货物妥善保管的同时，将"溢余货物单"（三份）送采购部门，由采购部门与供应商联系处理。如果溢余的货物要退回，采购人员在"溢余货物单"上注明并通知仓库办理退库手续；如果货物不需要退回，采购人员与供应商协商处理后通知仓库、财务部门办理入库、入账手续。"溢余货物单"按编号仓库归档一份，另一份送财务部门作为会计账务处理的凭据。④验收中发现有毁损、短缺，填写"短缺货物单"（一式三份），三份先送采购部门调查处理，接到处理结果后，一份送财务部门作为会计账务处理的凭据，一份留档备查。⑤货物的保管必须指定专人负责（按货物类别分），根据实收数量登记吊卡及记录明细账，并建立永续盘存制度。⑥货物发出是指使用部门向仓储部门提出领用，仓储部门按有关手续发出货物的过程。生产及其他使用部门编制领料单（一式四份），提出领料申请，由使用部门经理审批；仓储部门接到经批准的领料单后进行审核，对符合领料条件的在领料单上签字后传给仓库保管员办理发料手续；仓管员根据批准的领料单发货，并在领料单上注明领用数量。留档一份，登记材料吊卡；其余三份分别送交领用部门、仓储部门（存货记账部门）及财务部门。仓储部门按领料单登记明细账。⑦财务部门接到领料单后暂时保存，在月末与领用部门转来的领料单进行核对，编制发货汇总表，并编制记账凭证进行总分类核算。

（2）生产转入的货物。生产转入的货物包括自制材料、半成品、产成品。①仓储部门根据生产部门编制的产品入库单（一式三份）验收产品，查验后在入库单上签字，送生产部门、财务部门各一份，存档一份并登记材料吊卡及明细账。②生产部门在月末将入库单汇总报财务部门，财务部门将仓库交来的入库单汇总并与之核对后编制记账凭证，进行总分类核算。③对生产转入货物的发出是依据销售部门的销售订单和仓储部门的发货凭证进行的，仓库保管员发货后应在发货单上签字。④生产转入的货物的管理与购入物料的管理相同，分类别堆放，登记材料吊卡及明细账，账实核对，建立盘点制度。⑤对不存放在公司仓库的货物要设账登记并定期进行核对，对存放在公司仓库中不属于公司存货的要与本公司存货分开保管，进行有效的会计处理。

2.调拨业务流程

（1）调入方根据需要调入货物时，填写调拨单（一式三份），经部门经理批准后，报业务协调部门审批。

（2）业务协调部门根据实际情况进行审核，调拨单签字批准后进行如下处理：退还调入方一份；送交调出方及财务部门各一份。

（3）调入方、调出方分别按照收、发货物正常业务程序进行办理，及时将验收单、出库单送财务部门。

（4）财务部门收到验收单、出库单后，进行内部转账会计处理。

（5）调拨货物的计价原则按实际成本计算确定。

（6）调拨途中发生的货物溢余、短缺、毁损一律由调入方按正常收、发货时发生的溢余、短缺、毁损填单进行报批。协调部门主管根据原因具体处理，并将处理意见通知财务部门做相应的会计处理。

（7）发生的调入费用由调入方负担。

（8）调拨双方按月汇总进行归档。

（三）销售业务处理循环控制程序

华为公司的销售及售后服务，由市场部及用服中心两个部门负责。市场部负责接单、签订合同，用服中心负责发货、安装。备件的销售及所有维修业务也由用服中心负责。两个部门的业务是紧密联系的。将两个部门的业务统一分为以下三类：产品销售业务、备件销售业务、维修业务。维修业务又分为保修期内的无偿维修及保修期外的有偿维修两种。

1.产品销售业务流程

（1）办事处销售人员寻找客户，与客户草签产品销售合同。

（2）商务部门对销售人员草签的合同进行评审，看技术上是否达到要求，客户的信誉是否良好。评审通过后，签订正式合同。

（3）合同生效，客户按合同的规定，预付部分货款。

（4）客户若未付款，商务部门负责催收，并暂停合同的履行；财务部门收到预付款后，通知商务部门继续履行合同。商务部门组织发货及安装。

（5）用服中心货运处根据商务部门的通知，进行提货及发运。

（6）用服中心工程处去客户处进行安装。

（7）财务部门催收余款。

2.备件销售业务流程

（1）维修人员与客户草签备件销售合同。

（2）用服中心商秘科对合同进行评审。

（3）评审通过后，维修人员与客户签订正式合同。

（4）收到货款，商秘科通知备件库发货。

（5）备件库填写出库单，并发货。

3.有偿维修业务流程

（1）客户设备出现故障，与办事处维修人员联系，草签维修合同。

（2）用服中心商秘科对维修合同进行评审，审核其价格、付款、信誉等方面的合理性，通过后，维修人员与客户签订正式合同。

（3）合同生效后，客户应先将维修款汇至公司。财务部门收到款后，通知用服中心商秘科。

（4）用服中心商秘科通知维修人员实施维修。

（四）固定资产业务流程控制程序

1.固定资产标准

明确规定按固定资产进行管理的条件：使用期限超过一年；单位价值 5 000 元以上；在使用过程中保持原有实物形态；为使用而非出售或其他目的。

2.固定资产的分类

华为将固定资产分为六大类，分别进行管理，包括：房屋及建筑物；电子仪器设备；生产机器设备；运输设备；办公家具；厨房及其他设备。每一大类可根据需要划分为若干小类。

3.与固定资产业务有关的部门

（1）固定资产管理部门。固定资产管理部门包括基建处、仪器室、设备科、行政部车辆管理科、总务处，分别管理上述六大类固定资产。其中基建处管理房屋及建筑物，仪器室管理电子仪器设备，设备科管理生产机器设备，车辆管理科管理运输工具，总务处管理办公家具、厨房及其他设备。

（2）固定资产使用部门。在使用固定资产时，该部门承担固定资产的保护、保养责任，保证固定资产的安全及完整。

（3）财会部门。该部门负责固定资产的核算并参与制定固定资产的预算。

4.固定资产业务处理程序

（1）外购固定资产程序。外购固定资产时，严格遵循：请购、认证、订购验收、入账流程。

（2）自建固定资产程序。自建固定资产要先立项、设计；然后基建处根据设计要求，组织招标，选择承建商并监督承建商进行工程施工；建设完毕后进行竣工验收并办理移交手续。

（五）工资业务处理循环控制程序

1.业务流程

人力资源部负责人员档案记录、考勤记录及工资计算。后勤（总务）部门根据员工实际花费情况计算员工个人房租、餐费等项扣款报财务部门。财务部门根据人事部门报来的工资单、工资汇总表，后勤（总务）部门报来的扣款通知，计算保险、个人所得税扣款和实发工资，编制记账凭证，进行工资分配，签发转账或现金支票，并打印工资单（一式三份）。出纳部门根据财务部门签发的支票提现发放或转存银行，将工资单交员工签名后返回财务部门和人事部门存档。

2.工资业务的控制关键点

劳资部门负责对考勤记录准确性的审核。财务部门负责对工资单与工资汇总表的审核，特别是对实发工资的审核。员工在领取工资时签名。将签过名的工资名单分别归档，定期进行库存现金日记账、总账和应付职工薪酬明细账的核对。

华为对不同的业务活动控制程序都有全面的、明确的、详细的规定，这使得公司的各项业务活动都有制度可依，都要受到严格的程序控制。完备、有效的控制程序，全面、统一的业务流程架构，全球流程责任人制等运用在了华为在世界范围内的全部业务，而华为不断取得的好成绩也无形地验证了其内部控制的有效性。

三、主要参考文献

［1］孙玉敏.回首华为一次未成功的内部创业［J］. 上海国资，2016（5）：72-73.

［2］杨晓彤，范英杰.基于文化视角下的企业内部控制环境研究——以华为为例［J］. 财会研究，2016（7）：49-51.

［3］王梦媛.浅析内部控制与企业文化的关系——以华为有限公司为例［J］. 现代经济信息，2017（2）：127.

［4］樊云天.企业内部控制有效性研究——基于华为的案例分析［J］. 南方企业家，2018（1）：119.

［5］安博，张静怡.我国跨国公司内部控制体系研究——以华为公司为例［J］. 国际商务财会，2018（9）：8-13.

四、讨论题目

本案例的侧重点在于对华为内部控制中业务活动控制的分析，重点思考如下问题：

1.华为是如何根据自身情况设计业务活动控制程序的？

2.从业务活动控制的角度分析华为内部控制建设优秀的原因。

3.如何理解良好的内部控制是一家企业成功的重要因素？

4.华为应如何保证业务活动控制程序的有效运行？

5.华为的内部控制对于我国其他高新技术企业的内部控制建设有什么启示？

案例使用说明

一、本案例要解决的关键问题

本案例要解决的关键问题主要是：本案例以高新技术企业的典型代表——华为——为分析对象，引导读者对华为内部控制的有效性进行学习和分析，并在了解华为内控体系和内控理念现状的基础上，借鉴华为内部控制的管理经验和做法，引导读者思考如何构建有效的内部控制，从而为读者们进一步研究内部控制设计提供研究思路。

二、案例讨论的准备工作

为了更有效地实现本案例目标，同学们应该具备下列相关知识背景：

（一）理论背景

1949年，美国会计师协会的审计程序委员会对内部控制首次做了权威性定义："内部控制是所制定的旨在保护资产、保证会计资料可靠性和完整性、提高经营效率、推动管理部门所制定的各项政策得以贯彻执行的组织计划和相互配套的各种方法及措施。"可见，内部控制已经突破了与财会部门直接有关的控制的局限。

1988年，美国注册会计师协会发布的《审计准则公告第55号》（SAS NO.55），以"财务报表审计对内部控制结构的考虑"为题，首次采用"内部控制结构"一词，并将其界定为：为合理保证企业特定目标的实现而建立的各种政策和程序，并且明确了内部控制的内容包括三个部分：控制环境、会计制度、控制程序。

2001年，COSO委托普华永道开发一个对于管理层评价和改进他们所在组织的企业风险管理的简便易行的框架，2004年9月《企业风险管理——整合框架》的正式文本发布。《企业风险管理——整合框架》认为："企业风险管理是一个过程，它由一个主体的董事会、管理层和其他人员实施，应用于战略制定并贯穿于企业，旨在识别可能会影响主体的潜在事项，管理风险以使其在该主体的风险容量之内，并为主体目标的实现提供合理保证。"该框架拓展了内部控制，更有力、更广泛地关注于企业风险管理这一更加宽泛的领域。

（二）行业背景

近些年来，中国经济高速发展。国家鼓励"引进来"的同时，鼓励有实力的公司"走出去"，而华为就是最早走出去的那一批企业。从最初的创业小公司，到世界五百强，再到全世界顶尖的科技公司，这是国人亲眼看到的，华为实现了华丽的蜕变。华为积极开拓市场，如今已经成为通信行业的领军者，更是5G网络的领头羊，十年磨一剑，出鞘的时候锋芒毕露，不仅产品质量过硬，而且在全世界科技圈展示了实力，让国人感到非常振奋人心。

（三）制度背景

《企业内部控制基本规范》是关于企业内部控制的现行规范；《企业内部控制配套指引》为补充的相关内部控制体系。

三、案例分析要点

（一）需要读者识别的关键问题

本案例需要读者识别的主要知识点包括：内部控制建设、企业内部控制中的业务活动控制程序。

（二）需要读者学习的主要内容

1.关于内部控制中的业务活动控制

其主要包括：资金活动控制、采购业务控制、资产管理控制、销售业务控制、研究与开发控制等九个业务活动控制。

（1）资金活动控制：资金活动，是企业筹资、投资和资金营运等活动的总称。影响资金活动的因素多且不确定性较大，其潜在风险大多为重要风险。

资金活动内部控制的总体要求为：树立战略导向观念、建立科学决策机制、完善管控制度、严格执行制度、实行资金集中管控、合理设计流程、抓住关键控制点。

（2）采购业务控制：采购，是指购买物资（或劳务）及支付款项等相关活动。采购环节是企业生产经营活动的起点，既是企业"实物流"的重要组成部分，又与"资金流"密切相关。采购业务的总体要求为：完善采购管理制度、严格执行与监控。

（3）资产管理控制：资产是企业生产经营活动的物质基础，包括企业拥有或控制的存货、固定资产、无形资产。资产管理贯穿于企业生产经营活动的整个过程。资产管理控制的总体要求为：全面梳理资产管理流程、查找管理薄弱环节、重视投保。

（4）销售业务控制：销售是指企业销售商品或提供劳务及收取款项等相关活动。规范销售行为、防范销售风险，可以促进企业扩大销售、拓宽销售渠道、提高市场占有率等。销售业务控制的总体要求为：全面梳理销售业务流程、完善相关管理制度、查找薄弱环节。

（5）研究与开发控制：研究与开发，是指企业为获取新产品、新技术、新工艺等所开展的各种研发活动。加强研发活动控制，有利于促进企业自主创新、增强核心竞争力、有效控制研发风险以及实现发展战略。研究与开发控制的总体要求为：以战略为导向、注重研发成果的转化。

（6）工程项目控制：工程项目，是指企业自行或者委托其他单位进行的建造、安装工程。工程项目一般投入大、周期长、涉及的环节和部门众多，出现问题的可能性也较大。工程项目控制的总体要求为：全面梳理工程项目的工作流程、明确职责权限和不相容岗位分离、完善工程项目的各项管理制度。

（7）担保业务控制：加强企业担保业务管理，防范担保业务风险，对于维护企业的利益和正常经营活动具有重要的意义。担保业务控制的总体要求为：完善担保业务管理制度、规范各环节工作流程。

（8）业务外包控制：业务外包，是指企业利用专业化分工优势，将日常经营中的部分业务委托给本企业以外的机构或组织完成的经营活动。业务外包控制的总体要求为：完善业务外包管理制度、强化监控、避免核心业务外包。

（9）财务报告控制：财务报告，是指反映企业某一特定日期财务状况或某一会计期间的经营成果、现金流量的文件。加强财务报告控制，确保财务报告的真实性、完整性，对于改进经营管理、促进资本市场稳定等具有重要意义。财务报告控制的总体要求为：规范财务报告控制流程、健全各环节的授权审批制度、加强信息核对、充分利用信息技术。

2.各个业务活动的关键控制风险点

（1）资金活动控制。筹资活动控制的关键风险点包括：拟订筹资方案、筹资方案论证、筹资方案审批、筹资计划的编制与实施、会计系统控制；投资活动的关键风险点包括：拟订投资方案、投资方案可行性论证、投资方案决策审批、投资计划的编制与实施、投资项目的到期处置、会计系统控制；资金营运活动的关键风险点包括：资金平衡、预算管理、有效调度、会计系统控制。

（2）采购业务控制。采购业务控制的主要风险点包括：编制需求预算和采购预算、采购申请与审批、选择供应商、确定采购方式和采购价格、订立采购合同、管理供应过程、验收、付款、退货、会计系统控制。

（3）资产管理控制。存货管理控制的关键风险点包括：存货取得、验收入库、存货保管、领用发出、盘点清查、销售处置、会计系统控制；固定资产管理的关键风险点包括：资产取得、资产验收、登记造册、资产投保、运行维护、更新改造、盘点清查、抵押质押、淘汰处置；无形资产管理的关键风险点包括：无形资产的取得与验收、无形资产的使用与保护、技术升级和更新换代、无形资产处置、会计系统控制。

（4）销售业务控制。销售业务控制的关键风险点包括：销售计划管理、客户信用管理、确定定价机制和信用方式、订立销售合同、发货、客户服务、收款、会计系统控制。

（5）研究与开发控制。研究与开发控制的关键风险点包括：立项、研究过程管理、验收、核心研发人员管理、研究成果开发、研究成果保护、研发活动评估。

（6）工程项目控制。工程项目控制的关键风险点包括：工程立项、工程设计和造价、工程招标、工程建设、工程验收。

（7）担保业务控制。担保业务控制的关键风险点主要包括：受理申请、调查评估、审批、订立担保合同、日常管理、会计系统控制、反担保财产管理、责任追究、及时终止担保关系或代位清偿。

（8）业务外包控制。业务外包控制的关键风险点包括：制订业务外包实施方案、审核批准、选择承包方、签订业务外包合同、外包合同的执行与监控、验收、会计系统控制。

（9）财务报告控制。财务报告控制的关键风险点包括：制订财务报告编制方案、确定重大事项的会计处理、查实资产和负债、编制个别财务报告、编制合并财务报告、财务报告的对外提供、财务报告的分析作用。

四、教学组织方式

1.问题清单及提问顺序、资料发放顺序

本案例讨论题目依次为：

（1）华为是如何根据自身情况设计业务活动控制程序的？

（2）从业务活动控制的角度分析华为内部控制建设优秀的原因。

（3）如何理解良好的内部控制是一家企业成功的重要因素？

（4）华为应如何保证业务活动控制程序的有效运行？

（5）华为的内部控制对于我国其他高新技术企业的内部控制建设有什么启示？

2.课时分配

（1）课后自行阅读材料：1小时；

（2）小组资料汇总整理：1小时；

（3）小组讨论分析结果：1小时；

（4）小组制作展示PPT：0.5小时；

（5）小组课堂展示：0.5小时。

3.讨论方式

本案例采用四人一组小组式进行讨论。

4.课堂讨论总结

重申主题，归纳发言，向同学们提出更有深度的课后思考题，提醒同学们进一步思考，并建议同学们自行进一步了解本案例详情。

第8章 内部监督

案例21

企业并购内部控制缺陷研究——中水渔业

编写目的

本案例通过对中水渔业在并购重组中内部控制存在的重大缺陷的分析，旨在引导读者理解与掌握企业并购过程中内部控制在企业风险管理中起到的重要作用。通过本案例的学习，可以加深读者对中水渔业和新阳洲在并购过程中的现有内部控制体系的了解，并思考其中的不足之处；同时可以引导读者思考如何在全面风险管理的基础上制定重大风险管理策略和解决方案。

知 识 点

内部控制五要素；企业内部控制存在的缺陷及整改措施

关 键 词

企业并购；中水渔业；内部监督；内部控制

摘 要

目前，并购已经成为企业扩大自身经营范围、谋求产业转型的一种快捷方式，使企业在短时间内实现产业结构的调整和资源的优化配置。2014年12月，中水渔业出资2.2亿元收购厦门新阳洲水产品工贸有限公司（以下简称新阳洲）55%股权，正是这一收购事件将中水渔业拉入"财务黑洞"，也因此中审亚太会计师事务所对中水渔业2015年度财务报告内部控制出具否定意见。本文通过分析中水渔业在并购重组内部控制方面存在的重大缺陷，探析其存在缺陷的原因，并提出相关的整改意见。

案例正文

中水渔业在2015年之前一直处于一个良好的发展态势，但是2015年并购后的新阳洲爆出1.68亿元资金被原大股东挪用、公司经营恶化等丑闻，受新阳洲严重资金流短缺、企业停产以及盈利承诺无法实现等问题影响，中水渔业业绩被严重拖累。并购事件表明中水渔业在企业并购内部控制方面存在重大缺陷，因此，我们这里把关注的焦点放在中水渔业内部控制的设计及缺陷上，并重点关注在并购过程中中水渔业在监督方面存在的不足。

一、公司概况及案例背景

（一）公司概况

中水集团远洋股份有限公司（简称中水渔业）成立于1984年，其前身是中国水产联合总公司，由中国农业发展集团有限公司控股。1998年2月，公司股票在深圳证券交易所A股市场上市交易，股票代码为000798。中水渔业主要经营的是捕捞、仓储运输、销售、进出口远洋水产品以及加工、销售海带、紫菜等产品，属于农业类海洋渔业。公司的远洋捕捞、水产品加工和造船业（渔船）等都处于行业领先地位。在远洋渔业中，公司的金枪鱼船队规模及行业领导管理水平都居全国第一。至2015年12月底，公司员工共1 088人，资产总额为8.51亿元，净资产为5.8亿元。2013年和2014年中水渔业净利润分别为0.54亿元和0.21亿元，而2015年净亏损达2.4亿元，同比下降约1 245%。①

（二）案例背景

2014年12月30日，中水渔业召开临时股东大会，批准了以现金方式收购张福赐（现新阳洲第二大股东）持有的新阳洲55%股权事项，并于当年12月31日完成了股权过户，对新阳洲实施了控制。作为中水渔业子公司，新阳洲存在多方面问题，对中水渔业2015年内控评价产生重大的不利影响。2015年3月，中水渔业委托中审亚太会计师事务所（特殊普通合伙，以下简称中审亚太）对新阳洲2015年度财务报表期初数据进行审计。

2015年4月，中审亚太在审计过程中发现新阳洲存在存货盘亏及应收账款回款缓慢等问题，并要求新阳洲补充提供相关资料。

2015年4月至8月，新阳洲对相关账务进行自查核实，并逐步发现张福赐存在占用公司资金情况。

2015年8月28日，中水渔业披露公司2015年半年度报告。中水渔业在编制2015年半年度财务报告时，仍然延续2015年第一季度报告的会计处理，即仅将

---

① 数据来源于中水集团远洋股份有限公司网站（http://www.cofc.com.cn/cn/Index.aspx）。

2015年第一季度初步确认的新阳洲账实不符金额84 399 221.64元调整到其他应收款——其他。

由于中审亚太与新阳洲未能对最终的试算平衡表及调整分录达成一致意见，中审亚太最终没有出具审计报告。

2015年9月，新阳洲委托大信会计师事务所（特殊普通合伙，以下简称大信）对新阳洲2014年度财务数据进行审计。9月25日，大信出具了对新阳洲2014年度的审计报告，截至2015年6月30日，新阳洲对张福赐的其他应收款余额为1.68亿元。

张福赐当时承诺，2015年度、2016年度和2017年度，新阳洲的净利润应达到4 324万元、4 555万元和4 707万元，否则将给中水渔业业绩补偿。但事实上，2015年，在收购新阳洲的第一年，中水渔业就爆出了巨额亏损：根据中审亚太会计师事务所出具的报告，新阳洲2015年度净利润为-2.57亿元，与业绩承诺数的差额高达-2.99亿元，实现率为-593.53%。

而追根溯源，导致2015年度新阳洲业绩承诺未能兑现的"种子"，早在中水渔业收购前就已经播下：在中水渔业收购新阳洲的过渡期间，由于新阳洲原大股东张福赐占用公司资金1.68亿元，其经手的大量应收款项没有收回，导致公司现金流量严重不足，持续经营受到重大影响，生产经营尚未步入正轨，致使新阳洲2015年内经营处于非正常状态，为此，新阳洲2015年度计提坏账损失为2.55亿元。重大投资失利引发了中水渔业的财务危机。中水渔业股价如图8-1所示。

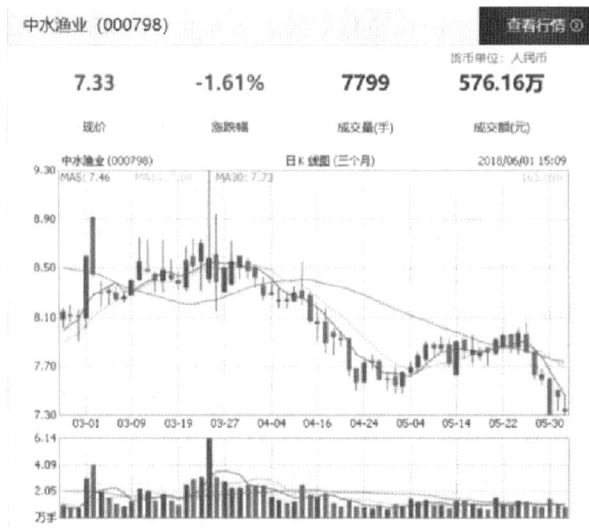

图8-1 中水渔业股价①

---

① http://quote.eastmoney.com/sz000798.html? from=BaiduAladdin.

二、案例概况

（一）中水渔业并购过程中存在的问题

1.新阳洲方面

（1）未实施与客户、供应商对账制度，也未能有效地实施货款回收管理制度，未制定赊销回款办法，与之相关的财务报告内部控制缺失。

（2）部分存货管理缺乏有效控制，有些存货的出、入库信息与财务账簿上的记录不符，存货账实不符。

（3）新阳洲在合同方面没有进行连续编号，甚至部分销售、采购业务没有签订合同，公司出具的部分发货单上缺失收款人签字。

2.中水渔业方面

中水渔业未能对重大投资进展情况进行有效管控，没能识别并购过渡期风险的存在，在股权交接初期，原股东就已经占用公司巨额资金，且至2015年年底也未收回；原股东并未告知中水渔业关于张福赐以个人名义或者以新阳洲名义进行借款或担保的事件，截至2015年年底，中水渔业也尚未完成对存在的重大内部控制缺陷的整改工作。

（二）中水渔业内控缺陷分析

中水渔业收购新阳洲带来巨额亏损的事件，让其一直受到社会公众和各类媒体的关注。究其事件发生的原因有很多，下面通过风险管理角度下的企业内部控制来解读中水渔业事件的发生及其原因。

1.缺乏有效的并购风险监控评价体系

在本案例中，中水渔业过度依赖国都证券作为独立合伙人出具的独立财务顾问报告，而缺失一套自己的风险评判标准，在并购过程中缺少全面的风险评估。中水渔业在完成股权过户后才发现新阳洲财务报表存在预付账款、应收账款占资产比重过大的问题，而在这之前并没有对新阳洲进行详细的调查，缺乏对新阳洲生产经营和财务状况的了解，因而也无法准确认识在评估过程中发现的风险，发生损失时也不能合理地选择风险对策。从另一个方面来说，国都证券在尽职调查方面也显示不足之处。由于未能履行恪勤勉尽责义务，深交所对中水渔业管理层给予了通报批评的处分，对国都证券也发出了监管函。中水渔业的此次收购行为略显草率，也反映出了其内部控制制度建设方面存在不足。

2.内部监督存在缺陷

在并购的过渡期，收购方会派驻高管参与对新阳洲的监督和管理，以及时发现、查明存在的问题，避免对并购活动产生不利影响。在收购期间，即2014年6月30日至2014年12月31日，交易一方张福赐占用了新阳洲1.68亿元资金，而中水渔业相关高管却未能发现存在的问题，也没有进行深入调查取证，足以看出其监督意识薄弱，监督机制不完善。在问题出现时，内部审计人员未能起到监督的作用。

3.信息沟通不畅、披露不及时

由于并购方与目标方处于信息不对等的地位，且并购方也未制订谨慎合理的调查计划等，并购企业对目标方及其行业缺乏充分认识，从而出现对目标企业资产价值和发展、盈利能力误判的情况。实际上，张福赐在被收购前就已经发生的挪用新阳洲巨额资金一事，曾引起过监管层的注意。在深交所2014年12月10日出具的《关于对中水渔业重组报告书补充披露意见的函》中已就其存在的问题提出质疑并要求整改，但是国都证券却认为新阳洲的财务数据不存在问题。另外，在中水渔业、新阳洲和张福赐签订的关于股权转让后实际盈利达不到预测盈利的协议中，张福赐承诺新阳洲2014年度的净利润应不低于3 937万元，而实际上2014年度的实际利润为3 498万元，实现的净利润仅占承诺金额的88.85%，未达到业绩承诺。而中水渔业在2014年年报审计时并未对此情况进行专门审查和披露。

4.发现缺陷后缺乏有效的整改措施

在因并购事件发生损失后，中水渔业没有采取有效的方法来止损，业绩被严重拖累，只能吞下并购的苦果。在事件发生后，中水渔业也曾联系国都证券与张福赐协商解决问题，提出了引进战略投资、以股抵债等多种方案，但是这些方案均由于张福赐没有担保能力或者本人不同意而未能实施。而中水渔业也曾打算将持有的新阳洲股权转让给中国水产有限公司，但是因为张福赐以新阳洲名义借款或以新阳洲担保的个人账外借款的情况致使该转让股权事项被迫终止。因为没有落实土地房产权益、未实现业绩承诺以及交易标的资金被占用，新阳洲成为"烫手山芋"，交易标的陷入生产停滞状态。

三、主要参考文献

[1] 赖斌慧，郑丰. 企业并购的内部控制制度研究 [J]. 长江大学学报（社会科学版），2012（7）：24-26.

[2] 周小燕. 我国企业内部控制有效性评价指标体系 [J]. 财经科学，2012（5）：117-124.

[3] 文军. 略论企业并购及建立内部控制体系 [J]. 青海师范大学学报（哲学社会科学版），2013（7）：14-16.

[4] 丁家丰，郭树楠. 关于内部控制重大缺陷的分析与启示 [J]. 财务与会计，2015（5）：47-49.

[5] 王志焕，苑广跃. *ST水井内部控制重大缺陷案例研究 [J]. 新经济，2016（4）：88-89.

四、讨论题目

中水渔业并购新阳洲的过程轰动了整个资本市场，也一直受到社会公众和各类媒体的关注，带给人们很多启示，引发人们很多的思考。本案例的侧重点仅在于：

中水渔业内部控制执行缺陷及整改措施，重点思考如下问题：

　　1.中水渔业在收购前做了什么前期准备？

　　2.中水渔业并购出现重大亏损后管理层有什么整改措施？

　　3.导致本案例发生的主要原因是什么？

　　4.如何从内部控制五要素方面进行改进？

案例使用说明

一、本案例要解决的关键问题

　　本案例要解决的主要问题是：引导读者对中水渔业和新阳洲的内部控制进行分析，针对其内部控制中存在的缺陷，引导读者表达自己的看法，并对本案例中企业存在的并购风险监控和评价体系、信息沟通等问题提出相应的改善措施，主要侧重于对内部控制中存在的监督问题进行分析并提供相关的解决方案。

二、案例讨论的准备工作

　　为了有效实现本案例目标，读者应该具备下列相关知识背景：

　　（一）理论背景

　　2002年，美国的《萨班斯-奥克斯利法案》诞生了。随着这一法案的推出，人们开始广泛关注内部控制，并且更加趋向于将企业并购风险管理与内部控制相互结合。2004年，美国COSO委员会发布了《企业风险管理——整合框架》（COSO-ERM），首次把内部控制从"过程观"提升到了"风险观"，更进一步说明了内部控制在企业并购风险管理中起到的作用，同时明确了内部控制是企业日常经营活动必不可少的组成部分。2006年，我国宣布成立内部控制标准委员会，这标志着我国也正式开始建设企业内部控制体系。2008年，我国发布了全新的《企业内部控制基本规范》；2010年，财政部制定并颁布了《企业内部控制配套指引》。我国开始建立起一套完整的，以基本规范为统领，以应用指引、审计指引、评价指引等配套办法作为补充标准的内部控制体系。

　　企业并购风险是指企业并购失败的可能性，并购失败具体可表现为企业并购目标未实现、企业由于并购导致市场价值下降或者管理成本上升。

　　企业并购风险的产生原因是多方面的，既包括在并购前的不尽职调查导致的信息不完全、未制订可行的并购整合计划，也包括在实施并购的过程中缺乏必要的沟通及组织、并购方式的选择不妥当等，还包括在并购后未进行有效整合、未制定新的发展战略等。

　　（二）行业背景

　　中水集团远洋股份有限公司成立于1984年，由中国农业发展集团有限公司控股，其前身是中国水产联合总公司。1998年2月，公司股票在深圳证券交易所A股市场上市交易，股票代码为000798。至2015年12月底，公司员工共1 088人，资产总额为8.51亿元，净资产为5.8亿元。2013年和2014年中水渔业净利润分别为0.54亿元和0.21亿元，2014年12月30日，中水渔业召开临时股东大会，批准了以现金方式收购张福赐（现新阳洲第二大股东）持有的新阳洲55%股权事项，并于当年12月31日完成了股权过户，对新阳洲实施了控制。而2015年净亏损达2.4亿元，同比下降约1 245%。

（三）制度背景

《企业内部控制基本规范》是关于企业内部控制的现行规范；《企业内部控制配套指引》为补充的相关内部控制体系。

三、案例分析要点

（一）需要读者识别的关键问题

本案例需要读者识别的主要问题是：并购过程中，内部控制出现的缺陷及解决方法。

（二）解决问题的可供选择方案及其评价

1.内部控制在并购过程中出现的缺陷

第一，缺乏有效的并购风险评估。在本案例中，中水渔业过度依赖国都证券作为独立合伙人出具的独立财务顾问报告，而缺失一套自己的风险评判标准，在并购过程中缺少全面的风险评估。

第二，信息沟通不畅、披露不及时。由于并购方与目标方处于信息不对等的地位，且并购方也未制订谨慎合理的调查计划等原因，使得并购方对目标方及其行业缺乏充分认识，从而出现对目标方资产价值和发展、盈利能力误判的情况。

第三，发现缺陷后缺乏有效的整改措施。在因并购事件发生损失后，中水渔业没有采取有效的方法来止损，业绩被严重拖累，只能吞下并购的苦果。

第四，内部监督没有及时有效地发现内部控制在并购过程中存在的缺陷。按照《企业内部控制基本规范》的定义，内部监督是企业对内部控制建立与实施情况进行监督检查，评价内部控制的有效性，发现内部控制缺陷，并及时加以改进。首先，因为中水渔业缺乏有效的并购风险评估，影响了对内部控制中的关键控制的识别，所以企业在确定应采取的监督程序和执行的频率等方面也受到了影响。其次，企业本身的监督体系存在缺陷。企业没有指定专门的机构和人员对并购项目进行跟踪调查和管理，没有对并购过程和并购的相关事项进行实时监控。

2.推荐解决问题的方案

关于本案例，解决方案分别有以下几点：

第一，建立并购风险评估体系。中水渔业应该设定并购目标，即进行并购是基于什么样的原因、并购后要达到一个怎样的目的，包括并购后的业绩条件、规模状况、运营模式等，而且应谨慎地选择被并购对象。中水渔业应在设定目标的基础上建立合理的评价体系，评价被收购方是否符合收购的资质或条件，收购后能否达到设定的收购目的等；还要加强企业风险管理建设，运用流程图法、失误树分析法、资产财务状况分析法等，准确识别并购前以及并购过程中存在的潜在风险，考虑各种风险发生概率和损失程度并确立相应的风险等级，根据风险等级结果采取正确、有效的方法将风险控制在合理的水平上。

第二，建立有效的企业并购内部控制监控机制。对中水渔业来说，应充分发挥"内控规范实施领导小组"和"内控规范领导小组"的作用，合理监控内部控制的实施情况；应当指定专门机构和人员对并购项目进行实地考察，跟踪管理，及时掌握并汇报并购项目进展的情况，并根据掌握的情况及时调整决策，解决在并购中出现的问题，改善企业的并购战略布局。另外，深交所应加强对中水渔业的外部监督，跟进中水渔业对这一并购案的整改情况，督促其及时披露相关信息，保护投资者的利益。

第三，建立完善的信息沟通平台。中水渔业应当完善信息沟通制度，制定与并购相关信息的收集、传导和处理程序，建立及时有效的沟通平台，保证信息的顺利流通；应制订一个切实可行的沟通计划，及时传递准确、全面、有效的信息，避免重大信息的遗漏、保密信息的泄露和不实信息的传播等，在沟通过程中措辞应严谨、易理解。另外，中水渔业应慎重对待在并购过程中收集到的信息，认真调查取证，甄别信息的可靠性，并采取对应措施。并购过程中还应该不断收集信息以对沟通机制进行反馈评价，存在的不当之处应及时采取适当的措施进行改进。

四、教学组织方式

1.问题清单及提问顺序、资料发放顺序

本案例讨论题目依次为：

（1）中水渔业为什么2015年度净亏损达2.4亿元？

（2）事件发生后中水渔业管理层是如何做的？

（3）导致本案例发生的主要原因是什么？

（4）如何从内部控制五要素方面进行改进？

本案例的参考资料及索引，在讲授有关知识点之后一次性布置给读者。

2.课时分配

（1）课后自行阅读资料：约2小时；

（2）小组讨论并提交分析报告提纲：约1小时；

（3）课堂小组代表发言、进一步讨论：约0.5小时；

（4）课堂讨论总结：约0.5小时。

3.讨论方式

本案例可以采用三人一组小组式进行讨论。

4.课堂讨论总结

课堂讨论总结的关键是：归纳发言者的主要观点；重申其重点及亮点；提醒大家对焦点问题进行进一步思考；建议大家对案例素材进行扩展研究和深入分析。

▲ 案例22 ▲

百年老店顷刻瓦解：因小失大的巴林银行

编写目的

本案例通过对巴林银行内部控制的分析，引导读者了解并分析巴林银行倒闭的主要原因。读者可以通过对本案例的学习，加深对金融业内部控制的了解，并从不同的方面对巴林银行内部控制中存在的监督问题进行剖析。同时，读者可以通过对巴林银行在企业内部控制框架建设失败的具体案例中学习企业应该如何进行有效的监督，如何进行有效的内部框架的构建和内部控制设计。

知 识 点

内部控制五要素；企业内部控制存在的缺陷及整改措施

关 键 词

巴林银行；期货投资风险；风险管理；内部监督

摘 要

巴林银行成立于1763年，在世界30多个国家和地区设有分支机构，从事多种银行业务，尤其擅长公司理财和投资管理，历来是伦敦金融中心位居前列的证券行，以其根基牢固、资金雄厚享誉世界。然而，1995年2月，由于巴林银行在新加坡的分支机构的总经理兼首席交易员尼克·里森在未经授权的情况下，擅自从事巨额的金融期货交易，结果因投资失败造成10亿美元的亏损，导致巴林银行破产。这是一个典型的银行内部控制失败案例，本案例通过对内部控制五要素进行分析，重点关注巴林银行在内部监督方面存在的问题，进而从不同的层面对巴林银行内部控制中的具体问题提出解决方案。

案例正文

1763年，弗朗西斯·巴林爵士在伦敦创建了巴林银行，它是世界首家"商业银行"，既为客户提供资金和有关建议，自己也做买卖。1995年2月27日，英国中央银行宣布，英国商业投资银行——巴林银行因经营失误而倒闭。消息一传出，立即在亚洲、欧洲和美洲地区的金融界引起一连串强烈的波动。东京股市英镑兑马克的汇率跌至近两年最低点，伦敦股市也出现暴跌，纽约道·琼斯指数下降了29个百分点。而破产的直接原因是巴林银行集团在新加坡的分支机构的总经理兼首席交易员尼克·里森对日本股市走向的错误判断。那么是哪些原因导致了巴林银行的破产呢？

一、公司概况及案例背景

（一）公司概况

巴林银行（Barings Bank）创建于1763年，由于经营灵活变通、富于创新，很快就在金融领域获得了巨大的成功。巴林银行集团的业务专长是企业融资和投资管理。尽管是一家老牌银行，但巴林银行一直积极进取，在20世纪初进一步拓展公司财务业务，获利甚丰。20世纪90年代开始向海外发展，在新兴市场开展广泛的投资活动，仅1994年就先后在中国、印度、巴基斯坦、南非等地开设办事处，业务网点主要在亚洲及拉丁美洲新兴国家和地区。截至1993年年底，巴林银行的资产总额为59亿英镑，1994年税前利润高达15亿美元。其核心资本在全球1 000家大银行中排名第489位。而且，在20世纪初，还获得了英国王室的青睐，甚至英国女王伊丽莎白二世都是巴林银行的忠实客户。由于巴林银行的杰出贡献，巴林家族先后获得了五个世袭的爵位。这一世界纪录奠定了巴林银行显赫地位的基础。①

（二）案例背景

1989年月10日，尼克·里森正式到巴林银行工作并且在1992年被巴林总部派到新加坡分行成立的期货与期权交易部门，同时担任交易及清算部门的负责人，并出任总经理。交易部门主要负责执行期货业务，而清算部门主要负责记录每笔交易的结果。

里森于1992年在新加坡任期货交易员时，巴林银行原本有一个账号为"99905"的"错误账户"，专门处理交易过程中因疏忽所造成的错误。1992年夏天，伦敦总部要求里森另外设立一个账号为"88888"的"错误账户"，记录较小的错误，并自行在新加坡处理，以免麻烦伦敦总部的工作。几周之后，伦敦总部又要求新加坡分行所有的错误记录仍由"99905"账户直接向伦敦总部报告。"88888"错误账户刚刚建立就被搁置不用。随后，里森手下的交易员接连发生交易失误，里森便将这些失误转入"88888"账户。为了掩盖这些失误，躲过月底伦敦总部的内部审计，以及应付证券交易所要求追加的保证金等问题，里森开始冒越来越大的风险，将自己的佣金转入该账户。

1994年下半年，里森认为，日本经济已开始走出衰退，股市将会有大涨趋势，于是大量买进日经225指数期货合约和看涨期权，累计名义头寸高达70亿美元。然

---

① 数据来源于巴林银行的百科简介网站（https://baike.baidu.com/item/巴林银行/10857490?fr=aladdin）。

而，1995年1月16日，日本神户大地震，其后数日东京日经指数大幅度下跌，里森所持多头头寸遭受重创，再加上用于清算记录的电脑频繁发生故障，到发现各种错误时，损失已经非常严重。为了使日经指数上涨到理想的价格范围，里森购买了数量更加庞大的日经指数期货合约。1月30日，里森以每天1000万英镑的速度从伦敦总部获得资金买进日经指数期货，并卖空日本政府债券。2月10日，里森以新加坡期货交易所交易史上创纪录的数量持有5.5万份日经期货及2万份日本政府债券合约。所有这些交易均进入"88888"账户。1995年2月23日，在巴林期货的最后一日，里森对影响市场走向的努力彻底失败。日经股价收盘降至17 885点，而里森的日经期货多头风险已达6万余份合约，其日本政府债券在价格一路上扬之际，其空头风险亦已达2.6万份合约。里森给巴林银行带来的损失达到8.6亿英镑，而当时巴林银行全部的股份资金只有4.7亿英镑。2月27日，英国中央银行宣布巴林银行因经营失误而倒闭。

二、案例概况

（一）内部环境

1.管理层对企业经营业务的风险认识不足

银行是经营货币资金的企业，这一特点决定了银行是高风险的企业，经营中需要拥有比其他行业更高的风险意识。原因是货币资金极易被挪用、盗窃。而导致巴林银行倒闭的业务是衍生金融工具的买卖，衍生金融工具的基本特征是以小博大，一旦成功可以获取巨额收益，而一旦失败则要遭受巨额损失。这就要求管理者必须充分认识到衍生金融工具的"双刃剑"效应，实施更为严格的风险管理。在巴林银行倒闭案中显然管理层没有具备对待衍生金融工具应有的风险意识，只看到衍生金融工具的正面效应而忽视了其负面效应，从而也没有对负面效应可能产生的风险进行控制和防范。

2.管理层不重视历史经验的指示作用

其突出表现是不重视资产负债表的作用。尽管资产负债表具有静态性，但它确实反映了企业在某一时点的财务状况及承担的风险，而巴林银行主管却对资产负债表置之不理。这从彼得·巴林的话语中可以明显看出："若以为揭露更多资产负债表的数据就能增加对一个集团的了解，那真是幼稚无知。"

3.企业文化建设存在问题

在巴林银行倒闭案中，案发前，银行的内部审计人员已经注意到尼克·里森亏损的5 000万英镑，但是他托词这笔款项存入了花旗银行。这么大的资金，内部审计人员居然没有向花旗银行核实，就确信不疑。这种员工之间的相互信任与巴林银行认为雇用的员工都是值得信赖的、都信奉巴林银行、都将公司的利益放在第一位的企业文化有极大的关系。但是这种企业文化应该在选对员工的前提下才是可行的。

（二）风险识别

1.管理层没有应有的风险意识

在巴林银行倒闭案中，当交易员里森由于违规操作使亏损不断加大并且不能通过自身周转来掩盖亏损时开始要求伦敦总部汇入资金。由于亏损不断加大，里森开始超常规地向总部索要资金，这种情况下巴林银行总部不但没有警觉到风险的存在而且违反英格兰银行的规定向里森输送资金。这些均说明巴林银行总部不但对里森非常规要求汇入资金毫无风险警觉意识，而且一味地满足，暴露了总部在风险评估中的失误。里森大量购入了日本的日经225指数期货的看涨合约，结果由于日本发生的关西大地震，导致股市大跌，损失惨重，在这一事件中可以看出里森对日本期权的风险评估严重缺失。1995年2月，巴林银行在日本大阪股票交易所承受的风险已高达73%，在新加坡高达40%。

2.不理智的人力资源政策

（1）安排不熟悉新加坡业务的里森担任新加坡分公司的总经理，人员配置不当。里森任职后，总部对新加坡分公司的经营状况不了解，也没有让里森进行详细的工作汇报，是总部领导人员的失职。从1993年年底开始，对里森的专门交易负有责任的罗思·贝克和作为股本产品部门负责人并对股本产品的风险承担责任的玛丽·沃尔兹，对新加坡期货公司的交易性质及其是否可能获利等也没有真正了解。

（2）尽管里森曾经为巴林银行做出巨大贡献，但是人总有犯错误的时候，而巴林银行"用人不疑"的政策明显没有注意到这一点。巴林银行没有风险控制检验机构对其交易进行审计和风险评估，完全信任里森一人管理。一叶障目不见泰山的用人政策走向了极端，从而导致了悲剧的发生。

（三）控制活动

1.违反不相容职务分离控制原则

控制活动是为了实现控制目标而实施的一系列政策和程序。内部控制最初的控制活动是职责分工和相互牵制，而这种最基本的控制原则在巴林银行也没有得到有效的执行。

按照衍生金融工具业务操作的风险特点，为了进行风险识别和控制，交易员应当和清算员进行职责分离以便利用清算员的每日清算发现交易员存在的交易失误并及时制止。一般银行对于其交易员持有一定额度的风险部位的许可，但为防止交易员在其所属银行暴露在过多的风险中，这种许可额度通常定得相当有限。而通过清算部门每天的结算工作，银行对其交易员和风险部位的情况也可予以有效了解并掌握。但是在巴林银行里森一个人既担任交易员又担任清算员，这为其进行违规操作和掩盖失误提供了方便。这种不相容职务未发生分离的致命失误使针对衍生金融交易的风险控制彻底归于失败，导致悲剧的必然发生。

2.违反授权审批控制原则

授权审批控制要求企业根据常规授权和特别授权的规定，明确各岗位办理业务和事项的权限范围、审批程序和相应责任。

作为一名交易员，里森本来的工作是代巴林银行客户买卖衍生性商品，并代替巴林银行从事套利这两种工作，基本上没有太大风险。然而基于一次意外，他得到了"88888"账户。里森不仅没有上报总部注销它，反而利用它来掩盖自己和下属的错误，以此让自己的业绩不会受到影响。他还未经授权以银行的名义购买日经225指数进行自营交易，最终导致了巴林银行的巨大亏损。

除此之外，银行高层对里森过度授信。交易需要大量金钱，里森为了得到金钱，谎称新加坡国际金融交易所要求巴林银行为客户提供保证金，实际是为自己找到金钱来源和提供保证金。本来英格兰银行对其他银行规定超过总数25%的资金寄往海外是非法的，但巴林银行的申请被英格兰银行默许了，结果里森可以从伦敦总部申请大量的资金而无人过问。

3.运营分析控制不足

运营分析，是指以统计报表、会计核算、管理信息、计划指标和相关资料为依据，运用科学的分析方法对一段时间内的经营管理活动情况进行系统的分析研究，旨在真实地了解经营情况，发现和解决经营过程中的问题，并按照客观规律指导和控制企业经营活动。

里森为了扭转局面，在遭受大量损失的同时，再次大量补仓日经225指数期货看涨合约，而在这一过程中，巴林银行的运营分析体系如同摆设，没有发现经营过程中存在的问题，没有采取任何控制措施，没有将风险及时降低到可控范围之内。里森一味补仓，终于一发不可收拾。

而针对这些控制活动中存在的问题，内部监督并没有有效发挥作用，所以内部监督的失效无形中"放纵"了控制活动的不当实施。

（四）信息与沟通

（1）首先，总部要求里森更改错误交易处理的账户时没有进行很好的沟通。尽管错误记录处理账户已经由"99905"转为"88888"，但是这个信息只有开设账户的员工一个人知道，其他员工包括最高管理者均不知道该账户的存在，开立用于处理错误记录的账户，如此重要的业务信息竟然未让管理者知道，信息在各个部门之间传递效率可见一斑；其次，在总部恢复使用"99905"账户处理错误记录时，临时的"88888"账户不但没有及时注销而且该信息也没有向最高管理者报告备案，从而使"88888"账户成为内部控制的"盲区"，成为各种内部控制措施难以触及的地方，直到最终巴林银行倒闭才知道该账户的存在。可以说正是"88888"账户这个关键控制点的失控导致了巴林银行悲剧的发生。

（2）公司内部相关部门没有保持高度的信息共享，企业内部之间、内部和外部之间没有良好的沟通。这就导致了，即使巴林银行内部控制存在缺陷，在执行过程中也没有得到真实的反映，各个部门之间存在的问题也没有得到重视。巴林银行总公司对新加坡分公司的经营状况、运营状态等知之甚少，说明了巴林银行总公司与分公司并没有充分地进行信息共享。

（五）内部监督

1.内部审计监督失败

（1）审计部门调而不查，权威性差。

在里森违规操作期间，巴林银行的内部审计部门对其现象有所发觉且向管理层也出示过相关报告，但它的行动也仅此而已，在没有引起管理层的重视下就此搁置，没有再继续追究下去。在发现问题至其后巴林银行倒闭的两个月时间里，有很多巴林银行的高级及资深人员曾对此非常关切，更有巴林银行总部的审计部门正式加以调查。但是这些调查，都被里森以某种方式轻易地蒙骗过去。内部调查不严谨，虽然已经发现问题很严重了，巴林银行仍然没有彻查，而是听取了里森的片面之词。

（2）审计工作不到位，忽视重要细节。

1993年7月，在损失达到5 000万英镑时，巴林银行总部曾派人调查里森的账目。里森假造花旗银行有5 000万英镑的存款，但其实一分都没有，那5 000万英镑已经用来填充"88888"账户的损失了。为了让审计人员"放他一马"，里森与审计人员夜夜笙歌，于是审计人员没有认真核对各种报表，让里森蒙混过关。

截至1993年12月的5个月中，新加坡期货公司的交易活动造成的损失为1 900万英镑，但上报利润是900万英镑。如此谎报利润竟未被审计人员发现。

2.内部管理层监督失败

（1）审计部门多次提出应改变里森身兼两职的管理模式，并建议总部派来一名风险管理员来监督这里的工作，但没有得到上级的重视。在1994年年初，巴林银行派出了一位严格的审计员对分行进行审计。但她刚要到新加坡时就被总部召回，取而代之的是两名"容易对付"的审计员。

（2）1994年7月至8月巴林银行内部审计报告提出了职责分开的具体建议，但这些建议未受到管理层的重视，所以并未得到实施。1995年1月11日，新加坡期货交易所的审计与税务部致函巴林银行，提出他们对维持"88888"号账户所需资金问题的一些疑虑，而此时里森每天要求伦敦总部汇入1 000多万英镑支付其追加保证金。可这些问题仍然没有引起巴林银行高层的怀疑。

基于本案例的分析，可以发现巴林银行在整个风险管理的内容、运行上都存在一定的问题，而作为企业风险管理的监控过程，如果监督本身就存在缺陷，那么它如何对内部控制的运行情况、实施情况进行有效的监督？内部控制的有效运行也就不能得到保证，同时内部控制也就得不到完善。

三、主要参考文献

［1］岳海云. 浅析银行内部审计的价值及其在银行管理中的作用［J］. 中国商界（下半月），2010（8）：79-80.

［2］李晓慧，孟春．有效内部控制的关键环节研究——来自巴林银行、兴业银行和瑞士银行的多案例对比［J］．财政研究，2012（2）：28-32.

［3］马敏慧，刘彦莉．"中航油"事件与巴林银行破产案的比较分析——基于内部控制视角［J］．商，2014（19）：71.

［4］程宇．从尼克·里森巴林银行倒闭案谈企业内部控制制度［J］．商场现代化，2015（25）：117-118.

［5］殷钊．从巴林银行倒闭看金融机构风险管控机制［J］．商，2016（6）：190.

四、讨论题目

本案例的侧重点在于对巴林银行的内部控制五要素的分析，重点思考如下问题：

1.巴林银行的管理层在这次事件中要承担什么样的责任？

2.从内部控制五要素的角度分析巴林银行倒闭的原因。

3.如何理解内部监督的不完善是巴林银行倒闭的根本原因？

4.如何改善巴林银行的内部控制制度？

5.巴林银行倒闭事件对我国银行内部控制制度的构建有什么启示？

案例使用说明

一、本案例要解决的关键问题

本案例要解决的关键问题是：通过对巴林银行内部控制的分析，旨在对巴林银行内部控制中存在的主要问题进行剖析并提出建议。其中将巴林银行内部控制失败的主要原因归于其内部监督、内部审计和控制自我评估的不足，导致了监督活动没有对巴林银行内部控制活动形成有效的再控制，内部监控的不严导致了巴林银行悲剧的发生。

二、案例讨论的准备工作

为了有效实现本案例目标，读者应该具备下列相关知识背景：

（一）理论背景

2002年，美国的《萨班斯-奥克斯利法案》诞生了。随着这一法案的提出，人们开始广泛关注内部控制，并且更加趋向于将风险管理与内部控制相互结合。2004年，美国COSO委员会发布了《企业风险管理——整合框架》（COSO-ERM），首次把内部控制从"过程观"提升到了"风险观"，更进一步说明了内部控制在企业风险管理中起到的作用，同时明确了内部控制是企业日常经营活动必不可少的组成部分。2006年，我国宣布成立内部控制标准委员会，这标志着我国也正式开始建设企业内部控制体系。2008年，我国发布了全新的《企业内部控制基本规范》；2010年，财政部制定并颁布了《企业内部控制配套指引》。我国开始建立起一套完整的、以基本规范为统领，以应用指引、审计指引、评价指引等配套办法作为补充标准的内部控制体系。

（二）行业背景

巴林银行成立于1763年，在世界30多个国家和地区设有分支机构，从事多种银行业务，尤其擅长公司理财和投资管理，历来是伦敦金融中心位居前列的证券行，以其根基牢固、资金雄厚享誉世界。然而，1995年2月，由于巴林银行在新加坡的分支机构的总经理兼首席交易员尼克·里森在未经授权的情况下，擅自从事巨额的金融期货交易，结果因投资失败造成10亿美元的亏损，导致巴林银行破产。

（三）制度背景

《企业内部控制基本规范》是关于企业内部控制的现行规范；《企业内部控制配套指引》为补充的相关内部控制体系。

三、案例分析要点

（一）需要读者识别的关键问题

本案例需要读者识别的主要知识点包括：内部控制五要素、企业内部控制存在的缺陷及整改措施。

（二）解决问题的可供选择方案及其评价

1.巴林银行的内部监督问题尤为突出

监督是对企业风险管理的监控过程。它包括评估企业风险管理的内容、风险管理的运行以及一定时间内的运行质量。企业一般可以通过持续监控和个别评估这两种方式对风险管理进行监督。这两种方式都被用来保障企业风险管理能够在企业各个层级和各个部门中得到持续的执行。按照《企业内部控制基本规范》的定义，内部监督是企业对内部控制建立与实施情况进行监督检查，评价内部控制的有效性，发现内部控制缺陷，并及时加以改进。

巴林银行的监督部门没有有效地对内部审计的调而不查以及在审计过程中存在的漏洞进行监控，而且虽然审计部门多次向管理层建议改变里森身兼两职的管理模式，并在1994年7月至8月巴林银行内部审计报告提出了职责分开的具体建议，但这些建议未受到管理层的重视。内部监督如同虚设，出现了"人管制度"的情形。内部控制是一个不断调整、逐步完善、持续优化的动态过程，不论是内部控制制度的建立与实施，还是内部控制系统的评价与报告，均离不开恰当的监督，要求董事会及管理层预防、发现和整改内部控制存在的问题。

2.关于内部控制存在的缺陷

首先，巴林银行的内部环境不完善。内部环境是其他几项内部控制要素的基础，它能够反映出企业内部人员尤其是管理人员对内部控制的态度。任何经济组织的内部控制都是在特定的环境下建立并实施的。在本案例中，巴林银行内部环境存在的缺陷主要表现在以下方面：

（1）管理层对企业经营业务的风险认识不足。如管理层对于衍生金融资产的风险认识存在偏差，过度关注衍生金融资产带来的收益，而没有全面地认识和评估其可能带来的巨大风险。

（2）管理层不重视历史经验的指示作用。最典型的就是，巴林银行的管理层不重视资产负债表。在损失达到5 000万英镑时，巴林银行派人调查过里森的账户，而且每天都有一张资产负债表，每天都有明显的记录，可看出里森的问题，即使是月底，里森为掩盖问题所制造的假账，也极易被发现，而这么明显的证据审查组都没发现。

（3）企业文化建设存在问题。

第一，巴林银行认为，公司雇用的员工都是值得信赖的，而忽略了信奉这种文化的前提是，企业必须选对员工。

第二，巴林银行缺乏风险评估机制。企业必须对所面临的或者预料到的风险进行分析，把这些风险发生的可能性和可能产生的后果做一个评估，并把以上这些作为风险管理的基础。在本案例中，巴林银行在风险评估方面存在严重的不足，主要表现在：

①管理层没有应有的风险意识。例如，里森对投资不恰当的风险评估，以及总部在向里森频繁拨款过程中，没有充足的风险意识。

②不合适的人力资源政策。例如，安排不熟悉新加坡业务的里森担任新加坡分行的总经理，人员配置不当；巴林银行没有风险控制检验机构对其交易进行审计和风险评估，完全信任里森一人管理，授权过大。

第三，巴林银行的控制活动执行不力。控制活动是内部控制和风险管理的重要组成部分，它一般包括了授权、批准、独立评价、检查、安全措施等多种程序和政策。为了保证企业目标的实现，也为了保证企业管理层指令得到有效落实，企业必须坚决执行控制活动。在本案例中，巴林银行在控制活动方面的不足主要表现在：

①违反不相容职务分离控制原则。在新加坡分行中，里森一个人既担任交易员又担任清算员。

②违反授权审批控制原则。授权审批控制使处于不同组织层级的人员和部门拥有大小不等的业务处理和决定权限，但是当内部人控制的权利超过内部控制制度本身的限制时，越权操作就成为可能。在本案例中，里森未经授权以银行的名义购买日经225指数进行自营交易，最终导致了巴林银行的巨额亏损。

③运营分析控制不足。里森在对期货大量补仓时，巴林银行的运营分析体系如同摆设，没有发现经营过程中存在的问题，没有采取任何控制措施。

第四，信息与沟通不畅。有关企业内部和外部的相关信息，必须按照一定的格式和时间框架来进行确认、捕捉和传递，以此来保证企业人员能够各司其职。有效的沟通就是广义上的沟通，包括企业内部纵向和横向的沟通，还需要就企业内外部的相关信息与企业相关方，如企业的股东、政府职能部门、企业的客户等进行沟通交流。在本案例中，巴林银行内部的信息与沟通明显存在以下问题：

①总部要求里森更改错误交易处理的账户时没有进行很好的沟通。

②公司内部相关部门没有保持高度的信息共享，企业内部之间、内部和外部之间没有良好的沟通。

第五，监督体系不完整。上市企业如果想保证内部控制系统能够切实执行并且执行的效果良好，就必须对企业内部控制制度的执行进行二次控制，也就是对内部控制的监督。这是因为即使企业制定的内部控制制度非常完善、先进，在不对其进行考核、评价和适当干预的情况下，也难以发挥作用。在本案例中，巴林银行的监督体系主要存在以下问题：

①内部审计监督失败。审计部门调而不查，审计不彻底；审计工作不到位，忽视重要细节。

②内部管理层监督失败。审计部门多次提出应改变里森身兼两职的管理模式，并建议总部派来一名风险管理员监督工作，但没有得到上级的重视。管理层没有重视审计部门的意见，没能发挥有效的监督作用。

3.推荐解决问题的方案

（1）管理层必须对所经营管理的业务有充分的认识：跨国经营，业务、利润和风险来源的多元化，产品创新和信息技术的飞速发展使欺诈更隐蔽和快捷，损失放大。

（2）各项业务的职责必须明确并明示，在对组织结构进行重大调整时应注意防范利益冲突和权责不清带来的风险，如前台的交易业务与后台的清算、稽核活动应有效分离。巴林银行在倒闭前两年就进行了类似的业务结构调整，但巴林银行总部允许里森同时负责交易和清算工作，前台职务和后台职务等性质完全不同的业务，最终使得新加坡分行的业务完全操控在里森一人手里，为其舞弊交易提供了便利，最终酿成无可收拾的局面。

所谓前台职务，主要是指交易业务，所谓后台职务，包括清算、稽核和业务准入。尽管后台业务与前台业务往往是并行发生的，一一对应，如一笔交易必然伴随着相应的清算交割和业务稽核，但并不等于说，后台业务是从属于前台业务的。巴林银行显然混淆了前台业务和后台业务之间的关系，将后台业务作为前台业务的附属品，这种以交易盈利作为重心的做法必然导致对风险因素和稽查工作的忽视，造成严重的危机隐患。实际上，二者之间应当是互相制约、互为犄角的一种协作关系，一般情况下二者应当严格分离，甚至后台职务不同性质的业务也应实现有效隔离（如清算与稽核应当分离），如此才能实现内部控制机制的"牵制"作用。就业务性质和地位而言，前台业务与后台业务没有主次之分，只有业务分工的区别，前台业务主要服务于银行的盈利性，后台业务主要服务于银行的安全稳健性，当清算或稽核部门发现前台业务的不正常征兆时，应及时报告给银行的高级管理层，以便其及时采取处置措施。

（3）设立专门的风险管理机制，及早发现危机隐患，采取应对策略。

缺乏专门的风险管理机制是巴林银行的里森能够顺利从事越权交易的主要原因。巴林银行案件的一个关键线索是巴林银行伦敦总部向其新加坡分行提供的巨额资金的去向，巴林银行总部的官员相信这笔钱是应客户要求的付款，而实际上该资金转移是里森用来拆东墙补西墙的伎俩。由于缺乏专门的风险管理机制，琐事缠身的总部官员根本没有对这笔资金的去向和用途进行审慎的审查，不仅没能查出本应查出的错漏，反而加重了巴林银行的损失，导致该银行百年基业的最终坍塌。

（4）建立强势的内部审计机构，对整个业务进行监督检查，并将内控漏洞迅速反馈给最高管理层，以便采取补救措施或进行业务整改。

四、教学组织方式

1.问题清单及提问顺序、资料发放顺序

本案例讨论题目依次为：

（1）巴林银行的管理层在这次事件中要承担什么样的责任？

（2）从内部控制五要素的角度分析巴林银行倒闭的原因。

（3）如何理解内部监督的不完善是巴林银行倒闭的根本原因？

（4）如何改善巴林银行的内部控制制度？

（5）巴林银行倒闭事件对我国银行内部控制制度的构建有什么启示？

2.课时分配

（1）课后自行阅读材料：1小时；

（2）小组资料汇总整理：1小时；

（3）小组讨论分析结果：1小时；

（4）小组制作展示PPT：0.5小时；

（5）小组课堂展示：0.5小时。

3.讨论方式

本案例采用四人一组小组式进行讨论。

4.课堂讨论总结

重申主题，归纳发言，向同学们提出更有深度的课后思考题，提醒同学们进一步思考，并建议同学们自行进一步了解本案例详情。

案例23

辉山乳业资金链断裂的背后①

编写目的

随着我国惠农力度的不断加大，农业上市公司迎来了繁荣发展的好时机，但与此同时，农业上市公司内部控制薄弱等问题也随之出现。本案例通过对辉山乳业内部控制的分析，旨在引导读者学习如何对一家企业的内部控制进行分析，并发现其中可能存在的薄弱环节。通过辉山乳业的资金链断裂事件，结合内部控制体系中的内控环境、控制活动、监督活动、业务流程等层面和运营现状，来探究辉山乳业内部控制存在的缺陷，帮助读者更清楚地了解内部控制如何影响着企业的经营和管理流程。

知 识 点

企业内部控制的重要性；企业内部控制的概念；COSO内部控制框架；全面风险管理

关 键 词

辉山乳业；内部监督；经营风险；内部控制

摘 要

有效的内部控制是避免企业经营失败的防线之一，它能够提升企业经营绩效，帮助企业管理风险，创造和维护企业价值。内部控制的固有局限性使得其不可能消除所有的错误和违法行为，但它能够提醒管理者关注潜在问题发生的可能性。本案例以中国辉山乳业控股有限公司（06863.HK）2017年3月24日股价暴跌事件为切入点，考察了该公司内部控制制度以及公司背后的监管问题。在具体素材选择、题目设计上都侧重于引导读者关注我国企业内部控制理论和实务问题，包括认识内部控制的重要性、了解内部控制的概念、掌握内部控制框架体系、树立全面风险管理意识以及内部控制制度的构建与实施等。

---

① 该案例根据中国专业案例库案例改编。

案例正文

内部控制是企业运营和各项管理工作的基础，是企业在风险丛生的环境中立于不败之地，并保持可持续发展的保障。2017 年 3 月 24 日上午 11 时左右，在香港联合交易所上市的中国辉山乳业控股有限公司（06863.HK，以下简称辉山乳业）股价在毫无征兆的情况下突然跳水大跌，盘中最大跌幅 90.71%，午盘收盘跌幅略有收窄，股价报 0.42 港元/股，跌幅 85%，股票午后停牌。这一跌幅创下港交所史上最大跌幅，仅 1 小时内，辉山乳业市值蒸发 322 亿港元，仅剩 56.6 亿港元。随后，辉山乳业董事局主席兼首席执行官杨凯承认，公司资金链已断裂。此事引发社会舆论广泛关注，辉山乳业的内部控制制度以及公司背后的监管值得深思。本案例以辉山乳业股价暴跌事件为切入点，利用 COSO 内部控制五要素框架对辉山乳业的内部控制现状进行剖析，旨在引导案例使用者关注企业内部控制实务，认识到内部控制的重要性，掌握内部控制框架体系，树立全面风险管理意识。

一、背景介绍

自从 2008 年三聚氰胺事件爆发后，三鹿、蒙牛、雅士利、伊利等国内知名品牌泥足深陷，消费者对国产奶粉的信任度跌入谷底，乳制品行业也进入了瓶颈阶段。国产奶粉质量饱受质疑，海外奶粉购买热度剧增，婴幼儿奶粉进口量年均增长率高达 20%。2010—2013 年，进口奶粉消费需求持续增加，之后跨境电商、海淘借势兴起，婴幼儿奶粉进口渠道多元化，乳制品行业也开始回暖。

虽然近几年乳制品销量大不如前，但随着 2017 年中央 "一号文件" 的发布，中国农业供给侧结构性改革也进入了深度执行期。2017 年 2 月 8 日，农业部组织部分省级农牧部门、中国奶业 20 强企业及其他企业代表（包括辉山乳业）、中国奶业协会和专家，召开专题座谈会，共商奶业发展大计，并研究部署了奶业振兴 "五大行动"——"种好草""养好牛""产好奶""创品牌""讲好奶业故事"，以加快推进现代奶业建设。对中国奶业来说，这无疑是一个不寻常的春天。随着利好政策连续出台，一连串明显的政策信号无不体现了政府对奶业的高度重视，中国奶业迎来了发展的重要战略机遇期。

二、案例概况

（一）辉山乳业简介

辉山乳业的历史可以追溯到 1951 年，总部坐落于辽宁沈阳，是目前国内东北区域最大的乳企，先后荣获多项国家、省、市级及行业殊荣。长期以来辉山乳业秉承 "打造国人值得信赖的乳品品牌" 的企业理念，致力于中国乳品行业全产业链发展模式的探索，从源头解决乳品安全的核心问题，是国内率先实现奶源全部来自规模化自营牧场的大型乳制品企业。

辉山先后在辽宁沈阳、锦州、阜新、抚顺、铁岭等地投资建设了良种奶牛繁育及乳品加工产业集群项目。经过多年布局，企业逐步形成以牧草种植、精饲料加工、良种奶牛饲养繁育、全品类乳制品加工、乳品研发和质量管控等为一体的全产业链发展模式。

目前，辉山已拥有近50万亩苜蓿草及辅助饲料种植基地、年产50万吨奶牛专用精饲料加工厂、超过20万头纯种进口奶牛、82座规模化自营牧场以及6座现代化乳品加工生产基地。

依托自营牧场和全产业链发展模式，辉山产品矩阵涵盖婴幼儿配方奶粉、液态奶等多个产品品类。完善的生产管理系统和先进的技术支持，使得辉山的产品有更高的品质突破和质量保障。

2013年9月，辉山乳业在港交所正式挂牌上市，全球发行额13亿美元，跻身有史以来全球消费品公司首次发行前十名，上市首日市值近400亿港元，跻身中国乳业境外上市公司市值前三甲[1]。

（二）科学规划产业链，逆势增长创辉煌

随着中国乳业发展的不断深化，乳业行业逐渐意识到对优质奶源的掌控才是始终走在行业前端和为国人提供优质乳制品的根本。正所谓"得奶源者得天下"。于是，国内各大乳业公司纷纷加大对规模化奶源的投入。然而，辉山乳业早在十多年前就清醒地认识到只有自己建立完整的产业链，取得不可代替、持久的资源，才能在中国的乳品市场中脱颖而出，立于不败之地。面对国内外激烈的竞争，奶源价格不断被抬高，利润空间不断被压缩的市场环境，辉山乳业决定从源头做起，将全产业链战略作为辉山乳业的核心发展战略，构建了极为完整的全产业链。正如辉山乳业前执行董事葛坤所说："辉山的资源优势在整个中国乳品行业内是其他乳品企业都无法企及的。"

2016年年末，农业部门相关领导表示，目前我国乳业全行业亏损面已经超过50%。然而，辉山乳业在国内乳品市场不振的大环境下，营业收入仍达到25.164亿元人民币（2015年同期为21.374亿元人民币），同比增长17.7%；集团整体毛利率达51.7%，领先于行业平均水准[2]。

（三）走出东北，布局全国

付出十几年的心血，辉山乳业以奶源为核心的全产业链战略布局终于完成。在拥有此战略性资源的基础上，辉山乳业制定了"三步走"的发展战略，即从地方领先企业、全国领导企业到国际一流企业。在实现第一步战略目标后，辉山乳业2013年伊始启动布局全国战略，力争在短时间内从区域走向全国，进一步完善全国化布局。

---

[1] 数据来源于中国辉山乳业控股有限公司网站（http://www.huishandairy.com/CN/Web/）。
[2] 数据来源于中国辉山乳业控股有限公司2016年年报。

在 2016 年的财报上，辉山乳业报告说 2016 年全产业链成功异地复制华东地区，"北沈阳、南盐城"的战略布局形成，形成南北两个"奶业都心"。面对国家有关奶粉发布的新政、国外知名品牌的打压以及消费者对国产奶粉的信任不足的严峻情况，辉山乳业并没有就此退缩，反而迎难而上，循序渐进，有节奏地扩大自身规模。

辉山乳业在推进全国布局时，懂得将战略逐步细化。2016 年，辉山乳业以深耕东北市场和精准进军全国重点区域作为两个主攻方向，进一步推进"微型网格化"模式的全国化布局。在东北，辉山乳业以沈阳为核心的都市集群，辐射吉林、黑龙江、华北等邻域，成功实践"奶业都心"模式。此举最大限度地满足了保新鲜保活性的产品需求，让城市消费者可以第一时间享受到新鲜高品质的乳品，并为进一步布局全国重点市场奠定了坚实基础。而且，辉山乳业在品牌建设、企业文化、社会责任方面都做得非常好。在信任缺失的中国乳业，辉山奶粉打破传统请明星大牌代言的路子，高调邀请陈鲁豫、蔡康永、胡乔华、朱丹四大明星主持人强势代言，扛起"中国乳业安全新力量"大旗。

（四）一失足成千古恨

2017 年 3 月 24 日上午 11 时左右，在香港上市的辉山乳业（06863.HK）股价在毫无征兆的情况下突然跳水大跌，盘中最大跌幅 90.71%，午盘收盘跌幅略有收窄，股价报 0.42 港元/股，跌幅 85%，股票午后停牌。这一跌幅创下港交所史上最大跌幅，1 小时内，辉山乳业市值蒸发 322 亿港元，仅剩 56.6 亿港元。辉山乳业实际控制人杨凯、葛坤夫妇的财富一天蒸发 235.8 亿港元。随后，辉山乳业董事局主席兼首席执行官杨凯承认，公司资金链已断裂。

财经新闻报道，辉山乳业有 70 多个债权人，金融债权预计至少在 120 亿～130 亿元。2017 年 3 月 20 日，债权行突然接到辉山乳业通知，称因公司副总裁（指葛坤，也是辉山乳业董事长杨凯之妻）突发疾病，资金无法及时调度，不能按时偿还部分银行利息约 3 亿元，引发部分银行试图抽贷。

证券日报报道称，5 月 8 日辉山乳业公司接到香港联交所应香港证监会的指令，于当日早间完全停止了该集团的股份交易。另外，辉山乳业将于 5 月 15 日收市后从恒生指数系列中剔除。

（五）由股价暴跌事件引发的思考

股价在毫无征兆的情况下突然跳水大跌，这不由得引人深思：为什么一家曾经排行前十的乳制品企业会无端暴跌？上市公司资金链断裂却只有在事后才得到重视？

辉山乳业股价暴跌事件貌似仅仅是企业高级管理层动用资金出了问题，但仔细考察发现，企业内部控制不完善才是导致辉山乳业事态向严重方向发展的根本原因：公司治理结构不完善反映了内部控制的内部环境不合理；风险管理不力说明了风险评估机制的不健全；事故反应滞后反映了重大风险的预警机制和突发事件的应急处理机制的缺失；会计控制体系不健全；公司高管不相容职务没有做到相互分离……内部控制制度的不完善或缺失在一定程度上加速导致一家全国乳制品行业十强企业陷入泥潭。下面将利用COSO内部控制五要素框架对辉山乳业内部控制现状做出剖析。

三、辉山乳业内部控制分析

（一）内部环境

内部环境是企业实施内部控制的基础，一般包括治理结构、机构设置及权责分配、内部审计、人力资源政策、企业文化、社会责任等。许多企业看似建立了完美制度，但在风险来临之时往往不堪一击，其根源就在于管理层的权力过大，超越内控且不受董事会的制约。本案例选取了内部环境中的责权分配进行研究。辉山乳业管理层名单节选见表8-1。

表8-1　　　　　　　　　　　　辉山乳业管理层名单节选[①]

杨凯	董事会主席、执行董事、总裁
葛坤	执行董事、高级副总裁

在辉山乳业的管理层名单中，杨凯担任董事会主席、执行董事、总裁，其后便是葛坤，后者也担任执行董事。其中杨凯身居多个要职，没有很好地体现内部控制的独立性和回避性原则。而且据了解，杨凯和葛坤是夫妇，两人共持有辉山乳业98.67亿股股票，持股比例达73.21%，在公司中占有绝对控股地位。而公司一共四名董事会成员，两人的决策在一定程度上决定了公司未来的发展方向。因此，夫妇二人的关系在很大程度上会导致公司面临发展障碍。再加上辉山乳业对高层的履职审核不严，杨凯才得以挪用大量的公司资产。另一方面，股权的过于集中导致了关联方交易问题。例如，辉山乳业对再生能源公司的收购，在事后被证明是关联方交易，该公司的所有者是杨凯及其儿子，而且自成立以来公司一直处于亏损状态。

从内部审计环境来看，企业高层频繁利用会计数据造假，掩盖企业的真实经营状况，不仅对企业的诚信和社会道德造成了影响，还为企业的内部审计营造了恶劣的审计环境。

（二）风险评估

风险评估是指企业及时识别、系统分析经营活动中与实现内部控制目标相关的风险，合理确定风险应对策略。风险评估包含风险识别、风险分析、风险应对等方面。其中风险识别是对企业面临的各种潜在事项进行确认，按风险的来源不同，企业可能存在的风险事项可划分为内部风险和外部风险。

辉山乳业的内部控制在风险识别方面也存在着漏洞，未能及时在大股东侵占公司资金时合理进行风险识别，导致企业资金链断裂，造成现今难以挽回的局面。而且从企业的外部风险来看，虽然辉山乳业号称使用的是自产自足的牧草，但是有数

---

① 数据来源于中国辉山乳业控股有限公司网站（http://www.huishandairy.com/CN/Web/）。

据表明辉山乳业从一家名为 Anderson Hay & Grain 的公司大量购进了苜蓿草，实际的采购成本还比较高，这就不可避免地要和其他公司竞争草源，就会存在因降低成本而弱化草源的质量控制，加大了企业的经营风险。而无论是内部风险还是外部风险，辉山乳业均没有对应的风险预警机制。

可以看出，辉山乳业近几年资产周转率一直处于下滑的趋势，而且在 2017 年辉山乳业的债务已经约达 160 亿元，并且背负着过高的杠杆率。然而，企业的内部控制人员却未能及时发现这一问题，也未对企业管理层提出相关的建议，使得事态向严重方向发展，最后导致企业资金链断裂。同时，企业一直在向银行借款，导致公司的债务负担越来越重，形成恶性循环。

公司风险管理委员会的缺失，使得辉山乳业在做出重大投资决策、资金使用安排等方面均出现了问题，没有对高风险的融资途径、激进的扩张战略做出合理的风险评估。

（三）控制活动

控制活动是企业根据风险评估结果，采用相应的控制措施，将风险控制在可承受度之内。企业的控制活动主要有：不相容职务分离控制、授权审批控制、会计系统控制、财产保护控制、预算控制、运营分析控制、绩效考评控制、合同控制。本案例主要选取控制活动中的"运营分析控制"对辉山乳业相关内部控制进行探讨。

辉山乳业在打造产业供应链的时候未能合理控制相关的资本支出，导致企业资金链断裂。为了构建全产业链，辉山乳业不惜投入重金。辉山乳业财报显示，其上市前后用于购置物业、厂房及设备、支付土地租金及购牛的资本支出大幅增加。辉山乳业 2013 年用于上述用途的资本支出为 7.62 亿元，2014 年增加至 46.61 亿元，2015 年为 43.09 亿元，2016 年下降至 16.97 亿元。具体情况见表 8-2。

表 8-2   **2013—2016 年辉山乳业产业链资本支出**   单位：亿元

年份	产业链资本支出
2013	7.62
2014	46.61
2015	43.09
2016	16.97

从表 8-2 中可以看出，辉山乳业上市以来的三个年度，用于厂房设备、土地、购牛等的资本支出达到 106.67 亿元，远超其 2013 年在港上市时 78 亿元的募资额。此外，同花顺数据显示，2016 年辉山乳业的销售费用、管理费用分别为 6.97 亿元、4.39 亿元，较 2013 财年的 1.06 亿元、0.91 亿元翻了数倍；上市三年以来，辉山乳业用于销售、管理的费用，累计达到 28.51 亿元。

为了构建全产业链，从上游草场、牧场，再到下游加工厂，辉山乳业都投入了大量资金。而这类投资回报周期长，见效慢，导致辉山乳业在资金上面临困境。除固定资产的大量投资，近两年辉山乳业开始走出东北，向全国市场布局，其销售网络建设、品牌推广也需要不少资金。影响资金活动的因素众多，不确定性较大，而且资金活动中的潜在风险大多为重要风险。一旦这类风险转变为现实，对企业危害极大，将会影响到企业的可持续发展，甚至事关企业的生死存亡。辉山乳业此次资金链的断裂，无疑与企业资金活动控制不完善有关：一方面，对外筹集大量资金，包括向银行借款；另一方面，一直在投资建设供应链（房地产）等项目，导致资金一时间难以回收。在企业巨额投资得不到显著回报的时候，费用增加，收入减少，因此从表8-3中可以看到，近几年辉山乳业的净利润一直在下降，进而加大了企业资金运转上的风险。

表8-3 近几年辉山乳业收益分析

财务指标 年份	营业收入增长率	利润总额增长率	净利润增长率	净资产增长率	总资产增长率
2016-09	17.74%	-21.32%	-17.95%	3.99%	-27.23%
2016-03	15.37%	-25.25%	-23.82%	-2.37%	-20.26%
2015-09	7.14%	-6.44%	-4.52%	-7.51%	-15.85%
2015-03	11.13%	-28.31%	-30.45%	0.62%	-16.79%

（四）信息与沟通

信息与沟通是指企业及时、准确地收集、传递与内部控制相关的信息，确保信息在企业内部、企业与外部之间进行有效沟通。基本目的是确保信息具备及时有效性、反馈性、预测性、真实准确性、安全保密性、成本效益。信息与沟通分为内部信息沟通和外部信息沟通。

辉山乳业在信息与沟通机制方面也不够完善。例如，早在2016年12月中旬，即辉山乳业股票暴跌前，浑水（美国著名做空机构）发布报告称辉山乳业存在财务造假，包括隐瞒成本、虚构资本支出、大股东侵占公司资金；同时，曝出"杨凯挪用30亿元投资房地产"的丑闻。国内的苜蓿草主要依赖于大量进口，并且价格十分昂贵，一吨要400美元。辉山乳业却宣称公司拥有国内最大的苜蓿草生产基地。然而，浑水的做空报告指出，经过长达数月的明察暗访之后，他们发现辉山乳业其实一直从一家名为Anderson Hay & Grain的公司大量进口苜蓿草，还拍了照片。

随后，辉山乳业在澄清公告中对此给予了回击，宣称报道不实。在浑水发布做空报告的同一天，辉山乳业董事长杨凯增持了近2 500万股，试图欺瞒消费者与投资者。辉山乳业并没有加强与投资者的沟通，没有及时、公平地向投资者披露企业的战略规划、经营成果、投融资计划、年度预算、重大财务担保、合并分立、资产重组、财务状况、经营成果、利润分配方案等方面的信息。此外，辉山乳业也没有加强与注册会计师的沟通和协调，听取注册会计师对内部控制等方面的建议，保证内部控制的有效运行。信息与沟通是及时、准确、完整地采集与企业经营管理密切相关的各种信息，并使这些信息以适当的方式在企业有关层级之间、企业与外部之间进行及时传递、有效沟通和正确使用的过程，而辉山乳业忽视了信息与沟通的重要性，以至于出现了后来的资金链断裂，造成股价暴跌。

（五）内部监督

内部监督是企业对内部控制建立与实施情况进行监督检查（包括日常监督检查和专项检查）以此评价内部控制的有效性，针对发现的内部控制缺陷，及时加以改进。

辉山乳业实行的是独立董事和监事会的二元模式。辉山乳业的二元模式加上审计委员会、内审部门、公司纪检等部门的合力，本应达成内部监督的既定目标和效果，但以下事件在一定程度上表明内部监督机制的失效：

（1）辉山乳业董事长杨凯兼任关联公司执行董事或者法人，对于其中的关联方交易等行为缺乏足够的监督力度。

（2）对于浑水称其苜蓿草自供量造假一事，辉山乳业一开始是坚决否认的，但在后来的调查证据以及浑水的做空报告的追问下，辉山乳业回应了另一个细节，即公司在2015—2016年生产燕麦草7.9万吨。

（3）公司股东一直在吸收筹码，即股东一直在维稳股价，防止股价跌下去，这种利用公司资产弥补公司现存问题，企图掩盖公司股价事实的做法，最终只会使公司的价值日趋下跌。

（4）对于公司已经出现的固定资产过剩问题，监督人员没有及时进行监管上报，导致固定资产过剩情况继续恶化，大量公司资本被占用。这反映了辉山乳业对固定资产的内部控制方面的监督考核机制不完善。

内部监督的不严还体现在辉山乳业对营运资金的监督力度不够。主要表现在辉山乳业的资金信息披露不透明。在2016年9月30日的中期报告中，关于75.446亿港元的募集资金用途交代不清楚；而且，在2016年12月27日的公司公告中，可以发现杨凯通过旗下的冠丰公司向平安银行质押辉山乳业股份以获得融资，资金去向并未明确披露。

四、主要参考文献

［1］毛新阳. 辉山乳业股价崩盘事件浅析［J］. 全国流通经济，2017（8）：70-71.

［2］唐大鹏，李佳虹，刘莲. 企业营运资金内部控制缺陷及优化研究——基于辉山乳业的案例分析［J］. 财政监督，2017（22）：83-89.

［3］王震，张秋艳. 对辉山乳业公司的风险评估分析［J］. 现代营销（经营版），2018（1）：62-63.

［4］康舒瑶. 基于控制环境的上市公司内部控制研究——以辉山乳业为例［J］.

商业会计，2018（10）：64-65.

[5] 田瑶，马梦姗. 辉山乳业财务舞弊及内部控制问题分析 [J]. 全国流通经济，2018（29）：36-37.

五、讨论题目

1.辉山乳业构建全产业链的优势在哪里？

2.针对辉山乳业内部环境的问题，你有什么样的完善建议？

3.企业在识别内部风险时应关注哪些要素？针对辉山乳业风险评估的问题，你有什么样的完善建议？

4.针对辉山乳业内部控制活动的问题，你有什么样的完善建议？

5.从辉山乳业信息与沟通反映的事件来看，辉山乳业存在哪些失控行为？你对完善信息与沟通机制有什么建议？

6.辉山乳业内部监督失效的原因有哪些？如何加强企业内部监督？

7.你有什么完善辉山乳业内部控制制度的总体建议？

案例使用说明

一、本案例要解决的关键问题

本案例要解决的关键问题在于：通过对辉山乳业内部控制的分析，引导读者关注企业内部控制实务，掌握内部控制框架体系，树立全面风险管理意识。根据本案例资料，一方面，帮助读者分析辉山乳业内部控制中存在的缺陷，并认识企业内部控制的重要性。另一方面，帮助读者就本案例中发现的问题和缺陷如何完善进行思考，拓宽读者对内部控制的研究思路，并让读者清楚地认识到高效实施内部控制是公司加强和规范内部经营管理的有效措施，也是公司全面提升经营管理水平和风险防范能力的关键。

二、案例讨论的准备工作

为了有效地实现本案例目标，读者应该具备下列相关知识背景：

（一）理论背景

企业内部控制的重要性；企业内部控制的定义；内部控制框架；内部控制原则；内部控制目标与经营业务；控制环境；风险评估；控制活动；信息与沟通；监督；内部控制主体与组织的治理、风险及合规的关系等。

（二）行业背景

自从 2008 年三聚氰胺事件爆发后，三鹿、蒙牛、雅士利、伊利等国内知名品牌泥足深陷，消费者对国产奶粉的信任度跌入谷底，乳制品行业也进入了瓶颈阶段。国产奶粉质量饱受质疑，海外奶粉购买热度剧增，婴幼儿奶粉进口量年均增长率高达20%。2010—2013年，进口奶粉消费需求持续增加，之后跨境电商、海淘借势兴起，婴幼儿奶粉进口渠道多元化，乳制品行业也开始回暖。但三聚氰胺引发的奶粉进口潮、国产品牌份额压缩和产能过剩、抢销量竞争白热化、市场供过于求的现状仍未改变。

虽然近几年乳制品销量大不如前，但随着2017年中央"一号文件"的发布，中国农业供给侧结构性改革也进入了深度执行期。2017年2月8日，农业部组织部分省级农牧部门、中国奶业20强企业及其他企业代表（包括辉山乳业）、中国奶业协会和专家，召开专题座谈会，共商奶业发展大计，并研究部署了奶业振兴"五大行动"——"种好草""养好牛""产好奶""创品牌""讲好奶业故事"，以加快推进现代奶业建设。这一举动对中国奶业来说，无疑是一个不寻常的春天。随着利好政策连续出台，一连串明显的政策信号无不体现了政府对奶业的高度重视，中国奶业现阶段正处于发展的重要战略机遇期。

（三）制度背景

《企业内部控制基本规范》（2008）、《企业内部控制配套指引》（2010）、《企业内部控制规范体系实施中相关问题解释第1号》（财会〔2012〕3号）、《企业内部控制规范体系实施中相关问题解释第2号》（财会〔2012〕18号）等。

三、案例分析要点

（一）需要读者识别的关键问题

本案例需要读者识别的主要知识点包括：企业内部控制的定义；内部控制框架；内部控制目标与经营业务；控制环境；风险评估；控制活动；信息与沟通；监督。

（二）解决问题的可供选择方案及其评价

1.关于企业内部控制的重要性

首先，有效的内部控制是避免企业经营失败的防线之一。内部控制是提升企业经营绩效的重要驱动力，它能够帮助企业管理风险，创造和维护企业价值。

其次，内部控制是公司治理系统和风险管理能力的重要组成部分，它的基本功能是帮助企业实现目标，创造、增加并维护股东价值。有效的内部控制还可以帮助企业形成竞争优势，因为一家拥有有效内部控制系统的企业能够承担额外的风险。

最后，内部控制是为保护企业而设计的，它能够确保相关经营单位的资产免于被滥用或者遭受损失。健全的内部控制有助于确保对各项交易进行适当授权，支撑IT系统的良好运行，并确保财务报表信息的可靠性。

2.关于企业内部控制

企业内部控制是由企业董事会、监事会、经理层和全体员工实施的，旨在为实现以下各类目标而提供合理保证的过程：确保企业经营管理合法合规；保护资产安全；保证财务报告及相关信息真实完整；提高经营效率和效果；促进企业实现发展战略。

（1）关于内部控制的原则与要素。

企业建立与实施内部控制的五项原则：一是全面性原则；二是重要性原则；三是制衡性原则；四是适应性原则；五是成本效益原则。

内部控制的五要素是：内部环境、风险评估、控制活动、信息与沟通、内部监督。

（2）关于2013年版COSO内部控制框架。

三类内部控制目标为营运控制、报告控制和合规性控制，是内部控制的第一个维度；COSO定义了内部控制的五个关键要素，即控制环境、风险评估、控制活动、信息与沟通、监控活动，是内部控制的第二个维度；企业的组织结构是内部控制的第三个维度。

（3）关于2013年版COSO内部控制原则。

2013年版COSO框架的一个重大变化就是制定了支持内部控制五要素的内部控制原则。相比于1992年版隐晦地提出了内部控制的核心原则，新版本明确地列示了17条内部控制原则来描述与内部控制五要素有关的基础概念。COSO决定通过明确说明这些原则来增加管理层对组成有效内部控制的诸要素的理解。这些原则定义宽泛，可以应用于营利机构、非营利机构、公共组织、私人组织、政府团体和其他类型组织。

（4）关于内部控制与风险管理的关系。

风险与控制的关系犹如一个钱币的正反两个面，既相互联系又有差别。控制适度，风险发生的可能性及损失会大大减少；控制过度，则会降低效率；如果缺乏控制或控制不当，到处都可能出现风险。风险管理与内部控制的目标和理念是一致的，二者的区别在于：内部控制强调的是过程控制，而风险管理的重点偏向前端控制。当前端控制失效时，取而代之的是危机管理。

3.推荐解决问题的方案

（1）辉山乳业构建全产业链的优势。

辉山乳业制定了清晰的发展目标，即构建独一无二的全产业链，并且明确了具体工作目标、工作任务和实施途径。全产业链的优势在于生产经营的全过程如种草、饲料加工、奶牛养殖到奶品生产销售等，都由辉山乳业一手包办，公司内部可以全程控制产业链的所有环节，建立可追溯的食品安全管理体系，从而能够有效地解决乳制品的安全问题。

（2）企业识别内部风险应关注的要素和针对辉山乳业风险评估的完善建议。

企业识别内部风险，应关注下列要素：①董事、监事、经理及其他高级管理人员的职业操守；②组织机构、经营方式、资产管理、业务流程等管理因素；③财务状况、经营成果、现金流量等财务因素。

针对辉山乳业风险评估的完善建议:

辉山乳业未来必须健全企业的风险评估制度,平时注重企业财务状况各方面指标的动向,在股价接连下跌的情况下必须引起内控人员的注意,追究事情的缘由。假如在近一两年内控人员发现企业资金周转率不正常趋势而去深究其中原因,不会查不出杨凯动用公司资金投资房地产的事情。

同时,辉山乳业应结合企业特定的条件在风险识别的基础上运用定量或定性的方法进一步分析风险发生的可能性和对企业目标实现的影响程度,设立合理的制度以防范企业混乱的筹资行为和大股东的肆意行为。

(3)针对辉山乳业控制活动的完善建议。

辉山乳业应当在控制活动上下功夫,建立健全"会计系统控制、预算控制、运营分析控制"等方面的控制。在预算支出时考虑支出的回报效率,适当控制好企业的资金流,避免陷入资金链断裂的困境。在一些投入见效快的项目上可以加大资金的投入,但在一些短时间难以得到回报的项目上,应该慎重。

加强资金活动风险控制,促进企业有效地组织资金活动,防范和控制资金风险,保证资金完整和安全,提高资金使用效益等。

(4)辉山乳业存在的失控行为以及针对辉山乳业信息与沟通的完善建议。

从辉山乳业信息与沟通反映的事件来看,辉山乳业存在下列失控行为:

①辉山乳业的反舞弊制度并不完善。辉山乳业应明确反舞弊工作的重点领域、关键环节和有关机构在反舞弊工作中的职责权限。

②未经授权或者采取其他不法方式侵占、挪用企业资产进行投资牟取不当利益的行为。

③在财务会计报告和信息披露等方面存在虚假记载、误导性陈述或者重大遗漏等行为。

④董事、监事、经理及其他高级管理人员滥用职权,串通舞弊,欺瞒投资者的行为。

针对辉山乳业信息与沟通的完善建议:

经此事件,辉山乳业日后应该加强与外界的信息沟通。首先,在被市场提出质疑的时候,内控机构应该及时调查并回应相关人员,而不是采取相应手段去欺瞒投资者和消费者。其次,内控人员需要加强与会计师事务所的联系和沟通,定期查询公司相关资产、负债,关注市场上与公司相关的一切传闻,在适当的时候实施必要的审计程序,遏制舞弊行为的发生。

(5)辉山乳业内部监督机制失效的原因及加强内部监督的措施。

辉山乳业内部监督机制失效的原因有:

①监事和独立董事的独立性虽源于法律规定,但实践中无法保障。辉山乳业的监事会并没有任何实际权力对杨凯、葛坤等董事进行监督,也没有对公司的组织机构设置、职务分工的合理性和有效性进行监督。

②监事和独立董事缺乏具体的履职路径和手段。由于无法有效履职，加上对外信息不透明等因素，最终导致管理层出现舞弊现象。例如，辉山乳业董事长杨凯与儿子杨佳宁设立壳公司、拟订假合同、开假发票、虚增资产和利润进行财务造假。

③辉山乳业审计监督制度设置不合理，导致内部审计失败并波及外部审计的实施和效果。为防止管理层舞弊情况的发生，监管层要求上市公司聘请独立的第三方机构对其财务报表进行审计。自辉山乳业2013年在港交所上市至今，其审计机构毕马威会计师事务所一直出具了无保留意见的审计报告。

加强内部监督的措施包括：

①对公司位高权重者要重点监督，特别是与其相关联的企业的权益来往，要做到查无特例，防微杜渐。

②强化企业内部会计控制制度实施与考核。为了保证企业内部控制制度有效地发挥作用，企业应定期对执行情况进行检查与考核。对于严格执行内部会计控制制度的，给予精神鼓励和物质奖励；对于违规违章的，坚决给予纪律处分和经济处罚。

③加强对资金流动的管理，保证资金运用的有效性。

④对企业内部监督应保持独立性，要做到实事求是，对风险高的投资应遵循会计的谨慎性原则。

⑤对公司相对异常事务应保持一定的警觉性，对企业监督应随规模的增大而逐渐增强。

⑥加强内部审计，对经营部门等实行定期和不定期的审计和监督。

（6）完善辉山乳业内部控制制度的总体建议。

①内部控制与企业经营管理相融合。

企业经营活动应该与内部控制、风险管理相融合，建立属于辉山乳业自己的内部控制体系。行业不同，其内部控制实施标准和操作指南可能不同，对其他企业的内部控制制度需要采取扬弃的态度，否则"千企一面"的结果往往是实用性不强。只有在发展的过程中，结合企业自身实际情况构建属于自己的内部控制体系才是企业长久发展之计。

②企业需引入大量专业内控人才。

辉山乳业的内部控制专业人才明显储备不足，且缺乏实务经验和操作指南，所以建议企业内部控制体系建设选择外包方式。花重金请相关内控设计机构设计符合其实际情况的内控制度。虽然这一步涉及的费用是昂贵的，但对辉山乳业来说，这一步确是必需的。在内部控制相对薄弱的现实环境下，只有先夯实内部控制的基础，实施企业风险管理，才能获得长期良性发展的理想效果。

③内部控制不能滥竽充数。

内部控制体系建设成功的标志不是出个"手册"，而是要确保其贯彻执行。内部控制制度再完美，终究需要人的执行。而控制人不能出现只控下不控上的局面，高层领导往往是企业内部控制体系建设最主要的控制目标。

四、教学组织方式

1.问题清单及提问顺序、资料发放顺序

本案例讨论题目依次为：

（1）辉山乳业为什么要构建全产业链？全产业链有何优势？

（2）结合案例材料，对于辉山乳业控制环境，你有什么样的完善建议？

（3）企业在识别内部风险时应关注哪些要素？针对辉山乳业风险评估的问题，你有什么样的完善建议？

（4）针对辉山乳业控制活动的问题，你有什么样的完善建议？

（5）从辉山乳业信息与沟通反映的事件来看，辉山乳业存在哪些失控行为？你对完善信息与沟通机制有什么建议？

（6）辉山乳业内部监督失效的原因有哪些？如何加强企业内部监督？

（7）你有什么完善辉山乳业内部控制制度的总体建议？

本案例的参考资料及索引，在讲授有关知识点之后一次性提供给读者。

2.课时分配

（1）课后自行阅读资料：约3小时；

（2）小组讨论并提交分析报告提纲：约2小时；

（3）课堂小组代表发言、进一步讨论：约3小时；

（4）课堂讨论总结：约0.5小时。

3.讨论方式

本案例可以采用小组式进行讨论。

4.课堂讨论总结

课堂讨论总结的关键是：归纳发言者的主要观点；重申其重点及亮点；提醒大家对焦点问题或有争议的观点进行进一步的思考；建议大家对案例素材进行扩展研究和深入分析。

第9章　内部控制评价

案例24

从内部控制评价角度看新华制药内控失败

编写目的

内部控制评价作为企业内部控制极其重要的一环，对企业的管理有着重要的作用，本案例从内部控制评价视角对新华制药内部控制失效事件进行分析，其目的在于深化读者对内部控制理论的理解，全面掌握内部控制评价的精髓；同时，读者可以通过对本案例的学习与讨论，了解企业在实务过程中是如何进行内部控制评价的，以及如何解决内部控制评价过程中发现的内部控制问题的。

知 识 点

内部控制评价；内部控制缺陷；内部控制整改措施

关 键 词

制药公司；风险管理；内部控制评价；整改措施

摘　　要

2012年3月21日—3月27日，沪深两市共有43家上市公司披露了2011年度内部控制审计报告，其中，沪市主板31家、深市主板8家、中小板3家、创业板1家。从内部控制审计报告类型来看，42家上市公司被出具了标准内部控制审计报告，1家上市公司（山东新华制药股份有限公司，简称新华制药）被出具了否定意见的内部控制审计报告。本案例着重从内部控制五要素评价了新华制药的内部控制制度及其运行，深度分析了新华制药被信永中和会计师事务所（以下简称信永中和）出具否定意见内部控制审计报告的原因，侧重于引导读者从风险管理层面关注内部控制评价，并能对具体问题施以解决方案。

案例正文

2012年3月23日，新华制药被信永中和会计师事务所出具了否定意见的内部控制审计报告，报告中指出，新华制药的内部控制主要存在两大重要缺陷：一是新华制药子公司山东新华医药贸易有限公司（以下简称医贸公司）内部控制制度对多头授信无明确规定，在实际执行中，医贸公司的鲁中分公司、工业销售部门、商业销售部门三个部门分别对同一公司授信，使得授信额度过大；二是医贸公司内部控制制度规定对客户实际授信额度不得大于顾客注册资本，但在医贸公司的实际执行中，对部分客户的授信额超过其注册资本，导致授信额度过大。除此之外，医贸公司还存在未授信的发货情况。由于上述重大缺陷，新华制药对山东欣康祺医药有限公司（以下简称欣康祺医药公司）及其存在担保关系方未实行严格的授信管理规定，由此产生大额应收款项6 073万元。恰逢此时，欣康祺医药公司经营状况出现异常导致了资金链断裂，这就可能致使新华制药的应收账款面临巨额坏账的风险，很可能因此遭受重大损失。

一、公司概况及案例背景

（一）公司概况

山东新华制药股份有限公司（以下简称新华制药）于1993年由山东新华制药厂改制设立，其前身山东新华制药厂创建于1943年，至今已有70余年历史。公司占地300多万平方米，现有职工5 000多人，主要从事化学合成原料药、医药制剂、化工原料、医药中间体、化工防腐设备、制药机械六大类产品的研发、制造及销售，进行自营进出口贸易，是我国重点骨干大型制药企业、亚洲最大的解热镇痛类药物生产与出口基地，以及国内重要的心脑血管类、抗感染类及中枢神经类等药物生产企业。在我国化工及医药行业具有较高的企业地位和影响力。新华制药是中国医药工业十佳技术创新企业，中国制药工业50强，目前旗下有9家控股子公司。"新华牌"商标是中国驰名商标，是商务部重点培育和发展的出口品牌。

公司建有较为完备的科研开发体系，为国家级高新技术企业、国家火炬计划重点高新技术企业，拥有首批国家级企业技术中心和博士后工作站，在国内同行业首创产学研模式，与50多家科研机构开展深层次合作并取得若干科研成果。目前，新华制药拥有国家一类新药文号7个，获得授权专利106项。

1996年12月，新华制药以中国香港为上市地点，公开发行中华人民共和国H股股票。1997年7月，新华制药又以深圳为上市地点，公开发行中华人民共和国A股股票。1998年11月，经中华人民共和国对外贸易经济合作部批准后，转为外商投资股份有限公司。2001年9月，经批准增发A股普通股股票3 000万股，同时减持国有股300万股。

（二）案例背景

事件的起因是 2012 年 3 月 23 日新华制药被信永中和会计师事务所出具了否定意见的内部控制审计报告。该报告指出新华制药在内部控制方面存在两大重要缺陷：一是其下属子公司山东新华医药贸易有限公司在内部控制制度中未对多头授信进行明确规定，这就导致在实际授信时，鲁中分公司、工业销售部门、商业销售部门三个部门分别对同一公司授信，从而使得授信额度过大；二是医贸公司内部控制制度规定对客户实际授信额度不得超过顾客的注册资本，但医贸公司在实际执行中却违反了这个规定，除此之外还存在未授信的发货情况。以上重大缺陷均导致新华制药授信额度过大，最终新华制药对山东欣康祺医药有限公司及其存在担保关系方形成大额应收款项 6 073 万元。恰逢此时，欣康祺医药公司出现了异常经营而导致资金链断裂，这就使得新华制药的应收账款面临巨额坏账的风险，很可能因此遭受较大损失。

二、案例概况

新华制药作为中国医药化工行业的龙头企业，在上市披露其财务报告的第一年就出现被出具否定意见内部控制审计报告的尴尬局面，而问题的源头直指企业的内部控制，接下来让我们从新华制药的内部控制五要素入手，从风险管理的角度对新华制药的内部控制进行评价，以揭示其内部控制失败的原因。

1.控制环境评价

（1）公司治理结构、机构设置和权责分配。

新华制药的组织架构如图 9-1 所示。根据图 9-1 可知，新华制药的组织结构设计较为合理，符合内部控制的基本要求，但是对于公司的内部审计部门的设计并不合理，新华制药的内部审计部门是直接向公司的总经理、副总经理负责的，这种报告关系会导致内审部门的独立性受到损害，审计部门在设计与实施内部控制的时候势必会受到管理层的干预，这就导致审计部门无法有效监管高层管理人员。

新华制药股份有限公司前三名股东持股情况见表 9-1。

不仅如此，从表 9-1 中我们不难发现，山东新华医药集团有限责任公司的持股比例逐年递增，虽然香港中央结算有限公司的持股比例仍占大头，居于第二，但是从新华制药披露的股东大会决议中我们发现，参加大会的仅有境内持股股东，H 股股东从未参加过股东大会。

这样不合理的权责分配制度，让山东新华医药集团有限责任公司形成一股独大的局面，香港中央结算有限公司的话语权和决策权形同虚设，有名无实。没有经过多方论证而敲定的决策，很容易为决策失误埋下隐患，决策仅由山东新华医药集团有限责任公司的股东提出和批准，在缺少多方讨论研究和权衡利弊的情况下，专断带来的风险非同一般。

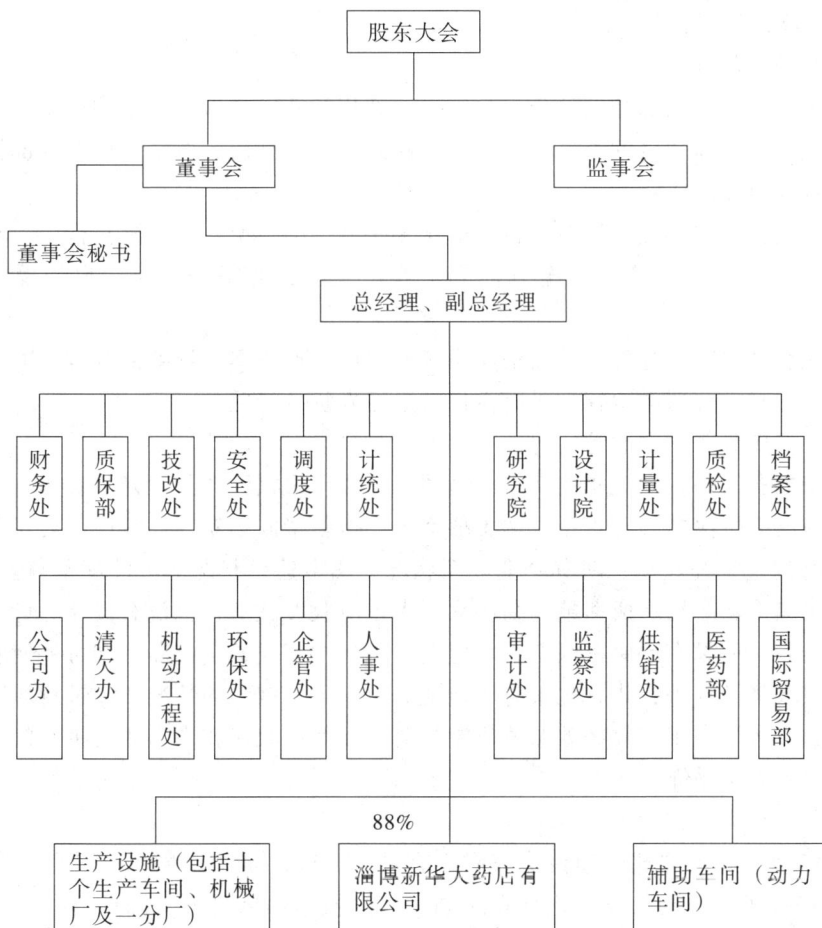

图 9-1 新华制药的组织架构图

表 9-1 新华制药股份有限公司前三大股东持股情况

编号	股东名称	股本性质	持股比例（%）				
			2011年	2010年	2009年	2008年	2007年
1	山东新华医药集团有限责任公司	流通A股	36.32	36.31	35.91	35.70	35.70
2	香港中央结算有限公司	流通H股	32.34	32.40	32.53	32.52	32.55
3	青岛豪威投资发展有限公司	流通A股	2.52	2.52	3.28	3.28	3.28

（2）法律环境。

新华制药并没有对公司各级员工进行完善的法治教育。另外，从新华制药的内部控制评价报告来看，公司设立的法纪部门的主要职责与法律环境并无多大关系，新华制药也没有要规整法纪部门主要作用的意识，导致部分员工法治观念淡薄且缺少风险管理意识。

2.风险评估评价

（1）授信额度。

从新华制药的内部控制评价报告来看，新华制药对内部控制中的风险评估环节并不重视，在风险评估的每个环节都存在缺陷。报告指出，新华制药的内部控制主要存在两大重要缺陷：

①医贸公司内部控制制度并没有规定多头授信的情况，在实际执行中，新华制药的下属子公司的三个部门分别向同一客户授信，使得公司对客户的授信额度太大。

②医贸公司对部分客户的授信超出了客户的注册资本，导致部分客户的授信额度过大，而且在公司中也存在没有授信就进行发货的情况。

（2）对应收账款的监控情况。

新华制药与山东欣康祺医药有限公司（简称欣康祺医药公司）一直是合作伙伴关系，而欣康祺医药公司更是它的重要客户。但新华制药对欣康祺医药公司并没有给予应有的重视和注意，对其企业经营状况、资金运行状况的关注度不够。而且，在与欣康祺医药公司达成多笔交易积累了大量应收账款后，也没有按照会计准则计提坏账准备，而是在欣康祺医药公司经营出现异常直至资金链断裂，可能使新华制药遭受较大经济损失，货款也很有可能就此"打了水漂"的情况下才进行坏账准备计提。这充分暴露了应收账款监管机制的薄弱以及应收账款内部联动机制的缺失。

3.控制活动评价

（1）授权审批控制。

新华制药对不同部门的授信权限没有进行明确规定，不同的子公司和不同的部门都有对客户的授信权力，导致对同一客户授信额度过大，因此对公司财务报告产生不利影响。另外，新华制药也没有对具有授信权力的部门的授信额度进行有效的控制，新华制药的内部控制制度明确规定对客户的授信额度不能大于客户的注册资本，但是在实际执行过程中，并未按照规定进行，甚至出现未授信发货的情况。

（2）预算制度不健全。

公司没有一个完整的预算管理制度，只是在每年编制预算时，以公司的名义下发一个预算编制工作通知，以此作为编制预算的依据，这样使得预算系统缺乏一个权威性的科学规章制度加以规范，预算管理人员没有可严格遵循的章程，从而影响预算管理机制的有效运行。

①预算管理组织机构不健全。

没有成立预算管理委员会，公司的总经理和总会计师掌握着对全面预算管理的控制与监督，这使得董事会几乎无法实现在全面预算管理中的权限。同时，没有专门的预算管理机构，也就意味着没有一个完整的预算管理体系，这就容易造成预算管理出现断层和漏洞。

②预算的编制不规范。

在预算编制程序方面，新华制药采取从下到上、从上到下的方式，这之间存在严重的脱节，沟通不足。在从下到上上报预算的时候很容易掺杂水分，而上级了解到这一点之后，却又因为不能透彻了解情况，只好不分黑白，一律按砍掉一定比例的预算下发费用，这就可能导致了下发预算不够，生产活动不能顺利进行。

③管理缺乏过程控制。

各单位预算负责机构或人员仅在预算编制中发挥作用，在执行过程中未发挥应有的作用，没有相应的作业指导，职责划分不明，往往只是对预算执行结果进行分析，很少顾及执行过程中出现的问题。

④缺乏有效的考核激励配套措施。

没有有效的考核激励措施，职工对于自己的行为与指标的关系、完成指标与获得奖惩的认识不够明确，就会出现预算"编一套，做一套"的情况，预算形同虚设。

4.信息与沟通评价

财务部门、信用部门与销售部门的协调永远是应收账款内部控制中的重要问题：销售部门注重业绩，希望多发货，增加销量；信用部门应该审核客户信用状况及财务状况，严控信用标准，按照标准进行授权审批；财务部门应该及时关注应收账款的账期，督促回款。这三个部门应该相互合作、相互制约，才能使内部控制行之有效。

但这种制约在新华制药形同虚设，其子公司医贸公司鲁中分公司、工业销售部门、商业销售部门三个部门分别向同一客户授信，使得授信额度过大，超过其注册资本，并发生未授信发货的情况，这说明新华制药内部的信息沟通存在严重的问题。

5.内部监督评价

新华制药2011年年末资产负债表见表9-2。

新华制药被出具否定意见的内部控制审计报告的直接原因还是其应收账款内部控制系统存在缺陷。新华制药2011年中期应收账款前五名客户情况见表9-3。

2011年中期，新华制药应收账款前五名客户中没有欣康祺医药公司，第五名为新华制药（寿光）有限公司，欠款金额为890万元。新华制药2011年年末应收账款前五名客户情况见表9-4。

而2011年年报显示，欣康祺医药公司的欠款金额为4 060.6万元。

欣康祺医药公司作为新华制药的非关联方，其应收账款已经完全超出可控范围，但公司却依旧不断发货，导致在半个年度内应收账款激增。如果其内部控制及监督机制完善，销售部门的赊销请求就不应该得到批准。

表9-2 新华制药2011年合并资产负债表
及母公司资产负债表（部分）

编制单位：山东新华制药股份有限公司　2011年12月31日　　　　　单位：人民币元

资产	附注	合并		母公司	
		年末金额	年初金额	年末金额	年初金额
流动资产：					
货币资金	八、1	299 228 829.32	404 050 284.24	207 012 221.62	281 700 947.52
交易性金融资产		—	—	—	—
应收票据	八、2	83 971 658.62	149 588 501.92	53 562 295.88	130 697 554.68
应收账款	八、3	262 870 515.11	156 803 638.82	256 004 460.97	233 149 344.13
预付款项	八、4	44 548 095.94	33 202 236.89	41 726 080.18	12 611 791.04
应收利息					
应收股利				1 503 000.00	
其他应收款	八、5	23 130 932.27	13 022 646.89	225 540 918.19	65 349 999.49
存货	八、6	423 789 013.64	401 543 072.42	246 788 527.02	273 965 706.99
一年内到期的非流动资产		—	—	—	—
其他流动资产	八、7	3 504 303.10	1 289 000.13	2 881 980.90	76 596.25
流动资产合计		1 141 043 348.00	1 159 499 381.31	1 035 019 484.76	997 551 940.10

表9-3　　　　新华制药2011年中期应收账款前五名客户情况

单位名称	金额（万元）	占应收账款期末余额比例（%）
山东新华医药贸易有限公司	15 551	53.69
Mitsubishi Corporation	2 233	7.71
山东新华制药（欧洲）有限公司	1 910	6.59
PEPSI COLA SALES & DISTRIBUTION	1 267	4.38
新华制药（寿光）有限公司	890	3.07
合计	21 851	75.44

表9-4　　　　新华制药2011年年末应收账款前五名客户情况

单位名称	与本公司关系	金额（千元）	账龄	比例（%）
Mitsubishi Corporation	非关联方	44 262	1年以内	13.95
山东欣康祺医药有限公司	非关联方	40 606	1年以内	12.80
淄博市中心医院	非关联方	11 889	1年以内	3.75
邢台新康弘医药有限公司	非关联方	9 993	1年以内	3.15
淄博华邦医药销售有限公司	非关联方	9 796	1年以内	3.09
合计		116 546		36.74

内部控制问题不是一个短期的问题，而是长期形成的。可是，在信永中和会计师事务所出具否定意见报告之前，新华制药内部并没有发现其在应收账款制度设计以及执行方面的缺陷，暴露出其应收账款监督薄弱，还有待加强和完善。

三、思考与对策

（一）塑造内控文化和风险意识

公司应将内部控制列为企业文化之一，在全体员工中推行普及。建立赏罚分明的奖惩机制，宣传内控利弊，让内控制度根植于员工的价值观里，防止其产生内控是公司"提防"员工的错误观念，防止产生逆反心理。同时，管理层应制定出符合企业发展的内控制度，管理层应加强风险防范意识，提高企业整体的风险防控能力。公司应定期对管理人员进行培训，加强其责任感与使命感，以身作则，保证公司内部的健康发展。

（二）建立有效的信息沟通机制和监督机制

部门之间应及时进行相关信息的共享与分析，以防内部信息滞涩；应建立完善的上下级信息传递系统，方便命令及时传达和反馈；应加强与客户的沟通，及时收集有效信息，防止因沟通不善造成信用、法律、财务等问题发生。监督机制是公司内控的壁垒，一个良好的监督机制可以在事前、事中、事后及时发现问题，杜绝内控隐患。在监督中应及时发现问题，上报管理者，及时处理与纠正问题。公司应定期对监督进度与执行情况进行评估检查，发现其中存在的不足与可以改进完善的地方，使公司内控更为安全。

（三）加强货币资金内部控制

货币资金的控制是整个内部控制的关键，它对于企业货币资金的安全完整、漏洞的堵塞、长久的发展等具有重要的意义。对于这方面的控制，可以总结为以下几点：第一，正确使用分权、授权、稽核等方式，钱账分离、收支分离、专人专责、彼此监督，严格资金业务过程控制，确保没有管理死角；第二，重视账实核对、账账核对，定期核查现金与账目余额是否相符，并核对开户银行账目，谨慎对待；第三，重视对收付款凭证的保管、核查与归档，重视支票的签发支付，出现异常时及时处理。

新华制药对于应收账款与坏账的处理太过轻率，并未进行实质性的检查与管理，导致其出现大量坏账，给公司资产造成相当大的损失。针对这部分，新华制药应强化管理意识，明确责任、加强调研、及时催收，建立有效的客户评估体制，了解客户的信用状况，正确制定授信额度，跟踪每一笔账款的收回情况，正确建立会计账目。最重要的是，公司应加强责任意识，真正把制定的管理流程运用起来，防止"管理"成为一句空话。

（四）加强采购与销售业务控制

对制药公司乃至其他生产销售公司来说，采购与销售是两个核心业务部分，对这两方面的严格把控,是公司保证整个业务流程完整有效的关键点。

对于采购业务,企业应制定适合自己的严密的业务控制流程,每个环节由专人控制分管,采用授权、分权等方式,有效实施监督工作;对于采购计划的制订,前面已经提到,应根据市场行情采集信息,制订出合理完整的采购计划,生产、保管、采购、财务等各个部门之间应保证信息的沟通顺畅,并保证对原始凭证的审核与保留;供应商选择、采购方式确定、价格制定上应加以规范,做好授权审批工作;最关键的验收环节应重点把控,严格付款审核,保证资金与信用的安全。

四、主要参考文献

[1] 钱玲玲. 基于内控视角的财务舞弊分析——以新华制药为例 [J]. 中国集体经济,2019 (5):149-150.

[2] 杨伟鸽. 内部控制制度失效对企业价值的影响研究——以新华制药为例 [J]. 财会通讯,2018 (23):115-118.

[3] 崔瑶. 新华制药内控失效案例分析 [J]. 商,2014 (26):18.

[4] 景静. 企业内部控制审计相关问题研究——新华制药内控否定意见案例分析 [J]. 财会通讯,2014 (10):77-80.

五、讨论题目

(1) 新华制药内部控制是如何失效的?

(2) 导致新华制药内部控制失败的深层原因是什么?

(3) 新华制药的内部控制评价体系应如何改进?

(4) 本案例带来的启示是什么?

案例使用说明

一、本案例要解决的关键问题

本案例从内部控制五要素的角度对新华制药的内部控制进行了评价,通过内部控制评价来研究新华制药内控失效,进而得出新华制药内部控制失效的原因,再提出相关建议。其目的在于深化读者对内部控制理论尤其是内部控制评价的学习,并对实务中内部控制评价是如何操作的进行分析,最终掌握内部控制评价在实务方面的应用。

二、案例讨论的准备工作

为了有效地实现本案例目标,读者应该具备下列相关知识背景:

（一）理论背景

读者在进行案例分析之前，应该对内部控制评价相关的知识点进行了解。内部控制评价是内部控制体系的重要组成部分，是为了优化内部控制自我监督机制而进行的一项重要制度安排。依据《企业内部控制评价指引》第二条的相关规定，企业内部控制评价，是企业董事会或类似权力机构对内部控制的有效性进行全面评价，然后形成评价结论，并出具评价报告。内部控制评价的对象是内部控制的有效性，内部控制评价的内容是对合规目标、资产目标、报告目标、经营目标以及战略目标内部控制的有效性进行全面评价。具体而言，内部控制评价应该紧紧围绕内部环境、风险评价、控制活动、信息与沟通、内部监督五要素进行。

（二）行业背景

近几年，生命科学的发展也使生物技术与医药领域相结合，产生了生物医药领域，计算机技术的突飞猛进，加速了生物技术在制药领域的应用和新药的研发。在中国，制药行业正处于转型提升的关键时期。

生物医药产业作为医药领域内的朝阳产业，正处于迅猛发展阶段，有着良好的发展前景和蓬勃的生命力，近年来，中央和地方政府都在不断加大对生物医药的投入力度，从政策和资金等各方面扶持生物医药产业。当今全球范围内的生物医药及生物工程产业正处于关键的发展时期，国内生物医药产业的发展势头也十分迅猛。同时，政策也在不断改革，为生物医药的发展提供动力，生物医药产业前景良好，但是我国制药企业在借力发展的同时要不断创新，提高自主研发能力，才能在世界医药领域占有一席之地。

（三）制度背景

《企业内部控制基本规范》是关于企业内部控制的现行规范；《企业内部控制配套指引》为补充的相关内部控制体系。

三、案例分析要点

1.需要读者识别的关键问题

本案例需要读者识别的主要知识点包括：内部控制五要素、内部控制评价、内部控制缺陷、内部控制整改措施。

2.解决问题的关键思路

本案例旨在通过案例教学使读者掌握如何对一个企业进行内部控制评价。内部控制评价的对象是内部控制的有效性。所谓内部控制的有效性，是指企业建立与实施内部控制对实现控制目标提供合理保证的程度。从控制过程的角度来看，内部控制的有效性可分为内部控制设计的有效性和内部控制运行的有效性。从控制目标的角度来看，内部控制的有效性可分为合规目标内部控制的有效性、资产目标内部控制的有效性、报告目标内部控制的有效性、经营目标内部控制的有效性、战略目标内部控制的有效性。

内部控制评价主要围绕内部控制五要素展开，分别为内部环境、风险评估、控制活动、信息与沟通、内部监督。

（1）内部环境评价

企业组织开展内部环境评价，应当以组织架构、发展战略、人力资源、企业文化、社会责任等应用指引为依据。其中，组织架构评价可以重点从组织架构的设计和运行等方面进行；发展战略评价可以重点从发展战略的制定合理性、有效实施和适当调整三个方面进行；人力资源评价应当重点从企业人力资源引进结构合理性、开发机制、激励约束机制等方面进行；企业文化评价应从建设和评估两个方面进行；社会责任可以从安全生产、产品质量、环境保护与资源节约、促进就业、员工权益保护等方面进行。

（2）风险评估评价

企业组织开展风险评估评价，应当以《企业内部控制基本规范》中有关风险评估的要求，以及各项应用指引中所列主要风险为依据，结合本企业的内部控制制度，对日常经营管理过程中的目标设定、风险识别、风险分析、应对策略等进行认定和评价。

（3）控制活动评价

企业组织开展控制活动评价，应当以《企业内部控制基本规范》和各项应用指引中的控制措施为依据，结合本企业的内部控制制度，对相关控制措施的设计和运行情况进行认定和评价。

（4）信息与沟通评价

企业组织开展信息与沟通评价，应当以内部信息传递、财务报告、信息系统等相关指引为依据，结合本企业的内部控制制度，对信息收集、处理和传递的及时性、反舞弊机制的健全性、财务报告的真实性、信息系统的安全性，以及利用信息系统实施内部控制的有效性进行认定和评价。

（5）内部监督评价

企业组织开展内部监督评价，应当以《企业内部控制基本规范》中有关内部监督的要求，以及各项应用指引中有关日常管控的规定为依据，结合本企业的内部控制制度，对于内部监督机制的有效性进行认定和评价，重点关注监事会、审计委员会、内部审计机构等是否在内部控制设计和运行中有效地发挥监督作用。

具体的内部控制评价内容可通过设计内部控制评价指标体系来确定，评价指标是对内部控制要素的进一步细化，评价指标可以有多个层级，大体可分为核心评价指标和具体评价指标两大类，企业可根据其实际情况进行细分。具体的评价内容确定之后，内部控制评价工作应形成工作底稿，详细记录企业执行评价工作的内容，包括评价要素、评价指标、评价标准、评价和测试的方法、主要风险点、采取的控制措施、有关证据资料以及认定结果等。工作底稿可以通过一系列评价表格加以实现，通过对每个要素的核心指标的分解、评价，最终汇总出评价结果。

3.案例分析所带来的启示

通过案例对新华制药的内部控制进行评价，我们得到了以下启示：

第一，完善内部控制环境是每一个企业内部控制有效运行的前提。新华制药的内部控制环境不够完善：一是组织结构存在问题，其内审部门向管理层报告，独立性受到了干预，企业应对此进行整改，提高内部审计部门的独立性，避免管理层干预企业的内部控制制度及运行。二是新华制药存在一股独大的情形，香港中央结算有限公司的话语权和决策权形同虚设，有名无实。没有经过多方论证而敲定的决策，很容易为决策失误埋下隐患。企业应当合理控制股权结构，明确集团的职责划分，强化监事会和独立董事的独立和监督职能，避免大股东独断专行的管理。

第二，科学系统的风险评估是内部控制有效运行的保障。公司设计内部控制制度的目的是对公司的经营活动进行监督，保障公司健康运营，风险评估作为内部控制的重要一环，对内部控制的运行有不可或缺的作用。只有制定好风险评估程序，定期进行风险评估，才能保障企业不受风险干扰。新华制药的内控失效有很大原因出自风险评估上，该公司的风险评估程序存在严重问题，未能察觉公司盲目授信、多头授信，形成大量应收账款而面临坏账的风险。因此，新华制药应制定更加科学的风险评估程序，并定期进行风险评估，以防再出现类似情形。

第三，健全可执行的控制活动是内部控制有效运行的重点。新华制药的授信制度及授信活动存在严重问题，企业的内控系统应对授信的各个程序进行严格控制，避免盲目授信、多头授信的情况。总之，企业应对应收账款及一些涉及货币资金的业务程序进行严格的控制，可以考虑对一些业务流程设计一个关键控制点，每当超过关键控制点就应上报上级审批。

第四，进行及时、充分的信息与沟通是内部控制有效运行的重要条件。公司内部各部门之间、总公司与子公司之间、子公司与子公司之间都应进行及时的信息交流与沟通，只有及时进行信息沟通，内部控制才能健康运行。新华制药多头授信的情况除了企业的规章制度存在问题，很大一部分原因就是企业内部未进行有效的信息沟通，最终导致了重大问题的发生。建议企业对于一些重大信息应进行一定的披露，使公司的信息公开、透明，这样更加利于企业管理。

第五，有效的监督是内部控制有效运行的重中之重。内部监督的作用就是保证内部控制的持续有效运行，及时纠错查弊，那么对于新华制药多头授信、超额授信以及无授信发货的这些情况，内部监督难道毫无察觉，这只能说明新华制药的内部监督机制出现了严重的漏洞，企业应对内部控制监督制度进行更新与修订，对内部监督的执行也应给予重视。同时，可以提出以下建议：一方面，新华制药可以建立内部举报人制度，对于举报的事件认真处理，内部监督要发挥应有的作用，发现问题，要及时寻找根源，刨根问底，迅速做出改变和调整，奖惩分明；另一方面，内部审计人员要把主要职能从一般的财务收支向查找内控制度的执行和内控制度本身存在的问题、分析问题的原因、向公司管理层提供完善内控制度的咨询意见方面转变。

四、教学组织方式

1.问题清单及提问顺序、资料发放顺序

本案例讨论题目依次为：

（1）新华制药内部控制是如何失效的？

（2）导致新华制药内部控制失败的根本原因是什么？

（3）新华制药的内部控制评价体系应如何改进？

（4）本案例带来的启示是什么？

本案例的参考资料及索引，在讲授有关知识点之后一次性提供给读者。

2.课时分配

（1）课后自行阅读资料：约1小时；

（2）小组讨论并提交分析报告提纲：约1小时；

（3）课堂小组代表发言、进一步讨论：约1小时；

（4）课堂讨论总结：约0.5小时。

3.讨论方式

本案例可以采用五人一组小组式进行讨论。

4.课堂讨论总结

课堂讨论总结的关键是：归纳发言者的主要观点；重申其重点及亮点；提醒大家对焦点问题进行进一步思考；建议大家对案例素材进行扩展研究和深入分析。

案例 25

炒汇巨亏始末：中信泰富为何输得一败涂地？

编写目的

　　本案例从内部控制视角入手，对中信泰富炒汇巨亏事件进行分析，旨在揭露该公司内控管理的缺陷。具体操作是以内部控制五要素为突破口，对中信泰富的内部控制进行评价，发现其漏洞并给出相关建议。通过案例的分析和讨论，使读者更加深刻地理解内部控制评价相关理论，并能够在实务中进行运用。

知 识 点

　　内部控制评价；内部控制缺陷；内部控制整改措施

关 键 词

　　衍生品；巨亏；金融风险；内部控制评价

摘 要

　　中信泰富对澳大利亚的铁矿项目进行投资，为了减轻外汇市场波动带来的外汇风险，公司于2008年7月与13家银行共签订24款累计外汇期权合约进行对冲，合约金额达94亿澳元。因澳元的大幅贬值，中信泰富的投资亏损惨重。本案例基于此对中信泰富内部控制进行评价，研究了其内部控制缺陷，侧重于引导读者从风险管理层面关注内部控制评价，并能对具体问题施以解决方案。

案例正文

　　2008年10月20日，中信泰富发布公告称，该公司澳元累计目标可赎回远期合约，因澳元大幅贬值，已经确认155亿港元亏损。到10月29日，由于澳元的进一步贬值，该合约亏损已接近200亿港元。截至2008年12月5日，中信泰富股价收于5.80港元，在一个多月内市值缩水超过210亿港元。就中信泰富投资外汇造成重大亏损，并涉嫌信息披露延迟，香港证监会对其展开了调查。基于案例概况，我们将关注的焦点放在中信泰富的内部控制上，通过本案例对其内部控制进行评价并提出相关整改建议。

一、公司概况及案例背景

（一）公司概况

中信泰富的前身泰富发展有限公司成立于1985年。1986年通过新景丰公司获得上市资格，同年2月，泰富发行2.7亿股新股给中国国际信托投资（香港集团）有限公司，使中信（香港集团）持有泰富64.7%股权。自此，泰富成为中信（香港集团）子公司。而后，中信（香港集团）通过百富勤把部分泰富股份配售出，使中信（香港集团）对泰富的持股量下降至49%，目前已降至41.92%。1991年泰富正式易名为中信泰富。其经济业务集中在香港及广大的内地市场，业务重点以基建为主，包括投资物业、基础设施（如桥、路和隧道）、能源项目、环保项目、航空以及电信业务。通过其全资附属机构大昌贸易行有限公司及慎昌有限公司进行贸易及分销业务。中信泰富在港拥有多项物业项目，包括大型住宅及优质商用物业。

（二）案例背景

中信泰富是港交所蓝筹股列表内的大型上市公司，并且其大股东是央企中信集团，业内人士纷纷称其为"紫"筹股，可见其综合实力雄厚。在中央政府的大力支持下，中信泰富获得了澳大利亚的SINO-IRON铁矿投资项目。整个项目的资本开支，除确定的16亿澳元之外，在项目进行期间，还将每年投入10亿澳元，作为后续工程开发的费用，保证设备人员的及时进场。但是由于国内并没有外汇的金融衍生品市场，因此中信泰富的该项交易就暴露在汇率变动的风险之下。考虑当时的澳元对美元的强势上涨的趋势，要锁定外汇的风险，必然需要借助于相关的衍生品市场，包括远期、期权、互换甚至是相关的组合物。

为了减轻外汇市场波动带来的外汇风险，公司于2008年7月，与13家银行共签订24款累计外汇期权合约进行对冲，合约金额达94亿澳元，正是这94亿澳元的合约，为中信泰富埋下了巨大的隐患。

在合约开始执行的7月初，澳元对美元的价格持续稳定在0.90以上，澳元一度被外界认为可能冲击到"平价美元"的地位。这样的合约似乎看上去是个好买卖。但是到了8月上旬，国际金融市场风云突变，澳元对美元接连走低，特别是10月初澳元出现暴跌，巨亏就此酿成。澳元对美元的汇率从2000年以来一直呈单边上行趋势，即使在调整期跌幅也较小，因此当时很难预料到短短3个月内，澳元不仅跌破0.87，而且还出现了30%的跌幅。

2008年10月20日，中信泰富发布公告称，该公司与银行签订的澳元累计目标可赎回远期合约，因澳元大幅贬值，已经确认155亿港元亏损。到10月29日，由于澳元的进一步贬值，该合约亏损已接近200亿港元。截至2008年12月5日，中信泰富股价收于5.80港元，在一个多月内市值缩水超过210亿港元。就中信泰富投资外汇造成重大亏损，并涉嫌信息披露延迟，香港证监会对其展开了调查。2008年11月12日，中信泰富再次发布公告称，与母公司中信集团达成初步重组协议：一是中信集团以强制性可转债方式，向中信泰富注资15亿美元。中信泰富12月19日披露，该条议案在当天的股东大会上获得了99.94%的赞成票；二是以"外科手术"般的方式将部分衍生品交易合约从上市公司剔除，中信集团将协助中信泰富分两步重组现存的87亿澳元合约。按照公告，中信集团希望在2008年12月30日前完成重组。中信泰富股价如图9-2所示。

图9-2　中信泰富股价图

二、原因分析

中信泰富巨亏事件，一直备受社会公众和各媒体的关注。究其事件发生的原因有很多，我们着重从企业内部控制五要素的角度对中信泰富进行内部控制评价，来解读中信泰富发生的事件及原因。

（一）内部环境评价

控制环境提供企业纪律与架构，塑造企业文化，并影响企业员工的控制意识，是所有其他内部控制组成要素的基础。控制环境的因素具体包括企业文化、治理结构、内部机构设置与权责分配、对诚信和道德价值观念的沟通与落实等。

中信泰富严重亏损事件源于公司财务董事张立宪在未经主席的批准下，进行有关外汇交易。当时该项目并没有向董事会、交易银行披露，中信泰富董事局的主席荣智健也曾表示自己对合同"不知情"。基于此，我们可以看出，该公司高管未经董事会批准便擅自做出重大战略决策，证明其董事会职能已经虚化。同时，重大决策却未和公司董事会探讨，可见在决策方面缺乏科学性和民主性。从这两点看来，公司在内部控制方面已经漏洞百出。涉及几百亿元金额之巨的大合同，公司财务层可以不经过董事会主席的批准便擅自行事，且先不论员工的诚实性和胜任能力，仅就中信泰富这样的红筹股公司的组织结构和授予权力的方式就值得深省。如果每个部门都各行其是，不请示、不汇报，宛如一盘散沙，那么企业的内部控制环境会遭到严重的破坏，运营系统也会出现很大的漏洞，从而企业管理层犯错的危险系数也将被无限放大，企业很可能走向衰败的命运。

（二）风险评估评价

风险评估的要素包括：目标设定、风险识别、风险分析和风险应对。辨识和分析风险的过程是一种持续及反复的过程，也是有效内部控制的关键组成要素，管理阶层须谨慎注意各部门阶层的风险，并采取必要的管理措施。企业的风险一般是由外部因素和内部因素所产生的。

中信泰富最初选择澳大利亚项目的时候是建立于"未来铁矿石价格不断上涨而资源不足"的基础上，然而铁矿石市场与其当初设想的截然相反，铁矿石价格非但没有上涨，反而进入了下行通道。中信泰富选择了澳元作为买卖产品的货币，却未考虑相关货币贬值而带来的风险，这为日后的无限量亏损埋下了祸根。

同时，中信泰富买入外汇衍生品，不只是为了对冲风险，主要还是为了牟取暴利。期间未考虑到累计期权的风险与收益严重不匹配的问题。这一系列行为都没有对其中蕴含的风险进行有效的评估，也就导致了公司后来出现巨亏的结果。

（三）控制活动评价

控制活动包括职责分工控制、授权审批控制、会计系统控制、全面预算控制、信息系统控制等。控制活动是内部控制的核心，也是一种手段。

中信泰富内部缺乏有效的控制与制约。据荣智健所说，公司巨亏问题在于财务董事未遵守公司政策，公司本已设立的双重审批制度也未能阻止事件发生。这说明中信泰富已有的内控环节形同虚设，对高管人员约束的制度欠缺。控制活动无法有效进行，自然会引起一定的管理混乱，从而影响公司的发展。

（四）信息与沟通评价

企业在其经营过程中，需按某种形式辨识、取得确切的信息，并进行沟通，以使员工能够履行其责任。信息系统不仅处理企业内部所产生的信息，还处理与外部的事项、活动及环境等有关的信息。企业所有员工必须从最高管理阶层清楚地获取承担控制责任的信息，而且必须有向上级部门沟通重要信息的方法，并对外界顾客、供应商、政府主管机关和股东等做出有效的沟通。

公司内部缺乏有效信息的沟通。首先，中信泰富的财务层面对金额如此巨大的金融衍生品合同不向公司董事会汇报与请示。另外，早在2008年9月7日，中信泰富董事会即已获悉该公司投资外汇交易，酿成百亿元亏损，却在同年9月9日的一份公函中仍称，"公司的财务或交易状况没有出现重大不利改变"。中信泰富是在发现问题的六个星期之后才进行相应的信息披露，从一定程度上使得我们怀疑公司内部是否有适当的沟通与反馈渠道存在。除此之外，公司对外部信息的感知也不敏感，从中信泰富对投资市场信息的敏感度欠缺上也能看出，该公司缺乏有效的信息沟通体制。

（五）内部监督评价

内部监督分为日常监督和专项监督，而中信泰富自身的内部监督没能合理有效地设计与落实。中信泰富董事会主席荣志健在公开信中称，"集团财务董事未遵守集团风险对冲政策，在进行交易前未按照公司的一贯规定取得董事会主席的事先批准，超越了职权限度，财务总监未尽到其应有的把关职责，没有将此等不寻常的对冲交易提请董事会主席关注"。在这些事情发生的时候，公司的监督程序与监管人员在哪里呢？评级机构标准普尔的报告指出，中信泰富巨额的外汇交易亏损反映该公司欠缺适当的内部监管，透明度不足。

三、教训与启示

中信泰富的巨亏绝非个案，荣智健曾坦言："我不认为买这种产品的只有中信泰富一家。"同样是因为衍生品交易导致中国航油（新加坡）股份有限公司（以下简称中航油）巨亏 5.5 亿美元，事件的主角陈久霖缺乏对石油衍生品交易风险管理的基本常识，以至泥足深陷，酿成巨亏。在随后的股票配售中，中航油又向投资者隐瞒了损失。陈久霖尚在狱中时，一些企业却忘记了沉痛教训，监管部门对其他国企的金融投机业务仍然监管不力，导致中信泰富、中国国航、东方航空等公司陆续暴露金融投机衍生品亏损，亏损金额令陈久霖自叹不如：中信泰富的澳元对赌合约亏损高达 155 亿港元；东方航空 2008 年航油套期保值合约公允价值损失已达 62 亿元；中国国航损失达 68 亿元。惨痛损失让人心痛，我国企业内部控制的健全与完善已迫在眉睫。

（一）从企业角度

1.必须建立和完善风险控制机制，健全公司治理结构

市场经济条件下，风险是客观存在的，不可能绝对消除，风险和收益并存，没有风险，就不可能有收益。企业作为市场的主体，要参与市场竞争，必然要面对风险。但是，企业必须改变以往面对风险缺乏谨慎的思想态度，加强风险管理建设，强化相关业务部门的风险意识，在追求高收益的同时更要注重对高风险的提防，推行涵盖事前检测、事中管理和事后处置的全过程风险管理行为。

2.加强信息与沟通在内控中的地位，建立良好的信息沟通与披露的平台

信息与沟通系统是否良好，直接决定着企业能否收集到大量及时的信息，能否实现信息在企业各层次、各部门之间的迅速传递和交流，能否率先在已有信息基础上进行知识创新，占领市场制高点，把握先机。建立一个统一、高效、开放的信息与沟通系统，是其他一切控制运行的平台，有助于企业发现问题、解决问题，应当成为企业内部控制的重中之重。同时，及时、诚实地披露公司的经营信息，有助于在广大投资者及消费者中树立良好的企业形象，无形之中给企业加分，使得企业在

竞争激烈的市场经济中占得先机。

3.提高管理者的内部控制意识,将风险控制升华为企业文化

管理者在提高内部控制意识的同时,应该注意营造良好的企业风险控制文化。如果没有企业文化的支持和维系,没有企业员工的理解和支持,再完美的内部控制设计,也只能是留在书本上的一堆文字。内部控制是由人来执行的,有了严密的企业内部控制制度,而缺乏具备相应素质和品行的人去执行,内部控制依然难以实现。在这个过程中,控制环境应逐渐与企业文化融合,以达到内部控制的最优目标。

4.借鉴国外先进经验,实行"控制自我评估",加强自我监督

每家企业不定期或定期对自己的内部控制系统进行评估,评估内部控制的有效性及实施的效率效果,以期能更好地达成内部控制目标。其基本特征是:关注业务过程和控制成效;由管理部门和职员共同进行;用结构化的方法开展评估活动。自省自查,有助于企业早日发现问题,从而早日解决问题,将风险控制到最小,使收益能够达到最大。

(二) 从政府监管部门角度

1.相关职能部门要做好国企和国有控股企业风险控制的监管

中信泰富事件再一次暴露出中国对国企监管上的缺失、缺位。中国国航、中信泰富、中国国际、东方航空等陆续暴露出巨额亏损,除了金融危机的大环境原因外,企业自身没能做到有效的风险控制是其重要原因。所以,相关部门应加大对企业风险控制的监管力度,及时制止违规行为。

2.相关职能部门要加强对企业信息披露的监管

美国证券交易委员会(SEC)、交易所对信息都设有跟踪监管机制,而我国证监会、交易所对上市公司每天公布的信息却没有跟踪,这就使企业的信息披露机制存在很大的漏洞。所以,我国企业延迟披露、故意错误披露企业信息的事件时有发生,这次中信泰富在发现问题的六个星期之后才进行相应的信息披露就是很好的证明。我国监管部门可以考虑借鉴国外经验,跟踪监管企业的信息披露,建立一个规范的信息披露机制。

3.形成问责文化,加大对问题企业管理层的处理力度

"问责"这个词近两年来频频见诸各大报端。将其从行政领域引入经济领域,有利于规范企业公司治理,有助于保证权力的合理利用。中信泰富董事会主席荣智健因此次巨额亏损引咎辞职也正体现了这一点。谁出错,谁负责,有利于促使企业管理层重视企业内部控制建设,从而促进企业内部控制的健全与完善。

2008年6月28日,财政部与中国证监会等五部委在北京联合举行了《企业内部控制基本规范》发布会,宣布我国《企业内部控制基本规范》自2009年7月1日起首先在上市公司施行,同时鼓励其他国有大中型企业试行。《企业内部控制基本规范》的发布,是我国企业内部控制制度建设的重大举措,标志着我国内部控制制

度建设取得了重大进展，将对促进我国企业及其他单位开展内部控制，防范风险，提高企业经营管理水平发挥积极作用。在健全和完善企业内部控制的道路上，我们还有很长的路要走。

四、主要参考文献

[1] 王舒逸. 简析风险管理框架下内部控制在企业中的运用——以中信泰富澳元衍生品巨亏案为例 [J]. 企业导报，2012（11）：39-40.

[2] 闫宇辉. 从中信泰富外汇巨亏事件看上市公司董事过失责任 [J]. 中国证券期货，2010（10）：30-31.

[3] 王劲，张庆，罗毅. 从中信泰富巨亏看内部控制 [J]. 企业管理，2009（10）：38-41.

[4] 王莹. 中信泰富事件分析报告——解读中信泰富投资澳元外汇衍生品巨亏深层原因 [J]. 现代商业，2009（17）：35-36.

五、讨论题目

（1）什么是外汇衍生品？本案例中购买大量外汇衍生品的结果是什么？

（2）事件发生后中信泰富的管理层是如何做的？

（3）导致中信泰富发生巨亏事件的主要原因是什么？

（4）从本事件中可以看出中信泰富内控方面的哪些漏洞？

（5）如何从内部控制五要素方面进行改进？

（6）企业应该如何增强抗风险能力？如何完善风险评估？

案例使用说明

一、本案例要解决的关键问题

本案例要实现的教学目标在于：引导读者进一步关注内部控制尤其是内部控制评价在企业风险管理中起到的作用。本案例通过内部控制评价分析得知中信泰富的内部控制有一定的漏洞，进而提出了相关建议，解决企业的内部控制问题，从而更好地进行企业管理。通过本案例的学习，不仅能够深化读者对内部控制评价理论的领悟，也能使他们接触到内部控制评价在企业实务的应用。

二、案例讨论的准备工作

为了有效地实现本案例的目标，读者应该具备下列相关知识背景：

（一）理论背景

2002年，美国《萨班斯-奥克斯利法案》的提出引起了人们对内部控制的广泛关注，各大小企业也渐渐明确了内部控制是企业日常经营活动的必不可少的组成部分。2006年，我国正式开始建设企业内部控制体系，并于2008年发布了全新的《企业内部控制基本规范》。2010年，财政部制定并颁布了《企业内部控制配套指引》。我国开始建立起一套完整的，以基本规范为统领，以应用指引、审计指引、评价指引等配套办法作为补充的标准内部控制体系。而内部控制评价是内部控制体系的重要组成部分，是为了优化内部控制自我监督机制而进行的一项重要制度安排。依据《企业内部控制评价指引》第二条的相关规定，企业内部控制评价，是企业董事会或类似权力机构对内部控制的有效性进行全面评价，然后形成评价结论，并出具评价报告。内部控制评价的对象是内部控制的有效性，内部控制评价的内容是对合规目标、资产目标、报告目标、经营目标以及战略目标内部控制的有效性进行全面评价。具体而言，内部控制评价应该紧紧围绕内部环境、风险评价、控制活动、信息与沟通、内部监督五要素进行。

（二）行业背景

中信泰富是港交所蓝筹股列表内的大型上市公司，在中央政府的大力支持下，中信泰富获得了澳大利亚的SINO-IRON铁矿投资项目。为了减轻外汇市场波动带来的外汇风险，公司于2008年7月，与13家银行共签订24款累计外汇期权合约进行对冲，合约金额达94亿澳元，正是这94亿澳元的合约，为中信泰富埋下了巨大的隐患。

2008年10月20日，中信泰富发布公告称，该澳元累计目标可赎回远期合约，因澳元大幅贬值，已经确认155亿港元亏损，到10月29日，由于澳元的进一步贬值，该合约亏损已接近200亿港元。截至2008年12月5日，中信泰富股价收于5.80港元，在一个多月内市值缩水超过210亿港元。就中信泰富投资外汇造成重大亏损，并涉嫌信息披露延迟，香港证监会对其展开了调查。

（三）制度背景

《企业内部控制基本规范》是关于企业内部控制的现行规范；《企业内部控制配套指引》为补充的相关内部控制体系。

三、案例分析要点

1.需要读者识别的关键问题

本案例需要读者识别的主要知识点包括：内部控制五要素、内部控制评价。

2.解决问题的可供选择思路

内部控制评价是指企业董事会或类似权力机构对内部控制的有效性进行全面评价，形成评价结论，出具评价报告的过程。内部控制评价的主体是董事会或类似的权力机构。董事会或类似的权力机构是内部控制设计和运行的责任主体。董事会可指定审计委员会来承担对内部控制评价的组织、领导、监督职责，并通过授权内部审计部门或独立的内部控制评价机构执行内部控制评价的具体工作，但董事会仍对内部控制评价承担最终的责任，对内部控制评价报告的真实性负责。对内部控制的设计和运行的有效性进行自我评价并对外披露是管理层解除受托责任的一种方式，董事会可以聘请会计师事务所对其内部控制的有效性进行审计，但其承担的责任不能因此减轻或消除。

内部控制评价的内容主要是围绕内部控制五要素进行的，分别是：内部环境、风险评估、控制活动、信息与沟通、内部监督。

内部环境评价：企业的内部环境是其他要素的基础，因此企业在进行内部环境评价时首先应对企业的内部环境进行评价，包括企业的组织结构是否合理、权责分配是否合理、企业的管理人员胜任能力如何、风险管理意识如何。董事会和管理人员都是内部环境中的重要组成部分，在进行内部环境评价时应着重对其进行分析。

风险评估评价：企业是否能够及时评估所面临的或者预料到的风险，是否能够对风险发生的可能性和结果做出合理的风险评估。

控制活动评价：控制活动就是保证风险反应策略或方案得到有效执行所需要的政策及程序。控制活动存在于整个企业之中，不论哪一部门。控制活动是帮助企业尽力实现其目标的过程中很重要的一部分。因此，对控制活动进行评价是内部控制评价的一个重要内容。其主要评价内容为：制定政策的合理性和执行政策程序的合理性。

信息与沟通评价：对信息与沟通进行评价，主要看关于企业的相关信息，是否按照既定的格式和时间框架在进行确认、捕捉和传递，企业人员是否各司其职，进行了有效的沟通，企业内部纵向和横向沟通是否合理。此外，还要评估企业与外部的沟通是否有效，包括企业的股东、政府职能部门、企业的客户等。

内部监督评价：内部监督评价就是对企业风险管理的监控过程进行评价。企业是否对内部控制的内容、内部控制的运行进行了合理的监督，是否对内部控制的质量进行了持续监督。

3.推荐解决问题的方案

通过案例的学习与讨论，做出了一些思考：

（1）什么是外汇衍生品？本案例中购买大量外汇衍生品的结果是什么？

外汇衍生品是一种金融合约，通常是指从原生资产派生出来的外汇交易工具。其价值取决于一种或多种基础资产或指数，合约的基本种类包括远期、期货、掉期（互换）和期权。外汇衍生品还包括具有远期、期货、掉期（互换）和期权中一种或多种特征的结构化金融工具。中信泰富的该项交易就暴露在汇率变动的风险之下，受到澳元下跌影响而遭受巨大亏损。

（2）事件发生后中信泰富的管理层是如何做的？

与母公司中信集团达成初步重组协议，一是中信集团以强制性可转债方式，向中信泰富注资15亿美元，二是以"外科手术"般的方式将部分衍生品交易合约从上市公司剔除，中信集团将协助中信泰富分两步重组现存的87亿澳元合约。

（3）导致中信泰富发生巨亏事件的主要原因是什么？

大额资金投资澳大利亚铁矿，受澳元下跌影响。

（4）从本事件中可以看出中信泰富内控方面的哪些漏洞？

董事会职能虚化、重大决策缺乏科学与民主；忽视风险评估的重要性；中信泰富内部缺乏有效控制与制约；缺乏有效的信息沟通；内部监督没能合理有效地设计与落实。

（5）企业应该如何增强抗风险能力？如何完善风险评估？

中信泰富必须建立和完善风险控制机制，健全公司治理结构；加强信息与沟通在内控中的地位，建立良好的信息沟通与披露的平台；形成问责文化，加大对问题企业的管理层的处理力度；借鉴国外先进经验，实行"控制自我评估"，加强自我监督。

4.案例带来的启示

通过案例的学习和讨论，得到了一些启示：

从企业角度来看：

第一，必须建立和完善风险控制机制，健全公司治理结构。企业应改变以往面对风险缺乏谨慎的思想态度，加强风险管理文化建设，强化相关业务部门的风险意识，在追求高收益的同时，更要注重对高风险的防范，推行涵盖事前检测、事中管理和事后处置的全过程风险管理行为。

第二，加强信息与沟通在内控中的地位，建立良好的信息沟通与披露的平台。企业应建立一个统一、高效、开放的信息与沟通系统，有助于内部控制系统的有效运行，有助于企业发现问题、解决问题。

第三，提高管理者的内部控制意识，将风险控制升华为企业文化。管理者在提高内部控制意识的同时，应该注意营造良好的企业风险控制文化。有了企业文化的支持和维系，有了员工的理解和支持，内部控制活动才能更严密地执行，内部控制系统才能有效运行。

第四，借鉴国外先进经验，实行"控制自我评估"，加强自我监督。每个企业不定期或定期对自己的内部控制系统进行评估，通过不断地自省自查，帮助企业早日发现问题并解决问题，将风险控制到最小，使收益能够达到最大，同时也能更好地达成内部控制目标。

从政府监管部门角度来看：

第一，相关职能部门要做好国企和国有控股企业风险控制的监管。中信泰富事件再一次暴露出我国对国企监管上的缺失、缺位。相关部门应加大对企业风险控制的监管力度，及时制止违规行为。

第二，相关职能部门要加强对企业信息披露的监管。美国证券交易委员会（SEC）、交易所对信息都设有跟踪监管机制，而我国证监会、交易所对上市公司每天公布的信息却没有跟踪，所以我国企业延迟披露、故意错误披露企业信息的事件时有发生，这次中信泰富在发现问题的六个星期之后才进行相应的信息披露就是很好的证明。我国监管部门可以考虑借鉴国外经验，跟踪监管企业的信息披露，建立一个规范的信息披露机制。

第三，形成问责文化，加大对问题企业的管理层的处理力度。将"问责"从行政领域引入经济领域，有利于规范企业公司治理，保证权力的合理利用，中信泰富董事会主席荣智健因此次巨额亏损引咎辞职也正体现了这一点。

四、教学组织方式

1.问题清单及提问顺序、资料发放顺序

本案例讨论题目依次为：

（1）什么是外汇衍生品？本案例中购买大量外汇衍生品的结果是什么？

（2）事件发生后中信泰富的管理层是如何做的？

（3）导致中信泰富发生巨亏事件的主要原因是什么？

（4）从本事件中可以看出中信泰富内控方面的哪些漏洞？

（5）如何从内部控制五要素方面进行改进？

（6）企业应该如何增强抗风险能力？如何完善风险评估？

本案例的参考资料及索引，在讲授有关知识点之后一次性提供给读者。

2.课时分配

（1）课后自行阅读资料：约1小时；

（2）小组讨论并提交分析报告提纲：约1小时；

（3）课堂小组代表发言、进一步讨论：约1小时；

（4）课堂讨论总结：约0.5小时。

3.讨论方式

本案例可以采用五人一组小组式进行讨论。

4.课堂讨论总结

课堂讨论总结的关键是：归纳发言者的主要观点；重申其重点及亮点；提醒大家对焦点问题进行进一步思考；建议大家对案例素材进行扩展研究和深入分析。

案例 26

从万科的特色内控说起

编写目的

本案例旨在引导读者掌握内部控制评价的相关理论，并能够学会如何在实务中对一个企业进行内部控制评价。具体以万科的内部控制系统为例，分别对其内部控制的五要素进行了评价，分析了万科内部价控制的特色。通过案例的学习和讨论，希望读者能够拓展内部控制评价的思路，在实务中遇到与内部控制评价相关的问题能够更熟练应对。

知识点

内部控制五要素；内部控制评价

关键词

房地产企业；内部控制；内部控制评价

摘要

由于城市化发展，房地产经营日益繁荣，万科公司不断接受机遇和挑战，在发展过程中先后入选《福布斯》"全球 200 家最佳中小企业""亚洲最佳小企业 200 强""亚洲最优 50 大上市公司"排行榜，毫无疑问取得了优异的成绩，其所取得的成就与它自身有效的内部控制离不开。本案例根据万科公司的各种资料对其内部控制的五要素进行评价，侧重于引导读者关注如何进行内部控制评价并能对具体问题施以解决方案。

案例正文

房地产行业作为国民经济的支柱性产业之一，产业链长，关系到千家万户。近年来我国的房地产企业保持了良好的发展势头，但在快速发展过程中也暴露出许多问题，尤其是内部控制方面的问题迫在眉睫。万科凭借着创新精神和专业开发优势，在全国树立住宅品牌。是什么因素让万科发生如此翻天覆地的变化？它的内部控制又有什么独特之处？

一、公司概况及案例背景

（一）公司概况

万科企业股份有限公司（以下简称"万科"）成立于1984年，1988年开始进入房地产行业，经过30余年的发展，成为国内领先的房地产公司，其主营业务包括房地产开发和物业服务。公司聚焦城市圈带的发展战略，截至2014年年底，公司进入中国内地65个城市，分布在以珠三角为核心的广深区域、以长三角为核心的上海区域、以环渤海为核心的北京区域，以及由中西部中心城市组成的成都区域。此外，万科自2013年开始尝试境外投资，已经进入中国香港、新加坡市、旧金山、纽约等4个城市，共参与6个房地产开发项目。2014年，万科实现销售面积1 806.4万平米，销售金额2 151.3亿元，销售规模居全球同行业领先地位。万科在发展过程中先后入选《福布斯》"全球200家最佳中小企业""亚洲最佳小企业200强""亚洲最优50大上市公司"排行榜；多次获得《投资者关系》等国际权威媒体评出的最佳公司治理、最佳投资者关系等奖项。

（二）案例背景

2014年，万科管理团队为了应对潜在的被收购危机，建立了深圳盈安财务顾问企业（有限合伙）（以下简称"盈安合伙"），在万科员工中推行事业合伙人制度，以期进一步强化管理团队与股东之间共进退的关系，从而确保事业合伙人与股东利益的一致性。

2015年12月10日，深圳市钜盛华股份有限公司（以下简称"钜盛华"）在场内买入万科H股1.91亿股，每股均价19.33元，涉及资金36.92亿元；12月11日钜盛华再次在场内买入万科H股7 864万股，每股均价19.728元，涉及资金15.51亿元，两天合计增持52.43亿元，从而钜盛华对万科H股的持股比升至22.45%。

2015年12月7日，万科就曾发布第一大股东变更提示性公告，至2015年12月4日，钜盛华通过资管计划在深圳证券交易所证券交易系统集中竞价交易买入万科A股股票549 091 001股，占万科总股本的4.969%。至此，钜盛华及其一致行动人前海人寿保险股份有限公司合计持有万科A股股票2 211 038 918股，占万科总股本的20.008%，为万科第一大股东。

正当宝能系成为万科第一大股东之际，半路却杀出了同样是保险资金代表的安邦。根据万科公告，至2015年12月7日，安邦保险通过旗下公司动用上百亿元资金合计持有万科5%的股权。之后，万科引入深圳地铁集团投资，但是华润对万科与深圳地铁集团合作程序提出异议。事件出现了戏剧性的一幕，万科的坚定伙伴华润与宝能在2016年6月初，共同发布公告声明反对万科重组预案。

2016年8月4日，据恒大公告，恒大和董事长许家印购入约5.17亿股万科A股，持股比例4.68%，总代价为91.1亿元。至此，该事件出现了新的角色——恒大集团。恒大之后继续购入万科股票，累计持有万科股份14.07%，收购总代价约为

362.73亿元。

二、内部控制评价

万科股权之争的最后结果是万科取得胜利，其中很大一部分原因要归功于其内部控制设计及运行。万科按照《企业内部控制基本规范》等相关规定，坚持以风险导向为原则，并结合本公司的实际经营情况，对公司的控制体系进行了持续改进及优化，万科进一步加强了覆盖总部、各子公司及业务部门的三级自我评估体系建设，其中涵盖内部环境、风险评估、控制活动、信息与沟通、内部监督五大要素，同时通过风险检查、内部审计、监事巡查等方式对内部设计及运行的效果、效率进行自我评价。

（一）内部环境

1.治理结构

万科按照公司法、证券法等法律、行政法规、部门规章的要求建立了规范的公司治理结构，制定了符合公司发展的各项规则和制度，明确决策、执行、监督等方面的职责权限，形成了科学有效的职责分工和制衡机制。股东大会、董事会、监事会分别按其职责行使决策权、执行权和监督权，股东大会享有法律法规和公司章程制定的合法权利，依法行使对公司经营方针、投资、利润分配等重大事项的决定权。董事会对股东大会负责，依法行使企业的经营决策权，董事会下设审计委员会、薪酬与提名委员会、投资决策委员会三个专业委员会提高运作效率，董事会的11名董事中有4名独立董事，独立董事担任各个专业委员会的召集人，涉及专业领域的事务需经过专业委员会审议后提交董事会以利于独立董事更好发挥作用。监事会对股东大会负责，除了通常的对公司财务和高管履职情况进行检查、监督外，还通过组织对子公司的巡视加强对各子公司的业务监督。管理层根据董事会的授权负责组织实施股东大会、董事会决议事项，主持企业日常经营管理工作。公司坚持与主要股东及其关联企业在业务、人员、资产机构及财务等方面完全分开，保证了公司具有独立完整的业务及自主经营能力。

2.机构设置及权责分配

万科总部设立财务与内控中心，具体负责组织协调内部控制的建立实施及完善等日常工作，通过梳理业务流程，编制内部控制评估表、内控调查表、调查问卷、专项研讨会等，组织总部、各子公司、各业务部门定期进行自我评估及检查，从而推进内控体系的建立健全。总部各专业部门及各子公司均设有内控专员等相关内控管理岗位，负责本单位内部控制的日常管理工作，总部财务与内控中心下设二级部门财务共享中心，负责总部及一线公司款项支付审核与核算，财务共享中心通过统一的系统平台、规范的业务流程、标准的作业程序，促进集团财务核算规范化水平的提升。未来，财务共享中心的职能将不断拓展，并为集团经营管控提供有力支撑。

3.内部审计

审计监察部负责内部审计及内部监察工作，通过开展综合审计、专项审计、专项调查等业务评价内部控制设计和执行的效率与效果，对在审计或调查中发现的内部控制缺陷依据缺陷性质，按照既定的汇报程序，向监事会汇报。

万科将客户放在核心价值观的第一位，注重对客户的人文关怀，同时注重人力资源的可持续发展，有较高的道德水准和社会责任意识，坚守价值底线，以房地产专业能力从市场获取公平的回报。这些理念营造了卓越的内部控制环境，从而奠定了商业成功的基石。

（二）风险评估

企业的风险一般是由外部因素和内部因素产生的。万科公司根据既定的发展策略，结合不同发展阶段和业务拓展情况，全面、系统、持续收集相关信息，及时进行风险评估，动态进行风险识别和风险分析，并相应调整风险应对策略。公司由相关部门负责对经济形势、产业政策、市场竞争、资源供给等外部风险因素以及财务状况、资金状况、资产管理、运营管理等内部风险因素进行收集研究，并采用定量及定性相结合的方法进行风险分析及评估，为管理层制定风险应对策略提供依据。

（三）控制活动

控制活动包括职责分离控制、授权审批控制、会计系统控制、全面预算控制、信息系统控制等。控制活动是内部控制的核心，也是一种手段。

1.职责分离控制

公司对岗位设置按照职责分离的控制要求，形成各司其职、各负其责、相互制约的工作机制。

2.授权审批控制

公司各项需审批业务有明确的审批权限及流程，明确各岗位办理业务和事项的权限范围、审批程序和相应责任。公司及各子公司的日常审批业务通过在信息化平台上进行自动控制，以保证授权审批控制的效率和效果。

3.会计系统控制

万科公司严格遵照国家统一的会计准则和会计制度，建立了规范的会计工作秩序，制定了《万科集团会计管理及核算规范》及各项具体业务核算制度，加强集团会计管理，提高会计工作的质量和水平，与此同时，公司通过不断加强财务信息系统的建设和完善，财务核算工作全面实现信息化，从而有效保证了会计信息及资料的真实、完整。

（四）信息与沟通

信息系统不仅处理企业内部产生的信息，同时也处理企业与外部的事项、活动及环境等有关的信息。

万科制定了包括《万科集团信息管理办法》《万科集团信息保密制度》《集团总部会议管理规定》等在内的各项制度，规范公司经营管理信息传递活动。公司建立了定期与不定期的业务与管理快报、专项报告等信息沟通制度，以便全面及时地了解经营管理信息。

万科致力于信息安全管理体系建设，制定了一系列信息安全的方针策略和制度，以保护公司信息资产的安全。在与客户、合作伙伴、投资者和员工关系方面，万科已建立起较完整透明的沟通渠道，在完善沟通的同时发挥了对公司管理的监督作用。

（五）内部监督

该要素要求企业对内部控制建立和实施情况进行监督、检查，评价内部控制的有效性，发现内部控制缺陷，应当及时加以改进。内部监督分为日常监督和专项监督。

万科已经建立起涵盖总部、区域、一线多层级的监督检查体系，通过常规审计、专项调查以及聘请第三方检查等多种形式对各业务领域的控制执行情况进行评估和监督，有利于提高内控工作质量。公司设立专门负责受理违反职业道德行为的专业反舞弊网站并对外公示，提供多种举报渠道，鼓励市民举报，查实有奖政策。

三、案例启示

通过对万科内部控制的评价，我们了解到万科公司的内部控制制度不仅制定得相当完善，而且运行十分有效。基于此，我们总结了一些对于内部控制有效运行的经验，以提供给其他企业进行参考。

（一）完善风险控制机制，健全公司治理结构

在当前的市场经济条件下，风险与收益是并存的，没有风险，就不可能有收益，企业无法完全消除风险。因此，企业在参与市场竞争时，必须正面面对风险，但是面对风险的时候我们一定要做到胸中有数，即做好应对和处理风险的准备。这就要求企业必须改变以往面对风险缺乏谨慎的思想态度，加强风险管理文化建设，强化相关业务部门的风险意识，在追求高收益的同时更要注重对高风险的提防，推行涵盖事前检测、事中管理和事后处置的全过程风险管理行为。

（二）建立良好的信息沟通与披露机制

企业建立一个良好的信息沟通系统，才能及时收集到有效信息，并实现信息在企业各层次、各部门之间迅速传递和交流，这样才能率先在已有信息基础上进行知识创新，占领市场制高点，把握先机。一个统一、高效、开放的信息与沟通系统，还能帮助企业发现问题、解决问题。同时，及时、真实地披露公司的经营信息，有助于在广大投资者及消费者中树立良好的企业形象，无形之中给企业加分，使得企业在竞争激烈的市场经济中占得先机。

（三）提高管理者的内部控制意识，将风险控制升华为企业文化

企业文化对于企业的经营有很大的影响。企业是由员工组成的，而员工往往是在企业文化的指引和熏陶下建设企业的。因此将风险控制意识融入企业文化，营造

良好的企业风险控制文化，使公司员工尤其是牵涉到内部控制的员工具备较高的风险防控意识，那么内部控制在执行过程中，就会更加严密，出错或失效的可能性就越小。

（四）控制自我评估，加强自我监督

自我评估是一种很好的手段，企业可以利用这种手段定期对自身的内部控制系统及运行效果进行评价，以期能更好达成内部控制目标。企业可以着重关注业务过程和控制成效，并由管理部门和职员共同进行，用结构化的方法开展评估活动。自省自查，有助于企业早日发现问题并解决问题，从而将风险控制到最低，使收益能够达到最高。

四、主要参考文献

［1］秦爱英. 从万科的特色内控看房地产企业内部控制问题［J］. 现代商业，2012（35）：141.

［2］方红星，池国华. 内部控制［M］. 大连：东北财经大学出版社，2014.2.

［3］张华，胡海川，卢颖. 公司治理模式重构与控制权争夺——基于万科"控制权之争"的案例研究［J］. 管理评论，2018，30（08）：276-290.

五、讨论题目

1.思考万科与其他房地产企业在内部控制环境方面的区别。

2.万科在沟通方面是怎么做的？

3.为什么万科的监督体系可以有效运行？

4.万科内部控制五要素是否还有改进之处？

案例使用说明

一、本案例要解决的关键问题

本案例要解决的关键问题在于：引导读者进一步关注内部控制评价在企业风险管理中起到的作用。具体以万科的内部控制系统为例，分别对公司的内部环境、风险评估、控制活动、信息与沟通、监督进行了一定的评价。通过学习案例，以期深化读者对内部控制评价相关理论的认识，同时掌握在实务中如何对企业的内部控制进行评价。

二、案例讨论的准备工作

在房地产行业，"互联网+"已经成为了一个绕不开的话题，而最早挑起这个话题的便是万科。此后，房地产行业中的许多企业，先后举起了互联网大旗。从最

初的互联网营销，到如今如火如荼的互联网社区O2O，房地产商即便还没找到盈利点，但也不可否认其对现有社区资源的重视高度是前所未有的。

三、案例分析要点

（一）需要读者识别的关键问题

本案例需要读者识别的主要知识点包括：内部控制五要素、企业内部控制评价。

（二）解决问题的思路

1.关于内部控制评价

内部控制评价是对企业内部控制的有效性进行评价，主要围绕内部控制五要素展开，分别为：内部环境评价、风险评估评价、控制活动评价、信息与沟通评价、内部监督评价。

内部环境评价：当进行内部环境评价时，企业应当以组织架构、发展战略、人力资源、企业文化、社会责任等应用指引为依据，结合本企业的内部控制制度，对内部环境的设计及实际运行情况进行认定和评价。

风险评估评价：着重对日常经营管理过程中的风险识别、风险分析、应对策略等进行认定和评价。

控制活动评价：控制活动存在于整个企业之中，是在帮助企业尽力实现其目标的过程中很重要的一部分，进行评价时主要对相关控制措施的设计和运行情况进行认定和评价。

信息与沟通评价：着重对信息收集、处理和传递的及时性、反舞弊机制的健全性、财务报告的真实性、信息系统的安全性，以及利用信息系统实施内部控制的有效性等进行认定和评价。

内部监督评价：主要对内部监督机制的有效性进行认定和评价，重点关注监事会、审计委员会、内部审计机构等是否在内部控制设计和运行中有效发挥监督作用。

2.关于内部控制存在的缺陷

内部控制评价工作组应当对被评价单位进行现场测试，综合运用个别访谈、调查问卷、专题讨论、穿行测试、实地查验、抽样和比较分析等方法，充分收集被评价单位内部控制设计和运行是否有效的证据，并按照评价的具体内容，如实填写评价工作底稿，研究分析内部控制缺陷。

内部控制缺陷包括设计缺陷和运行缺陷。企业对内部控制缺陷的认定，应当以日常监督和专项监督为基础，并结合年度内部控制评价，由内部控制评价部门进行综合分析后提出认定意见，再按照规定的权限和程序进行审核后予以最终认定。企业在日常监督、专项监督和年度评价工作中，应当充分发挥内部控制评价工作组的作用。内部控制评价工作组应当根据现场测试获取的证据，对内部控制缺陷进行初步认定，并按其影响程度分为重大缺陷、重要缺陷和一般缺陷。

（三）推荐解决问题的方案

通过对案例的学习与讨论，我们得到以下经验可供其他企业参考：

1.完善风险控制机制，健全公司治理结构

在当前的市场经济条件下，风险与收益是并存的，没有风险，就不可能有收益，企业无法完全消除风险。因此，企业在参与市场竞争时，必须正面面对风险，但是面对风险的时候我们一定要做到胸有成竹，即做好应对风险的准备。这就要求企业必须改变以往面对风险缺乏谨慎性的思想态度，加强风险管理文化建设，强化相关业务部门的风险意识，在追求高收益的同时更要注重对高风险的提防，推行涵盖事前检测、事中管理和事后处置的全过程风险管理行为。

2.建立良好的信息沟通与披露机制

建立一个良好的信息沟通系统，能有效帮助企业及时收集有效信息，并实现信息在企业各层次、各部门之间迅速传递和交流，率先在已有信息基础上进行信息加工与知识和价值创新，从而占领市场制高点。统一、高效、开放的信息与沟通系统，能有效帮助企业发现问题、解决问题。同时，及时、真实地披露公司的经营信息，有助于企业在广大投资者及消费者中树立良好的企业形象，赢得良好口碑，使得企业在激烈的市场竞争中占有一席之地。

3.提高管理者的内部控制意识，将风险控制升华为企业文化

良好的企业文化有助于企业更好的经营。人力资源是第一生产力，员工构成一个完整的企业，也是在企业文化的熏陶和指引下建设完善企业的。因此将风险控制意识融入企业文化，营造良好的企业风险控制文化，使公司员工尤其是牵涉到内部控制的员工具备较高的风险防控意识，出错或失效的可能性就越小。

4.控制自我评估，加强自我监督

古语说得好，以铜为镜，可正衣冠。企业进行内部控制自我评估，定期对自身的内部控制系统及运行效果进行评价，以期能更好达成内部控制目标。企业可以着重关注业务过程和控制成效，并由管理部门和职员共同进行、用结构化的方法开展评估活动。企业定期进行自省自查，有助于企业早日发现问题并解决问题，从而将风险控制到最小，使收益达到最大。

四、教学组织方式

（一）问题清单及提问顺序、资料发放顺序

本案例讨论题目依次为：

1.与其他房地产企业比较，万科的内控环境有什么不同的地方？

2.万科在沟通方面是怎么做的？

3.为什么万科的监督体系可以有效运行？

4.万科内部控制五要素是否还有需要改进之处？

本案例的参考资料及其索引，在讲授有关知识点之后一次性布置给读者。

（二）课时分配

1.课后自行阅读资料：约1小时；

2.小组讨论并提交分析报告提纲：约1小时；

3.课堂小组代表发言、进一步讨论：约1小时；

4.课堂讨论总结：约0.5小时。

（三）讨论方式

本案例可以采用5人一组的形式进行讨论。

（四）课堂讨论总结

课堂讨论总结的关键：归纳发言者的主要观点；重申其重点及亮点；提醒大家进一步思考焦点问题；建议大家对案例素材进行扩展研究和深入分析。

第10章 内部控制审计

案例27

贵糖股份存货内部控制失败引发的思考

编写目的

本案例旨在引导读者进一步关注内部控制审计在企业风险管理中起到的作用。通过研究贵糖股份公司内部控制失败事件，引发对内部控制审计的思考：一方面，深化读者对内部控制审计理论的理解；另一方面，使读者掌握内部控制审计是如何在实务中应用的。

知识点

内部控制审计；企业内部控制缺陷；内部控制整改措施

关键词

贵糖股份；风险管理；内部控制审计

摘要

广西贵糖（集团）股份有限公司（以下简称"贵糖股份"）作为我国最大的制糖综合生产企业之一，其存货的内部控制却接连受到质疑。2012年，其内部控制审计报告被出具否定意见，而在2013年该公司更是直接收到了证监局出示的警告函，由此可见其内部控制运行漏洞百出，本案例把关注的焦点放在贵糖集团存货内部控制审计的设计及缺陷上，并通过解剖现状发现其控制环境、风险评估、控制活动、信息与沟通、监督等各个环节均存在不同程度的缺陷。

案例正文

2012年，贵糖股份有限公司内部控制审计报告被出具否定意见，而在2013年收到广西证监局出具的《关于对广西贵糖（集团）股份有限公司采取出具警示函措施的决定》。在 2012 年及以前年度的会计核算中，原煤、蔗渣、板浆等大额大宗原材料暂估入账缺乏相关依据，影响该等存货发出成本结转与期末计价的正确性，存货内部控制存在重大缺陷，与此相关的财务报告内部控制运行失败。因此我们把关注的焦点放在贵糖集团存货内部控制审计的设计及缺陷。

一、公司概况及案例背景

（一）公司概况

广西贵糖股份有限公司（贵糖股份），前身是广西贵县糖厂，于 1956 年建成投产。1994 年完成股份制改造，组建成定向募集的广西贵糖（集团）股份有限公司（以下简称"贵糖股份"）。1998 年 11 月 11 日，贵糖股份股票在深圳证交所成功上市（000833）。公司实际的控制人为广东省广业资产经营有限公司，最终控制人为广东省国资委，主营业务是食糖、纸、酒精及轻质碳酸钙的制造、销售，是我国最大的制糖综合生产企业之一。

（二）案例背景

贵糖股份 2012 年内部控制审计报告被出具否定意见，原因主要是贵糖股份蔗渣、原煤等大宗原材料的成本核算基础薄弱，部分暂估入账的大宗原材料缺少原始凭证（如包括原材料数量、供应商名称等信息的入库单），影响该存货的发出成本结转与期末计价的正确性，与此相关的财务报告内部控制运行失败。

二、案例概况

2013 年 4 月 13 日，贵糖股份发布《内部控制审计报告》、《2012 年度重大会计差错更正说明》及《前期重大会计差错更正公告》，因重大会计差错更正及追溯重述，调减了 2011 年度净利润 5 251 万元，调增了 2011 年年初留存收益 11 663 万元，受调整影响的还有 2010 年及以前年度的财务状况和经营成果。贵糖股份会计差错更正金额比例之大，追溯重述时间跨度之长令人震惊，而前任审计机构上海东华会计师事务所广西分所历年给出的审计意见均为标准无保留意见。

（一）控制环境

1.公司治理结构

2011 年年末，广东恒健投资控股有限公司将其所持贵糖股份 100% 无偿划转予广东省国资委下属全资企业——广业资产经营有限公司（广业资产），贵糖集团原来持有贵糖股份 25.6% 的股份，股权划转后实际的控制人变更为广业资产。广业资产从未对公司重组发展意图进行过任何说明，对公司的定位和发展前景，采取"无为而治"的管理手段，使得公司在行业的竞争力持续下降。在 2012 年的全年净利大降逾七成以后，2013 年一季度，贵糖股份更报出了一份亏损的成绩单。在报告期内，公司实现净利润-2 455.39 万元，同比降幅高达 357.17%。广业资产作为实际控制人已经严重拖累了公司的发展。另外，公司董事的连续离职，

4个非独立董事席位，已空出两个，最长的董事席位空缺时间已超过5个月，补选工作仍无下文。

2.事务所更换之谜

贵糖股份从上市至今共聘请过3家会计师事务所，2012年之前为上海东华会计师事务所广西分所，该事务所对公司的内部控制自评报告一致认为完整有效，并且没有出具内控审计报告。2012年更换为致同会计师事务所（特殊普通合伙）后出具否定审计意见。2013年又更换为中审亚太会计师事务所（特殊普通合伙）。自公司上市以来一直聘请的上海东华会计师事务所，其在中国资本市场上的形象不是很好，多次参与财务造假案，其为贵糖股份审计长达13年，出具的审计报告均为标准无保留意见，说明该事务所会计师的独立性已丧失。

（二）风险评估

1.内部风险

存货取得环节：预算编制不合理、采购计划不科学。验收入库环节：验收的程序不规范。仓储保管环节：保管方法不严密。盘点清查环节：清查制度只是形式，无法查清蔗渣等原料的真实状况。存货处置环节：存货处置责任不明确、审批不到位。

2.外部风险

制糖、造纸原料存在严重缺口及市场竞争进一步加剧。一方面，公司的纸类产品以制糖副产品糖渣为原料，成本较低，但与其他大型造纸企业相比，规模偏小；另一方面，原材料供应不足，甘蔗生产受自然气候影响大。

（三）控制活动

1.会计系统控制

部分大宗原材料的原始凭证缺失，会计人员在期末通过暂估方式对原材料价格进行登记，另外，可能受管理层授意，故意调整利润表中的"营业成本""净利润"等科目。

2.预算分析控制

贵糖股份的主营业务为制糖、造纸，产品和技术更新很快，部分库存原材料不适应新产品的生产需要，产生原材料积压。同时，相关人员对市场需求没有进行合理预测，销售的预测值过高，使销售预算和成本预算出现较大误差，导致产品滞销，积压现象严重。

3.管理控制

企业未严格按照永续盘存制进行盘存，一是由于清查制度不完善，导致存货的真实情况无法查清；二是因为相关会计人员执行力度不够，导致清查流于形式。

（四）信息与沟通

1.外部沟通

致同会计师事务所（特殊普通合伙）查到库存问题时曾试图与该公司高层沟

通，但公司高层对于致同会计师事务所（特殊普通合伙）提出的重大会计差错更正调整的建议一直不同意，反而在内部控制自评报告中声称"公司和审计机构在原材料的核算方法上存在认识差异"。除此之外，公司还以公司采购活动跨会计年度为由，认为公司之前的核算方法是遵循行业的普遍做法，但实际上并未在相关报告中进行说明。

2.内部沟通

贵糖股份的存货在采购、销售、财务等部门都没有对存货的入账和成本的核算方法提出质疑，信息系统与业务流程的控制完全脱节。另外公司相关工作人员在生产过程中发现存货的问题，虽然向上级进行了反映，但是一直没有得到处理结果。

（五）监督

公司对内部控制的日常监督十分薄弱，从以上分析可以看到，贵糖股份的内部监督和外部监督均已失效，内部的"领导小组"和"内控办"有名无实，在重大内控缺陷问题上没有发挥监督作用，同时外部的会计师事务所没有履行独立审计的职责，从而给企业带来了严重的损失。

三、主要参考文献

［1］代斌. 贵糖股份存货内控失败案例分析［J］. 经贸实践，2015（9）：257.

［2］陈小英. 企业存货内部控制刍议——以贵糖股份公司为例［J］. 中国农业会计，2014（10）：26-28.

［3］宋晶晶. 存货控制　不容小觑——贵糖股份内控审计案例分析［J］. 中小企业管理与科技（下旬刊），2013（6）：66-67.

四、讨论题目

近年来，上市公司频繁曝出内控失效和财务舞弊案件，严重影响了资本市场的健康发展。而贵糖股份存货内部控制失败是内部控制失败的典型案例之一，从中能对其他上市公司引起警示，也能给人们带来很多思考与启示。本案例的重点在于：贵糖股份存货内部控制存在的缺陷以及整改措施，重点思考如下问题：

1.本案例的存货究竟如何管理不当导致内部控制失败？

2.除存货管理以外，贵糖股份还存在哪些内部控制风险点？

3.结合本例，分析内部控制对企业的重要性，并阐述内部控制的现实意义。

4.运用资产管理的风险点及控制措施的相关知识，为贵糖股份在存货控制方面提出建议。

5.如何从内部控制五要素方面出发进行改进？

案例使用说明

一、本案例要解决的关键问题

本案例要实现的教学目标在于：引导读者关注内部控制尤其是内部控制审计在企业管理中起的作用。根据案例资料，我们对贵糖股份的内部控制审计是如何失效的进行了分析，并通过对案例的学习和讨论，希望读者能够掌握内部控制审计理论，同时能够在实务中进行应用。

二、案例讨论的准备工作

为了有效实现本案例的目标，读者应该具备下列相关知识背景：

（一）理论背景

读者在进行案例分析之前，应具有与内部控制审计相关的知识储备，包括以下几方面：第一，内部控制审计定义，审计范围和审计目标。界定审计范围包括审计业务范围的界定和时间范围的界定；审计目标则是对内部控制设计和运行的有效性发表意见。第二，怎样界定被审计单位的内部控制责任和注册会计师的内部控制责任，内部控制审计与财务报表审计有什么样的关系。第三，计划审计工作的步骤有哪些。第四，如何实施审计工作。实施审计工作一般按照自上而下的审计方法，注册会计师的工作主要包括识别整体层面控制，识别重要账户、列报及相关认定，了解错报的可能来源，选择拟测试的控制，测试控制设计的有效性，测试控制运行的有效性。第五，如何认定内部控制的缺陷。只有具备足够的知识背景，才能更好地进行案例分析。

（二）行业背景

食糖的需求源自家庭和工业，两者占比分别为25%和75%。一方面，伴随着人民生活水平的提高和城市化进程的加快，我国食糖人均消费水平呈现逐步上升的态势；另一方面，其下游产业食品行业的销售收入保持平均10%以上的稳定增长，从而导致工业用糖迅速增加，虽然近两年因经济放缓有所下降，但依然处在平稳增长状态。2011年以来，由于食糖进口关税偏低，国内外价差巨大，国内进口持续增长，"洋糖"的巨量进口严重冲击着国内市场，使得国内库存较高，从而进一步导致国内食糖价格下跌不止，加之国内种蔗、制糖成本上升，国内糖业全面亏损跌入"寒冬"，全行业呈亏损状态。

（三）制度背景

《企业内部控制基本规范》关于企业内部控制的现行规范；以《企业内部控制配套指引》为补充的相关内部控制体系。

三、案例分析要点

1.需要读者识别的关键问题

本案例需要读者识别的主要知识点包括：内部控制五要素、内部控制审计、企业内部控制存在的缺陷及整改措施。

2.解决问题的关键思路

（1）关于内部控制审计。

内部控制审计的定义：内部控制审计，是指会计师事务所接受委托，对特定基准日内部控制设计与运行的有效性进行审计。注册会计师执行内部控制审计工作，应当获取充分、适当的证据，对财务报告内部控制的有效性发表审计意见，并对在内部控制审计过程中注意到的非财务报告内部控制的重大缺陷，在内部控制审计报告中增加"非财务报告内部控制重大缺陷描述段"予以披露。

注册会计师可以单独进行内部控制审计，也可以将内部控制审计与财务报表审计整合进行。内部控制审计的范围，决定了注册会计师的工作范围，也决定了审计的质量、成本和责任，以及审计的可行性。在整个审计过程中，注册会计师应当对内部控制设计与运行的有效性进行测试，以同时实现下列目标：第一，获取充分、适当的证据，支持其在内部控制审计中对内部控制有效性发表的意见；第二，获取充分、适当的证据，支持其在财务报表审计中对控制风险的评估结果。

（2）关于内部控制缺陷。

内部控制缺陷有不同的分类方式，按其成因可以分为设计缺陷和运行缺陷，按其影响程度分为重大缺陷、重要缺陷和一般缺陷。

设计缺陷：是指企业缺少为实现控制目标的必须控制，或现存的控制并不合理且未能满足控制目标，具体分为系统的缺陷和手工的缺陷。

运行缺陷：是指设计合理及有效的内部控制，但在运作上没有被正确地执行，包括不恰当的人员执行，未按设计的方式运行，如频率不当等。例如，物资采购申请金额已超其采购权限，却未向上级公司申请安排大宗物品采购（权限管理规定虽然存在，但是在实际操作中未能妥善执行）。

重大缺陷：又称实质性漏洞，是指一个或多个控制缺陷的组合，可能严重影响内部整体控制的有效性，进而导致企业无法及时防范或发现严重偏离整体控制目标的情形，需引起管理层关注。例如，有关缺陷造成的负面影响在部分区域流传，为公司声誉带来损害。

重要缺陷：重要缺陷是指一个或多个一般缺陷的组合，其严重程度低于重大缺陷，但导致企业无法及时防范或发现严重偏离整体控制目标的严重程度依然重大，需引起管理层关注。例如，有关缺陷造成的负面影响在部分区域流传，为公司声誉带来损害。

一般缺陷：是指除重要缺陷、重大缺陷外的其他缺陷。

　　财务报告内部控制缺陷的严重程度取决于：控制缺陷导致账户余额或列报错报的可能性；一个或多个控制缺陷的组合导致潜在错报的金额大小。控制缺陷的严重程度与账户余额或列报是否发生错报无必然对应关系，而取决于控制缺陷是否可能导致错报。评价控制缺陷时，注册会计师需要根据财务报表审计确定重要性水平，支持对财务报告控制缺陷重要性的评价。注册会计师需要运用职业判断，考虑并衡量定量因素和定性因素。同时要对整个思考判断过程进行记录，尤其是详细记录关键判断和得出结论的理由。而且对于"可能性"和"重大错报"的判断，在评价控制缺陷严重性的记录中，注册会计师需要进行明确考量和陈述。

　　内部控制缺陷的处理：

　　第一，财务报告内部控制缺陷的处理：注册会计师对在已执行的有限程序中发现财务报告内部控制存在重大缺陷的，应当在内部控制审计报告中对重大缺陷做出详细说明。

　　第二，非财务报告内部控制缺陷的处理：注册会计师对在审计过程中注意到的非财务报告内部控制缺陷，应当区别具体情况予以处理。

　　注册会计师认为非财务报告内部控制缺陷为一般缺陷的，应当与企业进行沟通，提醒企业加以改进，但无须在内部控制审计报告中说明。

　　注册会计师认为非财务报告内部控制缺陷为重要缺陷的，应当以书面形式与企业董事会和经理层沟通，提醒企业加以改进，但无须在内部控制审计报告中说明。

　　注册会计师认为非财务报告内部控制缺陷为重大缺陷的，应当以书面形式与企业董事会和经理层沟通，并提醒企业加以改进。同时应当在内部控制审计报告中增加"非财务报告内部控制重大缺陷描述段"，对重大缺陷的性质及其对实现相关控制目标的影响程度进行披露，从而提示内部控制审计报告使用者注意相关风险。

　　3.案例分析所带来的启示

　　通过案例的学习与讨论，得到以下启示：

　　第一，完善内部控制环境。案例中的贵糖股份公司董事的连续离职，4个非独立董事席位，已空出2个，最长的董事席位空缺时间已超过5个月，并且补选工作无下文。这说明公司完善其组织人员机构已经刻不容缓，董事席位的长期空缺会导致公司无法进行重大决策，严重影响公司的经营。除此之外，公司一直更换事务所的原因究竟是什么？公司是否一直插手外审机构的审计，从而严重影响外部审计的独立性？这些问题，都是应当摸清楚并进行解决的。

　　第二，科学、系统地进行风险评估。当进行内部控制审计时，风险评估是一个必备程序，像贵糖股份这种企业，对于企业的预算编制系统、采购系统、仓储保管系统等应进行合理评估，评估其是否有效运行，是否存在影响企业运转的风险。本案例就是因为没有对这些可能存在的风险进行有效地评估，因此导致验收的程序不规范、仓储保管方法不严密、存货处置责任不明确、审批不到位等状况。

　　第三，加强控制活动的执行，及时进行信息沟通。存货型企业对于存货的管理应加以重视，无论是采购程序还是仓储程序，各项活动都应进行严格控制，只有一环一环按照要求来，才能保证内部控制的有效运行。同时内审人员应和各个程序上的员工及时地进行信息交流和沟通，以方便随时掌握控制活动的运行状况。

第四，有效监督是内部控制审计重点。在进行内部控制审计时，应审查企业的内部控制监督系统是否有效。企业关于内部监督的制度是否完善，是否定期检查内部控制运行的有效性，是否定期对内部控制程序做调整，是否及时纠错查弊，这些都是内部控制审计的重点。

四、教学组织方式

（一）问题清单及提问顺序、资料发放顺序

本案例讨论题目依次为：

1.贵糖股份的内部控制是如何失效的？

2.导致贵糖股份内部控制失效的根本原因是什么？

3.贵糖股份内部控制评价体系应如何改进？

4.本案例带来的启示？

本案例的参考资料及其索引，在讲授有关知识点之后一次性布置给读者。

（二）课时分配

1.课后自行阅读资料：约1小时；

2.小组讨论并提交分析报告提纲：约1小时；

3.课堂小组代表发言、进一步讨论：约1小时；

4.课堂讨论总结：约0.5小时。

（三）讨论方式

本案例可以采用5人一组的方式进行讨论。

（四）课堂讨论总结

课堂讨论总结的关键是：归纳发言者的主要观点；重申其重点及亮点；提醒大家进一步思考焦点问题；建议大家对案例素材进行扩展研究并深入分析。

案例28

"资金门"再现——中海集团内控管理的硬伤

编写目的

本案例以中海集团为例，运用COSO五要素分析法对内部控制进行详细分析，并提出相应的整改措施。通过对本案例的分析，可以加深对内部控制审计理论的了解与应用，认识到内部控制审计的重要性以及内控缺失的危害性。同时，在进行公司内部组织架构及运营方案等方面的分析中，亦可以了解到我国航运业公司的经营与发展状况，并对我国上市公司内部控制框架的构建与实施情况做更深入的了解与思考。

知 识 点

内部控制审计；企业内部控制缺陷；内部控制整改措施

关 键 词

航运业；内部控制审计；COSO分析

摘 要

中海集团作为一家规模庞大，在航运业中有着举足轻重地位的央企集团，却发生了两次"资金门"事件，可见其存在着不容忽视的内部控制缺陷问题。内部控制是企业风险管理的重要一环，而内部控制审计就是保障公司内部控制有效运行、不断提高内部控制质量的一个重要手段。本案例将从内部控制审计视角，展开对中海集团的分析。

案例正文

2008年年初，中国海运（集团）总公司再爆出财务丑闻，集团驻韩国釜山公司的巨额运费收入及部分投资款，在春节前后查出被公司内部人非法截留转移，主要涉案人员为集团韩国控股的财务部负责人兼审计李克江。这已是集团近年来发生的第二起财务丑闻。自2006年6月起，集团就曾将所获得的银行短期贷款违规进行股市投资。因此，本文将对中国海运（集团）总公司进行深入分析以了解其事件发生的具体情况。

一、公司概况及案例背景

（一）公司概况

中国海运（集团）总公司（以下简称"中国海运"），是中央直接领导和管理的重要国有骨干企业之一，是以航运为主业的跨国经营、跨行业、跨地区、跨所有制的特大型综合性企业集团。中国海运主营业务设有集装箱、油运、货运、客运、特种运输等专业化船队；正在开展汽车船运输和LNG业务。

中国海运覆盖全球85个国家和地区，设有北美公司、欧洲公司、中国香港公司、东南亚公司、韩国公司、西亚公司6个控股公司和日本株式会社、澳大利亚代理有限公司；境外产业下属90多家公司、代理、代表处，营销网点总计超过300个。中国海运拥有各类船舶430艘，1 650万吨载重，集装箱载箱位44万标准箱；集团年货物运输完成量超过3.3亿吨、950万标准箱，在国家能源和进出口贸易中发挥了重要的运输支持和保障作用。

中海釜山公司是中国海运韩国控股公司主营集装箱业务的下属企业，是其在全球90多个国家和地区设立的海外分公司之一，也属于中国海运实施的"走出去"海外战略的重点区域。2006年前后，来自包括中国，尤其是华北、东北地区在内的出口中转货源对韩国釜山港的吞吐量贡献是非常大的，当时像中国天津、大连等这些北方地区重要口岸城市到美国洛杉矶或者欧洲的航线基本上都会通过釜山港。由此可见中国海运釜山公司的重要性。

值得一提的是，2015年12月11日，据国资委网站的消息，经报国务院批准，中国远洋运输（集团）总公司与中国海运（集团）总公司实施重组。新集团名称为"中国远洋海运集团有限公司"，总部设在上海。需要注意的是，本案例将对实施合并前的中国海运进行分析。

（二）案例背景

2008年4月13日，中国海运爆出一桩中国航运界罕见的财务丑闻。中国海运驻韩国釜山公司的巨额运费收入及部分投资款，在春节前后查出被公司内部人非法截留转移。已确认的抽逃资金总金额大约4 000万美元（约合人民币3亿元），主要涉案人员为中国海运韩国控股的财务部负责人兼审计李克江。

令人震惊的是，这已是中国海运近年来发生的第二起财务丑闻。自2006年6月起，中国海运就曾将所获得的银行短期贷款，近25亿人民币，违规进行股市投资。在2007年被查出后，中国海运被中国银监会通报批评，国务院国资委也在当年对公司予以降分处理的通报。

然而，我们还发现，按照中央统一部署，中央第九巡视组对中国海运开展了专项巡视。巡视组指出，中国海运一些领导人员及亲友和特定关系人围绕航运业务开办关联公司进行利益输送，"靠船吃船"问题突出：有的通过关联公司承揽中国海运的大量业务，贴着企业发财；有的开办私人公司，依托中国海运经营同类业务，面上干工作，底下揽私活。

由此可见，中国海运多次爆发"资金门"财务丑闻并非偶然，其内部控制制度的缺失让我们找到了中国海运一再犯错的内在原因。下文将以COSO五要素分析法进行展开探讨。

二、案例概况

（一）中国海运内控五要素描述

中国海运发生的"资金门"事件，让其一直受社会公众和各种媒体的关注。究其事件发生的原因有很多，下面从风险管理角度以及企业内部控制五要素来解读中国海运发生的事件及其原因。

1.内部环境描述

（1）公司组织机构描述

中国海运组织架构如图10-1所示。

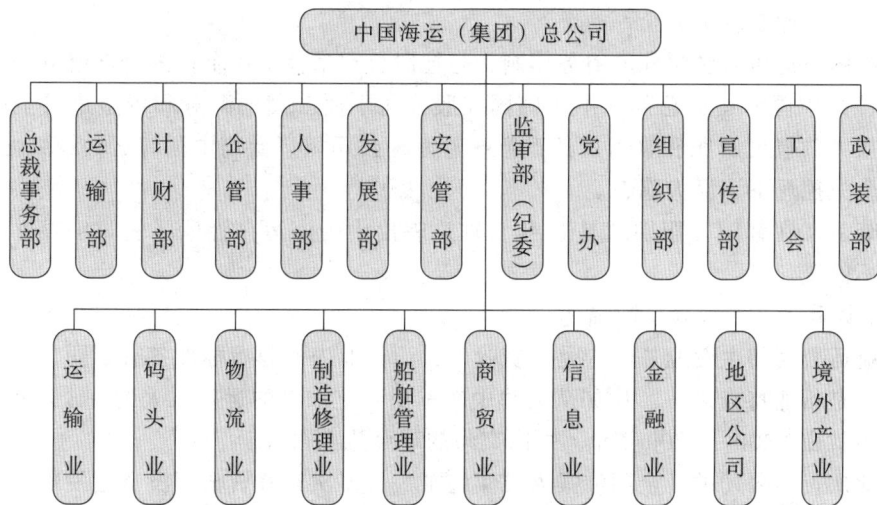

图10-1　中国海运组织架构

中国海运实行董事会领导下的总经理负责制，旗下有多个同级运行的部门；在不同的运输领域，中国海运设立了专门化公司对其进行经营，即其相继成立的集运、油运、货运、客运、劳务、工业、供贸、国贸、电信等专业化公司。看似分工明确的组织架构，实质上总公司对各个分公司的控制力是十分有限的，它给了分公司很多自由发挥的余地。当然这在促进旗下分公司的自主创新方面有很多好处，但是也给分公司带来了舞弊的可能。在这个控制环境下，总公司明显做得有些不足。

从财务上讲，运费是航运公司的主营收入，而一般像中国海运这样的大集团在海外的分公司如果是全资子公司，通常采用独立核算制度，只需要报年账或者大账，不需要报明细账，有些分公司甚至连现金流都不用向总部汇报。如果没涉及上市公司，一般也不会有总部对海外分公司进行定期审计，这就为海外分公司做假账提供了机会。中国海运驻韩国釜山公司缺乏一个比较定期的审计或者财务监管机构，为相关财务人员采取一些造假手段，把利润做低，抽逃隐藏资金提供了机会。

（2）内部控制意识薄弱

虽然已有前例发生，但中国海运相关管理人员并没有以此为戒，及时做出有效的应对措施，而是任由釜山公司的"资金门"反复再现，这反映出中国海运驻韩国釜山公司管理层的内部控制意识薄弱。

（3）内部控制的目标简单化、形式化

集团把内部控制的目标定位单纯从会计、审计的角度出发，关注范围仅仅局限于公司作业层的控制，甚至把内部控制简单理解为内部牵制，还没有形成对内部控制系统整体的把握，所制定的目标狭隘、简单、不灵活，往往过多考虑现行条件的限制，侧重对内部控制准则、条例的制定与修改，使目标流于形式。

（4）企业制度不健全

中国海运所有驻海外的财务体制，是控股公司掌控下属企业的全部财务和资金结算，即中国海运的总部并不对韩国控股公司下属公司的财务和资金进行全面控制。权力的极度膨胀和自由放任，意味着海外公司得以游离中国海运的视线之外，为资金失控埋下了巨大隐患。

李克江在韩国任职期就是10年，这反映出中国海运在管理层任职年限方面制度的不健全。

2.风险评估及风险反映描述

航运公司的主营业务收入是运费收入，而行业内的收费标准各有不同，现金流出入大是行业特点之一。比如从天津中转釜山到芝加哥的运费，大约一个4尺的集装箱柜就在3 300～3 700美元，每次交易的现金流也很大。

此次釜山公司的资金门涉案人员实施了一百多次转移资金而没有被发现，充分说明釜山公司的审计工作缺乏风险意识，没有把风险控制意识贯穿日常审计工作。

釜山公司未建立诸如采购风险评估、投资风险评估、信用风险评估、合同风险评估等的风险评估机制，未在所有的风险上设立相应的控制点加以防范。这使得中国海运没有被外界的风险竞争打倒，反而是自己的员工出了问题，而且是很严重的问题。这是中国海运始料未及的，其之前并没有设立相应的控制点。

3.控制活动描述

（1）违反"不相容职务分离"原则

李克江既是韩国控股公司的财务部负责人，又身兼审计之职，这显然违反了内部控制中的"不相容职务分离"原则。如果中国海运存在财务舞弊行为，那么李克江作为审计人员也缺乏动机去报告自己负责的财务舞弊。

（2）资金结算体制风控不足

从行业经验来看，釜山公司案不可能只是李克江一人所为，而是有其他财务人员或者外部供应商的配合。此类事件的发生，暴露出中国海运对海外分公司资金结算体制上的风险控制不足。

4.信息与沟通描述

信息与沟通旨在取得及时、确切的信息，并进行有效的沟通，为内部控制提供条件。中国海运全面介入自查，是在釜山公司涉案人一百多次转移大量资金得逞之后才开始的，但此时巨额损失已然酿成。尚处于第一次"资金门"余悸中的中国海运，本应培养出在最短时间内针对事件的起因、可能趋向及影响做出预测，并迅速做出反应的能力。遗憾的是，从这种"慢半拍"式的信息与沟通中可以看出，中国海运没能在此方面做出实质性改进。

5.监督描述

监督着眼于确保企业内部控制的持续有效运作，起到润滑剂的作用。从行为论的观点来看，监督可以促使各层次的职员自觉地遵守企业的各项内部控制要求，并认真、有效地工作，从而促成企业目标的实现。像中国海运这样的大集团在海外设立的公司，如果是全资子公司，通常都采取独立核算制度，只需要报年账或者大账，不需要报明细账，有些子公司甚至连现金流都不用向总部汇报。如果没有涉及上市公司，一般也不会有总部对海外分公司进行定期内部审计，这就导致了海外公司存在做假账的可能性，比如虚报费用、虚开发票，以及和供应商内外勾结。中国海运的内部控制之所以偏离了正确轨道，与其缺乏常规性的、相对独立的财务审计和监管制度是密不可分的。

（二）案例发生后的改进措施

"资金门"事件发生以后，中国海运围绕内部控制的重大缺陷，做了大量针对性的改进工作，具体如下所述：

第一，为了改善控制环境，正式成立集团风险控制和管理委员会（2008年4月），由集团总裁李绍德亲自担任委员会主任，内部控制受到管理层的重视，并被提到公司治理的高度。第二，为了改善风险评估，由集团企管部作为集团风险控制和管理的牵头和职能部门，集团风险控制和管理委员会下设工作小组，主要职责是根据集团风险控制和管理委员会确定的方针、政策和任务，具体协调、处理、组织落实企业经营发展和日常管理中的有关风险控制和管理事项。第三，为了改善控制活动，中国海运着手建设具有中海特色的风险控制和管理体系，重点抓好对重大风险、重大事件的管理和重要流程的控制，加强安全管理、资金风险防控、应收账款催收、商务风险防范、企业法律制度建设、信息化建设、人才建设和企业稳定等八项工作。第四，为了改善信息与沟通，中国海运强调风险控制和管理信息系统的建设，做好编报企业风险控制和管理报告的准备。第五，为了改善监督，按照业务分管原则，集团风险控制和管理委员会下设工作小组，实施对集团下属单位风险控制和管理事项的监督指导。同时，开展对集团近百家海外分公司和代理办事处的大检查，主要针对资金往来，尤其是应收账款是否及时到账等日常运营资金流状况，从而显著增强了检查监督的力度。

三、主要参考文献

[1] 陈群. 浅析中海集团的内部控制 [J]. 知识经济，2017（1）：93-94.

[2] 李若山，林波，吴锐. 中海釜山公司资金门的内控缺失思考 [J]. 审计与理财，2009（12）：5-6.

[3] 刘华. 中海集团釜山公司内部控制案例分析 [J]. 财政监督，2008（12）：3-5.

[4] 李连华. 强化理念 抓准重点 提高内部控制效率——中海集团"资金门"事件的教训与启示 [J]. 财政监督，2008（12）：5-8.

四、讨论题目

2008年年初，中国海运（集团）总公司爆出一桩中国航运界罕见的财务丑闻。中国海运驻韩国釜山公司的巨额运费收入及部分投资款，在春节前后查出被公司内部人非法截留转移。本案例的侧重点仅在于：中国海运内部控制执行缺陷及整改措施，重点思考如下问题：

1.中国海运发生了什么"资金门"事件？

2.事件发生后，案例中的管理层是如何做的？

3.导致本案例发生的深层原因是什么？

4.通过以上分析，中国海运的内部控制应如何进行改进？

案例使用说明

一、本案例要解决的关键问题

本案例旨在引导读者关注内部控制审计在企业管理中的作用，内部控制审计作为内部控制重要的一环，是企业风险管理不可或缺的部分。通过对中国海运案例的分析，读者不仅能够深化自身对内部控制审计理论的认识，而且能对内部控制审计在企业实务中起到的作用有进一步的理解。

二、案例讨论的准备工作

为了有效实现本案例目标，读者应该具备下列相关知识背景：

（一）理论背景

在进行案例分析之前，读者应对内部控制审计的理论背景有一定的了解。内部控制审计是内部控制的重要组成部分,是对内部控制设计和运行的有效性进行审计。读者应知道内部控制审计的业务范围界定需要考虑以下因素:注册会计师的胜任能力、成本效益的约束、投资者的需求等,除此之外,也应明确如何对时间范围进行界定。内部控制审计的目标则是对财务报告的有效性发表意见:包括设计有效性和执行有效性。如何计划和实施审计工作也是内部控制审计工作的重中之重。读者只有具有扎实的理论背景,才能更好地进行案例分析。

(二)行业背景

2008年年初,中国海运爆出一桩中国航运界罕见的财务丑闻。中国海运驻韩国釜山公司的巨额运费收入及部分投资款,在春节前后查出被公司内部人非法截留转移。已确认的抽逃资金总金额约4 000万美元(约合人民币3亿元),主要涉案人员财务部负责人兼审计李克江在逃。

这已是中海集团近年来发生的第二起财务丑闻。

2006年6月起,中国海运就曾将所获得的银行短期贷款,近25亿元人民币,违规进行股市投资。在2007年查出后,被中国银行业监督管理委员会通报批评,国务院国资委也在当年对公司予以降分处理的通报。

三、案例分析要点

(一)需要读者识别的关键问题

本案例需要读者识别的主要知识点包括:内部控制审计、内部控制的有效性。

(二)解决问题的思路

1.关于内部控制审计

注册会计师执行内部控制审计工作,应当获取充分、适当的证据,对财务报告内部控制的有效性发表审计意见,并对在内部控制审计过程中注意到的非财务报告内部控制的重大缺陷,在内部控制审计报告中增加"非财务报告内部控制重大缺陷描述段"予以披露。

内部控制审计的目标:内部控制审计的目标是对内部控制的有效性发表意见。如果存在重大缺陷,则被审计单位的内部控制是无效的。因此,注册会计师必须计划并执行审计,以取得在管理层评估日被审计单位内部控制是否存在重大缺陷的证据。

2.关于内部控制缺陷

内部控制缺陷按其成因分为设计缺陷和运行缺陷,按其影响程度分为重大缺陷、重要缺陷和一般缺陷。下面逐一介绍:

设计缺陷:是指企业缺少为实现控制目标的必须控制,或现存的控制并不合理及未能满足控制目标,具体分为系统的缺陷和手工的缺陷。

运行缺陷:是指设计合理及有效的内部控制,但在运作上没有被正确执行,包括不恰当的人员执行,未按设计的方式运行,如频率不当等。例如:"物资采购申请金额已超其采购权限，却未向上级公司申请安排大宗物品采购"（存在权限管理规定，却未在实际操作中妥善执行）。

重大缺陷：又称实质性漏洞，是指一个或多个控制缺陷的组合，可能严重影响内部整体控制的有效性，进而导致企业无法及时防范或发现严重偏离整体控制目标的情形。

重要缺陷：是指一个或多个一般缺陷的组合，其严重程度低于重大缺陷，但导致企业无法及时防范或发现严重偏离整体控制目标的严重程度依然重大，需引起管理层关注。

一般缺陷：是指除重要缺陷、重大缺陷外的其他缺陷。

注册会计师不仅需要对内部控制的有效性发表意见，而且需要关注在内部控制审计过程中发现的内部控制重大缺陷，在内部控制审计报告中增加"非财务报告内部控制重大缺陷描述段"予以披露。

（三）推荐解决问题的方案

通过案例的学习，得到以下启示：

1.强化内部审计人员的风险意识

中国海运的"资金门"事件反映出中国海运驻韩国釜山公司管理层对公司内部审计的意识较薄弱。这不仅把公司推向大众舆论的风口浪尖，而且让管理层陷入遭人指责批评的境地。随着企业在经营过程中面临的风险不断提升，要求企业内部审计人员务必强化风险意识，及时甄别企业所面临的风险，以防患于未然。审计人员的风险意识对内部审计结论有重要影响。在方案制定阶段，应根据被审计事项的基本情况及内部控制制度的初步测评，恰当评价固有风险和控制风险的程度；在实施阶段保持高度的风险意识，通过控制检查风险来控制审计风险。

2.设置层次清晰的内部审计机构

在市场经济条件下，要想使企业真正成为自我约束、自负盈亏和自我发展的市场竞争主体，企业就要积极建立与现代企业制度相适应的内部审计模式。总经理往往在内部审计中起主导作用，这使得职权责的划分不明确，虽然在实际工作中起到了一些作用，但远达不到内部审计应有的效力。我们认为可以设立审计委员会，并选择内审机构负责人和执行董事担任审计委员，共同向董事会负责。审计委员会的主要职能是制定审计计划和方针，协调外部关系，审定审计报告并向董事会报告。内部审计部门在审计委员会的领导下开展审计工作，负责对审计结果提出意见，审计结论由审计委员会下发。审计委员会主要领导人可以由董事长或副董事长担任，这样就避免了审计工作受到行政干预，从而可以充分发挥审计工作应有的效用。

3.注重审计技术方法创新

计算机和信息技术的快速发展以及网络技术的广泛应用，使得审计技术和方法也发生了重大变化。网络化、信息化的审计环境，加快了传统会计体系和审计技术、方法的革新，同时也加快了审计技术的创新。在当今时代，审计目标不能局限于对企业会计报表发表审计意见，而应当借助现代科技成果，将其应用在审计信息的收集传递、分析性复核、审计资料共享以及审计查证等方面发展，以更好地预测企业的偿债能力、盈利能力和持续经营能力。另外，还要加快实现从微观审计到宏观审计、从财务收支审计到真实性审计的转化，进而转向绩效审计、资产质量审计和风险评估审计。

4.建立经济责任审计和离任审计制度

经济责任审计的主要目的是分清经济责任人任职期间在本部门、本单位经济活动中应当负有的责任，为组织人事部门和纪检监察机关和其他有关部门考核使用干部或者兑现承包合同等提供参考依据。经济责任审计具有其他审计无法替代的作用。通过对相关的经济指标等情况进行分析考核，对其任期工作业绩做出评价，能够达到客观、公正地确认其经济业绩，全面评价考核领导干部任期业绩的目的，为正确评价和使用干部提供了依据，同时有利于干部更好地履行职责，防止短期行为。

离任审计即任期终结审计，是对法定代表人整个任职期间所承担经济责任的履行情况而进行的审查、鉴证和总体评价活动。离任审计的内容主要取决于企业法定代表人在企业经营管理中的地位及其应履行的职责。概括起来，企业法定代表人在其任职期间应履行的责任主要包括三个方面：财务责任、管理责任和法纪责任。

5.选配审计精英，提高执业质量

一个高效和开拓创新型的内部审计组织，只有具备良好的职业道德素质和广博的业务知识，才能保障内部审计工作的质量。内部审计人员不仅要掌握财务、审计、统计等方面的专业知识，而且要结合本企业的实际，掌握生产经营流程、企业管理、工程施工等方面的专业知识。这就需要企业管理者高度重视内部审计人才的资源配置，搭建科学合理的梯队式人才队伍结构，把一些具备管理才能和业务特长的专业技术人才充实到内部审计队伍中，为进一步提高内部审计工作质量，提供人才和智力支持。同时，要健全教育培训、选拔等保障激励机制，为内部审计人员的成长搭建发展平台，从而加快提升内部审计人员的执业胜任能力和执业质量。

四、教学组织方式

（一）问题清单及提问顺序、资料发放顺序

本案例讨论题目依次为：

1.中国海运发生了什么"资金门"事件？

2.事件发生后，案例中的管理层是如何做的？

3.导致事件发生的深层原因是什么？

4.通过以上分析，中国海运的内部控制应如何进行改进？

本案例的参考资料及其索引，在讲授有关知识点之后一次性布置给读者。

（二）课时分配

1.课后自行阅读资料：约1小时；

2.小组讨论并提交分析报告提纲：约1小时；

3.课堂小组代表发言，并进一步讨论：约1小时；

4.课堂讨论总结：约0.5小时。

（三）讨论方式

本案例可以采用4人一组的方式进行讨论。

（四）课堂讨论总结

课堂讨论总结的关键：归纳发言者的主要观点；重申其重点及亮点；提醒大家对焦点问题进行进一步思考；建议大家对案例素材进行扩展研究和深入分析。

▲ 案例29 ▲

"内控审计元年"首份否定报告诞生记

编写目的

本案例以我国第一份被出具否定意见的内部控制审计报告为切入点,以山东新华制药股份有限公司为分析对象,引导广大读者分析、讨论内部控制中的信息与沟通要素在企业应对经营风险的过程中所发挥的作用。根据新华制药被出具否定意见内部控制审计报告这一案例,读者在理论上基于风险管理层面深化对内部控制理论的理解,与此同时,通过学习我国企业内部控制框架设计的具体案例,读者能够了解内部控制审计对企业经营管理的重要性以及当前我国企业在内部控制制度设计方面的有待改进之处。

知 识 点

内部控制审计;企业内部控制存在的缺陷及整改措施

关 键 词

制药公司;内部控制;整改措施

摘 要

2012年3月21日—3月27日,沪深两市共有43家上市公司披露了2011年度内部控制审计报告。其中,沪市主板31家,深市主板8家,中小板3家,创业板1家。从内部控制审计报告类型看,有42家上市公司被出具了标准内部控制审计报告,只有1家上市公司(山东新华制药股份有限公司)被出具了否定意见的内部控制审计报告。对于新华制药被信永中和会计师事务所出具否定意见的内部控制审计报告,本案例侧重引导读者从风险管理层面关注内部控制并能对具体问题施以解决方案。

案例正文

2012年年初,财政部会计司与证监会会计部联合发布了《我国境内外同时上市公司2011年执行企业内控规范体系情况分析报告》。该报告显示,截至2012年4月30日,在境内外同时上市的67家已披露年报公司中,报告期内存在内部控制缺陷的有49家，占比73.1%；从内部控制审计报告类型看，42家上市公司被出具了标准内部控制审计报告，仅1家上市公司（山东新华制药股份有限公司）被出具了否定意见的内部控制审计报告，是"内控元年"首份否定报告。

新华制药被信永中和会计师事务所（以下简称"信永中和"）出具否定意见内部控制审计报告，原因就是其内控制度存在重大缺陷。因此，我们把关注的焦点放在新华制药内部控制的设计及缺陷上。

一、公司概况及案例背景

（一）公司概况

山东新华制药股份有限公司（以下简称"新华制药"）是A股和H股上市公司，是中国制药企业50强之一。其主要业务为开发、制造和销售化学原料药、医药制剂，化工及医疗商业（在我国化工及医疗行业具有较高的地位及影响力）。新华制药是亚洲最大的解热镇痛类药物生产与出口基地，也是国内重要的心脑血管类、抗感染类及中枢神经类药物的生产企业。

（二）案例背景

信永中和的内部控制审计报告显示，一是新华制药子公司——山东新华医药贸易有限公司（简称"医贸公司"）内部控制制度对多头授信无明确规定，在实际执行过程中，医贸公司的鲁中分公司、工业销售部门、商业销售部门等三个部门分别向同一客户授信，使得授信额度过大。二是医贸公司内部控制制度规定对客户授信额度不得大于客户注册资本，但医贸公司在实际执行中，对部分客户超出了客户的注册资本授信，使得授信额度过大，同时医贸公司也存在未授信的发货情况。

上述重大缺陷使得新华制药对山东欣康祺医药有限公司（以下简称"欣康祺医药"）及与其存在担保关系方形成大额应收款项6 073万元。同时，因欣康祺医药经营出现异常，资金链断裂，可能使新华制药遭受较大的经济损失。

新华制药的实际控制人为山东省国资委，控股股东为新华集团。欣康祺医药一直是新华制药的大客户，2009年为新华制药第一大客户，新华制药2010年对欣康祺医药的营业收入为1.1039亿元，占新华制药全部营业收入的4.22%。新华制药2011年半年报披露的信息显示，截至2011年6月30日，在新华制药的应收票据中，欣康祺医药是金额较大的前5名往来客户之一，涉及金额300万元，到期日为2011年10月21日。2011年欣康祺医药为新华制药贡献营业收入1.49亿元，为公司第三大客户。从新华制药2011年年报中我们可以看出，新华制药对欣康祺医药及为其担保的淄博华邦医药销售有限公司的应收账款占总应收账款的比例高达15.88%。

但公开资料显示，济南市公安局于2011年12月30日对欣康祺医药涉嫌非法吸收公众存款案立案侦查，涉案金额高达10亿元。自2010年8月以来，欣康祺医药总经理徐新国等人以该公司的名义，以与银行合作开立银行承兑汇票需要保证金为由，以2.5%～4%的月息为诱饵，非法吸收公众资金近10亿元。欣康祺医药被济南市公安局立案侦查，欣康祺医药等5家公司欠新华制药子公司的货款6 073.1万元有极大可能成为坏账。

欣康祺医药长期以来一直把医药业做成金融业，其主要盈利模式是从上游赊购拿货再以3%～5%的价格现销给下游，同时将赚取的现金投入期货市场以获取收益，这种获利方式存在很大的风险，也是其最后资金链断裂的根本原因。事件披露后，新华制药的股价迅速下跌。

二、案例概况

新华制药董秘曹长求强调，除拖欠货款外，新华制药与欣康祺医药没有任何其他资金往来，且在2011年年初就已发现欣康祺医药拖欠货款，已尽力做好财产保全措施。新华制药在公告中仅称欣康祺医药前期经营出现异常，资金链断裂，且公司已及时采取必要法律手段进行财产保全，并已全面停止与欣康祺医药之间的业务往来，但受其影响，可能会遭受较大的经济损失。根据公开资料，新华制药2010年净利润为9 725.66万元，2011年净利润为7 602.37万元，下降幅度为21.8%。下面从以下几个方面来分析新华制药内部控制存在缺陷原因：

1. 控制环境

新华制药没有建立双重报告体系，内部审计只向管理层报告，导致内部审计形同虚设。内部审计部门对总经理、副总经理负责，在一定程度上不利于监督公司高层。此外，其子公司不同部门对同一客户有相同的授信权力，表明其机构设置与职权分配也存在重大缺陷，容易造成职权含糊不清。新华制药组织架构如图10 2所示。

2. 风险评估

新华制药对欣康祺医药公司的经营风险预估不足，事后才大额补提坏账准备。从新华制药的内部控制评价来看，公司没有设立良好的风险评估机制，既没有设定风险评估目标也没有重视风险评估机制，导致没有准确预估欣康祺医药的应收账款风险。新华制药应当在报告期末审阅各项个别贸易债项的可收回金额，以确保对无法收回款项做出充足的减值亏损，来正确反映资产的账面价值。

3. 控制活动

不明确的审核授权制度导致多头授信。新华制药对不同部门的授信权限没有进行明确规定，导致不同子公司和不同部门都有对客户的授信权利，最终造成同一客户授信额度过大，对公司财务报告产生不利影响。另外，新华制药也没有对具有授信权力的部门的授信额度进行有效控制，尽管内部控制制度对客户的授信额度明确规定授信额度不超过客户的注册资本，但是在实际执行过程中，公司并未按照规定执行，甚至出现未授信发货的情况。

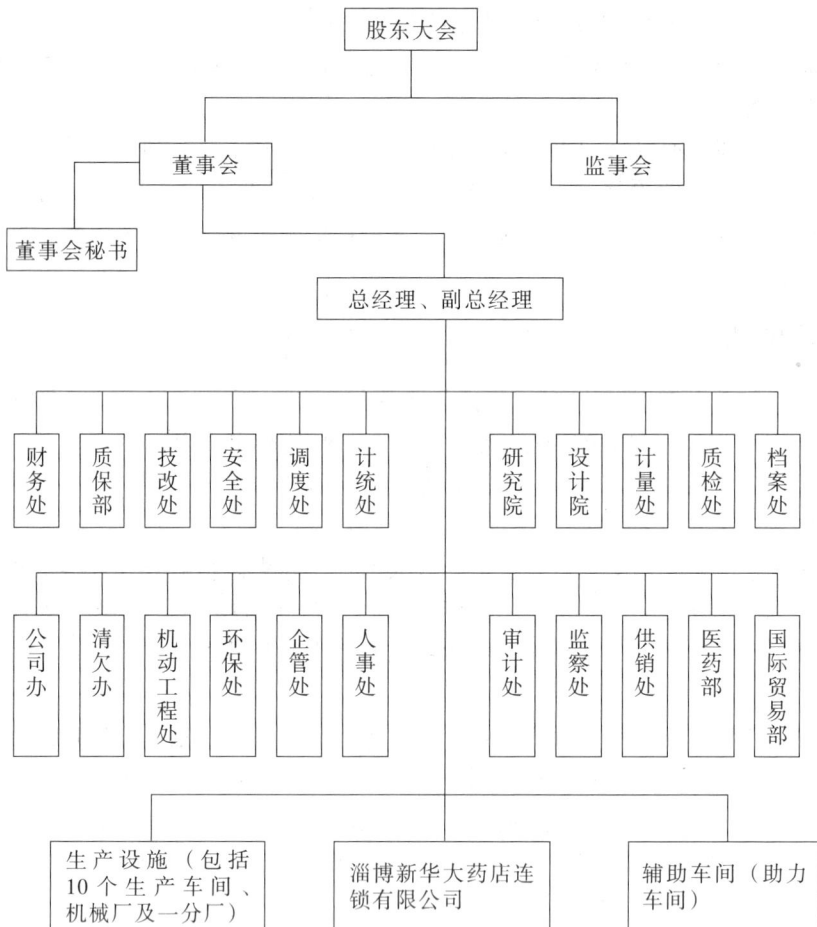

图 10-2　新华制药组织架构

4.信息与沟通

新华制药是一个上市公司，而且有很多子公司，这也要求整个企业的应收账款系统不能独立而更应该成为一个有机的整体。在信息协调方面，从企业的自我控制评价报告中可以看出，新华制药在销售管理方面的内部控制设计主要针对业务流程设计，而忽略了集团的角度，没有按组织机构的职责管理进行宏观上和总体上的协调。新华制药的应收账款管理体系有漏洞的存在，企业部门数据独立分割，仅仅通过自己部门的数据来进行分析和决策，而忽视了部门和分公司之间的沟通与合作，未能从集团的角度进行有效数据分析和控制。

部门间沟通低效，导致多个部门对同一客户进行了授信。新华制药的内部控制制度没有关于信息与沟通的制度内容，也没有建立重大事件信息传递的内部控制制度，从而使得部门间沟通低效。在现实中，销售部往往片面追求高销售额，而不注重和财务部及信用部的合作，使得公司应收账款金额巨大，应收账款风险增高。在本案中，新华制药出现了对部分客户超过其注册资本的赊销以及未授信发货的情况，反映出企业的销售部、财务部以及信用部之间严重缺乏沟通和联系，由此可见其应收账款内部控制联动体系的缺失。

5.内部监督

虽然新华制药有内部监督的制度，但没有执行。其审计部是设在总经理和副总经理之下的，这种结构使得审计部在地位上无法实现独立性，从而失去了应有的监管作用。同时虽然公司明确规定了授信额度，但无人监管。事发前，欣康祺医药应收账款额度已经超过规定，同样也无人提醒。

三、主要参考文献

[1] 杨伟鸽. 内部控制制度失效对企业价值的影响研究——以新华制药为例[J]. 财会通讯，2018（23）：115-117.

[2] 郝玉贵，徐露. 上市公司内部控制缺陷与审计意见——中国证券市场上第一份否定意见的内控审计案例研究[J]. 财会学习，2013（7）：40-43.

[3] 于双. 新华制药内部控制研究——基于COSO五要素[J]. 企业改革与管理，2014（4）：201-202.

[4] 企业内部控制编审委员会. 企业内部控制主要风险点、关键控制点与案例解析[M]. 上海：立信会计出版社，2018.

四、讨论题目

读完该案例后，请思考一下问题：

1.新华制药发生了什么事件？

2.新华制药为什么会被出具否定意见内部控制审计报告？

3.此次事件披露了新华制药内部控制审计的哪些缺陷？

4.如何从内部控制五要素方面进行改进？

5.从该事件中我们可以得出什么启示？

案例使用说明

一、本案例要解决的关键问题

本案例要解决的关键问题在于引导读者关注新华制药由于内部控制审计出现失误，导致被出具否定意见的内部控制审计报告这一案例，探索内部控制在企业风险管理中起到的作用。一方面，读者可以在理论上基于风险管理层面深化对内部控制理论的了解与应用；另一方面，读者可以通过对我国上市企业内部控制框架建设的具体案例，从该内部控制角度展开分析并获得启示。

二、案例讨论的准备工作

新华制药是 A 股和 H 股上市公司，属中国制药企业 50 强。其主要业务为开发、制造和销售化学原料药、医药制剂，化工及医疗商业（在我国化工及医疗行业具有较高的地位及影响力）。新华制药是亚洲最大的解热镇痛类药物生产与出口基地，也是国内重要的心脑血管类、抗感染类及中枢神经类等药物的生产企业。

三、案例分析要点

（一）需要读者识别的关键问题

本案例需要读者识别的主要知识点包括：内部控制审计、内部与外部沟通。

（二）解决问题的关键知识点

1.关于内部控制审计

注册会计师执行内部控制审计工作，应当获取充分、适当的证据，对财务报告内部控制的有效性发表审计意见，并对在内部控制审计过程中注意到的非财务报告内部控制的重大缺陷，在内部控制审计报告中增加"非财务报告内部控制重大缺陷描述段"予以披露。

内部控制审计的目标：内部控制审计的目标是对内部控制的有效性发表意见。如果存在重大缺陷，则被审计单位的内部控制是无效的。因此，注册会计师必须计划并执行审计，以取得在管理层评估日被审计单位内部控制是否存在重大缺陷的证据。

2.内部沟通和外部沟通的关键控制点

第一，建立预算、利润及其他财务和经营方面的目标执行情况沟通渠道。公司制定全面预算管理制度，在公司内上下级之间、同一级的各职能部门之间建立顺畅的沟通协调机制。公司建立生产经营综合分析制度，召开月度和季度的生产经营分析会，对公司经营计划和预算的执行情况进行评估，并对在目标实际执行过程中出现的偏差采取应对措施。

第二，建立与分散办公地员工信息沟通的政策和程序。公司制定了公文处理办法，并通过领导层签发后下发给各业务部门和下属单位。公司通过传真电报、通知、邮件等形式下发，或通过办公系统，将公司相关的政策和程序传达至各个业务分部和各职能部门。

第三，公司建立开放的和有效的双向外部沟通渠道。公司明确规定客户投诉处理程序，建立与客户开放、有效沟通的渠道和投诉处理机制。公司明确规定供应商投诉处理程序，建立与供应商开放、有效沟通的渠道和投诉处理机制。公司在对外网站建立相应栏目宣扬公司的企业文化、管理理念及道德准则等信息，规范公司业务宣传，维护企业品牌形象，从而达到向外部宣传企业文化和道德准则的目的。

第四，从外部关系方收集的信息能得到及时和恰当的总结和反馈。公司规定客户投诉处理办法，对客户投诉处理结果进行归档，对客户投诉进行回访。公司建立定期收集和汇报供应商信息的制度，并有专人对审阅的信息进行核实。公司建立定期收集和汇报政府部门、监管者等外部信息的制度，并有专人对审阅的信息进行核实。

（三）推荐解决问题的方案

1.新华制药内部控制审计缺陷产生的原因。

（1）企业风险管理意识淡薄。欣康祺医药是新华制药的主要客户，关系着整个企业的销售和应收账款回收，新华制药应该在与欣康祺医药保持业务往来关系的时候就建立风险意识，时刻关注欣康祺医药的运营状况和资金情况，而不是在事发后才对坏账进行大额补提。

（2）信息沟通以及风险评估方面存在不足。财务部、信用部与销售部的协调永远是应收账款内部控制中的重要问题。新华制药的子公司——医贸公司内部没有进行有效、合理、及时的信息沟通，因此导致其三个部门同时对一家公司授信，从而使得授信额度过大，进而承担了较高的风险。此外，医贸公司内部控制制度对多头授信无明确规定，甚至存在未授信就发货的情况。这在一定程度上说明其授信管理是较为混乱的，相关制度有待完善。

（3）应收账款监督机制薄弱。新华制药被出具否定意见报告案的根本原因是其应收账款内部控制系统存在缺陷。内部控制问题不是一个短期问题，而是长期形成的。然而，在信永中和会计师事务所出具否定意见报告之前，新华制药内部并没有发现其在应收账款制度设计以及执行方面的缺陷，表明其对于应收账款的监督薄弱，其监督机制有待加强和完善。

2.如何从内部控制五要素方面进行改进？

（1）公司层面

增强公司应收账款风险防范意识。新华制药2011年年报显示其应收账款坏账准备从年初的0.31亿元飙升至5.45亿元，占其应收账款总额的17.2%，高占比的坏账准备表明了新华制药在处理应收账款方面的谨慎性不足，可见新华制药的财务风险意识很差，因此新华制药应提升企业治理层、管理层及各级员工的风险防范意识，谨慎审核每一笔应收账款，并时刻监控应收账款的风险。

加强内部监督，提升内部控制的意识。公司应该加强对企业治理层、管理层及各级员工的内部控制教育，使员工牢记内部控制中的制约和监督原则，从而促使员工自觉执行相关岗位职责。监管者应关注公司各控制制度的不足并提出合理化建议，发挥其应有的内部监督作用，从而采取及时有效的方式来解决公司所存在的缺陷。

（2）业务流程方面

建立信用评级制度，加强客户信用管理。公司应该对客户信用水平进行评级，按信用级别赊销，明确信用限额和信用期限；另一方面，公司也应该根据客户的支付能力和付款履行情况做出相应调整。此外，公司也要设立独立的应收账款信用管理部门。

建立健全应收账款的管理制度。公司应建立健全应收账款的管理制度，设置应收账款管理岗位，安排专人定期与客户取得联系，评估客户公司的财务状况，及时发现客户是否有延迟付款或逃避付款的征兆。

（3）信息沟通方面

加强各部门沟通，建立信息共享平台。企业在日常经营中由于员工之间、部门之间缺乏必要的联系和沟通，导致在工作中产生分歧和摩擦甚至影响到公司的效率和利益，使企业难以形成凝聚力，因此，增进沟通是企业文化建设的重要内容。所以企业应建立起应收账款的信息共享平台，设立完整的应收账款控制系统。避免发生几个部门同时向同一客户授信使得授信额度过大的现象。

应加强对应收账款企业的信息关注。企业的应收账款信用管理部门和高层管理者应当对应收账款企业尤其是有大额应收账款的企业保持必要的关注，及时了解企业的发展状况及动态，不至于处于被动地位。在本案例中作为与欣康祺医药有重要往来的企业，新华制药没有保持足够的警惕和关注。以至于到事件发生时仍处于被动的地位，如果企业能及时把握对方动态，调整应收账款政策，那么将能避免许多不必要的损失。

3.从该事件中我们可以得出什么启示？

（1）进行内部控制和员工工作理念教育。公司应该对各层级的治理层、管理层和员工进行内部控制教育，使员工时刻牢记工作流程控制、岗位分离、绩效考评等内部控制中最基本的制约和监督原则，从而促使员工自觉执行相关岗位职责。

（2）建立健全监督管理体系，完善监管人员监管职责。公司应建立健全监督管理体系，明确监管人员的职责，即监管人员应该及时找到财务控制和内部控制制度的不足并提出合理化建议，加强内部控制，发挥专门的内部监督作用，确保各方面的内部控制制度的有效运行。而且，公司应通过内部审计，使内部控制的工作贯穿公司生产的全部业务和活动，从而可以采取及时、有效的方式来解决公司出现的各个问题。

四、教学组织方式

（一）问题清单及提问顺序、资料发放顺序

本案例讨论题目依次为：

1.新华制药发生了什么事件？

2.新华制药为什么会被出具否定意见的内部控制审计报告？

3.此次事件披露了新华制药内部控制审计的哪些缺陷？

4.如何从内部控制五要素方面进行改进？

5.从该事件我们可以得出什么启示？

（二）课时分配

1.课后自行阅读资料：约1小时；

2.小组讨论并提交分析报告提纲：约1小时；

3.课堂小组代表发言、进一步讨论：约1小时；

4.课堂讨论总结：约0.5小时。

（三）讨论方式

本案例可以采用5人一组的方式进行讨论。

（四）课堂讨论总结

课堂讨论总结的关键是：归纳发言者的主要观点；重申其重点及亮点；提醒大家对焦点问题进行进一步思考；建议大家对案例素材进行扩展研究和深入分析。